博士后科学基金资助成果

法学的规律与迁变

Discipline and Evolution of Public Law

袁文峰 著

知识产权出版社

全国百佳图书出版单位

图书在版编目（CIP）数据

公法学的规律与迁变／袁文峰著．—北京：知识产权出版社，2017.7

ISBN 978 - 7 - 5130 - 4933 - 7

Ⅰ. ①公… Ⅱ. ①袁… Ⅲ. ①公法—法的理论—研究 Ⅳ. ①D90

中国版本图书馆 CIP 数据核字（2017）第 121807 号

责任编辑：雷春丽　　　　　　　　　**责任出版：**刘译文

封面设计：SUN 工作室　　韩建文

公法学的规律与迁变

袁文峰　著

出版发行：**知识产权出版社**有限责任公司	网　　址：http：//www. ipph. cn
社　　址：北京市海淀区气象路 50 号院	邮　　编：100081
责编电话：010 - 82000860 转 8004	责编邮箱：leichunli@ cnipr. com
发行电话：010 - 82000860 转 8101/8102	发行传真：010 - 82000893/82005070/82000270
印　　刷：北京科信印刷有限公司	经　　销：各大网上书店、新华书店及相关专业书店
开　　本：720mm×1000mm　1/16	印　　张：24.75
版　　次：2017 年 7 月第 1 版	印　　次：2017 年 7 月第 1 次印刷
字　　数：380 千字	定　　价：65.00 元
ISBN 978 - 7 - 5130 - 4933 - 7	

自 序
PREFACE

记得在 2016 年的某天学期结束的最后一节课上，我突发感慨：行政法是肮脏的学问！当时的确有些耸人听闻。实际上，我只不过是想表达，行政法洞悉人性之恶。所以不但对人们的打架斗殴、交通肇事、制假贩假、虚假宣传等私行为进行制裁，而且对滥用职权、吃拿卡要、权力寻租、（踩）爆头执法、随性（别）检查等公行为防范日紧。禁止饮酒驾驶是近年来典型的抑制人的魔鬼面的一个例子。精确一点，应该说行政法是关于肮脏的学问！国家是必要的恶，人性同样也是如此，否则无以为人。因此，汉密尔顿（或麦迪逊）说："如果人都是天使，就不需要任何政府了。如果是天使统治人，就不需要对政府有任何外来的或内在的控制了。在组织一个人统治人的政府时，最大困难在于必须首先使政府能管理被统治者，然后再使政府管理自身。"[1] 行政秩序法、行政组织法于此体现得尤为明显。如果没有体现人性的人类内耗，社会不知进步到怎样的程度了，明代李汝珍的《镜花缘》一书中的君子国早已降临凡间。在该国，夜不闭户，路不拾遗，人人齐礼，事事诚信。然而，不应该熟视无睹的是，在凡间和天堂之间有一道难以跨越的人性门槛，君子国只能活在人们的概念里。学习行政法的感觉，借用王昆仑的一句红学评语，可谓："人畏其滑溜，我赏其热辣；人畏其飘忽，我赏其日新。读之开拓无限心胸，增长无数阅历。"

虽然最好一辈子不要和法律打交道的想法已经过时，但在多数人的观念中，法学并非是增量之学，而是减量之学。也就是说，法律和法学并不能给大家带来利益的增长，反而是减少。例如，在诉讼中争执的标的没有增加，

---

① ［美］汉密尔顿、杰伊、麦迪逊：《联邦党人文集》，程逢如、在汉、舒逊译，商务印书馆1980 年版，第 264 页。

而诉讼过程给双方带来了诉讼成本，整体利益减少了。美国著名社会心理学家亚伯拉罕·哈罗德·马斯洛（Abraham Harold Maslow）把人的需求依次由较低层次到较高层次，分成生理需求、安全需求、社会需求、尊重需求和自我实现需求共五个层次。公法（行政法）与这五层需求休戚相关，公法学尤其强调法的安定性原则。公法（行政法）带来的安全需求价值几何？增量、减量的视角只是看到了司法的过程，轻忽了长期性和常态性的执法。就像健康的价值是在健康失去之后，公法（行政法）也是如此。增减量之学的观点确有不适之处。

法学教材中，传统的"法律"概念认为，法律是由国家制定或认可的，靠国家强制力保障实施的，对全体社会成员具有普遍约束力的规则。这种概念强调权威、将法律与价值隔离，难以祛除"恶法亦法"的嫌疑。虽然法学不是人文学科，但法学应该与人文学科相结合，成为人文之学。公法法条不乏人文关怀，但在实施中却存在人文标准的时时考量。英国首相撒切尔夫人与内阁一起吃饭，年轻的女服务生上热汤时撒漏到了一位大臣身上，她一时愣住了。铁娘子赶忙起身抱住她安慰："这个错误大家都会犯的，别害怕。"试想，如果铁娘子铁着脸说："构成'服务事故'，扣你一周的工资。"规则是执行了，可效果怎样呢？我们又有多少只问结果不看过程的评价标准（典型的如所谓的一票否决制）呢？这不回到了我们的老话题——是不是只要有了结果，可以不问手段（不择手段）？有人文存在的空间吗？

最近，微信上在传一段胡椒视频，镜头中首席法官卡普里奥（chief judge Frank Caprio）在处理一起编号为 96124 的案件，来自危地马拉的中年母亲欧文（Owen）因开车违规右转面临罚款。她当时急着买咖啡，然后去学校雅尼斯中心学英语，没有注意禁止右转的红灯。解释的时候，欧文吐字不清楚，法官安慰她：放松点，不用那么紧张。她表示，现在为了找工作在学英语，如果有了工作就可以付罚单了。法官在和她聊天的同时，也不忘鼓励她：英语学得不错！法官显然被她的精神感动，最后和她达成协议（deal，实为判决）：答应法官继续学习英语，罚单撤销。多少人感动得老泪纵横，原来公法的规律可以这个样子！这么温情！看过几遍以后，我带着好奇到维基百科网上搜寻这位法官的情况，主要是看看视频是不是剧本的产物。原来，卡普里奥法官是美国罗德岛普罗维登斯市市政法院的首席法官①，也是罗德岛州市长协会的前主席。这位 1936 年生的老人主持 Caught in Providence 节目，被称为 the television judge。是庭审现场系列，实实在在地审案件，过程由 WLNE – TV 电视台直播。

　　另一起交通违章案中，一位女士因未遵守 8 点至 10 点禁止停车的规定，被警察开了罚单。她的停车时间是 9 点 59 分 58 秒，而当时她车上的仪表盘显示已经 10 点了。面对仅 2 秒之差，卡普里奥法官显得有些无奈：难道你要赖你的车吗？女士辩解：看到了交通规定，我也确定车上显示的时间是 10 点。卡普里奥法官最后作出判决：女士相信自己车上的时间，我也相信她。他的解释是：只是几秒之差的问题，有时候我们需要借助更多的常识来判决。在一次采访中，他对记者说："对绝大多数来法院的人，这样的经历可能是他们唯一一次和法庭打交道的机会。我不想让法庭吓到他们。所以，我对他们展示了足够的同情、理解，当然最重要的，还有公正。"② 您也许会说是老卡在作秀，可这秀做得不好吗？倒不是认同老卡的每一个案件的处理内容。如 7420 号案件，参加过越战的老兵去荣民医院看医生，因找不到车位而在瑞郡大道停车，于 2016 年 5 月 31 日被处以 100 美元的罚单。在安抚老兵的情绪后，老卡撤销了罚单。而我可能会作象征性的处理，以免留下矫枉过正的嫌疑，并由此减少大家在钓鱼岛与城市执法之间的想象空间。

　　中国的行政部门和司法部门将如何处理这三起案件？我不敢妄下结论（但也不是没有参考，如赵春华案）。但是，走进法庭，看看基层法官如何审理案件可能会得出您的结论。我不是说我比他们更有耐心。面对当事人不着边际的絮絮叨叨和假话连篇，我的反应可能更加强烈。寻找原因，专家可能又会说我们的法学教育出了问题。"没有教不好的学生"。这句话没说给您多少时间？几年还是十多年？给您怎样的环境？是单间还是未成年与成年人一起关押的交叉感染？如果整个社会是一间大教室，这间大教室在时时训练

---

　　① The chief municipal judge in Providence。市政法院处理涉及 municipal ordinances 的案件，如交通罚单、商店偷窃、人行道上吐痰。

　　② 奇思屋："《Caught In Providence》看看刷爆别人朋友圈的网红，差距啊差距"，http：//www. qq745. com/dianyingtuijian/81645. html，访问时间：2017 年 6 月 22 日。

大家成为精致的利己主义者，您还会有信心吗？早在拿破仑的军队入侵的时候，普鲁士国王威廉三世就指出了德意志的出路："这个国家必须以精神的力量来弥补躯体的损失。正是由于穷困，所以要办教育。我从未听过一个国家办教育办穷了，办亡国了。"① 精神和价值观的损失又应该用什么来弥补呢？如果不能求助于"跛脚的法学教育"的话。

有人说过，如果故乡、母校不存在仁爱，这两者便不复存在。正义和秩序女神忒弥斯的金冠、白袍、天平、宝剑、束棒、蒙眼的毛巾、蛇狗、权杖、书籍和骷髅各有所隐喻，这其中难道独独缺少了仁爱的隐喻吗？仁爱并不是厚此薄彼、反复无常，不过是让法律符合人性的特征和人的心理。左手的天平、蛇狗和蒙眼的毛巾多多少少有这些成分。将公法学与人文之学联系起来，路还很长。法律缺少了人性关怀（关怀善恶人性：释放自己的善，一定程度上容忍他人的恶，缺少了人文情怀（不强人所难和体现三常——常识、常情和常理的情怀），那么法律只是规则和武器，一种单刃规则和武器。我常常在担心：在法律还没有被信仰的时候，在法治政府尚未完全建立的时候，在实务中司法对法条的内涵充实不足的时候，目前能沉淀下来的规则有多少？但愿我的担心纯属多余。

本书的出版源于 2014 年，笔者在华东政法大学访学时的计划，即为反思自己之前写过的一些文章，当时一时冲动汇集成册并打印，兴冲冲地拿出来让访学的"小伙伴们"提意见。后因一直找不到出版的机会而搁置多年，其间也在不断修改、替换以完善。2016 年 9 月，曾将稿件带到湖南准备联系出版。湖南的成行，得益于杨翔教授、廖永安教授、黄德华书记、胡肖华教授、吴勇教授等多位师长的帮助。最终却因自己身体不适返回鹅城。今忆当时辞别情形，愧欠难启。回来一个多月后，打油一首，补题为《丙申岁末感怀》——是年丙申初秋，余欲往湖湘教授，盘桓月余，不适，旋即南归。岁末抚昔，心犹有戚焉，觅词数日，书而记之：辞前君慨一句诘，溯序千里东南回；高台击筑就此了，仄身低帽倦鸟归。楚王狩鹿云梦泽，流转往返不觉迟；灰泥流苏芳心苦，一步一莲立雪时。

---

① 央视《大国崛起》德国篇解说词。

　　而今著作面世，并非一人之功。谢谢 Prof. Yuanchuan Chang 和 Dr. MinHsien Chu 为我提供写作资料！让远离文化中心的人享受了便利。谢谢 Dr. Wendy S. Senior 的倾听和鼓励！让我找回思路，继续努力。谢谢朱颖俐教授精辟独到的见解！让我不时受益。邱锦添教授的乐天健言给人满满的活力。惠州学院立法研究院、惠州市人大法工委、广东达伦律师事务所和惠州仲裁委员会的同仁们让人感受到法律人的家园同样也是在心里的。谢谢凌师家献、胡辉、Jason Wang、凌彦、周剑君和 Daniel Lin 的热心相助！为研习提供条件。

袁文峰

2017 年 6 月 25 日

目 录
CONTENTS

第一篇　宪法架构与实践

第二篇　权力运行的轨道

第三篇　公众参与法治过程

第四篇　司法审查的广度与密度

附 录 公法研究与精神

第一篇
宪法架构与实践

作为本书开篇，第一篇以"宪法架构与实践"为题，希冀在宪法框架下引发进一步的思考。本篇对宪法的历史、宪法的实施和条文的运用进行了相应阐述。对大陆法系的代表且宪法政治成熟的德国的宪法实践进行了论述。旧政协虽远去已久，但那场风云聚会对公法学依然从深层产生影响。《联邦德国基本法》为什么实施六十余年来仍然运行良好，没有出现《魏玛宪法》中途悬置的现象？第二章介绍了大陆法系的代表及宪法政治成熟的德国宪法实践，并试图回答这个问题。本篇最后两章是本国的宪法实践，涉及宪法的教育和立法领域。

第一章　旧政协的协商民主之底色[*]

> 1946 年的中国政治协商会议是我国历史上一次特殊背景下的民主实践。这次协商会议契合了协商民主的一些要求（平等、包容和理性）和特征（合法性、公开性与责任性）。从整体实力和人心向背来看，中国政治协商会议大致处于一个平等的基础上。而政协代表名额的争议与《宪法草案》的修改过程则体现了包容和理性。但是，其协商民主的底色又是脆弱的，这种脆弱在某种程度上也预示了它的破产。

1946 年的中国政治协商会议被人们称为旧政协，以与 1949 年的人民政协相区别。旧政协是我国历史上一次特殊背景下的民主实践（此前的国民参政会则为此做了些许的铺垫）。抗日战争胜利后的人们渴望和平、反对内战，对如何建国群策群力。以国民党和共产党为代表的两方聚合了多方人士的政治需求，在和平统一、民主建国的共识下，以旧政协为平台，提出了自己的政治主张，怀着包容、理性的态度，擘画一个崭新的国家体制。正是以上各种因素的特殊性孕育了旧政协协商民主的基本特征（底色）。又由于国内外的环境和国内政治力量的对比等因素，决定了这一底色的脆弱性。以下分别试述之。

一、协商民主的前提：平等

达尔认为："麦迪逊式的论点夸大了其他特定官员对政府的特殊制约，

---

* 本文原载《惠州学院学报》（社科版）2010 年第 2 期。将本文纳入文集时（2015 年 11 月 7 日），恰逢新加坡习马会。两岸如何进一步携手共进以确立共同体规则，恐比 1945 年更为复杂，更需要两岸的智慧与竭诚与对。

在阻止暴政上的重要性；它低估了存在于任何多元社会中固有的社会制衡的重要性。如果没有这些社会制衡，官员之间在政府层次上的制约事实上是否会产生阻止暴政的作用，这是令人生疑的。"① 在这位民主专家看来，一个多元的社会——也就是具有社会制衡的社会，表现为：意见的多元性、利益的多元性和冲突的多元性。笔者认为，他的这一观点和近年来新兴的协商民主强调的自由、平等是通约的。"能力平等体现着协商民主的根本特征。协商决策模式需要平等能力促进积极公民权，如果缺乏这种能力，得到公平、合法协商的结果的可能性是很小的。"② Joshua Cohen 认为："当且仅当最后结果是在平等的人之间自由、理性赞同的结果时，他们才是民主合法的。"③ 可见协商民主很重要的一点也是很关键的一点是参与的各方需要平等。那么，参与中国政治协商会议的各方是怎样获得大致平等地位的呢？20 世纪 40 年代的国内外环境成就了这一基础。

抗日战争后的中国人民已经厌倦了战争，竭力避免内战，向往和平；痛恨国民党的腐败无能和专制独裁，渴望建立一个民主的新社会。另外，在国际的大背景下，盟国也希望中国走和平、民主的发展道路。

杜鲁门总统当时声明："……美国竭力主张中国国内各主要知识分子的代表举行全国会议，从而商定办法，使他们在中国国民政府内得享有公平和有效的代表权。美国政府认为，此举需要修改中华民国国父孙逸仙博士所建立作为国家向民主进展之临时办法的一党训政制度。"④

第二次世界大战后，苏联政府忙于战后重建，明确支持蒋介石的统一行动，并于 1945 年 8 月 14 日，苏联政府代表莫洛托夫和国民政府代表王世杰在莫斯科签订了《中苏友好同盟条约》。苏联政府担心中国内战会引起美国直接出兵中国，这样会打破当时各大国在中国的均衡状态，危及苏联的利益。1945 年 12 月 27 日，在莫斯科举行的苏、美、英三国外长会议发表公报，针

---

① ［美］达尔：《民主理论的前言》，上海三联书店、牛津大学出版社 1999 年版，第 28 页。

② 陈家刚：《协商民主》，上海三联书店 2004 年版，第 340 页。

③ Thomas Christiano: The Significance of Public Deliberation, in James Bohman and William Rehg edited: *Deliberative Democracy：Essays on Reason and Politics*. The MIT Press, 1997，p. 263.

④ 四川大学马列主义教研室、中共党史科研组：《政治协商会议资料选编》，自刊 1979 年版，第 19 页。

对中国局势提出："必须在国民政府领导下实现中国的团结与民主化，广泛地吸收民主分子到国民政府的一切（各）机构中，并且必须停止内争。"

1945 年 4 月，中国共产党领导下的人民军队已经发展到了 91 万人，乡村中不脱离生产的民兵发展到了 220 万人以上。比起国民党的军队（包括中央系和地方系）在数量上要少得多。① 各民主党派则没有一兵一卒。从军队人员的数量上看，国民党占有绝对优势，同时国军有国家的财政给养，装备先进。事实上，这也是国民党一贯娇恃之处，满以为有以上绝对优势可以安如泰山稳步天下。之所以摆出和谈协商的姿态，或者说各个民主力量之所以能在相对平等的位子上和国民党协商是因为当时人民军队在最前方，在华北华中占据要隘，在华南有 18 个解放区，东北的抗日民主联军已经壮大起来，而国民党起初在东北未有兵士。人民军队占有地理上的优势位置。因为在政治上，各民主党派坚定地和共产党站在一起与国民党作斗争，为和平协商建国出谋划策，而在外围的以青年学生为代表的群众在道义上为和平和民主积极声援。

作为一种治理形式，协商民主有三个特征：合法性、公开性和责任性。② 政协是产生合法化的过程和组织，它本身也是合法化的象征。各党派和团体的报纸杂志和中国共产党在重庆的《解放日报》、在延安的电台以及其他团体和民主人士所办的媒体，包括国民党的《中央日报》让政协协商的内容和活动得以公开。由于前所未有的公开，在社会上形成了一股无形的压力，这股压力带来的是责任感或者是责任感的强化。

二、协商民主的包容性和理性

"在政治科学家们和理论家们中间没有定型的和普遍接受的协商民主的核心特征。其中一种描述是它仅仅是在一群成员投票前讨论。另外一种是通过公共协商和交流以期改变人们的偏好而后进行的投票。""民主决策程序是

---

① 毛泽东：《毛泽东选集（一卷本）》，人民出版社 1964 年版，第 399 页。
② 陈家刚：《协商民主》，上海三联书店 2004 年版，第 4 页。

在不同建议的基础上聚合各人的利益和偏好的机制。"① "那么，什么是协商民主呢？米勒认为，当一种民主体制的决策是通过公开讨论——每个参与者能够自由表达，同样愿意倾听并考虑相反的观点——作出的，那么这种民主体制就是协商的。"②

哈贝马斯提供了最复杂的理论来解释协商民主模式。与科恩一样，哈贝马斯描述了理想协商程序的特点，其规范合法性建立在以下标准之上：（1）协商程序的形式必须是信息和有依据的观点交换的过程。（2）协商是包容的和公共的：原则上无人受排斥，所有受影响的人都有权参与协商。（3）协商不受任何会削弱参与者平等地位的内外威胁的影响。（4）协商旨在达成理性推动的一致，并在原则上能无限期地延续或在任何时候都能恢复。（5）政治协商也扩展到那些可以通过调整来保护所有人平等利益的问题中，如资源的不平等。（6）最后，政治协商包括对需求的解释，对集体身份的表达，对先前政治态度和偏好的转化。③

Joshua Cohen 认为，协商的含义不仅要求平等考虑他人的利益，还要求在各自的良心坚信各不相同的背景下我们要找出政治上他人可以接受的理由。他将这种要求称为协商包容性原则（the principle of deliberative inclusion）。④

协商过程的实质以理性为基础，以真理为目标。哈贝马斯强调，理性不一定就是命令与服从，通过交往协商从而达成协议才是真正的理性。事实上，以上提到的包容和协商的关系，是想表明如果没有包容就不会有协商，协商在一定的意义上就是包容，而包容不但应容人——平等对待对方，尊重对方并在必要时向对方让步，而且还得正己——需考虑自己的要求不合理，有没有让对方接受的可能。协商民主是一种包容性和理性的政治。在政协会议以及以后的小组会议上，由于孙科、邵力子、王世杰、张群等国民党的非顽固

---

① Samuel Freeman: *Deliberative Democracy*: *A Sympathetic Comment*, Philosophy and Public Affairs, Vol. 29, No. 4（Autumn, 2000），p. 373.

② 陈家刚：《协商民主》，上海三联书店 2004 年版，第 3 页。

③ ［南非］毛里西奥·帕瑟林·登特里维斯：《作为公共协商的民主：新的视角》，王英津等译，中央编译出版社 2006 年版，第 10 页。

④ Joshua Cohen: Procedure and Substance in Deliberative Democracy, in James Bohman and William Rehg edited: *Deliberative Democracy*: *Essays on Reason and Politics*. The MIT Press, 1997, p. 263.

派、非好战分子的参与，使得这次协商得以理性化并体现包容性。

下面我们以参加政协代表名额争议的经过和《宪法草案》的通过和修改为例，考察协商是怎样体现包容性和理性的。

例1　参加政协代表名额争议的经过

出席政治会议的人数，原来初步商定四方代表国民党、共产党、民主同盟、社会贤达各九人。党派代表由各党派自行推选，社会贤达代表由国共双方协商推定。当民盟正在酝酿推选代表时，原来包括在民盟之内的青年党忽然提出一定要五个名额，并要作为独立单位参加政协。原因是青年党是除国民党、中共以外最具历史和最大的政党。这就使民盟处于十分为难的境地——作为三党三派的联合组织，青年党就要了一半多的名额，这对其他两党三派以及无党无派的民盟盟员怎么能够在四个名额中分配？中国共产党当初不承认青年党作为独立单位，并且坚持民盟的九个代表席位不能减少，这一点中共和民盟都在坚持，中共并且鼓励民盟加强团结。而国民党方面则坚持青年党应有五个代表，周恩来为此同国民党、民盟等各方面进行了反复的协商。为了保持民盟的九个席位，中国共产党主动提出国共让出名额解决这场争论：中共可让出两个名额，国民党让出一个名额。国民党也就无话可说。各方达成妥协的结果是：国民党八人；中共七人；民盟仍保持九个代表席位；青年党另成单位，有五个代表；社会贤达九人。这样，代表总人数从原来的36人，增至38人。①

例2　《宪法草案案》修改的经过

政协会议上各党派对《宪法草案》（即《五五宪草》，是指立法院于1936年通过的《中华民国宪法草案》，因公布日期为当年5月5日，所以又称为《五五宪草》）所提的意见分为两种：一种是国民党主张维护总统集权制的《五五宪草》大体不变；另一种是中间党派和中国共产党主张参照英美民主国家的经验，对《五五宪草》进行修正，使之成为一部真正民主的宪法。民盟代表张君劢、罗隆基是研究西方宪法的专家，一向认为《五五宪

---

① 四川大学马列主义教研室、中共党史科研组：《政治协商会议资料选编》，自刊1979年版，第349页。

草》是一部"人民无权、总统万能"的宪法草案，是一部不三不四的东西，于是就想方设法把这个制度改掉。① 当时，可供选择的宪政模式有三种蓝本：孙中山的五权宪法、英美的宪法和以苏联为代表的社会主义国家的宪法。国民党认为《五五宪草》符合五权宪法遗教，主张把它作为今后宪法的蓝本；中间党派则力主西式宪法；中共深知苏联式宪法尚不适合于当时中国现实，亦希望战后中国实行英美式宪政，以打破国民党垄断政权之格局。因此，当时的宪法之争本质上是五权宪法与西式宪法之争。正当政协宪草小组为如何折中五权宪法和西式宪法而陷入僵局时，张君劢巧妙提出一个颇具创意的方案——"无形国大"。张君劢根据孙中山的直接民权学说批评《五五宪草》的国民大会制度只是间接民权而非直接民权，并主张"把国民大会化有形为无形，公民投票运用四权（选举权、罢免权、创制权、复决权）就是国民大会，不必另开国民大会"。宪草小组以张君劢的提议为基本，达成了宪草修改12条原则即《政治协商会议决议案》之《宪法草案》中的12条宪草修改原则。修改原则明确规定立法院"相当于各民主国家之议会"，立法院变成一个拥有立法权、监督政府权和财政管理权的民意机关。《宪法草案》确定了议会制、责任内阁制、省自治（省宪）、中央与地方均权及人权保障等原则，这些原则是对《五五宪草》的全面否定。总统国家元首只具象征地位，没有行政首脑的实际权力。国家行政大权握于行政院之手。据亲临其会的梁漱溟回忆，当时张氏方案提出后，"在野各方面莫不欣然色喜，一致赞成"。12条修改原则为什么会获通过？原来孙科钻了蒋介石的空子。会议期间国民党出席各小组的代表每次会后均向蒋汇报，② 唯有孙科"不敢面蒋"，只把宪草小组会议记录送蒋过目，而蒋却未看。并且梁漱溟他们屡次催蒋看，但蒋终未看。到政协快闭幕前夕，蒋才看记录，但欲反对或修改皆为时已晚。蒋只好先让其通过，"将来再说"。③

---

① 四川大学马列主义教研室、中共党史科研组：《政治协商会议资料选编》，自刊1979年版，第367页。
② 1946年1月10～30日，旧政协召开。出席会议的38位代表分成宪法草案、国民大会、政府组织、施政纲领和军事问题五个小组讨论进行协商。宪法草案小组更详细的讨论可见郑大华："重评1946年《中华民国宪法》"，载《史学月刊》2003年第2期。
③ 梁漱溟：《忆往谈旧录》，金城出版社2006年版，第226页。

政协五项决议案的通过，是参加政协会议的五方代表——国民党、共产党、民盟、青年党和社会贤达，本着平等协商、求同存异的精神，在斗争中相互容忍妥协而结出的硕果，这种多党协商、求同存异的政治局面在中国历史上是罕见的，除了民国初年曾一度出现外。政协五项决议案既是对国民党一党专政的否定，又与中国共产党的新民主主义宪政思想有一定距离，几乎是民盟政治纲领的翻版，可谓典型的"中间路线"。

《宪法草案》在修改的过程中虽然得到多方的商议，但是它的讨论和通过却没有得到当时有较大影响的国民党右派的参与，这就没有体现协商民主的公开原则。当右派得知宪草内容时，他们几乎是一致持反对意见。1946年3月8～16日，就在国民党六届二中全会对政协和对共政策进行激烈争辩之时，政协宪草审议委员会连续开会并对宪草进行实质性讨论。国民党内部要求孙科收回宪草，孙科和邵力子在宪草审议会上再三要求修改。民盟和民社党都认为已成条文的协议不可更改。经周恩来的劝说，张君劢才勉强表示同意。3月15日就宪草问题作出三点重要让步：（1）无形国大改为有形国大，其组织与职权再行商定；（2）删去宪草协议中如立法院对行政院全体不信任时，行政院或辞职或提请总统解散立法院之条文，但行政院仍需对立法院负责，至于如何负责和如何监督，具体办法再商定；（3）省得制定省宪改为省自治法，具体内容再行研究。后来国民大会和地方自治法都谈到了一致的方案，唯独立法院和行政院的关系，由于蒋介石坚持后者对总统负责，终究没有达成共识。后来，东北的战火烧得各党各派对这些问题不了了之。[1]

三、结语：底色缘何最终褪色

（一）蒋介石一心反共灭共的政策注定给政协带来破产

马歇尔来华之初，蒋介石还是怀着一颗敬畏之心对待马歇尔的，所以在协商时也是颇为认真的。协商之初，东北是不在停战范围内的，这是国民党的阴谋，企图扯着"接受主权"的幌子消灭东北的中共力量。在东北问题上，马歇尔的纵容慢慢侵损了马歇尔的权威，导致蒋介石的胆子越来越大，

---

[1] 梁漱溟：《忆往谈旧录》，金城出版社2006年版，第230页。

马歇尔越来越难以约束蒋介石，终致调停失败。在 1947 年马歇尔从中国回国担任国务卿时，他已经知道，美国已无法再影响中国的结局，并且决心万不得已不会使美国陷入中国事务。

梁漱溟认为蒋介石这个人是一个完全没有信用的人。当中共军进入长春后，蒋介石说共军非让出长春不可；当中共军队退出长春后，蒋介石又提出"美方最后决定权问题"，说非此不可；等到这个问题解决以后，又来一个"非此不可"……问题层出不穷，谈判老是没有休止，几乎到了一个人的面子都不要的地步。①

（二）马歇尔有意无意中的中立立场偏转

起初东北是不在停战范围里的，而中共坚持要求停战应包括东北。当协商不成时，中共顺势在东北发展力量。国共双方的力量对比在东北变化着，双方对马歇尔的提议都各自从自己的利弊来看待他的偏向。

1946 年 7 月 29 日，在通县、香河、武清三县的交界处发生了历史上著名的"安平事件"，美方认为是解放军袭击了由美军押运的联合国救济总署的运输车辆；中共则认为是美国海军陆战队由天津方向沿京津公路向北开来，在行驶到安平时，突然发动攻击。多起不明身份的士兵与美军的冲突，随之而来的电台报纸等媒体的宣传极大地吞噬了马歇尔的形象。1946 年 8 月 30 日，美国政府不顾中国共产党的反对，与国民党政府签定《中美剩余战时财产出售协定》，规定将美国战时剩余物资，包括各种车辆、航空用品、通信设备等战争物资，以贷款形式低价让售给南京国民党政府。中国共产党估计该项物资的总价值达到 20 亿美元，足以供蒋介石打两年内战之需。② 虽然马歇尔断然坚持说这是非军事装备（即不包括武器和弹药），但他又狼狈地向周恩来承认，他知道国民党正在将很多这样的装备在公开市场上大量抛售而将所得的钱用于军事目的。③

① 梁漱溟：《忆往谈旧录》，金城出版社 2006 年版，第 236 页。
② 重庆市政协文史资料研究委员会、中共重庆市委党校：《政治协商纪实》，重庆出版社 1989 年版，第 1491 页。
③ 中国社科院近代史研究所：《马歇尔使华——美国特使马歇尔出使中国报告书》，中华书局 1981 年版，第 16 页。

当然，马歇尔失败的更深层次的原因是美国的对华政策，当时美国只承认国民党政权是中国唯一的合法政府，这一矛盾的原则加上美苏战略地位的考虑让马歇尔也是身不由己。

（三）协商的不充分

前面提到《宪法草案》的通过和修改即是一例。

1946 年 10 月 28 日，民盟秘书长梁漱溟提出一个对中国共产党极为不利的三条停战方案，在黄炎培和莫德惠的帮助下完成一二两条的详细规定，即规定中共在东北的驻地为齐齐哈尔、北安和佳木斯三地——不规定国军驻地，就有偏袒；第二条细化为蒋介石得派县长和警察接收中共在铁路沿线的各县地方行政工作——梁漱溟事后才知道当时所谓警察就是军统戴笠改装过的特务队伍。梁漱溟没和中国共产党商量，先把方案分送了孙科和马歇尔。之后，梁漱溟才向周恩来解释这个方案。然而不久前，中共和民主党派的负责人订有"君子协议"，一致同意在采取重大行动时，要事先打招呼，相互关照、共同协商、共同行动。后来方案虽从马歇尔和孙科两处取回，风波过去，但是这次风波也表明第三方面的和谈已经走到尽头、黔驴技穷了。① 事后梁漱溟也深深自责，认为自己粗心糊涂。总之，这是协商不充分的后果。

旧政协的失败表明协商民主的脆弱，协商民主并非是清谈馆，支撑它的是各方的实力，在不安定的时期这就表现得更加明显，第三方在最后阶段也曾发出这样的感慨。各方实力必须均衡且恰到好处，否则协商民主就不会出现，即使出现也是昙花一现。这好比英国国王和议会几百年的斗争，正因为谁也不能取得绝对优势吞并对方，立宪君主制的宪政架构才得以在英国完成、保留并发展。如果谈判之初中共的力量能再强一点，能够让国民党感到一种不可消灭的威慑；如果民主党派能再强大一点，非但真正影响到国共的政治，而且是双方的军事力量。或许，其时脆弱的协商民主就能开花结果，我国就能避免内战的浩劫……但是，历史不容假设。

① 重庆市政协文史资料研究委员会、中共重庆市委党校：《政治协商纪实》，重庆出版社 1989 年版，第 1676 页。

第二章 《联邦德国基本法》是如何被守护的[*]

> 有两种东西，我们对它们的思考越是深沉和持久，它们所唤起的那种越来越大的惊奇和敬畏就会充溢我们的心灵，这就是繁星密布的苍穹和我心中的道德律。

> —— [德] 伊曼努尔·康德

《联邦德国基本法》颁布半个多世纪以来，为何运行通畅且具有如此之大的凝聚力并令世界瞩目？《联邦德国基本法》是在总结《魏玛宪法》失败的教训和第三帝国的反面经验的基础上发展起来的。《联邦德国基本法》的自我守护方面不局限于此，在张扬人权保障的同时，它还在条款中设置了自卫型民主的装置，高扬自由民主的价值。联邦宪法法院是专职的《德国基本法》守护者，在判决中它发展了一系列为司法实务所接受的理论，其中有的超越了国家利益，具有国际的意义。一体化中出现的欧洲法院和欧洲人权法院则从另一个角度守护着《联邦德国基本法》。但是，无论如何，正如卢梭所言：法律不是刻在石柱上，也不是记录在铜表上，而是写在人们心里。守护《联邦德国基本法》的决定性因素是人们对待它的心理态度。

---

* 本文原载《惠州学院学报（社科版）》2011年第1期，在2010年8月23~28日"第二届世界宪政暑期讲习班"结业论文的基础上修改而成，发表时有删减。近年来的一大问题是，默克尔的难民政策会导致宪法危机吗？

　　某天，自由主义的学者哈佛大学的罗尔斯在课堂上讲关于"无知之幕"的理论，这是他的公正理论的逻辑起点。突然，有一个学生举手提问说道："老师，您讲得很好，我都能接受。可是，这套理论如果碰到了希特勒，怎么办？"罗尔斯怔住了："让我想一想，这是个重要的问题。"他沉思起来，整个教室屏住呼吸等待着。约略十分钟后，罗尔斯抬起头来，严肃而平和地给出了一个答复："我们只有杀了他，才能讨论建设公正的问题。"[1] 这里所指的希特勒是一名普通士兵的希特勒？还是啤酒馆暴动失败前后的希特勒？还是已经是作为国家元首的希魔？罗尔斯在《正义论》中所倡导的公正为我们创立了一种程序规则，这种规则在希特勒面前失效，应是大权在握而人莫予毒的希特勒。罗尔斯的《正义论》探讨的是理论，在现实生活中则该体现为具体的规则。现代社会最大的规则莫过于宪法，国家由此诞生，政党由此获得合法性的基础，个人的基本权利由此有了最低的保障。利用冲锋队和他那善于煽动的口才，希特勒终于登上权力的巅峰。希特勒上台后的一系列行为已经溢出规则所能控制的范围以外，任何公正的理论与其都是格格不入的，或者说他就是规则实施的最大障碍。罗尔斯的回答并未涉及前两个阶段如何面对希特勒。

　　事实上，宪法体制的崩溃，养痈之时早就在希特勒作为社会普通一员的时候就已经形成了。而当他已经攫取最高权力的时候，宪法的机制早已破坏，后果的出现只是时间的早晚而已。我们讨论的假设条件是面对作为社会普通一员的希特勒（而不是进入国家权力核心的希特勒），如何去坚守宪法的价值和目标。做到防患于未然，这正是本文的目的。也就是如何去守护《德国基本法》？

一、《魏玛宪法》的历史教训

　　"一战"行将结束，德国于 1918 年发生革命，推翻帝制，建立共和国，制定了 1919 年《德意志国宪法》，因其在魏玛制定而被人称为《魏玛宪法》，国名也被冠为魏玛民国。《魏玛宪法》于 1919 年 8 月 11 日生效。全文共 181

---

[1]　［法］佛朗索瓦·傅勒：《思考法国大革命》，孟明译，三联书店 2005 年版，第 17 页。

条，分作两编。宪法第二编以相当大的篇幅规定了公民的基本权利，较全面地继承了保罗教堂宪法等历史上的宪法文本和人权宣言中所列举的一些传统性规定，并规定了许多在社会和经济领域保护公民权利的原则和措施：国家保护劳动力，公民有工作权，实行失业救济，设专章规定学校和教育制度，保护艺术、科学及其学术的自由等。可以说，《魏玛宪法》是现代宪法的源头。而《联邦德国基本法》中仍保留着《魏玛宪法》的部分章节及一些内容。

然而，一定程度上说来，《魏玛宪法》是被扼杀在自己的条文之手的。

1930 年始，魏玛民国议会实际上已经崩溃了。3 月 28 日，兴登堡事先没有与政治党派协商，突然任命布吕宁出任总理。1932 年 4 月，新一轮的总统选举后，魏玛民国的总统制已经由议会制转变为纯粹的总统制，总统拥有决定总理人选的全权。纳粹党兴起后，开始向议会进军，寻求多数的席位，其形势咄咄逼人。1932 年 7 月的新一届国会选举后，纳粹党政治上策略性地与德国共产党联手，他们联合的席位在议会过半。为了阻止纳粹的极端运动，兴登堡总统与希特勒达成妥协，由希特勒出任总理，条件是他们停止运动。然而，上台后的希特勒并没有遵守诺言。面对极端纳粹势力的威胁，国防部长施莱歇尔将军和内政部长盖尔几次打算启用一项由军方来实施的"国家紧急状态计划"，最终因兴登堡总统惮于违宪官司的压力而延迟了。① 因为《魏玛宪法》第 59 条规定："联邦国会对于联邦大总统，联邦行政院长或联邦各部部长，认为违背联邦宪法或联邦法律时，得代表联邦向高等法院控告之。"②

1933 年，希特勒上台后，先启用紧急命令使《魏玛宪法》中许多关于人民权利的条文停止生效，接着制定了《消除国民与国家危机的法律》（《授权法》）。由此，政府可以自行制定法律，只要不违反宪法即可。2 月 4 日，颁布了《保护德国人民法》，广泛限制反对党，达到一党独裁、专政的目的。3 月 23 日，制定了《人民及国家紧急解救法》，不但概括授权内阁制定抵触宪法的行政命令，而且可以以法律称呼它，使命令与法律等同起来。其后，在

---

① 刘小枫：《现代人及其敌人》，华夏出版社 2005 年版，第 253 ~ 259 页。
② 以下《魏玛宪法》条文部分引自该书的附录部分：[德] 卡尔·斯密特：《宪法学说》，刘锋译，上海人民出版社 2005 年版。

希特勒授意之下，德国政府又制定出许多践踏人权和迫害种族的恶法：《民族与帝国紧急状态排除法》《保卫人民与国家法令》《反对背叛德国人民与一级颠覆活动法》《保护德国血统和德国荣誉法》《军事法条例》《社会蠹虫法》《遗传病预防法》……于是，《魏玛宪法》名存实亡。也由此给德国人民和世界人民带来了一场巨大的灾难。

一种观点认为，"魏玛民国最终断送在《魏玛宪法》手中"。这种观点把复杂的事情简单化了，却并非无中生有。[1]

可以说魏玛总统兴登堡时期，有过几次紧急状态权力的行使，但在面对纳粹党兴起时，却没有果断地禁止它。而希特勒上台以后，特别是称为国家元首后，国家就处于紧急状态之中了，此项权力不停地行使。在魏玛民国存在的短短 14 年间，这项权力竟被运用了 250 次之多！[2]

《魏玛宪法》第 43 条规定联邦大总统的任期为 7 年。第 47 条规定："联邦大总统掌握联邦一切国防军之最高命令权。"第 25 条又规定："联邦大总统得解散联邦国会，但出于同一之原因，仅得解散国会一次。新选举最迟应限于联邦国会被解散后之第六十日行之。"第 48 条前两款规定了总统的强制执行权和专政强制权："联邦大总统，对于联邦中某一邦，如不尽其依照联邦宪法或联邦法律所规定之义务时，得用兵力强制之。联邦大总统于德意志联邦内之公共安宁及秩序，视为有被扰乱或危害时，为回复公共安宁及秩序起见，得取必要之处置，必要时更得使用兵力，以求达此目的。"另外，当国会对某一法案争执不下时总统有权诉诸全民公投（《魏玛宪法》第 72 条、第 73 条）。因此，魏玛总统的权利是非常大的。过多的权力最终带来了专断、独裁的后果。

《联邦德国基本法》汲取了《魏玛宪法》的教训，大幅削弱联邦总统的权力。不再由人民直选，而由联邦众议院临时成立的联邦大会不经讨论而间接选举产生，任期 5 年，不再具有任命总理内阁与独立解散议会的权力。紧急状态只能由联邦议院来确定，或者在联邦议院特别批准适用紧急状态的法

---

① 刘小枫："民国宪政的一段往事"，载《书城》2003 年第 8 期，第 60 页。
② 张千帆：《西方宪政体系（下册·欧洲宪法）》，中国政法大学出版社 2001 年版，第 154 页。

律时，方可适用。由此，《联邦德国基本法》建立起防范总统专制的机制，将更多的制衡权力给予议会。在行政法规的合宪性与合法性方面，《联邦德国基本法》第80条规定联邦政府、联邦部长或州政府可经法律授权颁布行政法规。但是，法律必须规定授权订立行政法规的内容、目的和范围。在颁布的行政法规中应标明法律授权根据。如法律规定行政法规的授权可再度授权的，再授权须由行政法规规定。这样就明确了法律制度的位阶，确立了立法与行政在法律制度方面的权限，保证议会的立法权不会被剥夺和架空，即此条确立了授权明确性原则与禁止行政再授权的原则。

当然，《联邦德国基本法》的守护不仅在以上两个方面汲取了魏玛时期的教训，在其他方面也是如此，例如，在国家基础条款的第20条第4款规定："对于企图废除上述秩序的任何人，如没有其他对抗措施时，所有德国人均有抵抗权。"显然是汲取了纳粹暴政的教训，而给予人民合宪的反抗、抵制的权利。宪法实践中也有超越《魏玛宪法》而有所发展的方面。

二、《联邦德国基本法》的价值彰显

法的最高价值是人性尊严，人权价值是《联邦德国基本法》的核心，在守护《联邦德国基本法》的自由民主价值方面，《联邦德国基本法》和守护者（联邦宪法法院）也是殚思极虑。1967年7月24日通过的《政党法》，使德国成为世界上第一个就政党问题进行单独立法的国家。

（一）作为《联邦德国基本法》最高价值的人性尊严条款

《联邦德国基本法》第79条第3款规定，对基本法的修改不得改变联邦由各州组成的事实，不得改变各州参与立法及第1条（人性尊严）和第20条所规定的原则。人性尊严是最高法价值，是基本法的最核心内容。

如果《联邦德国基本法》保护的权利与人性尊严相冲突，往往前者要给人性尊严让步。如有关言论触及人性尊严，则意见自由必须让步，其他权利也是如此。在联邦宪法法院的一系列判决中，就多次以人性尊严作为判决的标准。

1998年，德国联邦议会对《联邦德国基本法》进行修改，允许政府为有效追踪犯罪行为，可以进行"声音的住宅监视"。德国联邦宪法法院作出了维护人性尊严的判决。法院在判决中写道，对人性尊严的宪法保障实质上就在于对"私生活的核心领域"进行保护，这个核心领域是国家不能以追究刑事犯罪为理由进入的。由于住宅具有核心领域的性质———人们的"最后庇护所"，如果公民失去这种空间安全感，那么人们还会相信什么呢？所以，住宅内，特别是卧室内的声音是"绝对受到宪法保护的资讯"。2004 年 3 月 3 日，德国联邦宪法法院作出一项长达 150 页的判决，宣布"大监听"措施（刑事侦查部门对有组织犯罪嫌疑人的住宅可实施窃听活动）违反宪法。联邦立法机关必须在 2005 年 6 月 30 日以前以一部新的法律代替《加强与有组织犯罪行为斗争法》，在新法制定前，警察直接受宪法法院判决的约束。①

2010 年 2 月 9 日，德国联邦宪法法院作出重大裁决，规定长期失业者及其家庭补助的所谓哈茨第四阶段就业改革方案违背《德国基本法》，责令德国政府在年底前重新核算补助额。宪法法院院长帕比尔指出，必须保障每个人都能获得符合人类尊严的基本生存权，这种生存权不仅包括"物理意义上的生存"，也包括"最起码的社会、文化和政治生活的参与"。宪法法院是从社会公正性和《联邦德国基本法》所规定的保护人性尊严的层面来判定该就业改革方案有悖于《联邦德国基本法》的。②

警察以暴力相威胁使犯罪嫌疑人 G 交代了被绑架的儿童已被杀害和尸体的藏匿地点。被告（讯问的警察和批准使用该手段的局长 Dashner）的逼供行为违反了《德国基本法》所规定的"人性尊严不可侵犯"等条款。两警察以暴力相威胁，给予犯罪嫌疑人巨大的精神压迫，将犯罪嫌疑人 G 作为一种获取证据的"手段"，严重侵害了犯罪嫌疑人的基本权利。法院还强调，违背对"人性尊严"的保护是非法的，哪怕这种违背行为主观上是为了挽救孩子的生命。警察和司法人员要清醒认识到，严格禁止对犯罪嫌疑人和被告使用暴力手段或者是以暴力相威胁。"如果法治国家中的司法人员，不能严格遵守这项规定的话，那么它（指'法治国'）就名存实亡了"。本案中，法院适用了"客体公式"，认为两警察的行为侵犯了犯罪嫌疑人的"人性尊严"，

---

① 甘超英："德国联邦宪法法院的'大监听'判决"，载《法制日报》2004 年 6 月 17 日。
② "德国联邦宪法法院判决哈茨四救济金方案违宪"，http：//www.calaw.cn/Pages_ Front/Article/ArticleDetail. aspx？articleId =5434，访问时间：2010 年 9 月 12 日。

于是，依法对犯罪嫌疑人的"尊严"给予了司法保护。[①]

对人性尊严进行正面定义往往比较抽象，反面定义可以让其含义更加清晰。反面定义涉及在何种情况下，人性尊严受到损害。例如，当人与人之间的连带感被破坏时，人性尊严就会受到损害。联邦宪法法院在判决中导出的著名的"客体公式"也就是反面定义的方式：当个人在国家中完全被变成一个客体时，人性尊严就受到了侵犯。

联邦宪法法院将人性尊严宣示为内在于合宪的法秩序的最高法价值。第1条第1项作为宪法的最高价值其基础在于：（1）基于文义解释，人性尊严不具有可限制性，因为由文义来看，其系"不可侵犯"，而不像其他基本人权只是"不可伤害"（隐含可加以限制的可能性）；（2）基于体系性解释，第79条第3款也赋予人性尊严的保护规定，不得以修宪途径变更无限的保障。[②]《联邦德国基本法》规定核心内容不得受到实质性的修正。《联邦德国基本法》的核心不仅包括以第一章人性尊严为首的基本人权，而且包括实现人性尊严所必需的机制，即第20章所规定的民主、社会、法治、联邦四大国体。人性尊严成为一项最核心的价值，是宪法的绝对条款。《联邦德国基本法》不但以此阻隔着公权力、私权利对人权的侵害，而且也为人权上了双保险。如警察逼供案中，具体受到侵害的人权是《联邦德国基本法》第104条第1款规定的不允许对被拘留者进行精神上和身体上的虐待。而人性尊严条款的保护更为有力，更加宽泛。《联邦德国基本法》成为真正的人权保障书，体现人文精神，彰显了《联邦德国基本法》的最高价值。反过来说，人性尊严条款也是守护《联邦德国基本法》的锐器，让《联邦德国基本法》更具宪法的意义。

（二）人权效力的扩张

1. 基本权谱系的两个面向

德语 Recht 一词既有"权利"的蕴义，又有"法"的蕴义。基本权利的

---

① 窦学梅："一起警察逼供案在德国引起广泛争论"，载《中国司法》2006 第 4 期，第 94 页。
② 蔡维音："德国基本法第一条'人性尊严'规定之探讨"，载《宪政时代》第 18 卷第 1 期，第 42 页。

权利谱系的两个面向实际上源于 Recht 一词的两个蕴义。由此导致了法在《联邦德国基本法》的条文和适用中的两个面向。

美国宪法中的人权条款只保障基本权不受政府侵犯，只强调权利的防御性权利面向；《联邦德国基本法》则同时从正负两个面向来保护基本权：针对政府侵犯的防御性权利面向，同时规定政府有责任从正面采取措施保护这些权利。前者称为消极性权利，构成诉讼上的主观公权利。后者被称为客观法（有人称为客观权利，但不太准确），政府必须主动采取措施加以保护，包括立法机关进行相应的立法。

在 1958 年的吕特判决中，德国联邦宪法法院首先说明了基本权利的"主观权利"性质："毫无疑问，基本权利的主要目的在于确保个人的自由免受公权力的干预。基本权利是个人对抗国家的防御权，从基本权利在人类历史上的发展，以及各国将基本权利纳入宪法的历史过程，我们可能看出这一点……这也是为什么会存在针对公权力行为的宪法诉愿制度的原因所在。"而后，宪法法院又说明了基本权利具备客观法的面向："然而，同样正确的是，《德国基本法》无意构造一个价值中立的体系。《德国基本法》的基本权利一章建立了一个客观价值秩序，这个价值秩序极大地强化了基本权利的实效性。这一价值秩序以社会团体中的人类的人性尊严和个性发展为核心，应当被看作宪法的基本决定而对所有的法领域产生影响。立法、行政和司法都应该从这一价值秩序中获得行为准绳与驱动力。"在 1975 年的堕胎判决中，联邦宪法法院重申了基本权利的两种面向，认为基本权利条款不仅包含了个人对抗国家的主观防御权，同时也包含了作为宪法基本决定的客观价值秩序。这种客观价值秩序是所有的法领域和所有的公权力的准则。在德国词汇语义及这样一系列的宪法法院的判决影响之下，德国联邦宪法法院最终让人民确信：基本权利是人民对抗国家侵害的主观防御权，同时也是宪法科以公权力必须自觉遵守的"客观规范"，公权力机关有义务采取措施去完善基本权利的保障。[1] 而这渊源即是《联邦德国基本法》第 1 条所规定的"下述基本权利为直接有效地约束立法、行政和司法的法则"。《联邦德国基本法》并非价

---

[1]　张翔："基本权利的双重性质"，载《法学研究》2005 年第 3 期，第 23 页。

值中立，在涉及基本权利的第 1～20 条中建立了一个客观的价值秩序，而这正是对基本权利规范作用的原则性强化。

《德国基本法》第 1 条第 1 款与社会国原则的联结可能导出一种国家积极的社会国形成义务。德国实务上认为人性尊严基本权只限于防御权的功能，个人无权要求公权力启动某个方面的人性尊严保障的立法，更无法依据《联邦德国基本法》要求国家履行给付的义务，从而获取一定的利益，即发挥基本权的受益权功能。而此功能的发挥得依赖于具体的立法加以实现，因此当《联邦德国基本法》有规定，而部门法缺失基本权规定的时候，其受益权功能只是一种理论的存在。唯一的例外则是对于维持生存所必需的物资保障。这种国家所负的创造生存所必需的最低条件的义务，是由第 1 条第 1 款与《联邦德国基本法》之社会国原则联结而导出的。①

2. 制度性保障理论作为基本权保障措施的补充

制度性保障理论要求立法者不能对已经纳入宪法的法律制度的典型特征加以侵害，亦即制度性保障的范围限于保障既存法律制度的核心、本质部分——某一法律制度得以存在的基本要素。

制度性保障的首创者是柏林大学教授 Martin Wolff，他将魏玛宪法中的财产权和继承权解释为一种特别的法制度来保障。而 Carl Schmitt 则将之体系化，成为制度性保障理论的集大成者。真正的基本权利是享有自由的个人权利，制度性保障的权利"仅仅存在于国家之内，并非建基于原则上不受限制的自由领域的观念之上，而是涉及一种受到法律承认的制度"。P. Häberle 在诠释基本权的时候，将制度性保障结合，创立了著名的"制度性之基本权理论"，使制度性保障理论进入了新阶段。P. Häberle 认为，基本权具有"双重的宪法内涵"，即个人权利和制度性的两个面向。② 现今，学者们把这两个面向解释为主观公权利和客观的价值秩序。《联邦德国基本法》颁布以后，现代制度性保障理论认为，国家必须建立相应的制度或法律以实现基本权利。总的来说，制度性保障的核心含义大致有三层：一是制度性保障旨意在强化

---

① 蔡维音："德国《基本法》第一条'人性尊严'规定之探讨"，载《宪政时代》第 18 卷第 1 期，第 43 页。

② 邵曼璠：《论宪法上之制度性保障》，台湾中兴大学法律学研究所 1997 年硕士学位论文。

基本权的保障，例如内部组织多元与民主的机制保障基本权在草根（基层）中实现，程序保障要求公权力团体在进行外部行为时，人民有参与的机会；二是要求立法者尽立法义务，形成基本权的核心，基本权的制度性保障除了要求立法者不得任意废除、侵害该制度的本质、内容或宪法保障的地位以外，并要求立法者立法以建构合乎宪法所保障的基本权客观价值秩序；三是要求立法内容应有保护取向，主要因为基本权是国家存在的理由，构建基本权的价值秩序的本身就是为了更好地保障基本权，这一要求不但拘束立法，也拘束司法和行政。① 制度性保障理论作为基本权保障措施的补充，其目的除了要求国家积极履行立法义务外，还秉持立法者立法权有限的原则，禁止他们将《联邦德国基本法》所定的基本权的内容掏空，从而在反向上补强了宪法确立的内容。

3. 基本权利条款的第三者效力

《联邦德国基本法》条款不仅可提防各级政府，也可提防私人或集团对基本权的侵犯。

依据《魏玛宪法》第 118 条和第 159 条的规定，人民的言论自由，不能被私法主体之间的劳动契约限制，以劳工运动为目的的结社自由权，也不可以通过私法之关系来加以限制。由于当时的环境，私法领域的基本权适用问题没有引起人们的注意。《联邦德国基本法》对基本权利效力作了独特的规定。《联邦德国基本法》第 1 条第 3 款的规定使司法机关在民事审判活动中适用基本权利条款成为宪法义务，这是基本权利在私法领域产生效力的明确的宪法根据。德国学者 Hans Carl Nipperdey 在 1954 年发表《男女同工同酬》一文，第一次提出了"基本权利对第三人的直接效力"的主张，认为私法关系中可以直接适用基本权利规范。后在其任德国联邦劳工法院院长时的 1954年 12 月 3 日，该院采纳了 Hans Carl Nipperdey 的直接适用宪法基本权规范的新理论。法院认为，私法的协议、法律行为及作为，都不能与作为社会生活秩序原则的基本权相抵触。这些社会生活的秩序原则，对于国民间的法律关

---

① 李惠宗："制度性保障之学术自由与大学自治权——'最高行政法院'九十一年度判字第三三四号及同院九十一年度判字第四六七号判决评释"，载《台湾本土法学杂志》2002 年第 9 期，第 29 页。

系具有直接的意义。此论一出，就获得极大的反响，并引来许多的批评，认为这样会偏离宪法针对国家权力的防御重心，导致私法的公法化，消解了契约自由、意思自治等私法的精神。反对直接适用的杜立希提出了私法中概括条款作为私法实现宪法基本权的理想媒介。他认为，只有透过概括条款的适用，才可以妥善地调和私人间（为基本权利所肯定的）属于私人的处置自由，从而在法律体系及逻辑上来保障私法的独自性。同时，又可以维持"整体法的一致性"。① "基本权利对第三人的间接效力"说逐渐成为通说，并为许多人所接受。

《联邦德国基本法》中有关宪法中人权的所有规定都具有法律效力，这不同于《魏玛宪法》（《魏玛宪法》将人权分为有法律效力和无法律效力两部分）。宪法法院前法官、洪堡大学教授 Dieter Grimm 总结道："价值或原则导向（the value – or principle – orientation）意味着嵌在宪法条文中的价值，尤其是人权，应尽量扩展。这一观点有两个结果：如果出现宪法所保障的价值产生冲突的情况，问题不是决定谁压倒谁，而是找到使两者都能效力最大化的方法；效力的最大化不可以对所处的情境不加考虑而给予人权。来自社会发展或科技进步的威胁产生了人权的新解释。一个案件几乎产生一项新权利。"②

（三）自卫型民主

《联邦德国基本法》第 21 条第 1 款规定："政党依其目标或依其支持者之行为，意图伤害或排除自由民主基本秩序，或危害联邦共和国之存在者，为违宪……"此处创设的政党违宪制度，也是基于魏玛共和国时期惨痛的教训。其目的是及早抑制破坏"自由民主基本秩序"的政党，作为政治媒介的政党能够朝着合符宪法价值的方向发展。1952 年和 1956 年联邦宪法法院先后判决极右的社会主义帝国党（SRP）和极左的德国共产党（KPD）违宪并下令解散，这两个案件曾世界瞩目，影响深远。这就是德国在宪法机制上独创的"自卫型民主"原则。

---

① 有关基本权第三人效力理论的详细介绍，参见陈新民："宪法基本权利及对第三者效力之理论"，见陈新民：《德国公法学基础理论》，山东人民出版社 2001 年版，第 287~343 页。

② Dieter Grimm: *Human Rights and Judicial Review in Germany*, Human Rights and Judicial Review: A Comparative Perspective, edited by David M. Betty, Martinus Nijhoff Publishers 1994, p. 273.

　　由于社会主义帝国党对联邦内阁和民主政府的敌视态度，宣扬希特勒的拥护，希望分裂德国。1951 年，阿登纳政府提请联邦宪政法院予以取缔。联邦宪法法院对政党取缔首次发表了意见："在民主国家，政党具有特殊重要性。通过合法手段，政党可期望改变个别条款或甚至整体宪法机构；只有当寻求推翻《联邦德国基本法》所体现的最高基本价值——自由民主秩序时，它们才能被驱逐出政治舞台……根据《联邦德国基本法》作出的宪政决定，基本宪政秩序最终基于下列观念：人具有其自身的独立价值，并且自由与平等是民族统一的永久和内在价值。因此，这项基本秩序所充满的价值，反对那些排斥人类尊严、自由和平等的极权国家之秩序……"在德国共产党案中，联邦宪法法院明确了自卫型民主规则："在包涵所有政治思想的宽容原则和政治体制的某些不可剥夺之价值之间，《联邦德国基本法》代表着一种取得综合的自觉努力。《联邦德国基本法》第 21 条第 2 款并不和宪法的任何基本原则相矛盾，它表达了缔造者基于具体历史经验的诉求：国家不能再对政党保持中立态度。在这个意义上，《联邦德国基本法》创造了"自卫型民主"；这项对宪法的价值决定，约束着联邦宪政法院。[①]

　　《联邦德国基本法》第 18 条规定："凡滥用自由发表意见权，特别是新闻出版自由权、教学自由权、集会自由权、结社自由权、通信、邮政和电讯秘密权、财产权和避难权以攻击自由民主的基本秩序为目的的，丧失相应的基本权利。基本权利的丧失和丧失范围由联邦宪法法院宣布。"这样的规定在世界上也是罕见的，它为自由民主的秩序提供了自卫武器，从而防患于未然。

三、作为《联邦德国基本法》守护者的联邦宪法法院

　　1815 年《维也纳联邦协议》规定设立联邦仲裁法院，1849 年 3 月 28 日通过的《保罗教堂宪法》为设立宪法法院进行了详细的规定，但并没有实施。德国联邦高等法院是根据《魏玛宪法》第 108 条建立的，其分为两种类

---

　　① 张千帆：《西方宪政体系（下册·欧洲宪法）》，中国政法大学出版社 2001 年版，第 302～308 页。

型：一是临时设立在最高法院，专门审理弹劾案件；二是临时设立在最高行政法院，专门审理宪法争议的案件。① 以上各种法院都无法与 1951 年 9 月 28 日设在卡尔斯鲁厄的德国联邦宪法法院相比。联邦宪法法院与联邦议院、联邦参议院、联邦总统、联邦总理并列为德国五大宪法机构，联邦宪法法院不受其他机构的职务监督，可以与其他宪法机构直接沟通。同时，联邦宪法法院也是司法机构，受理各种宪法诉讼进行宪法裁判。《德国联邦宪法法院法》第 13 条规定了联邦宪法法院的管辖权，按照这些内容，可以分为客观诉讼和主观诉讼两部分。前者有对联邦总统的弹劾、政党违宪、选举审查、机构争议、法律与规范审查、法官弹劾和基本权丧失宣告等，后者为宪法诉愿。此外，还有解释《联邦德国基本法》的权力。

联邦宪法法院是《联邦德国基本法》创立的唯一一个全新机构，是德国宪法体系中最具原创性的机构。到 2001 年，它已审理各种案件达 13 万之多，累积起来的司法档案突破 100 多卷，近 4 万页篇幅。它的成就不仅表现在数量上，其半个世纪的司法实践已为德国第二次民主制度的发展与巩固作出决定性贡献，屡屡成为别国仿效的榜样，例如西班牙、葡萄牙、中东欧国家、韩国、南非等国家。虽然，指责的话语不一而足："联邦宪法法院是宪法的捍卫者还是宪法的改变者""是宪法的捍卫者还是立法替代者""是宪法的捍卫者还是政治控制者""谁来保护宪法免遭其捍卫者的破坏""联邦宪法法院的功能是民主政治制度的寡头统治吗""是红衣贵族吗"，等等。② 应当承认，联邦宪法法院是一项取得了极大成功的德式法律制度。其成功运作使得立法、行政、执法三权的运行无不以其裁判马首是瞻，以至于有"宪法法院成文法主义"之论。③

联邦宪政法院的"宪法司法的唯一宗旨便是维护宪法"。④ 通过裁判与解释，宪法法院所传达的思想已经深入德国生活的各个方面。将宪法中所建立起来的价值体系落实于现实当中的是宪法法院。虽然这个司法帝国的领域在

---

① 刘兆兴：《德国联邦宪法法院总论》，法律出版社 1998 年版，第 16 页。
② 连玉如："德国宪法监督冲突述评"，载《德国研究》2002 年第 1 期，第 25、27 页。
③ 刘飞：《德国公法权利救济制度》，北京大学出版社 2009 年版，第 119 页。
④ ［德］康拉德·黑塞：《联邦德国宪法纲要》，李辉译，商务印书馆 2007 年版，第 433 页。

不断膨胀，但是它不乏司法自制，当我们谈起德国政体的稳定和社会的繁荣的时候，应当记起宪法法院功不可没。

1929 年，卡尔·斯密特的《宪法的守护者》出版①，认为总统制打破议会制霸权，是宪法的守护者之一。第一章名为"司法作为宪法的守护者"，即联邦高等法院是宪法的守护者。这源于在 1927 年 10 月 15 日的判决中联邦高等法院自称为"帝国宪法的守护者"，实际上联邦高等法院功能有限，比起宪法法院的管辖和作用来，两者真有霄壤之别。而魏玛共和国实质上的总统制早已成为历史，现今的联邦总统只具有象征意义的职能。因此，称联邦宪法法院为"宪法的守护者"，是名实相符的。

四、超越国家利益

（一）新闻自由的宪法保障

2007 年 1 月 27 日，联邦宪法法院在判决中再次重申：新闻自由高于国家机密（宪法法院判例 1 BvR 538/06 und 1 BvR 2045/06）。如果说国家是必要的恶的话，德国的宪法体系已经为制止该恶找到了一种抑制的途径。

1962 年，《镜报》详细披露了北约和西德的军事计划及西德军事的弱点，并指责国防部长斯特劳斯企图在西德装备原子战略武器。某天晚上，西德联邦和州警察联合袭击了《镜报》的总部，逮捕了《镜报》的编辑并带走大批资料。引发了德国社会的强烈抗议，政府非常尴尬。经过三年的法院诉讼，1965 年 5 月 13 日，因缺乏证据联邦最高法院的刑事庭宣判主编和作者无罪，理由是：社会公众利益高于国家机密。最后，驳回了政府针对《镜报》的指控。1966 年，《镜报》向联邦宪法法院提出起诉，要求确认德国政府的这种做法违背宪法。宪法法院的法官之间意见存在分歧，最后投票发生 4 比 4 的分裂而没有得到通过。2005 年 4 月，德国政治类月刊《西塞罗（Cicero）》发表了一篇有关于次年被杀的恐怖分子 al Sarkawi 相关的事件，援用了联邦刑事局的一个内部资料。引发警方搜查了杂志社，抄走了编辑部的计算机，指

---

① ［德］卡尔·施密特：《宪法的守护者》，李君韬、苏慧婕译，商务印书馆 2008 年版。卡尔·施密特即卡尔·斯密特。

责该杂志在"帮助"别人透露国家机密，涉嫌泄露国家机密方面的犯罪。后来杂志社向宪法法院起诉。法庭判决：如果仅因为某新闻媒体报道了国家机密的案件，则警方还没理由因此搜查该新闻场所。①

2005 年，德国政坛爆发了"Khaled el-Masris 丑闻"。2003 年，德籍黎巴嫩人 Khaled el-Masris 外出度假时，被边防官员逮住，因他的名字与真正的恐怖分子 Khaled al-Masri 的名字在写法上极其相似。美国中央情报局（Central Intelligence Agency，以下简称 CIA）以涉嫌恐怖活动为由，把他绑架并押至阿富汗。在那里，他被轮番审问、折磨，受到各种非人的虐待。因 CIA 找不出他有罪的证据，五个月以后，CIA 只好将他扔在阿尔巴尼亚并释放。德国政府明知此事却没有积极救助，甚至德国的情报部门积极配合 CIA，成为事件的帮凶。因为此事涉及情报部门，算是国家机密。但警方关心的却是，谁将这一国家机密透露给新闻界的。2005 年 9 月，汉堡警方突击搜查了《明星》（Stern）杂志和《金融报》（Financial Time）编辑部，希望查到谁是透露者。通过这次宪法法院判决，证实了警方的这种行为是违背宪法的。②

《世界舞台》（Die Weltbühne）杂志主编 Carl von Ossietzky 因于 1929 年透露"一战"后的德国秘密购买武器、重新武装的事实，在 1931 年被以"叛国"和"间谍"罪判处 18 个月的徒刑。服刑不久被释放，但仅仅几个星期之后，上台的纳粹又将他逮捕，之后成为集中营的第一批被关押者。经历痛苦的折磨，1938 年 Carl von Ossietzky 在警察的关押中逝世。因其以新闻自由和世界和平为志业，被授予 1935 年的诺贝尔和平奖，但纳粹以领奖会自绝于人民为由阻止他前去参加典礼。这次授奖争议很大，导致两位评委辞职以抵制，挪威的先导性的保守报纸 Aftenposten 认为，Carl con Ossietzky 是一个罪犯，不应该利用违反本国既存的法律的手段去攻击他的国家，而且是在希特勒上台之前。Carl von Ossietzky 的女儿在 20 世纪 90 年代努力为其父平反，但

---

① 张千帆：《西方宪政体系（下册·欧洲宪法）》，中国政法大学出版社 2001 年版，第 432 页；钱跃君："新闻自由受宪法保障"，http：//falv. de/forum/forum. php? mod = viewthread&tid = 815&extra = page%3D2，访问时间：2010 年 9 月 14 日，Khaled el – Masris 案亦参考了该文。

② 详细经过参见 Khaled El-Masri 的声明，美国自由联盟（ACLU）网 http：//www. aclu. org/human-rights_ national-security/statement-khaled-el-masri，访问时间：2010 年 9 月 15 日。

联邦法院于 1992 年作出最终裁定：维持判决。诺贝尔和平奖的颁发在一定程度上也认可基本权利是可以超越国家利益的。法院虽然没有为他翻案，但在之前的两起案件中我们已经了解，至少裁判当前的案件时法院认为某些基本权应该超越国家利益。在民间，就在 Carl von Ossietzky 出生地汉堡附近的奥尔登堡大学，为了纪念他，已经将校名改为 Carl von Ossietzky Universität Oldenburg。[①]

（二）欧盟宪法法院的审查

欧洲宪法法院由欧洲联盟设在卢森堡的欧洲法院（Der Europäische Gerichtshof，以下简称 EuGH）和欧洲委员会设在法国施特拉斯堡的欧洲人权法院（Europäischer Gerichtshof für Menschenrechte，以下简称 EGMR）组成，因为他们的作用，我们可以称其为欧洲宪法法院。欧洲各国宪法法院同 EuGH 和 EGMR 保持着纵向的关系。EuGH 是欧共体法的最高诉讼法院；EGMR 负责监督各个成员国对《欧洲人权公约》的遵守情况，拥有终审裁决权，特别是当德国联邦宪法法院由于诉讼时间过长而自己也成为批评对象时。针对德国诉讼时间过长问题，欧洲人权法院曾于 1996 年和 1997 年三次作出判决。德国联邦宪法法院与前两者的关系有时却有些紧张，客观而言，这种既合作又紧张的关系在一定程度上倒是促进了《联邦德国基本法》目标的实现。除了欧洲宪法法院在保护人权方面的作用外，德国宪法法院在守护《联邦德国基本法》方面可以说是兢兢业业的，它在 1974 年作出一个"只要"判决：只要欧洲层次还不能提供相应的基本权利保护，它就会以《联邦德国基本法》的基本权利作为衡量欧共体法的标准。判决促使欧共体法院加紧了建设的步伐。1986 年后，联邦宪法法院认为：从根本上来说，欧洲层次的基本权利保护已可与德国标准相媲美。它与欧共体法院是一种"合作关系"，只是范围有所不同罢了。1993 年，联邦宪法法院在其马约判决中又强调指出：它将继续对欧洲的法律行为是否局限在欧洲层次应有的职权范围以内进行审查。由此他们达到各司其职的有序状态。[②]

---

① 维基百科：https：//en. wikipedia. org/wiki/Carl_ von_ Ossietzky，访问时间：2010 年 9 月 15 日。
② 关于欧洲宪法法院的介绍参见连玉如："德国宪法监督冲突述评"，载《德国研究》2002 年第 1 期；［德］施莱希、［德］科里奥特：《德国联邦宪法法院：地位、程序与裁判》，刘飞译，法律出版社 2007 年版。

欧共体的出现对国家主权提出了挑战，其冲击不仅限于经济领域，在立法和司法领域也受到一体化的影响。地区化或全球化固然让人们绑上了地球村的战车，但这种现象带给我们的不仅仅是无界域的便利，还带来了人权保护的提升和对国家权力的限制。恶法非法、迟来的正义为非正义等理念也有望在一体化中更好地实现，以人权保障为目标的《联邦德国基本法》不意间有了"外国雇用兵"或"联合国家维和部队"的守护。

五、结语：人民的意识——守护《联邦德国基本法》的深层因素

《魏玛宪法》颁布后，在人们每日的闲谈中，通常所认同的论点是：魏玛共和国不是德国的，它是外国的舶来品，是美国威尔逊总统所想要的，是被外国军用货车运载而来的。甚至提出犹太人谋反论，因为《魏玛宪法》的起草者、宪法之父胡果·普罗伊斯原为犹太人，魏玛共和国在人们的语词中变成了"犹太人共和国"。[①] 其实，德国整个民族缺乏民主意识，社会上层尤为保守。国家机构人员充斥着反民主的思想，教育领域也念念不忘帝国的幽灵。他们绝大多数将纳粹当作救国救民的良药。作为温和的资产阶级民主，魏玛共和国难以承受极左与极右势力的两面夹攻。政府处理问题诉诸武力，最后迷信武力，造成以暴制暴的恶性循环。巨额战败赔款、庞大的失业队伍、飙涨的市场物价，加之大萧条的到来，掏空了执政者的基础。德国民众被希特勒的诺言吸走了，他们认为民主共和不过是一场不切实际的臆想。[②]

施米特在《合法性与正当性》一书中描写道，《魏玛宪法》对极左派来说，是一部彻头彻尾资产阶级民主的宪法，它与第二帝国宪法藕断丝连。只有实现以工农兵为基础的无产阶级专政，与旧宪法革命性地决裂而非改良它，才能彻底告别专制、黑暗时代。对于极右派来说，魏玛宪法是崇洋媚外，把外国那套政治制度生搬硬套强加给具有悠久民族传统的德意志人民。[③] 即是美国的那一套强加给德国的人民，《魏玛宪法》不过是美国宪法的翻版。

经历了希特勒的独裁暴政之后，人们从纽伦堡的审判，从勃兰特在华沙

① ［法］里昂耐尔·理查尔：《魏玛共和国时期的德国》，山东画报出版社2005年版，第38页。
② 张千帆：《西方宪政体系（下册·欧洲宪法）》，中国政法大学出版社2001年版，第153页。
③ 刘小枫："民国宪政的一段往事"，载《书城》2003年第8期，第60页。

的一跪和以奥斯维辛集中营题材的影片等事件和材料中汲取了诸多的教训，提升了他们对第三帝国的认识，感到不是民主共和的错，而是宪法缺少了守护。人民的人性尊严和自由民主的意识在历史的教育和司法的导向下得到提高。条顿民族本是一个很有凝聚力的民族，也是一个喜思考的理性的民族。法国思想家孔多塞在大革命流亡中说："没有别的可以用来更好地表明，人类的幸福依赖于理性的进步到什么地步。"① 无论是《联邦德国基本法》的文本，还是司法的裁判以及德国民众的行为，都浸润着理性。以上这些"人的因素"兴许就是这个人口不过亿、面积 35 余万平方公里的小国强盛的秘密吧。现今，年轻的一代已经吸收了历史的养分，从他们愧于启齿"二战"的神色中，我们知道了《联邦德国基本法》是如何守护的；从联邦宪法法院成立 50 年纪念活动中劳总统的致辞和人们的反应上，我们清楚谁是《联邦德国基本法》的专职守护者。

---

① ［法］孔多塞：《人类精神进步史表纲要》，何兆武、何冰译，三联书店 1998 年版，第 26 页。

第三章 《宪法》第46条适用的教育阶段辨析*

导源于齐玉苓案件的宪法司法化的争论虽然取得了遵守性援引宪法的初步共识，但仍然没有解决《宪法》第46条适用于何教育阶段的问题。考究该条对权利义务的同时规定、对比相关法条对权利义务的规定、追问受教育义务的落实和受教育权利的实现、考虑体系解释时相关法条之间存在无法黏合的缝隙，可知其只能适用于义务教育阶段。考察"1982年修宪报告"的特定情境，应当对其受教育阶段的说明作限缩性理解，即回归《宪法》第46条的本意。在齐玉苓案中，山东省高级人民法院的判决不但越权，而且作为判决依据所引《宪法》第46条适用于中等专科教育阶段也是错误的。

发生在前些年的关于受教育权的两起案件，齐玉苓案与罗彩霞案，经过媒体的报道、学者的讨论，对我国教育法、宪法的发展与探索起了有力的推动作用。虽然讨论暂告一个段落，学界对此的论争似乎风平浪静，但是通往救济的航道依然留下了并未清理成功的星点暗礁，所谓司法的阳光穿透重重雾霭照射于"枯叶飘零的幽谷"却有自娱的假象。这些星点暗礁是当初并未涉及的问题或讨论不彻底的论题，由于他们的存在阻滞了受教育权体系的完善，其不洽逻辑让司法的论证深受内伤，让救济之船面临触礁的危险。本篇即有延续讨论、完善法理逻辑的引玉之意。

---

* 本文原载《华东政法大学学报》2015年第2期，发表时有删减。

一、未解决的《宪法》第 46 条适用阶段的问题

2001 年 7 月 24 日，最高人民法院公布了《最高人民法院关于以侵犯姓名权的手段侵犯宪法保护的公民受教育的基本权利是否应当承担民事责任的批复》。其批复内容为："经研究，我们认为，根据本案事实，陈晓琪等以侵犯姓名权的手段，侵犯了齐玉苓依据宪法规定所享有的受教育的基本权利，并造成了具体的损害后果，应承担相应的民事责任"。批复揭开了宪法司法化在法学界论争的序幕。

力主司法化的一方主要从宪法的法律属性、基本权利保护和司法化的国外经验进行论证。反对司法化的一方依据宪法规定的职权，尤其是《宪法》第 67 条规定的全国人民代表大会常务委员会行使解释宪法、监督宪法实施的职权和第 126 条的规定"人民法院依照法律规定独立行使审判权"作为批判的锐器。翟小波博士直截了当地指出："围绕宪法司法化的论争，本质上是政体之争，它必然要求等位且制衡的分权结构，以后者为前提。"①

2008 年 12 月 8 日，最高人民法院审判委员会通过《最高人民法院关于废止 2007 年底以前发布的有关司法解释（第七批）的决定》（2008 年 12 月 24 日起施行）废止了批复（废止理由：已停止适用）。对比批复出台的热闹，废止在悄无声息的决定中进行。在这废止原因不明的举动中，不少学者提出了各种猜测。② 比较一致的见解认为，宪法司法化的路径已经被阻断，宪法司法化在系铃解铃的过程中，最高人民法院否定了自己失误的冲动。从司法审判程序和权力来说，这场论争给法学界和司法界所明了的操作规则是：法院只能在判决中遵守性援引宪法，不是适用性援引。童之伟教授提出了遵守性援引的要求：被引用的宪法条文或内容是裁判文书的说理论证的一部分，

---

① 翟小波："代议机关至上，还是司法化"，载《中外法学》2006 年第 4 期，第 430 页。许崇德教授在废止之前亦指出："相对于全国人大及其常委会来说，最高人民法院处于从属的地位。一个处于从属地位并受人大监督的国家机关，当然不可能亦无权对全国人大及其常委会的立法行为实行违宪审查，这是无需赘言的。否则，它将会损害最高国家权力机关的尊严，而且与我国根本政治制度的原则相违背。"参见许崇德："'宪法司法化'质疑"，载《中国人大》2006 年第 11 期，第 45 页。

② 马岭："齐玉苓案批复的废止'理由'探析"，载《法学》2009 年第 4 期。

而不能纳入"根据宪法××条判决如下"文中；援用宪法条文不存在争议，其效力获得各方认同；援用的内容为推理前提、条件或表明某项基本权利的存在，为裁判做铺垫，非裁判的直接依据；所引宪法有关规定，法院或当事人通常不会有所质疑。[①] 遵守性援引宪法只能是原文不动地照录宪法的文本内容，并且不能够对宪法文本内容进行解释，因为监督宪法的实施和解释宪法是全国人大常委会的职权，而不属于法院的职权。这一点也是遵守性援引的要求。

笔者注意到，山东省高级人民法院〔1999〕鲁民终字第258号民事判决书所说的法条依据："依照《中华人民共和国宪法》第46条"，[②] 其实最高人民法院的批复并未明确是针对《宪法》第46条而提出来的，只是山东省高级人民法院在判决书中提出依据该法条对案件进行判决。也许，最高人民法院批复认定的结论——"受教育的基本权利"受到侵害，诱导了山东省高级人民法院确定所引的判决依据。在此，笔者无意再掀起司法化的波澜，也无意展开达成初步共识的遵守性援引论题。只是想沿着遵守性适用的方向继续探讨：当法院审理涉及所有的受教育权案件的时候，引用《宪法》第46条是否合适？或者说，《宪法》第46条是否适用于所有的教育阶段？经过笔者的研判，《宪法》第46条只能适用于义务教育阶段，理由如下文。

二、《宪法》第46条规定的"受教育的权利和义务"决定了其仅适用于义务教育阶段

《宪法》第46条规定："中华人民共和国公民有受教育的权利和义务。国家培养青年、少年、儿童在品德、智力、体质等方面全面发展。"通常该

---

① 童之伟：《宪法适用应依循宪法本身规定的路径》，载《中国法学》2008年第6期，第26页。

② 判决所有的法条依据是："原审判决认定陈晓琪等被上诉人侵犯了齐玉苓的姓名权，判决其承担相应的民事责任是正确的。但原审判决认定齐玉苓放弃接受委培教育，缺乏事实依据。上诉人要求被上诉人承担侵犯其受教育的权利的责任，理由正当，应予支持。案经本院审判委员会讨论，依照《中华人民共和国宪法》第46条，《中华人民共和国教育法》第9条、第81条，《中华人民共和国民法通则》第120条、第134条，《中华人民共和国民事诉讼法》第152条、第153条第1款第3项、第158条和最高人民法院〔2001〕法释第25号批复的规定，判决如下……"童之伟教授认为，山东省高级人民法院超越《宪法》第126条和人民法院组织法第4条规定的权限而越权适用宪法的情状特别明显。参见童之伟："宪法适用应依循宪法本身规定的路径"，载《中国法学》2008年第6期，第35页。

条被认为是受教育权条款，这在齐玉苓案件的终审判决书中所援引的条文可以佐证。问题是，将该条款视为受教育权条款并适应于所有与受教育权有关的案件，是解释不通的。笔者认为，第46条只能适用于义务教育阶段的受教育权案件。《高等教育法》第2条第2款明确该法所称高等教育是指在完成高级中等教育基础上实施的教育。为了叙述方便，本文将高中及高中以后的教育称为非义务教育阶段。

（一）权利主体和义务主体为同一个主体

固然，义务教育首先是政府的义务，"如果国家不给，则义务就不能成立；如果公民不受，则义务就无法履行。所以，受教育义务以国家给付责任的履行为成立前提，且教育事务的公共性不似维护治安、筹设国防那样为国家职能所固有，其给付的数量、标准带有裁量性，立法机关可相机、俟时而定"。"父母固然'必须'将孩子送入学校，但其前提是国家须履行给付责任在先；在国家未履行给付责任或者未完全履行给付责任特别是不实行免费教育的前提下，父母之'必须'作为责任就不能成立。"① 但不论如何解释，我们都无法将《宪法》第46条所规定的同一权利和义务主体认为是政府，是父母。这是由文本字面含义所决定的，即受教育的权利和义务只能解释为享受权利和履行义务的主体是同一个公民。《义务教育法》第4条规定："凡具有中华人民共和国国籍的适龄儿童、少年，不分性别、民族、种族、家庭财产状况、宗教信仰等，依法享有平等接受义务教育的权利，并履行接受义务教育的义务。"这是对《宪法》第46条的诠释。因此，周伟教授认为："受教育的权利义务统一性限于义务教育，且与其他法律权利的权利义务统一性有着不同特点。"②

郑贤君教授认为："我国宪法规定受教育既是公民的权利，又是公民的义务。此处有两个问题：一是作为公民权利的受教育权在初等教育和高等教育两阶段中的性质并不相同；二是作为公民义务的受教育只存在于初等教育

---

① 郑贤君："公民受教育义务之宪法属性"，载《华东政法学院学报》2006年第2期，第123页。

② 周伟：《宪法基本权利原理·规范·应用》，法律出版社2006年版，第312页。

阶段。作为公民的一项宪法权利，初等教育中的受教育权区别于高等教育中的受教育权。初等教育中受教育权的价值理念是平等，高等教育中受教育权的价值理念是自由。"同时，认为受教育既是公民权利又是义务是针对初等教育阶段而言的。受教育权在初等与高等教育两阶段中的性质不相同，而且国家保障的标准也不相同。① 接下来的问题是，可否将《宪法》第46条中的权利主体解释为适合初等教育和高等教育两阶段的公民，而将其义务主体解释为初等教育阶段的公民？实际上，这种解释将权利主体和义务主体限定在初等、高等教育两阶段，但仍然和上一种解释的思维一样，将权利主体和义务主体割裂。我国公民有受教育的权利和义务，从字面上来说，句中权利和义务的主语是同一个，为"公民"。这个主语"公民"是权利和义务的主体，是集受教育的权利和义务于其一身的。有观点认为《宪法》第46条同时规定权利和义务是不妥当的，实际上该条并没有混淆权利主体与义务主体的关系。不仅没有产生理论上的困惑，即使在实践中给教育立法带来了困难，也是可以克服的。将该条解释为接受教育的义务由孩子的父母承担，而不是孩子的义务，这是不妥当的。② 规定义务教育阶段的公民受教育的义务，较早出现在1848年的《法国卡诺教育法案》，规定普及初等义务教育，强迫男女儿童入学，政府免费提供书籍、膳食。③ 德国《魏玛宪法》第145条规定："受国民小学教育为国民普通义务……"可见，将接受教育明确规定为受教育者的义务很早就出现在法条和宪法条文中了。

认为国家的义务、父母或监护人的义务是《宪法》第46条伴随的义务，做这样的理解是可行的。犹如美国联邦最高法院在 Griswold v. Connecticut 一案 [381 U.S. 479（1965）] 中认为："宪法第1修正案存在着伴影（penumbra），

---

① 郑贤君："公民受教育义务之宪法属性"，载《华东政法学院学报》2006年第2期，第123页。
② 张震："公民受教育权的多种面相"，载《内蒙古社会科学（汉文版）》2008年第1期，第138~139页。《宪法》《义务教育法》和《教育权》均规定我国公民有受教育的权利和义务。将受教育权规定为权利，同时又规定为义务，必然产生理论上的困惑：作为权利是可以放弃的；作为义务是必须履行的。这让受教育者感到无所适从。参见温辉：《受教育权入宪研究》，北京大学出版社2003年版，第69页。
③ 赵利："论公民受教育权及其法律保障"，载《江苏大学学报（高教研究版）》2004年第4期，第28页。

透过伴影公民的隐私权获得保障并不受政府的干涉。"联邦最高法院利用伴影理论从《美国宪法》第 1 修正案言论自由条款导出隐私权的存在，并受宪法保护。然而，正如前文所言，我国法院无法以此含义利用遵守性适用来判决案件，因为法院不可以对条文进行解释。而且，从该条款发展的历史来看，从 1982 年宪法的实施，1986 年《义务教育法》的实施，到 2007 年免费的义务教育的实现，历经了漫长的过程。其间有两大因素起了决定性作用，一是全国人大的立法裁量权，二是我国政府的财政状况与对义务教育实施的力度。对义务教育实施能够到怎样的程度，法院无法决定和左右。强行裁判只会减损司法的权威。

（二）义务的内容决定了受教育的阶段

如尚无法充分认定该条适用于义务教育阶段。我们还可以从义务的内容明确其适用的阶段。

1.《宪法》第 46 条所规定的受教育的义务应该确认是对谁履行的义务

对此，我们不妨看看《宪法》有关"义务"的条款。以下是除受教育权条款以外《宪法》中所有规定义务的条款。

第 42 条第 1 款 中华人民共和国公民有劳动的权利和义务。

第 49 条第 1～3 款 婚姻、家庭、母亲和儿童受国家的保护。夫妻双方有实行计划生育的义务。父母有抚养教育未成年子女的义务，成年子女有赡养扶助父母的义务。

第 52 条 中华人民共和国公民有维护国家统一和全国各民族团结的义务。

第 54 条 中华人民共和国公民有维护祖国的安全、荣誉和利益的义务，不得有危害祖国的安全、荣誉和利益的行为。

第 55 条 保卫祖国、抵抗侵略是中华人民共和国每一个公民的神圣职责。依照法律服兵役和参加民兵组织是中华人民共和国公民的光荣义务。

第 56 条 中华人民共和国公民有依照法律纳税的义务。

第 71 条 全国人民代表大会和全国人民代表大会常务委员会认为必要的时候，可以组织关于特定问题的调查委员会，并且根据调查委员会的报告，作出相应的决议。调查委员会进行调查的时候，一切有关的国家机关、社会团体和公民都有义务向它提供必要的材料。

不难发现，这些义务（除有明确的义务对象——涉及私法主体的《宪法》第 49 条第 3 款外），包括未明确规定义务针对对象的受教育权都是公民对国家的义务，这和宪法以规范国家与公民的关系为主要内容之一的原理也是相符的。

作为基本法律的《教育法》是否是解释《宪法》第 46 条最适切的法律？该法第 43 条规定："受教育者应当履行下列义务：（一）遵守法律、法规；（二）遵守学生行为规范，尊敬师长，养成良好的思想品德和行为习惯；（三）努力学习，完成规定的学习任务；（四）遵守所在学校或者其他教育机构的管理制度。"该条并没有明确对国家的义务，转引性的第 1 项也无法找到（除《义务教育法》外）。因此，依据规范所有受教育阶段的《教育法》来理解《宪法》第 46 条有局限。至少，我们可以看出《教育法》所定的受教育者的义务并没有指明受教育者须履行的国家义务。如果说《宪法》第 46 条是所有受教育阶段公民对国家的义务，从规范受教育权的基本法律《教育法》所定的公民义务，无法对应和佐证这样的观点。因此，依据《教育法》来解释《宪法》第 46 条所定义务的方法失之偏颇。

2. 非义务教育阶段并无不可放弃的国家义务

受教育和劳动是《宪法》规定的既属公民基本权利，又属公民基本义务的两大宪法权利、义务。义务不可放弃，必须得到履行。如已经废除的《国务院关于劳动教养问题的决定》（1957 年 8 月 1 日，全国人民代表大会常务委员会第 78 次会议批准；1957 年 8 月 3 日，国务院公布）第 1 条规定："对于下列几种人应当加以收容实行劳动教养：（1）不务正业，有流氓行为或者有不追究刑事责任的盗窃、诈骗等行为，违反治安管理、屡教不改的；（2）罪行轻微，不追究刑事责任的反革命分子、反社会主义的反动分子，受到机关、团体、企业、学校等单位的开除处分，无生活出路的；（3）机关、团体、企业、学校等单位内，有劳动力，但长期拒绝劳动或者破坏纪律、妨害公共秩序，受到开除处分，无生活出路的；（4）不服从工作的分配和就业转业的安置，或者不接受从事劳动生产的劝导，不断地无理取闹、妨害公务、屡教不改的。"显然是对不劳动、劳动中不服从安排、不遵守规范的对象进行劳教。其目的是"把游手好闲、违反法纪、不务正业的有劳动力的人，改造成为自食其力的新人"。该决定对劳动教养的定义是"对于被劳动教养的人实行强制性教育改造的一种措施，也是对他们安置就业的一种办法"（是否可以理解为保障他们的劳动权利）。违反劳动的义务，后果之一即进行劳教。至少，劳动教养法律规定废除前（2013 年 12 月 28 日，十二届全国人大常委会第六次会议作出《关于废止有关劳动教养法律规定的决定》）的立法和理解应如此。废除后得有待重新理解劳动的义务。宪法中对国家的其他义务都有相应的法律后果。如针对《宪法》第 52 条、第 54 条，《刑法》分则专设"危害国家安全罪"一章，保障其义务得到履行。对《宪法》第 55 条，则以《刑法》第 435 条苛以逃离部队罪以及《兵役法》第 11 章上的法律后果为保障手段。《税收征管法》则对第 56 条所规定的义务进行了规范。《宪法》第 71 条也有相关的法律对其义务进行落实。①

如果受教育是大多数人或所有人对国家的义务，不上高中、大学的学生，成年劳动者、就业前的公民不参加培训等形式的教育，会有类似劳教、收容等制裁后果吗？《宪法》第 46 条的受教育义务只体现为义务教育阶段强迫就学的义务（《义务教育法》第 11 条），非义务教育阶段并无不可放弃的受教育的义务，就此可以反证《宪法》第 46 条对应的是义务教育阶段。

（三）权利的内容决定了受教育的阶段

1919 年德国《魏玛宪法》的颁布让受教育权成为权利和义务的复合体，《魏玛宪法》辟"教育与学校"专章，明定国家有义务通过强制及免费入学的方式保障受教育权，并规定："受国民小学教育为国民普通义务。"随后，日本、苏联及我国等诸多国家亦将受教育权规定为国民的权利和义务。虽然我国司法不可以在判决中解释《宪法》第 46 条为国家有义务以强制、免费

---

① 如《重庆市实施〈中华人民共和国各级人民代表大会常务委员会监督法〉办法》第 75 条规定："特定问题调查委员会在调查中，遇到阻力或者受到干扰时，有权要求有关机关予以排除。"

的方式保障公民的受教育权，但是可以从公民的受教育权的内容推论该条款所指涉的教育阶段。

许育典教授认为，我国台湾地区"宪法"第21条（"人民有受国民教育之权利与义务"）并不是指人民有从出生到死亡的受教育基本权。台湾地区于1999年制定的"教育基本法"第1条规定："为保障人民学习及受教育之权利，确立教育基本方针，健全教育体制，特制定本法。"是不是在任何阶段，包括学校以外都享有学习权①和受教育权？其中学习权和受教育权是否就是受教育基本权？在这些问题上，该法的制定者并没有在法条中明确，而是含混的。"学习权或受教育权如果是教育基本权，既经"教育基本法"第1条与第15条的明文保障，在原始给付请求权的功能上，似乎已经取得立法者在国家财政上的许可，使这个教育基本权在需要给付的门槛上，获得国家法律的支持。否则，教育基本权本来就是宪法位阶的基本权，何需法律位阶的承认。问题是，台湾每个人民真的有因为"教育基本法"的制定，而不受资格限制，且免纳学费地进入大学吗？"台湾教育系统包括学前教育、国民教育（即义务教育）、高中教育、大学教育。而国民教育则包括小学6年，初中3年。"国民教育法"第2条规定："凡六岁至十五岁之国民，应受国民教育；已逾龄未受国民教育之国民，应受国民补习教育。六岁至十五岁国民之强迫入学，另以法律定之。"第3条规定："国民教育分为二阶段：前六年为国民小学教育；后三年为国民中学教育……""理论上，我们认为，只要是在国家财政的许可下，教育基本权的保障应该是从出生到死亡的……事实上，国家财政许可的教育基本权界限，目前在台湾是定位在国民中小学阶段。""如果能达到这个地步，每个台湾人民不用经过考试或甄试，即可以进入户籍地附近的大学就读，而且免纳学费。也只有如此，台湾人民才能够称之为享有进入大学的'学习权'及'受教育权'。如果人民享有所谓的学习权及受教育权，还必须通过考试或甄试作为门槛，那他们就不配称为教育基本权，只能被列为使人民误认已享有教育基本权的假象，这也是'教育基本法'第

---

① 一般包含主动学习和被动学习两方面的权利。

1 条规定学习权及受教育权的立法迷思。"①

　　同样，我国《宪法》第 46 条规定的受教育基本权能否理解为从初等教育到高等教育的权利？乃至像"1982 修宪报告"中所说的直至高等教育后的在职教育阶段？我们同样需要追问：公民可以不受资格限制且免纳学费进入高等教育吗？如果公民不履行他进入高等教育的义务，国家是不是要强迫他去履行呢？显然，无论从国家财政保障，还是法律的执行来说，都没有达到这样的程度。其适用阶段只能是涵括小学、初中的九年义务教育阶段（初等教育阶段）。《高等教育法》第 9 条第 1 款规定："公民依法享有接受高等教育的权利。"而没有将接受高等教育规定为公民的义务，与《义务教育法》第 4 条是有区别的。虽然沿海有些地市将义务教育免费至高中阶段，但局部保障的延展并没有改变我国的整体状况。这两部法律第 9 条第 1 款和第 4 条的对比也以从下往上的法律位阶视角说明了《宪法》第 46 条适用的阶段。

三、体系解释难以将相关条款结合起来从而为《宪法》第 46 条作扩大解释

　　在全国人大常委会没有对《宪法》第 46 条作出解释的情况下，一般认为，最好的方法就是把第 46 条与第 19 条结合起来。第 19 条规定的是国家发展教育的政策、第 46 条规定的是公民权利，两者应该是对应的关系；再者，通过把《教育法》《义务教育法》《高等教育法》中的相关内容与宪法规定结合起来进行解读，这是宪法和法律解释的体系解释方法。以上设计在解释法律条文中固然是很自然的一个思维过程，但是，相关条款之间存在无法黏合的缝隙，由此导致他们无法结合起来将《宪法》第 46 条扩大解释为能适用于各个教育阶段。

　　（一）作为政策的《宪法》第 19 条和作为权利的第 46 条之间存在难以黏合的缝隙

　　魏玛时代的学者安序兹（Gerhard Anschütz）在其名著《德国宪法》中将

---

　　①　许育典：《宪法》，元照出版公司 2008 年版，第 305～306 页。

宪条分为：狭义的及严格意义的法规和单纯的法律原则。前一种分类犹如美国宪法，因为它是宪法法，是法律中的高级法。后者的宪法条文仅是对立法者的一种方针或是训令，又称为方针条款，尚需进一步的立法才可将宪法条款落实。安序兹认为《魏玛宪法》的意图十分明显，其意并非直接创设权利，而是对立法者的指示，所以称为方针指示条款。因为绝大多数的基本权利，都是要经立法者制定法律后，才获实现。以安序兹为代表的方针条款理论，将方针条款视为对立法者一种无拘束力的建议，在魏玛后期，已遭到学界普遍的怀疑。《联邦德国基本法》颁布后，由于宪法的法律适用性的加强，尤其是宪法法院对基本法的适用起到强大的推进作用，方针条款理论便宣告终结。代之而起的是委托条款理论。宪法委托是指宪法在其条文内，仅为原则性的规定，而委托其他国家机关（尤其是立法机关）制定出特定的、细节性的规范来实现。①

《宪法》第19条有关教育方面的内容是这样规定的："国家发展社会主义的教育事业，提高全国人民的科学文化水平。国家举办各种学校，普及初等义务教育，发展中等教育、职业教育和高等教育，并且发展学前教育。国家发展各种教育设施，扫除文盲，对工人、农民、国家工作人员和其他劳动者进行政治、文化、科学、技术、业务的教育，鼓励自学成才。国家鼓励集体经济组织、国家企业事业组织和其他社会力量依照法律规定举办各种教育事业。"我国宪法中的各个条文的效力高低不一。《宪法》第46条与第19条的效力分别是权利条款和政策条款，效力不一。我们也可以把两者分别类比为委托条款和方针条款，就此也可见两者的效力等级是不一样的。② 把《宪法》第46条与第19条结合起来解释，可否填平之间的缝隙？即使可以参考《宪法》第19条进行解释，能参考到何种程度？毕竟，政策难以成为权利的内容，尤其是《宪法》规定的政策并不明确和不具有操作性的情况下。

---

① 陈新民："宪法委托之理论"，见陈新民：《德国公法学基础理论》（上），山东人民出版社2004年版，第141~148页。
② 1954年《宪法》第94条的效力与1982年《宪法》第19条的效力倒是类似。该条规定："中华人民共和国公民有受教育的权利。国家设立并且逐步扩大各种学校和其他文化教育机关，以保证公民享受这种权利。国家特别关怀青年的体力和智力的发展。"

（二）年龄阶段不同导致《宪法》第 46 条与第 45 条存在难以黏合的缝隙

《宪法》第 46 条规定："中华人民共和国公民有受教育的权利和义务。国家培养青年、少年、儿童在品德、智力、体质等方面全面发展。"比照第 45 条中的盲、聋、哑群体（"国家和社会帮助安排盲、聋、哑和其他有残疾的公民的劳动、生活和教育"），以及"1982 年修宪报告"的规定："接受教育，是公民应享有的权利，也是公民应尽的义务，包括适龄儿童接受初等教育的义务，还包括成年劳动者接受适当形式的政治、文化、科学、技术、业务教育的义务，以及就业前的公民接受劳动就业训练的义务"。① 《宪法》第 45 条的年龄段不限，第 46 条第 1 款的限制为"青年、少年、儿童"（如果不是，该条第 2 款为何不另条规定？此点论述见本文第五部分），可见规范对象不同，或不完全一致。在参照《宪法》第 45 条的基础上，对第 46 条进行解释，不能不注意前后两条之间存在难以黏合的年龄上的缝隙。"1982 年修宪报告"所指的受教育阶段是否与《宪法》第 46 条相对应有待进一步探讨（见本文第四部分）。

（三）从字面及义务的含义来看，无法参照《教育法》《高等教育法》来进行体系解释

《高等教育法》第 9 条第 1 款规定："公民依法享有接受高等教育的权利。"而没有将接受高等教育规定为公民的义务，与《义务教育法》第 4 条规定受教育的权利和义务条款是有区别的。《教育法》第 9 条规定："中华人民共和国公民有受教育的权利和义务。公民不分民族、种族、性别、职业、财产状况、宗教信仰等，依法享有平等的受教育机会。"尽管《教育法》第 2 条声称："在中华人民共和国境内的各级各类教育，适用本法。"第 9 条规定的受教育义务的适用范围也不应是所有年龄段的公民。因为，除了《高等教

① 彭真：《关于中华人民共和国宪法修改草案的报告》（1982 年 11 月 26 日在第五届全国人民代表大会第五次会议上），http：//www. npc. gov. cn/wxzl/gongbao/1982 – 11/26/content_ 1478478. htm，访问时间：2014 年 10 月 7 日。

育法》未明确规定"中华人民共和国公民有受教育的义务"外，如上所言，《教育法》《高等教育法》所规定的义务与《宪法》第46条义务的内容不可同日而语。就《宪法》第46条的适用阶段来说，如何能够参照《教育法》《高等教育法》来进行体系解释呢？

四、"1982年修宪报告"对受教育阶段的说明应当作限缩性理解

针对现行《宪法》，彭真提出《关于中华人民共和国宪法修改草案的报告》时说道："接受教育，是公民应享的权利，也是公民应尽的义务，包括适龄儿童接受初等教育的义务，还包括成年劳动者接受适当形式的政治、文化、科学、技术、业务教育的义务，以及就业前的公民接受劳动就业训练的义务。"[①] 这是修宪报告中对受教育的主体文义清晰的说明，修宪者的解释可否成为《宪法》第46条的内涵？并成为有约束力的条文？

首先，修宪报告制定的主体并不是有权解释宪法的全国人大常委会，而是代表宪法修改委员会作出的。报告也不是对宪法的解释，不过是在修宪会议上修宪表决时对相关问题的说明，虽然该说明具有权威性。迄今为止，全国人大常委会并未作出宪法解释，更勿论《宪法》第46条。修宪报告充其量是我们解释、理解的重要参考，尤其是在利用立法解释方式的时候。

其次，除了与上文提出的那些理由及理解矛盾外，我们在理解《宪法》第46条时，就解释方法来说，也可以认定修宪报告对受教育权利和义务的说明应当作限缩性理解。

我们可以从19世纪后期德国公法学界对保护规范理论对法条解释径路的探求获得一些启示。学者Ottmar Bühler认为，当法规的颁订有利于特定人或特定范围的人，以满足该等人民的个人利益，而非仅在公共利益时，法规范即赋予臣民主观公法上的权利。Ottmar Bühler的观点成为后世保护规范理论的基本思维。在无法确定是否为保护规范时，如果从某一规范意

---

① 彭真：《关于中华人民共和国宪法修改草案的报告》（1982年11月26日在第五届全国人民代表大会第五次会议上），http://www.npc.gov.cn/wxzl/gongbao/1982-11/26/content_1478478.htm，访问时间：2014年10月7日。

旨不难看出其事实上有利于个人利益，即可推定兼有保护公共利益与个人利益的目的。进入 20 世纪后，德国学界将"二战"前的学说称为旧保护规范理论（Alte Schutznormtheorie），而战后的学说则称为新保护规范理论（Neue Schutznormtheorie）。比较新旧保护规范理论，可以发现他们的思考路径是一样的：先确认是否有客观法规存在，再进一步索解该法规的保护取向是否兼而保护个人利益。他们间的两个差异点是：旧保护规范理论认为公权利的探求应首先在宪法中入手，着重自由权与财产权，基本权利是一种公法上的权利。新保护规范理论主张应先从法律入手，而不是宪法基本权利的规定，强调法律优先原则。另一个不同点是他们的探求重点。旧保护规范理论强调以立法者主观意旨为主探求法规意旨。新保护规范理论则认为，应不限于立法者的主观意旨（立法者的立法目的），还包括客观的意旨（综合立法因素）。① 从探求以立法者主观意旨为主理解法规意旨到客观的意旨是解释方法自然渐进的自然结果，不能一味寻求立法者的立法目的。

　　传统的基本权利的解释方法认为，条文的意涵固定不变，是封闭性的。解释者只能以历史解释、立法者原意解释往回追溯其当时的意义。而生活领域的概念导出的保护范围的基本权解释原则，是将条文视为开放性、框架性的意涵，解释者应将该条文的意涵不断动态地整合植入现代意义。这种解释是一种不断进行的价值整合，基本权的内涵及其保护范围与社会实体的理解直接相关，而非单纯的条文演绎。② 应该看到当年在修宪时的"客观的意旨"，这就是"大跃进"和"文革"遗绪和惯性的影响，③ 虽然超英赶美已

---

① 李建良："保护规范理论之思维与应用——行政法院裁判若干问题举隅"，见黄丞仪主编：《2010 行政管制与行政争讼》，"中央研究院"法律学研究所 2011 年版，第 3～5 页。

② 姚立明："从人权条款的保障范围论人权条款的解释兼论基本权的领域概念"，见徐正戎、张道义主编：《第一届西子湾公法学研讨会论文集》，台湾中山大学 2005 年版，第 23 页。

③ 大跃进期间，一家人民公社就有好几所大学。花个把月编一部字典，学生、老农做教授。参见张鸣："曾经有过的高教大跃进"，见张鸣：《历史的坏脾气》，中国档案出版社 2005 年版，第 170～176 页。在修宪时还有一种遗绪，权利、责任大家一起分担。如彭真在修宪报告里还提到："卫生和体育事业对于保护人民健康、增强人民体质、提高学习和工作效率的重要性，文学艺术、新闻、出版等各项文化事业对于丰富和提高人民精神生活的重要性，都是很明显的。它们的发展，也不能单靠国家的力量，都需要依靠各种社会力量，需要开展广泛的群众性的活动。这些原则和要求，都已写进了有关条文。"

经不提了，但大家都想上大学，在研究和教学方面想获得突破，作为国家主人的人民得享有终身的学习机会很自然就规定在修宪条文中了。但是，民主的核心是人民自己作主，不是过去的人民为现在的人民作主。这是他者的专制，不是民主。① 现代人该不该受到前几代的立宪者所订立的条文的约束，这也是宪法学中讨论未果的话题。但这里所探讨的还不是宪法条文，而是修宪说明性的报告。将受教育的义务主体扩大到就业前后的公民，义务难以履行和执行，修宪报告的文义解释不通。考虑到历史局限的因素和《宪法》第46条文本本身的含义，对修宪报告关于受教育权利和义务的说明应当作限缩性理解，即回归《宪法》第46条的本意。

五、结论

如果从《宪法》第46条第2款"国家培养青年、少年、儿童在品德、智力、体质等方面全面发展"来看，它与第1款之间构成怎样的关系？从前后两款规定的主体来说，公民与青年、少年、儿童是不是同一主体？这需要先解决这一问题：第2款对第1款起补充作用，还是限定作用？如果是补充作用，"青年、少年、儿童"不过是第1款中"公民"的一部分，如果是限定作用，那么"青年、少年、儿童"起着确定"公民"范围的作用。结合前面第二部分的分析，笔者认为"青年、少年、儿童"并非严谨的法律词汇，如指称年龄，严谨的法律词汇应该指出具体的年龄，或者用成年与未成年来指代。《关于执行〈全国人民代表大会常务委员会关于严惩拐卖绑架妇女儿童的犯罪分子的决定〉的若干问题的解答》在确定婴儿、幼儿、儿童的年龄界限时认为，儿童是指不满14岁的人。《儿童权利公约》第1条则认为，儿童指18岁以下的任何人，除非对其适用的法律规定成年年龄低于18岁。英语中teenager一词专指13岁到19岁的年轻人，译成中文就是"青少年"。② "青年、少年、儿童"是不是可以说成"青少年"与"儿童"呢？在具体年

---

① 翟小波："代议机关至上，还是司法化"，载《中外法学》2006年第4期，第441页。
② 西闪："青春抗议决定生活的权力"，载《新京报》2010年6月5日，第C08版。

龄不清晰、规定中有交叉又有冲突的法律文件面前，确定《宪法》第 46 条第 2 款三个年龄阶段的具体年龄是有弹性的，这种弹性不代表随意性。从前后两款内容的比较来看，第 2 款是重复强调第 1 款的某些方面的内容，在主体方面起着限定第 1 款所规定的主体的作用。"青年、少年、儿童"所指的是 6～15 岁年龄段的公民。

　　齐玉苓案的争议阶段在非义务教育阶段（中专入学），罗彩霞案同样也是（大学入学），都不属于义务教育（初等教育）阶段。因此，齐玉苓案中，山东省高级人民法院将《宪法》第 46 条作为判决依据不但越权，而且所引条文错误。罗彩霞案中，也同样不适合以该条作为援引的条文。[①] 因为如上所述，《宪法》第 46 条仅适用于义务教育阶段。

---

　　① 　与齐玉苓终审案类似的错误判决还有黎良珍诉陈朝阳上诉案。在案中，陈冒用黎的考分、考号顺利进入崇阳卫生学校学习。咸宁市中级人民法院在判决中这样写道："经本院审判委员会讨论决定，依照《中华人民共和国宪法》第 46 条，《中华人民共和国民法通则》第 120 条、第 121 条、第 134 条第 1 款第（7）项、第（10）项，《中华人民共和国民事诉讼法》第 153 条第 1 款第（3）项之规定，判决如下……"参见湖北省咸宁市中级人民法院〔2001〕咸民终字第 76 号民事判决书。

第四章　从非法营运事件透视
广东省人大的监管路径[*]

　　钓鱼执法没有解决的问题是：如何公正认定非法营运。广东省内的主要法源有国务院的运输条例、广东省交通厅的批复。实务中认定的标准趋于简单，有的悖于常理。在对广东省人大可能的九个监督路径进行分析之后，发现最有效的制定地方法规的路径是不可行的，个案监督同样违法。目前，只剩下间接发挥广东省人大影响力一个途径。

一、后钓鱼执法时期

　　钓鱼执法事件的出现，除了行政部门滥用执法权，相关监督机制缺失之外，部分原因是现行法规操作性差，造成执法无所适从。关于"黑车""拼车""互搭顺风车"等概念的界定，目前没有一个明确的标准。①

　　2004 年 7 月 1 日起施行的《中华人民共和国道路运输条例》（以下简称《道路运输条例》）第 64 条规定："违反本条例的规定，未取得道路运输经营许可，擅自从事道路运输经营的，由县级以上道路运输管理机关责令停止经营的；有违法所得的，没收违法所得，处违法所得 2 倍以上 10 倍以下的罚

---

　　* 原文应广东省人大制度研究会第 23 次研讨会征文而写作，标题原为：《从非法营运事件推演省人大的社管路径》。根据粤人研函〔2012〕5 号工作函的要求，"每篇论文一般在 3000 字左右，最长不超过 5000 字"，故本篇篇幅有限。之后，本文载《湖南警察学院学报》2012 年第 5 期。

　　① 杨金志、季明："'钓鱼执法'事件水落石出"，载《检察日报》2009 年 10 月 27 日，第 02 版。

款；没有违法所得或者违法所得不足 2 万元的，处 3 万以上 10 万以下的罚款；构成犯罪的，依法追究刑事责任。"该条被认为是查处非法营运的直接依据。但是，如何认定非法营运，各地运输行政管理部门则标准各异。整体而言，有两大特征：简单化和部门利益。

我们可以联系孙中界案和张晖案的查处标准。原南汇区交通行政执法大队负责人 2009 年 10 月 19 日就曾对记者表示，定义"黑车"在"业内"只要满足四个条件即可：扬招、听乘客指令行驶、司机和乘客互不认识、提供有偿服务。① 这样的标准没有法律依据，也有悖于生活规律，如顺风车、拼车出行等，这些利国、利民、利环境、利节能的案件难道也要处罚？如此看来，很多人会被无辜地认定为非法营运。

二、广东省内关于非法运营问题的认定

《广东省道路运输管理条例》（2002 年 12 月实施，广东省人民代表大会常务委员会于 2002 年 10 月 13 日修订）并没有对非法运营的标准进行规定，只在第 59 条第 1 款第 18 页规定了罚则："未经许可，擅自从事营业性道路运输的，责令停产停业，没收违法所得，并处以五千元以上一万元以下的罚款。"

在广东省交通厅关于印发《广东省交通厅实施〈道路货物运输及站场管理规定〉和〈道路危险货物运输管理规定〉办法》的通知（2006 年 2 月 1 日实施）中，我们可以看到文件的认定标准浓缩为两点：为社会提供公共服务和商业性质。其中规定："经营性道路货物运输应具备以下两个方面的条件：（一）为社会提供公共服务，即车辆除了为车属单位（个人）提供运输服务外，还为其他单位或个人提供运输服务。（二）具有商业性质。"

2006 年 7 月 31 日，广东省交通厅下发《关于对经营性货物运输有关问题的批复》，批复对于认定非法运营的标准认为："根据《广东省交通厅实施〈道路货物运输及站场管理规定〉和〈道路危险货物运输管理规定〉办法》

---

① 季明："生活观察：'孙中界事件'的真相是如何揭开的"，载新华网：http://news.lnd.com. cn/xwzx/htm/2009 - 10/27/content_886140.htm，访问时间：2014 年 8 月 19 日。

规定，经营性道路货物运输必须同时具备商业性质和为社会提供公共服务两个特征。其中，商业性质根据交通部公路司 2000 年对我省《关于对营业性和非营业性运输划分问题的复函》（公运政字〔2000〕57 号文）的界定方法，所有的道路货物运输车辆均具有商业性质。因此，认定经营性道路货物运输车辆的关键是其是否具备'为社会提供公共服务'这一特性。"当然，这是一个以是认非的反面标准，按批复，只要运货车子上路，只剩下为己还是为人这一标准。所以说，这个标准够简单了。

我们再看看实务中对非法营运的认定标准。

案例 1：深圳市民王先生案

深圳市民王先生和几位邻居、朋友"拼车"遇到了相关部门检查，因他收取每人 3 元钱的"油费"，而被以"非法营运"的名义扣留了车辆，并收到了高达 3 万元的罚单。[①] 经过调查，最终执法部门将其车辆放还。主要原因是从付费的金额来看王先生并不能营利。[②]

案例 2：深圳大学校车电白被罚案

2012 年 1 月 14 日，考虑到学生回家难，深圳大学用校车送 44 名学生回家，因收取了学生每人 80 元油费，而被认定为非法营运，被电白交管部门扣车罚款 8000 元。校方表示难以理解，因为深圳的检查站都让过。广东省电白县交通运输局相关负责人认为："在高速公路的出入口那边，查到一辆大巴，大巴里面有 44 名旅客，旅客都是学生，每个人手上都有专门的乘车票，每位是 80 元。这违反了《广东省运输管理条例》第 11 条的规定。"据介绍，深

---

① 方胜："公安部门最终认定不属非法营运"，载《深圳特区报》2009 年 6 月 1 日，第 B01 版。

② 据该报报道，2009 年 3 月 19 日，深圳市打击非法营运执法专业队在梅林关附近查扣王先生的小型客车，认为他涉嫌非法营运，因此暂扣车辆。经过调查和听证会，公安机关采信的事实包括：（1）王先生本人有工作，工作地点在岗厦好百年家私店；（2）当时车上有 6 名乘客，王先生和乘客同住一个小区，互相认识；（3）王先生每天搭载的乘客是固定的，而乘客上班地点在福中三路诺德中心，需经过的路线与其上班路线顺路；（4）乘客乘车时会付给王先生每人每次 3 元钱的油费。最终，公安机关认为王先生的行为不构成非法营运，原因有三：第一，王先生的行为在主观上没有进行营运的故意，其搭载乘客的本意是顺路搭载相识的朋友上下班，在情理上是合理的；第二，王先生搭载的乘客是相对固定的，没有证据表明他在其他时间，即搭载亲戚朋友上下班之外有进行载客的行为；第三，乘客虽然支付了乘车的油费，形成了事实上的有偿乘车，但从付费的目的来看，并不是车主要求乘客付费，而是乘客自发认为需要分摊行车的油费，且从付费的金额来看并不能营利。

圳大学每年寒暑假、黄金周都会开出 10 多辆校车送广东省内部分学生回家，并收取 60 元至 100 元不等的费用，用来补贴运营成本中的 60%，余下的成本则由学校补贴。这就是说，虽收取了费用，学校不但没赚钱，反而倒贴。①

案例 3：梁先生诉佛山市交通局案

2008 年 7 月 28 日，因顾客在南海平洲汇丰电器商场买的冰箱面积过大无法塞进小车，商场安排司机免费送货上门。一周后，道路稽查队员发现了留有顾客家庭住址的送货单，商场由此被认定非法营运，根据广东省交通厅《关于对经营性货物运输有关问题的批复》罚款三万元。佛山市交通局称，商场在免费送货过程中，虽然没有收取运费，但商场会将运费计入货品零售价中，也就间接收取了运费，这是间接营运，间接营运也属于非法营运。商场老板梁先生认为，间接收费是佛山市交通局凭空猜测，在法律上不能成立。2009 年 3 月 3 日下午，禅城区人民法院判决市交通局处罚适用法律法规正确，予以维持。②

从以上情况和案例，我们发现：（1）广东省对非法运营的认定标准于地方法规层面上没有清晰统一的规定，该标准操于交通行政管理部门之手。（2）现实中，各地认定非法运营的标准并不一致。（3）罚款数额标准不一。（4）对诸如免费送货上门的厂商认定为非法运营，于情不合。难道法不容情（记得普通法谚语：普通法是最讲人情的。东西法谚都说：法不外乎人情）？偏偏不予人民生活方便？

交管部门同样和前面所提到上海的两个特征一致，简单化和部门利益。而汪洋书记所言"要突破部门利益法制化的障碍"，③ 从中可以预知：任重道远。

本文的重点不在于非法运营的标准之讨论。而在于从非法运营这一关系

---

① 吴鲁、乌梦达、吴俊："校车收费送学生回家是否构成'非法运营'? 深圳大学校车因收 80 元油费被处罚引热议"载《新快报》2012 年 1 月 22 日，第 A13 版。笔者认为：其中适用的《广东省运输管理条例》第 11 条为货物运输规定，应以第 6 条为宜。

② 刘艺明："商场免费送货被罚款状告交通局一审败诉"，载《广州日报》2009 年 3 月 4 日，第 A34 版。

③ 石勇："广东省委书记：要突破部门利益法制化的障碍"，载新浪网：http://news.sina.com.cn/c/sd/2012 - 03 - 12/101424100476.shtml，访问时间：2015 年 11 月 16 日。

人民生活至深的现象出发，对广东省人大在其职责范围内，如何进行社会管理进行推演，以发现可能的合法途径，实现人民的意志。

三、广东省人大可能的监管路径

按照《立法法》（2000年版，下同）《地方各级人民代表大会和地方各级人民政府组织法》《各级人民代表大会常务委员会监督法》的规定，对非法运营事件广东省人大可能的监管路径有：（1）罢免部门负责人；（2）对此事件提出质询案；（3）组成特定问题调查委员会；（4）要求省政府作出专项工作报告；（5）进行视察或专题调研；（6）组织执法检查组；（7）制定地方法规对非法运营的认定标准进行规范；（8）撤销省政府的相关规定；（9）对司法进行个案监督。

列出这些可能的路径时，笔者也不由一惊：原来省人大有那么多的立法（监督）权力！但是，且慢，实际上有的路径并不能解决或彻底解决问题，如前面六个路径只能起到旁敲侧击的间接作用，有的还只是属于准备性的活动，如路径（2）～（5）。而路径（1）却有声东击西之嫌。路径（6）呢？检查执法情况，执谁的法？目前，只有交通厅的批复较明确，难道是对批复执法状况的检查？这似乎要求广东省人大制定认定非法运营标准方面的法规。从而将问题转到了路径（7）。对于路径（8），广东省政府没有相关的规定，无由撤销，所以该路径其实不成立。看来绕了半天，广东省真正能够"露一手"的只有路径（7）和路径（9）。

（一）可否为非法运营认定标准制定地方法规

《立法法》第63条第1款规定，省级人民代表大会及其常务委员会根据本行政区域的具体情况和实际需要，在不同宪法等上位法相抵触的前提下，可以制定地方性法规。该法第64条第1款规定："地方性法规可以就下列事项作出规定：（一）为执行法律、行政法规的规定，需要根据本行政区域的实际情况作具体规定的事项；（二）属于地方性事务需要制定地方性法规的事项。"此款和第二款（先行制定地方法规）是对第63条第1款的具体化。

如果按是否依据上位法进行立法来分类，那么《立法法》第64条第1

款第 1 项属于执行性立法，第 64 条第 1 款第 2 项及第 2 款属于创制性立法。随即的问题是，广东省人大可否在运输条例这一国务院的行政法规下制定非法运营的判断标准？

显然这不是创制性立法，而是属于执行性立法。非法运营的判断标准是不是需要根据本行政区域的实际情况作具体规定的事项呢？查阅全国人民代表大会常务委员会法制工作委员会顾昂然主任当年所作的《关于〈中华人民共和国立法法（草案）〉的说明——2000 年 3 月 9 日在第九届全国人民代表大会第三次会议上》，并无该项的解释。全国人大法律委员会主任委员王维澄所作的《第九届全国人民代表大会法律委员会关于〈中华人民共和国立法法（草案）〉审议结果的报告》表明，代表们并没有对该问题提出质疑或界定。"区域内的实际情况"意欲何指，全国人大语焉不详。但笔者的理解，至少不应该属于各省市共同存在的情况，也就是说该事项应该"具有地方特色"。非法运营的判断标准显然不具有地方特色，所以不属于地方法规立法的事项。以上是第一层原因。

第二层原因，为非法运营的判断标准制定地方法规本质是为运输条例第 46 条中的"擅自从事道路运输经营"语义进行解释，那么省人大有没有解释权呢？《立法法》只规定了全国人大常委会的解释权，并没有规定国务院和省人大的解释权。按照谁制定谁解释的法理，解释权当属国务院。

鉴于以上两层原因，省人大并没有为非法运营的判断标准制定地方法规的权力。

（二）可否对司法进行个案监督

1. 法院可否审查非法运营的判断标准

（1）在法源位阶上，广东省交通厅的关于货运非法运营的判断标准的批复至多算作行政规定，并非行政立法的法源，所以单从位阶来看，法院对该批复无疑享有全面审查的权力。

（2）从专业判断的角度来看，法院是否要尊重基层交管部门以及交通厅的判断余地呢？

在法律上，将抽象而模糊、含义不够明确而易产生歧义的用语称为不确定法律概念。这种不确定的法律概念，常常出现于法律规范的构成要件部分，也有出现在法律规范的效果部分。不确定法律概念通常分为两种类型：经验（或叙述）概念、规范概念（或需要价值填补的概念，也称为价值概念）。经验概念涉及可感觉的或可体验的对象（如黎明、夜间、危险）。其内涵源于普通人的常识。规范概念须由评价方态度加以填补可阐明其内涵，这种评价态度不可避免地含有主观因素。① 由于不确定法律概念有着不同的内涵，行政机关所具有的专业能力与行政经验是其相对于其他部门的优势，在具体的事件面前较能了解哪一种内涵更贴近现实。相对于法院来说，让行政机关在不确定法律概念上作出自我负责的决定，是符合机关的功能特征的。② 自我负责便是行政机关在法律适用过程中的判断余地，判断余地是不确定法律概念中的特殊情况，处于司法审查范围之外。

判断余地的类型有：①不可替代的决定，如考试决定、学生学业评量、公务员法上的判断。②由独立的专家及委员会作出的评价决定。③根据经验法则所作的预测决定。④计划的决定。⑤高度专业性及政策性的决定。③ 但是，判断余地也有审查的例外，即可以审查的情况。台湾地区"大法官"释字第319号中不同意见书和有关通说见解认为：如行政机关的判断有以下违法情事，法院得加以审查：①出于错误的事实认定或错误的信息所作的判断。②有违一般公认的价值判断标准的判断。③违反法定的正当程序。④组织违法并无判断权限所作的判断。⑤判断违反不当联结禁止原则。⑥违反相关的原理原则，如平等原则、公益原则。

显然，法院可以"行政机关的判断，有违一般公认的价值判断标准"对非法运营的认定进行全面审查，以自己的判断代替行政机关的判断。在案例3中，处于"司法被动"的法院为市交通局的行为作背书了。

---

① 陈清秀："依法行政与法律的适用"，见翁岳生主编：《行政法2000》，中国法制出版社2002年版，第225页。

② 陈慈阳："行政裁量与不确定法律概念——以两者概念内容之差异与区分必要性为研究对象"，见台湾行政法学会主编：《行政法争议问题研究（上）》，台湾五南图书出版公司2001年版，第455页。

③ 陈清秀："依法行政与法律的适用"，见翁岳生主编：《行政法2000》，中国法制出版社2002年版，第236页。

（3）法规则的结构都是由构成要件和法律后果两部分组成，以此便可以作为讨论司法审查行政案件的逻辑起点。[①] 前面所提的判断余地属于构成要件部分，属于对事实的认定。在非法运营案件中，法律后果是行政处罚。而行政处罚涉及行政自由裁量权。

《道路运输条例》第 64 条中的行政处罚裁量权是：有违法所得的，没收违法所得，处违法所得 2 倍以上 10 倍以下的罚款；没有违法所得或者违法所得不足 2 万元的，处 3 万以上 10 万以下的罚款；构成犯罪的，依法追究刑事责任。在案例 3 中，商场有 20 元的违法所得，但针对该次的所得，市交通局处以 3 万元罚款。类似的情形也在佛山市珍珠生活金属电器有限公司诉佛山市禅城区交通局案出现。[②] 还有孙先生被硬塞给 10 元钞票，被处以 1 万元。这些行为和规定是否有违比例原则，笔者心存疑义。

抛开比例原则，我们还可以发现交管部门在适用该条款的时候有没有错误？实际上，《道路运输条例》第 64 条语义是有问题的，同样是有违法所得的情况下，规定处以 2 倍以上 10 倍以下的罚款，又规定处 3 万以上 10 万以下的罚款。案例 2 和孙先生的 1 万元罚款难道不是该条语义矛盾下的表现么？如果经过解释或许没有矛盾，但总觉得违法所得不足 2 万元所定的空间过大。这是否又有违反法律明确性原则的嫌疑呢？

2. 可否对司法进行个案监督

人大个案监督始于 20 世纪 80 年代后期，从资料来看，人大最早介入的案件是 1984 年全国人大常委会对辽宁台安县"三律师案"的监督。1996 年全国人大常委会办公厅信访局干预了辽宁朝阳市市长刘相荣受贿案。[③]

我国学界对于人大个案监督的态度分为赞成与反对两大观点，[④] 笔者赞同反对的观点，除了"人大的个案监督会妨害司法独立""无法证明人大的监

---

① 袁文峰："论高教行政案件中的判断余地之司法审查"，载《行政法学研究》2010 年第 2 期，第 81 页。

② 参见佛山中院行政判决书〔2006〕佛中法行终字第 147 号。

③ 蔡定剑："人大个案监督的基本情况"，载《人大研究》2004 年第 3 期，第 4 页。

④ 王凡："浅议地方人大的个案监督"，载《现代法学》1998 年第 1 期；沈庆中："对人大行使监督权的思考"，载《法律适用》2000 年第 6 期；汪建成、孙远："论司法的权威与权威的司法"，载《法学评论》2001 年第 4 期。

督比作为国家专门的法律监督机关的检察机关法律监督更合理"这些有力的理由之外，从权力分设和专业判断的角度来看，立法对行政应当予以尊重，虽然司法机关产生于立法机关，但毕竟它不是立法机关的下属机构。上文论及的行政机关尚有专业判断的余地，其实立法机关的立法裁量权、司法机关的司法裁量权都是他们的专业判断余地，其他机关应予以尊重，而不是越俎代庖。

《中华人民共和国各级人民代表大会常务委员会监督法》第 5 条规定："各级人民代表大会常务委员会对本级人民政府、人民法院和人民检察院的工作实施监督，促进依法行政、公正司法。"个案监督可否归入工作实施监督权限范畴？

《关于〈中华人民共和国全国人民代表大会和地方各级人民代表大会监督法（草案）的说明》认为："人大及其常委会……坚持集体行使职权，不代行审判权、检察权，不直接处理案件的原则。具体案件由审判机关、检察机关依照法定的程序进行办理。人大专门委员会可以决定将有关案件向有关审判、检察机关初步询问核实。"① 可见，省人大常委会并没有个案监督的权力。

（三）万径归宗：间接影响行政规则的制定

从本质上来说，交通厅的批复只是内部的行文，属于内部规定，即行政法上的行政规则。②

该批复类属于行政规则里的判断基准，因其规定如何认定事实，如何在具体个案中判断某一事实是否符合法定要件（在非法运营中，属于不确定法律概念），以求适用中精确统一。③ 传统行政法学理论认为：（1）行政规则不具有外部效力；（2）行政规则的制定不须法律的授权；（3）行政规则在发布

---

① 王维澄："关于《中华人民共和国全国人民代表大会和地方各级人民代表大会监督法（草案）》的说明——2002 年 8 月 23 日在第九届全国人民代表大会常务委员会第二十九次会议上"，载《中华人民共和国全国人民代表大会常务委员会公报》2006 年第 7 期，第 545 页。

② 行政规则，系指上级机关对下级机关，或长官对属官，依其权限或职权为规范机关内部秩序及运作，所为非直接对外发生法规范效力之一般、抽象之规定（台湾地区"行政程序法"第 159 条）。

③ 林锡尧：《行政法要义》，元照出版有限公司 2006 年版，第 202 页。

程序上不必公告。① 在大陆对于行政规则，司法一般不承认其外部效力。②

　　行政规则属于抽象性的内部行政行为，省人大只有运用路径（1）～（5）中的合适方式去施加间接影响力来改变行政规则的内容，并不能直接发布法令要求交通厅改采其认为适当的标准。至于具体方式如何，则属于省人大的判断范围。

四、结语

　　就非法运营问题而言，以钓鱼执法为参照，笔者认为，因为钓鱼执法中带来的问题没有彻底解决，所以我们处于后钓鱼执法时期。非法运营认定的标准混乱表明"民生之艰"，多年来没有解决，也表明省人大进行监管之难。问题本身棘手，而从笔者九个路径的"沙盘推演"，最终发现实际上省人大进退不能——既不能立法、个案监督，也不能撒手不管，否则有悖于人民利益代表之称。也许现实中不会那么复杂，但法治路径的推演确是如此。我们希望人大有所作为，可是即便号称能将女人变成男人无所不能的英国议会，也要受到欧盟、欧洲人权法院的制约。因此，一切尚需有所为有所不为地按法治的路径进行。借用美国 1943 年国旗致敬第二案（West Virginia State Board of Education v. Barnette）中杰克逊大法官在判决书上的话来说，就是："一项痛苦而又基本的事实是：人大不是无所不能的。"

---

　　① 陈春生："行政命令论——'中华民国'行政规则之法效力研究"，见社团法人台湾行政法学会主编：《行政命令、行政处罚及行政争讼之比较研究》，翰芦图书出版有限公司 2001 年版，第76页。

　　② 如 2001 年殷某某、朱某某诉蔡甸区公安分局案中武汉中级人民法院认为：内部规范仅仅是公安机关内部对干警工作要求的规范，且无证据证实该规范对外公布，不具有法律法规的效力。

第二篇

权力运行的轨道

本篇名称是给权力设定一条"轨道"、一只"笼子"之意。本篇共五章，面对行政承诺的泛化，为了彰显其行政法学的内涵，所以探寻其型式化。型式化是学科认识一种事物的必经阶段，公法学也是如此。从这种认识中也可以窥见公法学的点滴迁变吧。尊重企业的自主经营权和遵循依法行政原则是试行"法制副厂长"制度的前提，第六章认为该制度结构和功能方面的基础有待进一步摸索。第七章是对一部专著的介绍，关注公法学的前沿（迁变）是一件乐此不疲的事情。出于对行政权力的规律提出了预防行政。欧盟预算中有实体的限制，更多的是程序的限制。在第九章对终身教职的介绍后，我们会发现，原来这一制度的设计也是出于对高校行政权力的预防和从权利角度对权力的规制。

第五章　行政承诺型式化[*]

承诺的普遍存在、司法适用标准不甚明确和社会认知的混乱催生了行政承诺型式化的现实需求；而我国学界目前的研究现状和行政承诺型式化利弊的对比反映了其理论需求。具有司法和程序等形式理性导向的型式化的目的是产生法治国家的规律。型式化的内容要求厘清行政承诺的概念内涵与外延、权限、程序、容许性与适法性要件、法律效果、救济途径等问题。行政承诺型式化绝非在空白画卷上的随心所欲，其内容和界限构成行政承诺型式化探讨的轨迹和脉络。经过组合，行政承诺型式化的内容糅杂在以下三个部分进行探讨：内涵、外延（反向界定）以及型式化中的过程规范问题，最后一部分涉及了权限、程序、容许性与适法性要件、法律效果、救济途径等内容。

目前，包括各级行政主体在内，我国许多法律主体、非法律主体频频作出各种各样的承诺。有的承诺并无新的实质内涵，有的承诺无法兑现，有的承诺出台之初就是违法行为。面对承诺犹如面对迷宫，失却标准加以破解。法制于此感觉力不从心，权利于此战战兢兢。奥托·迈耶认为法治国区别于警察国的特征是，法治国的所有作用都取决于法律的形式，法治国是理性规

---

* 本文原载《政治与法律》2014 年第 8 期。原文为于 2012 年 12 月惠州市法学会、惠州市工商行政管理局、惠州市个体劳动者协会、惠州市私营企业协会举办的"诚信社会·幸福惠州"专题研讨征文活动提交的论文。后来经过十余次大幅度修改、小幅调整，题目经过从《论行政承诺的法律限度》到《行政承诺型式化之初探》《论行政承诺型式化》几次改动。华东政法大学江利红教授曾指出文章结构存在的问题。

范下的行政法国家。① 如何将承诺纳入法制的轨道（法律的形式）成为当前的迫切问题，如何将承诺"关进法律规范的笼子"成为行政法学界的难题。

一、行政承诺型式化的现实与理论需求

奥托·迈耶认为在法治国家中，国家行动都是以法律的形式加以固定。行政的法律化使国家行为可以确定，个人对此可以预见，法院可以审查。法学的任务就是将所有的事物纳入固定的形式。法治国的取向是通过法的形式对抗国家行政，保障个人的自由。② 作为行政行为法律形式学说的行政行为形式理论，是行政法体系的核心概念。法治主义要求一切行政活动必须符合法的规律。基于法概念操作技术的方便性，行政行为形式理论选定行政机关各种活动中某一特定时点的行为，作为审查对象（基本单元），以达成对行政活动进行适法性控制的目的。型式化目的在于经由将各种基本单元予以类型化、型式化、制度化，以产生法治国家的规律。其高度发展的主要成果表现为教科书和相关法典中行政处分、行政契约、行政计划等行为形式相关理论及规律，是成为行政法学或法典体系的核心内容。③ 型式化有赖于现实与理论情势的足够成熟。

（一）行政承诺型式化的现实需求

行政承诺的型式化并不是凭空产生，而是社会发展到一定阶段的产物。一定阶段的社会发展包含了承诺行为的影响、司法实践的需求、社会认知的程度等三个方面的因素。④

1. 承诺行为的影响

在行政实务中行政主体的承诺常出现在承诺奖励的领域，尤以涉及协助刑事案件的侦破和协助招商引资两类案件为多。前者如：（1）2004 年 2 月 24

---

① ［德］奥托·迈耶：《德国行政法》，刘飞译，商务印书馆 2002 年版，第 60 页。

② 陈爱娥："行政行为形式—行政任务—行政调控——德国行政法总论改革的轨迹"，载《月旦法学》2005 年第 5 期，第 12 页。

③ 赖恒盈：《行政法律关系论之研究——行政法学方法论评析》，台湾政治大学法律学系 2002 年博士学位论文，第 43、47 页。型式化与类型化、形式化、模式化只是用语不同，并无太大的差别。但与行政行为的分类不同。行政行为的分类强调类别的对应和整体的周延。

④ 胡晓军："论行政命令的型式化控制"，载《政治与法律》2014 年第 3 期，第 81 页。

日，公安部向全国发出 A 级通缉令，并悬赏 20 万元寻找举报马加爵的线索。3 月初，三亚市政府郑重承诺追加 5 万元给举报者。（2）2011 年 12 月 1 日，武汉市雄楚大街关山中学旁的建设银行网点爆炸案发生后，武汉警方于 4 日公布嫌疑人照片，并悬赏 10 万元征集线索。（3）2012 年 8 月 10 日，公安部对发现周克华线索的举报人、协助缉捕有功单位或个人，将给予人民币 10 万元奖励。后者如：（1）温兴利诉垦利县招商局招商行政允诺案。① （2）陈某某诉东台市富安镇人民政府不履行招商引资奖行政承诺案。② 其中，前一类是具有全国影响的案件，案发后对行政奖励的承诺随着案件的余波未歇对整个社会留下了深刻的印记。后一类案件的影响虽然远不如前者，但原告涉案引资的数额（分别为 3.9 千万元和 1.5 千万元）至少从一个侧面证明承诺对社会的激励作用。此外，审批机关承诺在法定办理期限之前提前办结行政审批事项、公安机关承诺交通事故 5 分钟内出警等行政主体作出的各种承诺已经与我们的生活紧密地联系在一起。

2. 司法实践的需求

以下列举的是司法实践在制度依据与适用标准两个方面的需求。

目前，我国并没有关于行政承诺的法律规定。就全国性的规范而言，关于行政承诺的规定只出现在最高人民法院的两个规范里：其一是《最高人民法院关于规范行政案件案由的通知》，其中规定的案由之一为"行政允诺"；其二是《关于依法保护行政诉讼当事人诉权的意见》，要求依法积极受理行政给付、行政监管、行政允诺、行政不作为等新类型案件。在以上两份文件中，最高人民法院都将行政承诺称为"行政允诺"，不知是否是有意和社会上过于泛滥的行政承诺进行区隔。从词语所指称的事物来说，允诺、许诺与承诺并无多大的差别。最高人民法院在以上两份文件中推出"行政允诺"的行为反映了其制度建设的冲动与需求。

笔者收集的典型司法案例曹某诉孙旗屯乡人民政府行政允诺纠纷一案，③

---

① 参见山东省东营市中级人民法院〔2005〕东行终字第 43 号行政判决书。
② 参见江苏省东台市人民法院〔2006〕东行初字第 00047 号行政判决书。
③ 参见河南省洛阳市高新技术产业开发区人民法院〔2011〕洛开行初字第 39 号行政判决书、河南省洛阳市中级人民法院〔2011〕洛行终字第 159 号行政判决书。

案中留有的书面承诺——《购买养老保险通知书》表示为感谢曹某夫妇自觉执行只要一个孩子和绝育手术的计生政策，乡党委政府决定，从 1991 年 5 月 31 日起，为他们公费加入养老保险。遗憾的是二审人民法院并没有将《独生子女养老金保险有关事项说明》、通知书和原告夫妇的现实关系理清楚，也没有从信赖保护原则等行政法法理的角度对案件进行分析，以致结论的得出让人感觉过于武断和轻率。二审人民法院认为：

> 行政允诺是指行政主体为履行自己的行政职责，向不特定相对人发出的，承诺在相对人实施了某一特定行为后由自己或由自己所属的职能部门（如下属财政部门）给予该相对人物资利益或其他利益的单方意思表示行为。

> 二审人民法院认定乡政府的行为是行政奖励。必须指出的是，行政承诺并非行政承诺的内容本身（关于此点下文将展开赘述）。二审人民法院所指的行政奖励和行政允诺却指向同一个行为。并且，二审人民法院对行政承诺的定义是否精准，值得追问，如须"相对人实施了某一特定行为"，对"自己所属的职能部门"课以义务。受案法院对界定行政承诺的努力反映了法律标准的稀缺。在缺乏行政承诺型式化等理论支持之前，最高人民法院将其作为案由要求下级人民法院提供相关救济，恐怕会造成"盲人瞎马临渊池"的结果。

3. 社会认知的程度

在社会认知方面，对行政承诺的认知存在相当的混乱（从本文例举的多起实例可以看出），以至于行政承诺的功能无法作为行政目的的手段充分施展。行政主体与相对人之间无法达成共识，弱化了行政承诺的作用。行政方面出于舆论的压力、愉悦群众或树立良好形象等各种原因，作出各种承诺。各个部门有承诺，各人（公务员）有承诺。这些现状展示了一幅"承诺之海"的图景。承诺功能的不彰、践诺的稀罕反映出行政在法律形式之外的权宜和对承诺认知的不明晰。就行政相关人来说，在遇见承诺反悔时，他们的权利化为泡影。在反思何为承诺的时候，他们可能会感觉这确是一个让人迷惑的东西。

（二）行政承诺型式化的理论需求

1. 行政承诺的研究现状需要行政承诺型式化

尽管涉及行政承诺和行政允诺的期刊文章合计不超过 40 篇，学界对行政承诺的研究表现出的以下两种倾向还是有迹可循：一是在未厘清行政承诺型式化内容之前，便对行政承诺展开了探讨，研究如何应对承诺后出现的问题的解决。① 这类论文以探讨司法救济问题为多。在没有探讨行政承诺型式化内容这一基础问题之前，对以上问题进行研究，这种选题虽然不应该断定一定缺乏基础，但存在逻辑上的偏差是有可能的。第二种倾向是对行政承诺型式化中的某些内容进行研究。② 如行政承诺的性质、表现形式等。这些努力为行政承诺型式化做了铺垫，但多少让人感觉意犹未尽，如再整体和系统一些可能更会"挠到痒处"。

2. 型式化的利弊对比需要行政承诺型式化

行政行为型式化，将难以避免造成下列缺陷：概念和要件的过度抽象；过度集中研究行政行为；欠缺行政过程及行政法律关系的研究。但不可否认的是，型式化行政行为有如下功能：（1）产生法治国家的纪律的制度化功能。（2）与某一特定法律效果（如拘束力、瑕疵理论、确定力学说）相互衔接的衔接性功能。（3）具有储藏与该行为相关的各种特定具体行为案型、特征的储藏性功能。未型式化行政行为对法治国家来说形成一种威胁，因为没有制度化、纪律化，对未来行政行为就没有预测的可能，人民权利保障会不周延。出于以上原因，德国行政法学不断尝试将未型式化行政行为加以类型化、规范化，使行政权力对行为形式自由选择的负面效果降到最低程度。③

除了以上所说的缺点以外，行政行为的型式化还会导致行政法学的封闭、教条的状态，而且因其是局部的、静态的理论，无法从整个行政过程去理解

---

① 如关保英："行政承诺不反悔论"，载《河南财经政法大学学报》2013 年第 5 期；杜仪方："行政承诺不履行的法律责任"，载《法学论坛》2011 年第 4 期；汪燕："行政承诺不作为的司法救济研究"，载《政治与法律》2009 年第 9 期。

② 如王喜珍："行政允诺行为的行政法理论透视"，载《河南省政法管理干部学院学报》2009 年第 4 期；王青斌、陶杨："行政承诺制度研究"，见《行政法论丛》（第 10 卷），法律出版社 2007 年版；戴俊英："行政允诺的性质及其司法适用"，载《湖北社会科学》2010 年第 12 期；齐建东："试论行政承诺的法律治理——信赖保护原则视角下的考察"，载《云南行政学院学报》2012 年第 4 期。

③ 林明锵："论型式化之行政行为与未型式化之行政行为"，见翁岳生教授祝寿论文集编辑委员会编：《当代公法理论》，月旦出版有限公司 1993 年版，第 347～357 页。

行政行为，获取其整体性的面貌，如在型式化行政行为以外的准备活动：与当事人的商谈，机关之间的协调等。而且未型式化具有相对型式化的优势，如弹性、隐密性的行政指导，在有些时候他们更能达成行政目标。而且，立法和行政实务更关注的是如何运用某种行为手段、是否能达成行政目的，以及该手段的效率、弹性和可接受性。型式化研究对行政实体政策方面和管制实践方面的关注先天不足。①

但是，我们还应当看到行政承诺型式化有如下意义（意义与功能在某些方面互相呼应）：（1）型式化有助于概念的完善。概念的去空洞化、抽象化和在个别现象之间建立起"整体性的意义联系"有赖于型式化的努力。因为型式化思维克服了概念式思维的抽象性、封闭性与断裂性，具有具体性、开放性与过渡性的特征，是对生活要素和具体个案的提炼和归纳。②（2）行政承诺型式化是行政承诺从现象走向理论再到制度生化的必经阶段。虽然大量的未型式化行政行为存在（如指点、推荐、有意识的忍耐、宣讲），但是，某一行政行为如果无法通过行政行为形式理论实现型式化，那么一个国家相关的法律的形式、理性的规范是难以建立起来的。（3）型式化具有司法导向性，为司法审查做理论准备。型式化努力的目标是创设可以逻辑推理的法技术概念，并依靠该概念建构行为规范，衔接程序法和诉讼法路径，发展瑕疵理论和存续力理论等。型式化较为关注司法审查、行政程序等形式理性方面的问题。③

二、行政承诺型式化的内容与界限

行政承诺属于行政主体为达成行政目的的方便而采取的一种手段，属于自由裁量的范围，目前是一种未型式化的行政行为。行政承诺的作出很少有明定的法律依据，而法律的制定也非朝夕之事。在不因"法"废食的情形

---

① 朱新力、唐明良："现代行政活动方式的开发性研究"，载《中国法学》2007 年第 2 期，第 43 页。

② 马荣春："刑法类型化思维的概念与边界"，载《政治与法律》2014 年第 1 期，第 109 页。

③ 朱新力、唐明良："现代行政活动方式的开发性研究"，载《中国法学》2007 年第 2 期，第 42～43 页。

下，行政法学理论应当先行。先行的集中表现是型式化。

（一）型式化的内容

在基础学习中，与型式化相关、影响较大的是行政行为模式。行政行为模式是指行政行为的概念或范畴，是在理论上或实务上对行政行为的内容和程序等已形成固定的、共同的典型特征的行为体系。行政行为模式又称为行政行为的形态、模型、型式或类型。① 这种观点认为型式化的内容包括行为的概念、内容和程序。

林明锵教授的观点与上述观点相近，其先以法律形式作为出发点，认为法律形式是指为达成行政目的，行政机关所拥有的手段。以行政行为的形式（手段）是否已经被类型化、定型化为标准，可以分为型式化和未型式化行政行为。型式化行政行为指已广受实务界和理论界讨论而已经固定化的行政行为。其概念、体系以及和其他体系之间的关系已经大致完善。型式化行政行为主要有：行政处分、行政契约、法规命令、行政规则、自治章程、行政内部的职务命令和行政事实行为。未型式化行政行为是指不具有确定的拘束力的行政行为，即拘束意思和规范的范围不明确。如，不具形式的协议、公布、推荐、指点等。② 不难明了，以上列举的型式化行政行为针对台湾地区。就树状体系而言，行政承诺属于行政处分（其性质见下文）下的二级型式化。不过，林教授在此提出的型式化的内容并不明了。

行政行为形式理论，是按照各种行政活动的性质予以分类整理，并厘清他们各自的共同构成要件和最后法律效果，所建立的纯粹法技术概念。行政行为形式理论的内容是讨论该行政活动有关的共通规律，即厘清各种行政活动基本单元的概念内涵与外延（范围）、容许性与适法性要件、权限（何种机关有作成何种行为的权限）、程序（该行为应依何种程序作成）以及法律效果（依该行为可发生何种实体法上的权利义务，以及此一法律效果所及的主观、客观范围如何）、争讼类型（对该行为所生争议应依何种争讼途径救

---

① 姜明安主编：《行政法与行政诉讼法》，北京大学出版社、高等教育出版社 2011 年版，第 157 页。

② 林明锵："论型式化之行政行为与未型式化之行政行为"，见翁岳生教授祝寿论文集编辑委员会编：《当代公法理论》，月旦出版有限公司 1993 年版，第 341～346 页。

济）等问题。其任务是在此基础上，确保依法行政的要求和保障人民权利。作为行政活动基本单元的行为，理论上其区分越趋精细，即能对行政活动进行越繁密的合法性控制，越能符合依法行政要求。此即所谓型式化行政行为与未型式化行政行为的问题。① 这种观点认为型式化的内容包括概念内涵与外延（范围）、权限、程序、容许性与适法性要件以及法律效果、救济途径。对比以上两种观点，这种观点提出的型式化内容最为具体、明确和全面。因此，本文的探讨以此进行。经过重新组合，行政承诺型式化的内容将糅杂在以下三个部分进行探讨：内涵、外延（反向界定）以及型式化中的过程规范问题，最后一部分涉及了权限、程序、容许性与适法性要件、法律效果、救济途径等内容。

（二）型式化的界限

面对"承诺之海"，行政承诺型式化所要做的是收缩再收缩，做到去伪存真、去芜存菁。但是，物极必反，如何做到恰到好处却不是一件容易的事情。行政承诺型式化绝非在空白画卷上的随心所欲。型式化的内容和界限构成了行政承诺型式化探讨的轨迹和脉络。

1. 避免过宽与过窄型式化

受到"承诺之海"的影响，行政法学界存在过宽型式化的现象。如认为行政承诺可以分为：作为抽象行政行为的行政承诺、作为具体行政行为的阶段性行为的行政承诺和作为行政事实行为的行政承诺三种类型。将政府工作报告中的"展望"内容视为行政承诺并认为"完全可以用私法契约的模式将行政主体和行政相对人在行政承诺中联结起来"，行政承诺应当契约化。② 将行政承诺视为口袋，把多种其他行为往里填塞，终将导致行政承诺"无法承受之重"的结局。也致使行政承诺无法与其他同类行为区隔，缺乏形式的明确性和标准之下的安定性。此时的型式化实际上便没有了型式化。型式化是

---

① 赖恒盈：《行政法律关系论之研究——行政法学方法论评析》，台湾政治大学法律学系 2002 年博士学位论文，第 46、52 页。

② 前种现象见汪燕："行政承诺不作为的司法救济研究"，载《政治与法律》2009 年第 9 期，第 58 页。后种现象见关保英："行政承诺不反悔论"，载《河南财经政法大学学报》2013 年第 5 期，第 4 页、第 8 页。

一个开放的过程。走向过宽型式化的反面是过窄，出现自闭的情况，甚至将型式化等同于某些或某种行为的个别化。过窄型式化难以应对诸多复杂易变的现象。这也是笔者在探讨中需要避免的趋向。

2. 有利于实现相对人的预期和制度的明确与安定

在司法审查中，依据诚实信用原则和信赖保护原则课以行政主体违反相对人预期的责任。在型式化中，对其内容的展开同样需要顾及这种预期和安定。只要不违背相对人预期可能性原理，即只要符合相对人的预测可能或心理预期，便可肯定型式化仍然确保了制度的明确与安定。易言之，预期可能性原理应成为型式化中确保制度明确与安定的一种检验标准。[①]　在非行政承诺的表现形式中，行政承诺型式化外延的反向界定即让相对人在明确的认知形式下，确保其预期和制度安排的安定。如果模糊行政承诺的表现形式与非行政承诺的表现形式之间的区别，那么对这种预期和制度安排的明确与安定就会构成威胁。同样，在讨论行政承诺型式化内涵的时候，之所以要求承诺的形式应该是书面的，不过是增加相对人预期和制度安排的明确与安定而已。

3. 有利于维护行政法的基本原则

上文的诚实信用原则和信赖保护原则是行政法的基本原则，比例原则、依法行政原则同样是其基本原则。因此，在对行政承诺型式化的过程中就需考虑承诺的成本和权限。如果行政目标意图维护的公共利益为某一行政承诺相对人的个体利益所覆盖（如杨叶派出所的承诺），那么这就是违法的承诺，也是行政主体在作出承诺时应努力避免的情形。作为部门法理论的探讨，同样也须遵循法治国的一般原则，如明确性原则虽然要求法规内容明确，但移用于此也是可行的。明确性要求承诺的内容明确，而不是让人无法确定（如巧家县公安局长的承诺）。明确性原则对行政承诺而言，暗含了可操作性的要求。

4. 有利于体现行政承诺本身的特性

行政国家诞生以后，传统的行政行为形式理论受到冲击，有限的行政行

---

① 马荣春："刑法类型化思维的概念与边界"，载《政治与法律》2014年第1期，第114页。型式化界限的探讨受到此文的启发甚多。

为形式（新行政手段）选择自由理论逐渐确立。这种现象反映出理论应当适应现实的需要。在行政承诺型式化的过程中，同样要体现行政活动应对复杂多变的现实的特点。因此，在承诺的启动方式中，如果以要式申请为限，则无法体现行政承诺应有的灵活性。就其权限裁量方式而言，有拘束裁量和自由裁量两大类型。如果承诺包括拘束裁量的情况，那么这种观点就未顾及行政自课义务的特性。将行政承诺限定于自由裁量领域体现了行政承诺的特性。又如，在面对行政承诺的对象是否是特定的问题上，也应当体现其为行政处理的特性，从而主张对象的特定。

1962年，德国法学会在汉诺威召开第44届法学年会，会议的主题是"现行公行政上有关告知及承诺的原则是否宜予维持"，此后，Zusage（行政承诺）一词成为通常意义的法学术语。德国法院的判决主要涉及承诺的拘束力，其有否违反法律禁止性的规定、诚实信用原则和信赖保护原则等问题。鉴于行政承诺制度在德国相对完善的情况，下文的讨论主要以德国行政法上的理论和实务为参照。当然，本文的初探不过是起引玉之用，笔者期待更为成熟的分析。

三、行政承诺型式化的内涵

第44届德国法学年会在会议决议中将行政承诺定义为："行政机关有权对外作成特定的公权力措施，其本身有权给予人民涉及将来的措施之承诺行为（事先给予的将来拘束）。"德国联邦行政法院在判决中认为：承诺是行政机关嗣后作为或不作为受拘束的意思表示，是高权性自我课予义务。[1] 日本称为"确约"，乙部哲郎认为行政承诺是"行政单方约定将来其行为或不行为，所为课予自我义务之言行"。[2] 综合以上定义，笔者认为，行政承诺是行政主体单方对特定相对人作出的自我课予将来行为或不行为的具有约束力的高权性意思表示。其法律特征分析如下。

---

[1] 李介民：《税法上非正式行政行为之研究》，东海大学法律学系2007年博士学位论文，第194页。《德国联邦行政程序法》第38条规定了承诺的形式、参与程序和效力等问题。
[2] 齐建东："试论行政承诺的法律治理———信赖保护原则视角下的考察"，载《云南行政学院学报》2012年第4期，第123页。

（一）行政承诺的性质是行政处理

"许诺是否是行政行为是一个有争议的问题。一种观点以设立义务的特性为出发点，认为许诺具有处理性，属于行政行为（此语境下应为行政处理，或称行政处分，下同——笔者注）；另一种观点认为，许诺没有包含处理行为，而只是答应实施处理行为。"① 肯定是行政行为的学者认为：允诺可在公法合同范围内产生；它可单独作为合同的内容存在，也可是行政主体单方意思表示，并从属于公法上的债务关系，或是某一行政行为的准备行为。只要允诺是一个行政行为的预示，那么它就类似"预约合同"，应视为"预先行政行为"或"预约裁定"，允诺本身也是行政行为。② 1987 年 10 月 29 日，联邦财政法院作出判决认为：有拘束力的承诺行为应该具有个案的规制作用，并视为行政处分。学者 W. Schick 和 H. J. Knack 都认为承诺行为是实现带有明确的拘束意志表示的行政处分，是行政机关在公法领域的个案中对外直接发生法律效力的公权力措施。③ 否定是行政行为的学者认为：许诺与行政行为的区别在于，许诺没有处理或只有部分处理的内容，以行政行为为参照适用其有关的规定。许诺给行政相对人提示下一步的处理，这种处理具有临时性。许诺没有像作为最终处理的行政行为如此强的约束力。其有限的约束力显然与行政行为的属性不符。④ 学者 F. Ossenbühl 和 H. Maurer 认为承诺行为与行政处分不同，因为它的范围不像行政处分明确，比行政处分更广，是欠缺独立规范效力的未来展望，像是一种不特定的行政处分。学者 H. U. Erichsen 和 F. J. Peine 等不认为承诺行为与担保的法律性质具有行政处分的属性，因为它缺乏行政处分的构成要件效力和拘束力。⑤

---

① ［德］哈特穆特·毛雷尔：《行政法学总论》，高家伟译，法律出版社 2000 年版，第 215～216 页。

② ［德］平特纳：《德国普通行政法》，朱林译，中国政法大学出版社 1999 年版，第 124 页。

③ 李介民：《税法上非正式行政行为之研究》，东海大学法律学系 2007 年博士学位论文，第 214～215 页。

④ ［德］汉斯·丁·沃尔夫、奥托·巴霍夫、罗尔夫·施托贝尔：《行政法》（第二卷），高家伟译，商务印书馆 2002 年版，第 146～147 页。

⑤ 李介民：《税法上非正式行政行为之研究》，东海大学法律学系 2007 年博士学位论文，第 215 页。

　　行政承诺的性质是型式化的核心，因为这是建构行政承诺法律制度的逻辑起点。但承诺的性质究竟为何？可以说是众说纷纭、莫衷一是。针对以上问题，笔者尝试解析如下。

　　1. 承诺没有处理或者只有部分处理的内容怎么办

　　必须注意的是，承诺与承诺的内容并不是一个概念。如承诺造桥和造桥，前者是行政承诺，后者则是一个事实行为。承诺与决定实施承诺的内容也是两个不同的行为，如，海关根据相对人的咨询，给予对被咨询的类别的货物征收 60% 的关税的意思表示，这是行政承诺。[①] 日后，在报关中，海关决定对该批货物征收 60% 的关税，这是行政征收。可见前后是两个不同的行为，但这两个行为关联紧密。从行政过程来看，行政承诺是下一个行为的前一个行为，处于先前阶段。因其具有拘束力且影响了主体间的权利义务，所以具有独立的意义，不可以简单地视为内容的准备行为。承诺的内容可能是事实行为、行政法律行为，也可能是准行政行为。这便是行政承诺过程中的两阶段现象。在行政主体作出行政承诺之后，如果出现违法的情况，基于其自我拘束力和权利受到侵害的事实，利害关系人可以寻求救济。这时我们就可以清楚地感知其处理内容的存在了。以造桥为例，如果只有后一阶段的造桥行为，那么造与不造、如何造与承诺无关，甚至完全是由行政主体裁量决定，相对人无从寻求救济。但针对特定的相对人承诺造桥不同，如寻求救济，相对人起诉针对的是行政机关的承诺行为（而不是造桥本身），因为该行为影响了相对人的权利，承诺中即有处理内容的存在。

　　在曹某案中，承诺购买保险和购买保险是不同的两种行为。购买保险是事实行为，如果针对购买保险行为提起诉讼，就会因其为非具体行政行为而无法进入诉讼程序。最高人民法院将"行政允诺"列为诉由，暗含其为具体行政行为的意思。

　　2. 行政承诺是公法之债的一种特殊类型吗

　　债的发生源于公平正义的理念，而行政处理则是行政机关为了达到一定

---

　　① 德国税捐方面的法律对承诺的规定，涉及的主要条文包括《租税通则》第 204 条、《所得税法》第 42 之 E 条、《关税法》第 23 条等。

70

的行政目的所采取的手段。① 相形之下，行政承诺更符合行政处理的特征。

3. 缺乏对外的直接法律效果，或者说承诺没有像行政行为为最终处理那样强的约束力，这种有限的约束力明显不符合行政行为的属性吗

行政行为的效力分为公定力、确定力、拘束力和执行力。对于前三种，行政承诺作出之时都具备，执行力的落实是在承诺实现的时候。因此，这四种效力都是具备的，只不过执行力的时间滞后，相对常见的行政行为要后一些。

对于"缺乏对外的直接法律效果，或者说许诺没有像行政行为为最终处理那样强的约束力"的问题，行政承诺中如果行政机关没有自我拘束的意思，那就不是行政承诺。所以基于诚信原则，承诺对行政机关是有拘束力的，并且在今后的纠纷中，被承诺人可以申请司法救济，由法院在信赖保护原则的框架下对案件进行审查。所谓缺乏对外的直接法律效果也是不准确的，行政承诺在当事人之间产生或改变了权利义务关系，何谓没有对外的直接法律效果？

行政处分兼有外部和内部效力。外部效力是指行政处分作为一行政处分成为规范当事人的标准。内部效力是指行政处分所规范的内容所产生的拘束力。一般来说，行政处分的这两种效力会同时发生，但也存在不一致的情况。例如，主管机关于11月21日通知商店于下月1日停止营业。该决定于11月21日发生外部效力，商店可以寻求救济。12月1日，该决定发生内部效力，届时相对人不自动履行，主管机关可以强制执行。② 行政承诺作出（发布或通知相对人）时，对行政机关有拘束力，此时，承诺具有外部效力。在承诺的内容实现时，就是它的内部效力开始发生的时候。两效力的发生的时间有先后，不足为怪。也由此可见承诺与承诺内容的紧密关系。

由上分析，笔者支持通说，即行政承诺是应该与行政征收、行政确认、行政许可相并列的行政处理中的一种。

---

① 庄国荣：《行政法》，元照出版有限公司2013年版，第554页。
② 陈敏：《行政法总论》，自刊2007年版，第361~362页。

（二）行政承诺的范围限于行政裁量领域

行政法学界通说认为，行政承诺适用于行政裁量，但是行政裁量是不是承诺的唯一领域呢？拘束行政可否也是行政承诺的范围？德国学者 Stelkens 认为《德国行政程序法》第 38 条所规定的行政承诺存在于拘束行政之中。行政承诺的本质是行政机关拘束自己的意思表示，对自己课以在未来为一定行为或不行为的义务。如果在所谓的承诺中，行政机关没有回旋的余地，即没有表示自己意志的机会，那么这种所谓的承诺就不是行政承诺，可能是告知这种观念通知。但是，如果有表示自己意志的机会，那么应该说仍有承诺的可能。①

（三）有依职权或依申请两种启动方式

德国租税通则、关税法、资薪税法等三部税法明确规定承诺须经过相对人的申请，但行政程序法中没有作出须申请的规定。对是否需要经过申请才启动承诺程序的问题，德国学者 Pfande 所言较有道理，如果没有一定的申请而要求行政机关主动地为自己设定一定内容的义务，实在是不太可能，而且如果不是针对一定的请求进行回应，这种自发性的表示往往又成为一种政策性的宣示，也成为行政机关推卸责任的理由。所以，台湾学者陈传宗认为作出承诺应当依据申请，并且以要式申请为宜。值得一提的是，申请人对于申请的事项应该具有承诺利益，这样有助于行政机关在是否作出承诺时进行各种衡量、判断。②

在行政行为的启动上有两种方式，一种是依职权，另一种是依申请。在德国，行政承诺的启动方式是两种并行的。依申请固然有慎重、安定等优势，但是如果一味强求依申请，排斥依职权的方式，那么行政的灵活性、活力就会缩减。因此，在进行具体的制度建构时，得视各种情况作出不同的启动方式。

（四）应当是书面形式

《德国联邦行政程序法》第 38 条第 1 款第 1 句规定了承诺需具有书面方

---

① 陈传宗："论行政法上之承诺"，载《宪政时代》1991 年第 1 期，第 66 页。
② 陈传宗"论行政法上之承诺"，载《宪政时弋》1991 年第 1 期，第 81 页。

式方为有效，因而非书面的口头的、默示的方式的承诺是无效的。在我国目前的法制和实务状况下，并行口头与书面两种形式，且多以口头为主。书面形式的要求除了让行政机关在作出承诺时慎重考虑以外，也可以作为作出承诺的证明。还有就是在区别一个具有法律意义的承诺与政治性的承诺时，这也是一个较为有力的判断依据。可让行政机关重新对两者做一个慎重的评估，相对人也不会出现因信赖而受到损失的情况。[①]

四、行政承诺型式化外延的反向界定

在德国，行政承诺的表现形式有：担保、有拘束力的告知乃至事前裁决、土地交易许可，甚至大学教师聘用的任用协议。行政承诺有各种外衣，同样许多其他的行为也会披着行政承诺的外衣。认清他们之间的区别才不至于将行政承诺给稀释、淡化，失去它在行政法上的个性。

在判断承诺行为是否是行政承诺的时候，表面上看，似乎在认定承诺内容是否是行政承诺，实际上，其中的判断标准仍然是行政承诺的特征：行政单方决定、针对特定的相对人、自我课予义务、承诺内容具有约束力、属高权性意思表示，具备行政法上的法律效果等。如我们可以运用行政承诺具有对外效力的特性对"承诺"是否是行政承诺作出判定。如果将承诺分为内部行政承诺与外部行政承诺，认为"内部行政承诺是指行政主体基于内部行政管理关系对内部行政相对人作出的承诺行为"，[②] 依据行政承诺的特征判断，这种分类是存在问题的。因为行政承诺的本质是一种对外的意思表示。如果在合法情况下，承诺给予公务员升迁、提高生活水准，在没有特别权力关系存在的国家里，也是一种外部行为。而在我国则认为不是外部行为，因此，该内部承诺不是行政承诺。我国的内部行政行为通过特别权力关系的方式解决，而非通常的一般法律关系。所以，这样的分类对界定行政承诺的外延是没有法律意义的。当然，以下的反向列举并未穷尽所有的非行政承诺形式。

---

① 陈传宗："论行政法上之承诺"，载《宪政时代》1991 年第 1 期，第 82 页。
② 叶建明：《行政承诺研究》，中国政法大学 2000 年硕士学位论文，第 24 页。

（一）政策性、政治性宣示

承诺是行政机关单方的意思表示，不是公法契约。立法承诺并非行政法上的承诺，政策性或政治性承诺也并非行政法上的承诺，因为他们基本上没有进行法律评价的可能。如果政治承诺在具体个案上与行政程序相连接，或伴随一行政程序，其拘束力如何或许应该重新加以评价。要将一个政治承诺和行政承诺加以划分，必须求诸于具体的个案来加以判断、确定。① 我们不妨看看以下两种活动。

1. "换届我承诺"活动

2011 年 8 月 7 日下午，山东省委组织部举行"换届我承诺"活动，面对党旗向组织、向社会、向广大党员干部群众郑重承诺：坚持原则，公道正派，认真履行职责，严守换届工作纪律，严守组织人事纪律，自觉接受监督。同时，在印有承诺内容的横幅上签名。②

2. 提出四个"更加"

2010 年 3 月 5 日上午，时任总理温家宝在人民大会堂向十一届全国人大三次会议作政府工作报告时，提出四个"更加"："我们所做的一切都是要让人民生活得更加幸福、更有尊严，让社会更加公正、更加和谐。"

显然以上两种活动都是宣示性的，其中第二种活动的政治意味最浓厚，第一种活动的内容过于宽泛，并没有具体的自我拘束的内容，而且组织部并不是行政主体，所以第一种活动根本不可能是行政承诺。

（二）抽象行政行为

承诺作为一种行政处分，自然和个案联系在一起。也就是说，作为具有拘束意志表示的行政承诺针对的是具体的个案，而不是抽象的规则。

有人认为抽象行政行为是行政承诺的一种类型。例如，某省交通厅承诺在全省所有高速公路上，交通部门将免费牵引发生故障的车辆。又如，某县城乡规划局承诺建设工程规划许可（民房）和临时建设工程规划许可审批时

---

① 陈传宗："论行政法上之承诺"，载《宪政时代》1991 年第 1 期，第 66～68 页。
② 孙大勇："山东省委组织部举行'换届我承诺'活动"，载《党员干部之友》2011 年第 9 期，第 64 页。

间由 20 个工作日缩短为 15 个工作日。① 还有一个例子：南通市劳动局实施的"191 要就业"服务承诺，出台的文件规定，凡领取《就业登记表》的失业职工和已领取《下岗证》的下岗职工，本人迫切要求就业并对岗位不挑不拣的，15 日内为其提供岗位。② 这三个例子都属于抽象行政行为，是行政机关制定行政规范的行为，并不是行政承诺，因为他们面对的不是个案。个案处理是行政处分的典型特征。

马加爵案、武汉建行网点爆炸案、周克华案中公安部门承诺奖励举报人员的行为是不是行政承诺？行政行为针对的事务可以分为抽象和具体，针对的相对人按其范围是否是单个个体，可分为个别、普通两类。抽象行政行为是抽象、普通的规制，行政处分是具体（或抽象）、个别的规制。作为行政处分之一种的"特定范围的多数人"或"可确定范围的多数人"一般处分是具体、个别（或普通）的规制。③ 承诺奖励举报人员的案件属于具体、普通的规制，所以按照通说，是行政处分下的一般处分。虽然两案承诺奖励的行为属于行政处理（行政奖励），但由于承诺针对的是不特定的普通对象，所以不属于行政承诺。温某某案和陈某某案也是如此。

（三）行政合同

行政承诺是单方的意思表示，不是行政合同。德国学者平特纳认为行政承诺是行政机关在将来做某事或不做某事的单方表示。其"可在公法合同范围内产生；它可单独作为合同的内容存在，也可作为行政机关单方意思表示从属于一公法上的债务关系，或为一行政行为进行准备"。④ 行政承诺的特性是单方的意思表示、单方的拘束力。而行政合同是双方的协议、合意，因此不可能是行政承诺。

2009 年 1 月 1 日起施行的《重庆市促进开放条例》第 29 条明确规定："市、区县（自治县）人民政府及其有关部门按照招商引资政策对投资者承诺的重大事项，可以书面形式约定。政府及其有关部门未兑现承诺的，应当

---

① 汪燕："行政承诺不作为的司法救济研究"，载《政治与法律》2009 年第 9 期，第 58 页。
② 杜仪方："行政承诺不履行的法律责任"，载《法学论坛》2011 年第 4 期，第 123 页。
③ 陈敏：《行政法总论》，自刊 2007 年版，第 319 页。
④ ［德］平特纳：《德国普通行政法》，朱林译，中国政法大学出版社 1999 年版，第 124 页。

依法承担责任。"

开放条例中的约定性质如何，需要具体分析。如果双方约定责任，如投资者负担解决多少劳动者就业，或完成多少税收，那应该是一份行政合同。如果比较约定中双方的责任，投资方责任较轻或几乎没有，那么属于行政承诺的可能性就较大。

（四）事实信息的提供（告知）

政府信息公开条例中的信息提供，一般来说属于告知的行为。

某自治区公安厅交警总队承诺了 16 项便民措施之一：对违章停车、临时停车，经民警指出现场立即整改的，不予罚款。这项承诺与《道路交通安全法》第 93 条相符。某市财税系统公开承诺财税机关复议期限为：复议机关收到行政复议申请后，在 5 个工作日内进行审查，决定是否受理；复议机关自受理申请之日起 60 日内作出复议决定，经批准延长的，延长期最多不超过 30 日。这项承诺与《行政复议法》第 31 条的规定完全一致。这些行为表面上是承诺，由于没有产生新的法律效果，应该属于行政事实行为的范畴。①

如果说这两项行为都是事实行为，那么他们就应该是事实信息的提供，单纯的告知。实际上，并没有这么简单。便民措施并不是与《道路交通安全法》第 93 条第 1 款完全相符的，该法条规定：对违反道路交通安全法律、法规关于机动车停放、临时停车规定的，可以指出违法行为，并予以口头警告，令其立即驶离。应当注意的是该条中的字眼是"可以"，便民措施中的"不予罚款"是在该当事实面前的一种无空间的裁量。所以这是裁量权的缩减，其中蕴含了自我课与的任务。如果说是没有产生新的法律效果，那是误读的结果。但这项措施是抽象的规则发布，所以并非行政承诺。后一项行为类似事实信息的提供。②

（五）事先裁决

事先裁决具有阶段性，不是对将来许可行为作出许诺，而是仅就部分的

---

① 汪燕："行政承诺不作为的司法救济研究"，载《政治与法律》2009 年第 9 期，第 58～59 页。
② 事实信息的提供也有可能是行政处罚，需具体问题具体分析。参见章志远、鲍燕娇："作为声誉罚的行政违法事实公布"，载《行政法学研究》2014 年第 1 期。

许可要件先作成决定，日后再对其作出终局的决定。承诺行为是行政主体对将来的特定事实预先作出整体判断、表示观点，而事先裁决是对特定事实作出决定性的部分处置，是部分判断。① 台湾地区"公司法"第 6 条规定："公司非在中央主管机关登记后，不得成立。"第 18 条第 5 项规定："公司名称及业务，于公司登记前应先申请核准……"此即事先裁决的法定内容。

（六）暂时性行政处分

此外，承诺行为与暂时性行政处分非常类似，对于未来不明确的结果，保留作成终局性决定的机会。两者的差别在于，承诺行为基于不明确的事实或法律状态，行政机关给予的承诺是对将来决定内容事先给出明确结果。而暂时性行政处分基于已发生事实的盖然性对外作出的决定，其内容可能与终局性行政处分相同，也可能相反。② 如台湾地区"关税法"第 44 条第 1 款明定，应征关税之进口货物，应于缴纳关税后，予以放行。但本法另有规定或经海关核准已提供担保者，应先予放行。先予放行即是暂时性行政处分。

（七）服务承诺

湖北省交通厅承诺对缴纳公路规费大户，免费提供送票上门服务。高邮市物价局提出"文明办公，文明服务"的服务承诺。全面推行办公文明用语和禁用非文明用语活动，使全体机关人员都自觉做到：接听好每个电话，接待好每位来访者，努力做到"来有问声、问有答声、走有送声"，充分体现机关的文明形象。③

不论是免费提供送票上门服务，还是推行办公文明用语和禁用非文明用语活动都没有产生行政法上的效果，即没有产生、变更或消灭行政法律关系，所以他们貌似行政承诺，其实是行政事实行为。

---

① 李介民：《税法上非正式行政行为之研究》，东海大学法律学系 2007 年博士学位论文，第 217 页。

② 李介民：《税法上非正式行政行为之研究》，东海大学法律学系 2007 年博士学位论文，第 218 页。

③ 王青斌、陶杨："行政承诺制度研究"，见《行政法论丛》（第 10 卷），法律出版社 2007 年版，第 255 页。

五、行政承诺型式化中的过程规范

违法的承诺是无拘束力的，但例外的情形下，依照诚实信用原则和信赖保护原则的要求，出于对相对人的保护，行政机关仍须受到承诺内容的制约，这是对违法承诺的一种处置。行政承诺的法律控制要求行政机关在作出行政承诺的时候，在法律规定的范围内依法行政，树立行政机关的信誉。在行政承诺型式化中，可以从以下几个方面进行过程规范。

（一）权限

越权无效是对行政主体的行政行为的要求，越权的情况有：地域越权、事务越权、级别越权以及无权限。越权无效包括广义的和狭义的越权无效。前者涵括狭义的和可撤销的承诺，后者只指重大和明显的越权无效的承诺。

1. 区政府承诺减免规费及调节税

1992 年，湖南省南岳区政府为了兴建"南岳小商品批发市场"，出台了关于招商引资的"第 43 号"红头文件，文件中承诺"减免一切规费及投资方向调节税"。但政府却无法兑现其承诺，导致客商上访 10 多年，领导批示 20 多次，官司 30 多起。①

案件涉及区政府和税务部门及其他政府部门的级别权限问题，而区政府并没有减免一切规费及投资方向调节税的权限，这属于部门权限，区政府不能越俎代庖。如果非要勉强说上级机关对投资人作了间接承诺，考察其法律性质可得知应属观念通知，而非行政处分的行政承诺。

2. 德国对公务员待遇的承诺

《德国联邦公务员法》第 183 条规定，公务员只能取得依俸给法所规定的俸额和法律规定程度的生活照顾。如果行政机关作出承诺给予公务员超过俸给法所规定的俸额和法律规定程度的生活照顾。这个承诺就违反了法律的禁止性规定，属于无权限承诺的情况。但从文义解释来看，对于非物质以外的事项担保，如任命、升迁，只要不违反强行性的法律规定和公序良俗，或对一个事实上没有给付可能的事项担保，都应该是合法的。②

---

① 杜仪方："行政承诺不履行的法律责任"，载《法学论坛》2011 年第 4 期，第 121 页。
② 陈传宗："论行政法上之承诺"，载《宪政时代》1991 年第 1 期，第 86 页、第 58 页。

3. 内部管辖权的分配

1989 年 12 月 13 日，德国联邦财务法院判决认为，税捐机关的承诺行为产生拘束力的要件有三："……三、给予承诺行为者，必须是有管辖权之公务员或机关首长，且会在日后课税程序中作成决定。"如果内部管辖权分配中，作出承诺的内部公务员无管辖权很公然、明显，那么其所作的对外承诺，应自始无效。但在 1981 年 1 月 29 日，德国联邦财务法院作出判决认为，逾越行政内部签名规定的权限所作出的对外承诺，并不妨碍课税决定的效力。理由为无内部管辖权的公务员违背内部的事务分配权限，违反内部法的情节并不明显。另外，在现实生活中，有权对外代表机关的称为职务担当者，不仅包括机关首长，还有业务单位主管和业务承办人员等，只要在年度业务分配计划中有权限在相关的公文业务上署名的人就属于职务担当者。[①]

（二）手段与目的的平衡

在行政过程中，行政主体会利用各种手段实现行政目的。但在目的的实现过程中常常会涉及公共利益与个人利益之间的平衡。相对人获取的个人利益不能大于公共利益，这也是比例原则的要求。同时，如果在进行行政承诺的过程中，行政主体运用的手段所导致的成本要大于相对人的利益时，承诺应不得作出。

1. 违反成本上限

1997 年，湖北省鄂州市杨叶派出所与辖区单位签订责任书，明确双方的治安责任以及权利义务。派出所承诺：如果被承诺企业被敲诈勒索、哄抢，派出所将赔偿一切直接财产损失，并通过赋予相对人在派出所不兑现承诺时要求赔偿的权利。此举被称为"杨叶模式"。[②] 这种模式体现了行政的用心良苦，但是，承诺逾越了限度。显然，设想该镇如果同时发生几起这样的案件——当时治安不好完全可能，派出所为此赔偿一切直接财产损失，以一个所的财力很有可能让派出所破产或不能运转。这就损及派出所所代表的公共利益。在成本和

[①] 李介民：《税法上非正式行政行为之研究》，东海大学法律学系 2007 年博士学位论文，第 206～209 页。

[②] 余凌云："从行政契约视角对'杨叶模式'的个案研究——治安承诺责任协议"，载《公安大学学报》2000 年第 4 期，第 45～46 页。

收益之间，成本大于收益。本案承诺有实际效果，但不等于合乎限度。

2. 违反时间上限

当德国税捐机关对纳税人所提出的请求可能妨碍到其依法定时间核课税捐的根本义务时，税捐机关必须拒绝作出承诺。[①] 同样，如果行政承诺的履行有碍于行政目标的及时实现，那么行政主体也必须拒绝作出承诺。时间上限是对相对人和行政主体双方的要求。

（三）行为明确性

法治国要求法律符合明确性原则，同样在行政承诺领域也适用。因为只有承诺的内容明确，才能让相对人有所适从，达到法治安定的状况，让其有一个稳定的预期。

2012 年 5 月 14 日，云南巧家县公安局召开新闻发布会，局长杨某某表示"可以以一个局长的名义和自己的前程担保"赵某某是 5 月 10 日白鹤滩镇花桥社区便民服务大厅爆炸案的嫌疑人。[②] 杨局长的承诺符合行政承诺的多种特征，但并不符合行为明确性的要求，因为以局长名义和前程担保是指引咎辞职还是在局长岗位上工作到退休或其他内容并不清晰。并且杨局长承诺时针对的是普通对象，与行政承诺的内涵不符。当然，也无法通过行政诉讼追究杨局长的责任。

（四）相关法律原则

一般来说，因为行政承诺对于相对人而言是授益行政行为，所以并没有干涉保留的存在，不必适用法律保留原则。但是，当承诺涉及第三人的利益时，尤其是于第三人利益有损的时候，为了保障其利益，应该遵循法律保留原则。依法行政原则要求行政机关遵守法律优越原则：作成该行为的依据和内容不得违背法律或一般法律原则，即承诺的内容不得违反法律禁止性规定或诚实信用原则（1961 年 8 月 4 日，德国联邦财务法院作出判决认为：承诺

[①] 李介民：《税法上非正式行政行为之研究》，东海大学法律学系 2007 年博士学位论文，第 221 页。

[②] 王秋实："委托北京律师赴云南巧家县人民法院提起名誉权诉讼赵登用家属起诉云南巧家警方索赔 200 万元"，载《京华时报》2012 年 9 月 3 日，第 016 版。

的拘束力来自于诚实信用原则）、信赖保护原则。①

（五）程序

《德国联邦行政程序法》第 38 条规定："作出所许诺的行政行为之前，因法规需要而需要听证参加人，需要另一行政机关或委员会共同参与的，则行政许诺仅在听证参与人，得到另一行政机关或委员会共同参与之后方可作出。"因此，在承诺涉及第三方的利益时，需要其参与承诺程序，以免在行政机关和申请人之间造成秘密操作的结果而损害第三方的利益。此外，如有遵循时间、其他步骤等一些程序方面的要求也须遵循。当然，包括内部讨论、呈报等内部程序。

（六）救济途径

对行政承诺存在的问题不服，可以通过行政复议或行政诉讼寻求救济。在后一种途径中，当事人可以利用撤销诉讼、确认诉讼以及履行诉讼三种诉讼类型，提起诉讼请求救济。但是，如果出现法律、政策的变化或重大事件的发生而导致行政主体改变或撤回行政承诺，相对人不得提起撤销诉讼。

六、结语

回顾行政承诺的历史，行政承诺并不是新鲜事物。在我国现阶段为何成为高频词汇？当中既有行政主体为达成行政目标的需要，也有行政法律制度失却规范的因素。从行政法学的角度来看，如果将各种自名为承诺的现象囊括到行政承诺项下，行政承诺就会丧失自己的专业特征，失去了作为行政法学概念的意义，该概念将不堪重负，终有坍塌的可能。

行政行为型式化的高级发展是其法制化、制度化。目前，我国相关的制度有限，大多出现在各地的规范性文件中，相关法典（如复议法、行政诉讼法、行政强制法）中并无有关行政承诺的法条，而且行政承诺与久酿不出的行政程序法极有可能失之交臂。因此，面对"承诺之海"，行政承诺型式化的前景不可不谓道远而任重。

---

① 　陈传宗："论行政法上之承诺"，载《宪政时代》1991 年第 1 期，第 219 页、第 83 页。

第六章 论试行"法制副厂长"的 制度基础[*]

—— 基于惠州市试行情况展开

尊重企业的自主经营权和遵循依法行政原则是试行"法制副厂长"制度的前提。作为一项制度试验,其可以通过给付行政、指导行政进行。今后该制度铺展之后,衡诸其涉及的范围和影响的人群,作为一项重要性的事项,应由法律作出规定。该事项也在地方法规的规范范围内。通过结构、组织和程序方面的比较,可以得知,在内部功能上,"法制副厂长"不比企业专聘法律顾问更优;在外部功能上,"法制副厂长"不比政府部门更优。可以说,"法制副厂长"制度可以解决问题,甚至是不少问题,但是其的地位和功能与现有的企业相关部门、行政机关的职能、义务重叠,目前其功能与结构(法律地位)之间并不匹配。因此,其结构和功能方面的制度基础有待进一步摸索。

2009 年 4 月,惠州市原创"法制副主任"制度。之后,在全市共 1249 个村(社区)聘任了"法制副主任"。此后,"法制副主任"在多地推行并延展了"法制副校长""法制副厂长"等制度。相对于前者,后两者在试行中显出不虚让的态势。

---

* 本文是参加惠州市司法局、惠州市普法办公室、惠州学院、惠州市法学会 2015 年 12 月 17 日举办的企业"法制副厂长"研讨会交流论文的修改稿。会议论文集供此次会议交流,在此引用,请相关作者见谅。

一、背景与问题

2015 年年初，在惠州市政协十一届四次会议举行"法治之路，惠民之城"专题座谈会上，市委表示要"一手抓民主、一手抓法治"以提升基层治理水平，在"法制副主任"实践的基础上，推广"法制副厂长"和"法制副校长"制度。[①] 5 月，《惠州市贯彻落实党的十八届四中全会决定重要举措 2015 年工作要点》印发，要点明确提出以企业"法制副厂长"制度推动企业依法治理，探索企业"法制副厂长"、工会法律顾问制度。正是基于"小微企业往往都没有完备的法律组织建构，一旦遇到问题就只能向外求助"的情况，惠州市将仲恺高新区和大亚湾新区列为首批"法制副厂长"试点县区。仲恺高新区政法委司法法制科科长翟耀年认为："企业对法治化的治理模式，有着很高的认同度。"但是，《南方日报》记者提出以下质疑："法制副厂长"的定位如何？其与公司法务、企业工会律师顾问如何融合？推行该制度所面临的人力资源短缺瓶颈如何突破？[②]"法制副厂长"并非惠州市率先出台的制度，但某种程度上，确实是法制副主任的翻版。市内试点区大亚湾区首度推出了《大亚湾区"法制副厂长"工作制度实施方案》《大亚湾区"法制副厂长"工作职责》《大亚湾区"法制副厂长"经费补贴方案》等制度，确定在全区 10 个试点企业进行。

虽然笔者并不否认其实施确有效果，但毕竟这项制度是在原有的法律制度和组织框架中植入的一项新的对企业的经营及其内部结构和日常运作产生影响的制度，因此，有必要进行探讨。"法制副主任"和"法制副厂长"作为两项新兴的制度建设，类似度比较高。实际上，他们带来的法律问题并无二致，因为都涉及以下问题：需要遵循哪些原则？以何种政府行为推行才不至于侵害相对人的权益？以及他们的法律地位如何？相对人为何需要？只有解答这些问题以后，制度才有建构和推行的基础。

---

① 罗锐、邹仕乔："惠州将推广'法制副厂长'"，载《南方日报》2015 年 2 月 3 日，第 HC02 版。
② 刘进、戎飞腾、卢慧："惠州企业探索法治实践并有效复制推广 以法治思维构建劳资关系"，载《南方日报》2015 年 6 月 2 日，第 A14 版。

二、试行"法制副厂长"制度需遵循的原则

在回答该问题之前，必须明确一个大前提，即企业的经营自主权。只有将"法制副厂长"置于企业的经营自主权背景下，该制度才有探讨的法律空间。

（一）尊重与保障自主经营权

《宪法》第 16 条规定，国有企业在法律规定的范围内有权自主经营。《宪法》第 11 条第 2 款规定，国家保护个体经济、私营经济等非公有制经济的合法的权利和利益。国家鼓励、支持和引导非公有制经济的发展，并对非公有制经济依法实行监督和管理。《公司法》有更细腻的规定。从中并非不能导出公司的自主经营基本权。普通人的担心是作为企业外来的"法制副厂长"会不会侵害企业的自主经营权？对于一项基本权，一项制度不外乎存在限制、保障或非限非保的三种态度，所谓的侵害是当中的限制之意。

基本权的一般限制有四种情况：（1）基本权的构成要件——本质限制；（2）宪法对基本权的限制；（3）法律对基本权的限制；（4）对基本权限制的限制。分别简述如下：（1）基本权的构成要件也就是基本权本质限制的问题。（2）宪法条文里会对基本权进行限制，如果基本权条款中的限制剥夺了自由权的一部分或某部分人民的自由权，那么这就是宪法的不当限制。此外，尚有两种限制：一是基本权的主张不得侵害国内宪法基本秩序和国际和平；二是如果基本权的行使影响到第三人的基本权，进行衡量后，若对此基本权进行限制优于没有加以限制的第三人的基本权，就应该加以限制。（3）最常见的基本权限制是依法律的限制，这就是我们所说的法律保留。其分为狭义的法律保留和法律授权的行政命令保留。法律保留必须符合法律明确性原则，行政命令保留必须符合授权明确性原则。法律保留的实施（立法）中不可以侵夺基本权的核心，即需遵守制度性保障原则。（4）国家限制基本权的理论基础为个人的外部行为已经对他人产生影响，基于人民的托付，国家对此应该加以限制。至于应该采取刑事的还是行政的何种方式进行，这通常属于立法者的裁量范围。但是，如果个人行为还没有外部化，那么国家就不应该介

入。反之，则产生对基本权限制的限制的问题。对基本权限制的限制的基本原则有两种：比例原则和平等原则。① 从以上的四种情况来看，只有法律对基本权的限制较有可能。此处的法律通常指议会制定的法律，也可以包含地方议会——我国为地方人大制定的地方法规。② 但《立法法》规定设区的市的立法权限于城乡建设与管理、环境保护、历史文化保护等方面的事项（第72、82条），"法制副厂长"不属于以上事项范围。"法制副厂长"并非是为了执行法律、行政法规的规定而需作出适合本行政区域内具体规定的事项，也不是地方性的事项，所以，似乎省级人民代表大会及其常务委员会不可以直接制定有关"法制副厂长"的地方法规。但是，《立法法》第72条还规定，除第8条规定的事项外，其他事项国家尚未制定法律或者行政法规的，省级人大和较大的市的人大可以根据本地方的具体情况和实际需要，先行制定地方性法规。可见，针对"法制副厂长"制定地方性法规并非不可能。

2015年年初，大亚湾区司法局联合区工贸局、区人社局，对辖区内员工200人以上的企业进行调查并召开了"法制副厂长"试点工作座谈会。发现区内这类企业有60多家，其中绝大部分配备了公司律师与工会律师，但对试点工作的积极性不高。经过交谈，了解到企业的顾虑：一是"法制副厂长"与公司律师、工会律师的职责重叠，没有实行的意义；二是担心"法制副厂长"介入企业管理，扰乱正常的生产秩序。③

从自主自治的角度来说，我们不妨参照自治行政的要求，对"法制副厂长"进行衡量。自治行政是指"特定公法组织体，于国家赋予之法定权限内，透过特定利害关系人之参与，自行负责，以处理与该组织体相关之公法事务"。自治行政的内涵有四个要素：法律形式要素、参与要素、自行负责和固有事项四个要素。法律形式要素指的是主体的公法组织形态。主体必须是独立的，具备权利能力的公法组织体。不限于公法社团，也可以是公法财

① 李惠宗：《宪法要义》，元照出版有限公司2008年版，第105~111页。
② 李惠宗：《宪法工作权保障之系谱》，刘孔中、李建良编：《宪法解释之理论与实务》，中央研究院中山人文社会科学研究所1999年版，第369页。
③ 朱影宏："浅谈'法制副厂长'制度的定位及意义"，见惠州市司法局、惠州市普法办公室、惠州学院、惠州市法学会：《企业"法制副厂长"研讨会论文集》（2015年12月17日），第7页。

团和公法营造物。参与要素指特定利害关系人的参与，特定利害关系人对于自治行政内部意思的形成和决定的作出，必须有参与的机会。自行负责的范围限于法律赋予的权限内。也就是说，国家仍可以对其实行合法性的监督，法律监督是国家与自治行政之间的纽带。固有事项是自治主体自行负责的核心领域。固有事项的性质和范围依据自治行政主体的性质而有所不同，但是固有事项都与自治主体和特定利害关系人息息相关。至于非固有事项，则不应交由自治主体以自治行政方式处理，却可以委办事项的方式进行。[①]"法制副厂长"的职责如何，我们可以从某家公司对其所作的要求《法制副厂长工作职责》进行观察。

兼职法制副厂长接受公司所在地综治委、办的指导，在公司党组织和公司负责人的领导下开展工作。主要职责是：

一、参与制订公司法制教育规划、计划，协助公司开设法制教育课程。做到教学计划、教材、课时、师资"四落实"。根据治安形势变化，联系公司实际，结合公司员工特点，实施有针对性的法制教育。

二、协助公司加强内部安全防范工作，健全、完善规章制度，落实各项防范措施，消除安全隐患，开展创建安全文明厂区、无毒厂区等活动。对有不良行为和严重不良行为的公司员工，要做好教育、转化工作，要协调公司、社区签订帮教协议，落实帮教措施。

三、了解掌握公司周边地区治安动向，及时向当地综治办报告，提出开展公司周边治安秩序整治的工作建议，并积极参与组织开展公司周边治安秩序整治，建立长效机制，维护公司周边地区的治安秩序。

四、配合政法部门妥善处理公司员工违法犯罪案件，严肃查处侵害公司员工合法权益和滋扰厂区的案件。对厂区内发生的严重违纪问题，督促公司根据校规校纪妥善处理，维护公司正常的生产、生活秩序。

五、协助公司沟通与社区、员工及社会有关方面的联系，促进公司、员工、社区"三位一体"法制教育机制的完善。

六、按照公司所在地综治委、办的工作要求，会同公司有关部门落实各

---

① 许春镇："论自治行政之概念及其类型"，载《台北大学法学论丛》2006年第9期。

项综合治理工作措施。

这些职责不外乎"参与""协助""配合"，因此对公司的自主自治影响并不太大，没有根本性、侵害性的介入。从自治行政的四个要素来说，企业的法律形式要素是民事法人，参与要素、自行负责和固有事项体现为非利害关系人"法制副厂长"并不参与企业内部自主意思的形成和决定的作出，依然由原决策机构进行决策、自我负责。至少，从这家的情况来说，"法制副厂长"并未影响其自主经营。

（二）遵循依法行政原则

依法行政原则要求行政尊重重大事项由立法机关决定的要求，在"法制副厂长"尚未成为重大事项时，以给付行政、指导行政的形式试行该项制度是可行的。至于"法制副厂长"何时为重大事项范畴，事属立法机关立法考量的范围。

1. 依法行政原则的要求

行政部门在完成行政任务的过程中，首要的就是需依法行政。依法行政原则包含法律创制、法律保留和法律优位三个方面的要求。法律创制要求行政机关、行政权力等的设立需有法律的依据。我们可以说"法制副厂长"制度的推行来自行政机关的概括性权力。如果我们继续往下追究："法制副厂长"制度需不需要明确的法律规定？这个问题与法律保留的要求便成为一个问题了。

古典法律保留主张侵害保留（干预保留）。随着给付行政的兴起，"全部保留"和"部分保留"的观点应运而生。前者主张纵然是授益行为，都要依法保留。其中，包括"权力性全部保留说"，该说认为不论是侵益还是授益性的权力活动，都要适用法律保留。"部分保留"主张只有干预性行政行为才纳入法律保留，故该说又称为侵害保留（干预保留）。处于两者中间的是"限缩的全面保留"和"扩张的全面保留"，采用的是重要性理论。[①] 虽然目前认可的是重要性理论下的法律保留，即重要事项的法律保留，但是与"部分保留"的主张也不完全冲突。从法制副主任的情况来看，实践中主要是法

---

① 李震山：《行政法导论》，三民书局 2006 年版，第 60 页。

制帮扶为主，并且是政府负责开支，可以定性为行政给付。现实中"法制副厂长"也是如此，这也是该制度在设计和运行中拿捏的界限，帮扶对象不至于感觉权利受到侵害。唯需注意的是，重要性的标准是根据规范的事项对人民的影响和意义来判断，其判断标准有：一是对人民个人基本人权具有持续性侵犯或危害；二是对公众具有重大影响的事务；三是社会中争议性的复杂问题。重要性理论呈现出梯形顺序，对十分重要的事项，立法机关需亲自立法进行规范，对于相对重要的事项，可以通过授权明确性原则授权行政机关进行规范。[①]"法制副厂长"属不属于对公众具有重大影响的事务？从其涉及的面和人数来说，难谓非重要性事项。

2. 依法行政下的行政行为方式

依据全部保留说，"法制副厂长"制度不免受到无法可依的质疑。但"部分保留"主张只有侵害行政才需要法律保留，授益部分可以依据行政命令自行作出。

在目前试行的阶段，在遵循侵害保留的要求下，在影响面小，涉及群体数量不多的情况下，"法制副厂长"制度是可以推行的。也就是说，应该避免其成为一种侵害相对人的侵害行政行为——相对于授益行政行为来说。"法制副厂长"制度设计为授益行政行为才有试行的空间。如果授予其参与企业决策、参与人事组织安排等权力，要求企业付费接纳"法制副厂长"，那么这项制度就需要明确的法律依据。反之，试行中，如果基于企业自愿、政府付费、法务协助，那么则可以在行政机关概括性的权力范围内以行政给付、行政指导的方式推行这项制度。当然，其他相关的法律规定并非可以置法律保留外，如预算方面。

大亚湾区提出"法制副厂长"应当作为中立性、公益性、服务性的公益平台。中立性要求"法制副厂长"既不是企业经营管理人员，也不是企业职工，而是作为无直接利害关系的第三方。公益性是指"法制副厂长"是政府联合律师群体建立的公益平台。不向企业收费，也不领取政府工资。服务性是指运用"法制副厂长"制度，政府将普法工作中的部分职能向社会组织转

---

① 董保城：《行政法讲义》，自刊 1994 年版，第 45 页。

移，以服务于社会。① 2015 年 7 月，经过调研仲恺高新区委政法起草了《仲恺高新区推行企业"法制副经理"工作制度试点实施方案》（初稿）。目前确定了有 10 家左右的企业为"法制副经理"制度的试点单位。该区的"法制副厂长"是："指在政府的主导下，以企业自主自愿为前提，聘任执业律师为企业开展法治宣传教育，培育法治精神和解决企业与劳动者的法律问题，进一步推进企业依法治理进程的一项举措。"②

据此，大亚湾区试行的"法制副厂长"制度是以给付行政的方式进行的，而仲恺区则是以指导行政的方式推行的。以这两种授益行政的方式进行"法制副厂长"的试验，可以免去没有明确的法律依据的尴尬，可以在遵循依法行政原则和法律保留原则的前提下以司法行政的途径进行。后续发展中，至于"法制副厂长"何时为重大事项范畴，应由立法机关考量该制度涉及的面、群体和影响的程度等因素进行裁量。届时由立法机关对此以法律的形式进行规范。

三、试行"法制副厂长"制度需考量其法律地位与功能

"法制副厂长"制度的法律地位与功能是在试行中考察的关键因素。笔者基于资料和调研，利用结构功能理论检视后发现，其法律地位与功能是不相匹配的，或者说不是最优的搭配。因此，需要重新定位。

（一）"法制副厂长"的法律地位

从各地实践来看，"法制副厂长"的法律地位主要有以下几种，为加描述和说明，分别以各自的报道列于其后。

1. 法律顾问

2014 年，江苏沭阳县司法局积极帮助 800 家企业，从公、检、法、司等部门聘请懂法律、通业务的工作人员，担任企业法制副厂长。县工业园区企

---

① 朱影宏："浅谈'法制副厂长'制度的定位及意义"，见惠州市司法局、惠州市普法办公室、惠州学院、惠州市法学会：《企业"法制副厂长"研讨会论文集》（2015 年 12 月 17 日），第 6~7 页。
② 林春乐："浅谈'法制副厂长'制度的意义及职能定位"，见惠州市司法局、惠州市普法办公室、惠州学院、惠州市法学会：《企业"法制副厂长"研讨会论文集》（2015 年 12 月 17 日），第 11~12 页。

业法制副厂长从县公安局、法院、检察院、律师事务所、法律服务所、县矛调中心及小区调解室中选聘，乡镇企业法制副厂长从基层司法所、矛调中心、派出所、法律服务所及村（居）调解室中选聘。被选聘的工作人员兼任 2～3 家企业法制副厂长，一是当好法律参谋，为企业提供法律服务。经常深入企业，采取召开企业座谈会、形势分析会，调研企业法律事务新情况、新问题、新要求，及时掌握企业经营现状和新动态。帮助企业研究分析涉法问题，制订符合企业特点的法律服务方案。二是创新服务模式，帮助企业规范管理。建立健全结对服务机制，开展结对服务活动，做好企业法律顾问，引导企业规范劳务用工，化解劳资纠纷。三是化解企业纠纷，推进企业健康发展。帮助企业排查、化解各类矛盾纠纷，发现可能引起群体性纠纷的苗头和隐患，及时与企业研究对策，第一时间把矛盾纠纷化解在企业。今年以来，企业法制副厂长深入企业开展员工法律培训 130 次，帮助企业出具风险提示及法律建议 110 条，调解企业纠纷 213 起，制止群体性上访事件 3 起 120 人。为企业挽回经济损失 150 余万元。[①]

这里将"法制副厂长"视为法律顾问，存在的问题是，如何与企业现有的法律顾问相区别？或者说"法制副厂长"自身的意义在哪里？

2. 综治联系人

福建晋江衙口边防派出所辖区内的信诚集团、闽南水产、天洋服饰等 8 家企业相继向该所民警下聘，主动邀请民警担任企业"法制副厂长"，这是晋江边防加强辖区厂企服务管理取得的又一新的渠道。晋江衙口边防派出所紧紧抓住法制引导、纠纷调处、服务保障三个关键，将警力从警务室进一步下沉到工厂企业，定期为各企业工人讲授法律法规、治安常识，提供涉法难题咨询，指导加强企业内保工作，主动与企业负责人、员工交流思想、询问需求，有针对性地制定便民利民服务新措施，落实流动人口社会联动化管理服务，并成功化解劳资纠纷 5 起，消除企业不稳定因素 8 处，制订安全工作

---

① 周祥："沭阳县 800 家企业聘请法制副厂长"，http://www.suqian.gov.cn/ssfj/xqdt/201404/4bc6ec8fae504759b420e5a4ccbe5240.shtml，访问时间：2015 年 12 月 6 日。

预案 6 份，受到了地方党委政府和辖区企业负责人的一致好评。①

昆明市与福建晋江的设置类似，也是从民警中选任"法制副厂长"。

昆明市公安局国家经济技术开发区分局 20 名民警从辖区企业代表手中接过了聘书，从即日起，这些民警又多了个身份——"法制副厂长"。这是经开区公安分局继推行企事业单位治安星级管理后，又一个预防和减少企事业单位内发生违法犯罪案件的创新管理制度。别以为有了这个头衔很风光，这个不拿钱的职务并不轻松。"法制副厂长不仅要为企业的平安出谋划策，化解企业纠纷，推进企业健康发展，提高企事业单位及内部员工的法制意识和自我防范能力。而且一旦发生案件，法制副厂长还将受到问责。"经开区公安分局副局长伏思良介绍。经开区公安分局治安大队大队长郭昆生介绍，目前，经开区共有企业 8000 余家，其中固定资产达到 2000 万元的大型企业超过 300 家。此次派驻了"法制副厂长"的企业为 20 家龙头企业，"副厂长"将在公安机关职责范围内给予企业最大限度的帮助，为企业正常生产经营创造稳定的治安环境，并逐步建立健全"公安主抓，厂企参与"的巡防机制。而这个工作举措，也是全市首创。② 今年初以来，福建霞浦牙城边防所探索"警企共建促发展"模式，选派优秀民警入企，担任企业"法制副厂长"，开展送法进企业活动，协调解决影响企业发展的治安、矛盾纠纷等问题。③

广东江门江海公安推出的社区警务新措施，也是以警察担任义务"法制副厂长"，主要保护企业正常的生产，同时化解内部矛盾。丹东市振兴区公安分局为辖区企业派出法制副厂长（副经理），提供"保姆式、零距离"服务，要求"企业可防性事故不发生，内部矛盾纠纷不出厂"。④ 这种综治联系人的定位，是为了当地的社会稳定和治安的综合治理。

---

① 葛朝兴、傅汉阳、施锦贵："福建晋江'法制副厂长'进驻辖区企业"，http://news. cnr. cn/gnxw/201109/t20110919_508518804. shtml，访问时间：2015 年 12 月 6 日。

② 孙文洁："经开区公安分局全市首创 派 20 名民警到各企业当法制副厂长 这个副厂长没工资发案还要被问责"，载《都市时报》2012 年 5 月 9 日，第 A33 版。

③ 夏斌、赵俊、远长："霞浦牙城镇'法制副厂长'为外来工维权"，载《福建日报》2015 年 4 月 24 日，第 4 版。

④ 以上情况请分别参见：http://roll. sohu. com/20120824/n351413924. shtml；http://liaoning. nen. com. cn/shishi/215/3519715. shtml，访问时间：2015 年 12 月 6 日。

3. 法制监督员

"不同于部分企业里已有的公司法务和工会律师顾问,'法制副厂长'需要承担更多的公共服务职能。"惠州市法制局有关负责人表示,"法制副厂长"一方面协助企业制定法律文书、合同,主动介入决策事项的法律风险评估,同时对企业的治安防范、安全生产、环境保护等进行监督;另一方面,还要充当中间协调人的角色,在提高员工法律意识,协调劳资关系方面发挥作用。[①]

这并不是说这种定位没有前两种的职能,只是为了凸显其监督角色。而企业以利润为目标,监督或多或少会对其产生张力,其中如何协调也是面临的一个实际问题。

4. 普法员

敏华家具制造(惠州)有限公司认为:"'法制副厂长'作为司法行政部门进行法治宣传教育,提高企业依法治理,培育企业诚信经营,构建和谐劳资关系的平台,其不参与企业事务决策管理、也不干涉企业日常事务,为企业经营者及企业员工提供专业的法律服务,从而使企业依法经营、诚信经营,企业劳资双方关系和睦,共同促进企业的成长,市场经济的繁荣稳定,共建和谐社会。"[②]

我们从前文大亚湾、仲恺区的介绍中可以看到,两区的"法制副厂长"也承担着普法员的角色。

综上所述,"法制副厂长"源自执业律师,如大亚湾、仲恺区;源自公、检、法、司等部门中熟悉法律的人士,如江苏沭阳;源自辖区派出所警察,如福建晋江等地。其法律地位大致有四种:法律顾问、综治联系人、法制监督员、普法员。当然,现实中,某地的"法制副厂长"可能身兼数种法律地位。

[①] 刘进、戎飞腾、卢慧:"惠州企业探索法治实践并有效复制推广 以法治思维构建劳资关系",载《南方日报》2015年6月2日,第A14版。

[②] 潘志鸿:"浅谈'法制副厂长'在企业中的定位及其工作方式",见惠州市司法局、惠州市普法办公室、惠州学院、惠州市法学会:《企业"法制副厂长"研讨会论文集》(2015年12月17日),第20页。

（二）从功能结构理论解析"法制副厂长"的地位与功能

在了解了"法制副厂长"地位之后，我们再看看他的功能。最后从他的地位考察他和企业之间的结构，看看与相关人员、机构相比之下，其功能是否最优。

1. 企业为什么需要："法制副厂长"的功能

仲恺区认为，"法制副厂长"是政府部门的公共法律服务。"法制副厂长"有以下几种功能：（1）普法功能，普及全民法制教育问题。（2）调解功能，调和企业存在的劳资关系问题。（3）助力功能，帮助企业完善依法治理制度建设。主要表现在辅助企业完善各项规章制，这有别于企业的法律顾问。（4）服务功能，为企业员工提供法律服务问题。① 虽然该区主张"法制副厂长"与法律顾问的功能不同，但从以上四种功能来看，除了普法功能外，其余三种功能与法律顾问并无二致。

"法制副厂长"的服务对象是企业，不是政府。因此，需要理解企业的需要——而不是政府部门的需要后才能准确地界定其功能。普法功能并不是企业的直接需要。"法制副厂长"为什么会受到欢迎？据笔者的观察和调研，"法制副厂长"的需要来自内外两个方面。也可以说，在目前内外环境下，"法制副厂长"发挥的内外两种功能符合了企业的需要。

其一是帮扶对象的自身需要，或者出于自身法律整治的需要，或者出于日常事务的需要。

就法治副主任来说。2014 年，惠州市共查处农村干部贪污腐败、渎职失职案件 226 宗 226 人。② 而法制副校长，更多的则出于日常事务的需要。

"法制副校长"除了开展日常的普法教育，还包括指导和帮助学校建立健全有关社会综合治理的各种规章制度，开展防火、防盗、防交通事故等法律教育，以及做好人防、物防、技防和邻里守望等工作。惠南学校校长唐胜

---

① 林春乐："浅谈'法制副厂长'制度的意义及职能定位"，见惠州市司法局、惠州市普法办公室、惠州学院、惠州市法学会：《企业"法制副厂长"研讨会论文集》（2015 年 12 月 17 日），第 14～16 页。

② 周欢："惠州刷新基层党建品牌，促社会治理民主法治化 全市将推广'掌上村务'探索推行'法制副厂长'"，载《南方日报》2014 年 12 月 15 日，第 HC01 版。

虎说，"法制副校长"辅助学校解决了不少棘手问题。目前，惠州各地"法制副校长"聘请率达 100%，"法制副校长"来自执法机关，在对学生的法制教育辅导、维持学校秩序和处理学校内外矛盾方面，收到事半功倍的效果。①

"法制副厂长"同样也存在这样的需要。如解决劳资纠纷、保障企业自身生产安全、签订公平的经营合同等。这些体现为"法制副厂长"的内部功能。

此外，是企业应对外部环境的需要，希望借助公权力的代表，能与不当公权力相抗衡的人士，以便为企业创造一个公平、公正的营运环境。这可以视为"法制副厂长"的外部功能。

"环卫人员每个月向我收取一次卫生费，每次 10 元至 30 元不等。"南昌市塘山镇代女士得知，卫生费是近些年只对经营店铺的商户收取的。② 事后查明环卫人员收取的费用没有法律依据。而在现实中，卫生费与企业年检挂钩，意味着不交卫生费的企业在下次年检中将因此通不过。此间是否有违不当联结禁止原则，不无疑义。

而下面涉及的非法营运案件——梁佳成诉佛山市交通局案，在省内出现类似的情形不少，不时见诸报端。③

2008 年 7 月 28 日，因顾客在南海平洲汇丰电器商场买的冰箱面积过大无法塞进小车，商场安排司机免费送货上门。一周后，道路稽查队员发现了留有顾客家庭住址的送货单，商场由此被认定非法营运，根据广东省交通厅《关于对经营性货物运输有关问题的批复》罚款三万元。佛山市交通局称，商场在免费送货过程中，虽然没有收取运费，但商场会将运费计入货品零售价中，也就间接收取了运费，这是间接营运，间接营运也属于非法营运。商场老板梁佳成认为，间接收费是佛山市交通局凭空猜测，在法律上不能成立。2009

---

① 罗锐："惠州基层治理改革：一手抓民主 一手抓法治"，载《南方日报》2015 年 11 月 24 日，第 HC02 版。

② 万菁："环卫人员收取卫生费被指不合理 事发南昌市塘山镇，该费用被禁止收取"，载《新法制报》2015 年 9 月 15 日。

③ 更详细的分析请参见袁文峰："从非法营运事件推演省人大的社管路径"，载《湖南警察学院学报》2012 年第 5 期。称为"专车第一案"的陈某诉济南市城市公共客运管理服务中心客运管理行政处罚案尚在审理中。此案发生在 2015 年 1 月 7 日。陈超的车被济南市公共客运管理服务中心认定为非法运营的车辆。非法运营的认定标准至今尚未明定。

年3月3日下午，禅城法院判决市交通局处罚适用法律法规正确，予以维持。[①]

法的明确性是法安定性原则的重要内容，为达到法安定性原则的要求，现代法治国家的国家权力的行使及所公布的法规应明确。在此要求下，人民得以知悉法规的内容，才能依法而行，同时也避免国家权力的滥用。明确性原则表现在行政法的各领域中，而主要有法规范、授权行为与行政行为等方面。而明确性原则在法规范上要求法规的制定，于程序上必须公开审议、公布，让人知悉。于内容上，其构成要件及法律效果的规定必须清楚、明白，措辞、用语明确，使行政机关和人民均能了解。但法规若有规定不明确或不齐全的情形，应由公布法规的机关或其他行政机关负担，不应由受规范的相对人来承担。[②] 观诸非法营运相关的法律规范，2004 年 7 月 1 日起施行的《中华人民共和国道路运输条例》和《广东省道路运输管理条例》都没有对何谓非法营运作出界定，界定最终由交通行政管理部门的文件来完成。在法规范不明确的情况下，出现梁佳成这样的案子让人不难理解。一件再普通不过、被认为是情理之中的送货上门的案件被认定为非法营运，这对企业的经营活动冲击很大。而前段时间政府强调要给企业减免税负、降低借贷门槛和利率，这从另一个侧面反映中小企业面临的经营难题。这些状况表明行政执法、行政服务离公平、公正尚有距离，立法在明确性原则面前也有很大的提升空间。

在调研中，中小企业主向我透露企业税票也是老大难问题，因为税务部门控制得太紧了，以至于出现有些交易因税票用完了无法进行的情况。如果让税务部门的人士来担任他厂里的"法制副厂长"，则正中其怀。

2. "法制副厂长"的功能与结构（法律地位）是否相匹配

德国公法学者欧森布尔依适当功能机关结构标准，认为不同的国家机关各有不同组成结构和决定程序，由此因质的高度差异对应他们所各自作成的

---

① 刘艺明："商场免费送货被罚款状告交通局一审败诉"，载《广州日报》2009 年 3 月 4 日，第 A34 版。

② 姜悌文："行政法上之明确性原则"，见城仲模：《行政法之一般法律原则（二）》，三民书局1997 年版，第 430～435 页。

决定有不同的份量和不同的正当性。① 1980 年，他的理论提出。直到 1984 年才获得德国联邦宪法法院的呼应。联邦宪法法院在当年的导弹部署案判决（BVerfGE 68，1，86）中认为，设置不同的机关的主要目的无非在于保证国家决定能够达到"尽可能正确"的目的。也就是说，要求国家的决定应由在组成方式、内部结构、功能与决定程序等各方面均具备最佳条件的机关作出。简而言之，哪种国家事务应由哪个机关以哪种形式决定，必须放在各该机关的组织与程序结构的关联上进行观察。② 欧森布尔和德国联邦宪法法院提及功能结构理论旨在解决立法机关和行政机关在法律保留事项上的分工。但是，该理论对解决一个机构的设置与其功能之间是否匹配也同样有帮助。因为该理论同时也回答了以下问题：一个机构在其结构、组织、程序上就某项功能是不是比相关的机构更优？

上文列出的"法制副厂长"普法功能、调解功能、助力功能、服务功能四大功能并未穷尽所有的功能，如果从内外功能进行分类，助力功能、服务功能属于内部功能，法制监督、综合治理、调解、普法等功能大体可以归属为外部功能。因为法制监督涉及公安、安监、环保等部门。综合治理涉及公安部门的治安职能，虽然也与企业的保安人员有关，但保安的工作本身也受公安部门的指导。调解劳资关系往往需要外部力量的参与。普法功能主要是政府部门的职责。③

"法制副厂长"的助力功能、服务功能等内部功能会不会比企业专聘法律顾问更优？结构上，"法制副厂长"属于异质型的组织，虽然呼为"副厂长"，他不参与企业的经营活动，企业对其履职中可能获取的秘密保持警惕。相比法律顾问，其嵌入企业内部结构肤浅，无法发挥专聘法律顾问那样优质

---

① Ossenbühl, Aktuelle Probleme der Gewaltenteilung, DÖV 1980, S. 548 f. 转引自许宗力：《法与国家权力》，月旦出版社股份有限公司 1993 年版，第 139 页。

② 许宗力：《法与国家权力》，月旦出版社股份有限公司 1993 年版，第 139～140 页。

③ 惠州市司法局宣传教育科的职责是："制定全市法制宣传和普及法律常识规划并组织实施；指导检查法制宣传、依法治理工作；组织编写法制宣传和普法资料负责全市司法行政系统有关宣传工作；参与依法治市工作。"参见其官方网页 http://sfj.huizhou.gov.cn/pages/cms/hzsfj/html/jgzn/f573f5b69d384759a21df3d7e6621099.html? cataId = 999d189b7f38474c87842a550d90ba62，访问时间：2015 年 12 月 28 日。

的功能。组织、程序上，因"法制副厂长"往往是来自公、检、法、司等部门中熟悉法律的人士或职业律师兼职性的义务工作，缺乏动力激励机制，终究难免出现组织涣散、程序简化的情况。所以在组织、程序上，"法制副厂长"也不比企业专聘法律顾问更优。至于有些中小企业无力聘请法律顾问的情况，"法制副厂长"可以填补其功能的真空，但其是否具有持续性呢？是不是可以以其他方式来补足呢？

"法制副厂长"的法制监督、综合治理、调解、普法等功能是不是比相关的政府部门更优？[①] 虽然我们可以视"法制副厂长"为一个组织，但其毕竟只是一个自然人。从结构上来说，"法制副厂长"只有与企业保持一定的距离才能发挥其外部功能，其嵌入企业内部结构，在组织上影响了其外部功能的发挥，也无法与专业的政府部门在人员、技术上相媲美。程序上，"法制副厂长"需借助政府部门才能将法制监督、综合治理、调解、普法等功能充分发挥，即使是警察、司法部门的人员兼任"法制副厂长"。因此，在外部功能上，"法制副厂长"不比政府部门更优。

因此，目前"法制副厂长"的功能与他的结构（法律地位）并不匹配。

四、结论

作为一项措施性制度，"法制副厂长"不可谓没有其用武之地。今后该制度铺展之后，衡诸其涉及的范围和影响的人群，作为一项重要性的事项，应由法律作出规定。该事项也在地方法规的规范范围内。无论立法，还是司法行政，面对"法制副厂长"制度时，都应该尊重企业的自主经营权和遵循依法行政原则。综合各地情况，"法制副厂长"的法律地位大致有法律顾问、综治联系人、法制监督员、普法员四种。企业是基于自身需要和应对外部环境的需要而接纳"法制副厂长"的。这两种需要可以对应于"法制副厂长"

---

① 综治方面可以参考惠城区小金口街道金源社区推出的网格管理员，其基本服务项目有社会治安、公共卫生、优抚救济、社区教育、劳动就业、计划生育、社会救助、环保卫生以及老年人、残疾人、未成年人权益保障等政府公共服务项目。具体报道参见马海菊、谢菁菁："小网格'织好'社区大民生　小金口金源社区试点社区网格化管理，为居民提供教育卫生等全方位服务"，载《惠州日报》2015年1月7日，第A5版。

的内、外部功能。助力功能、服务功能属于内部功能，法制监督、综合治理、调解、普法等功能属于外部功能。

通过在结构、组织和程序方面的比较，可以得知在内部功能上，"法制副厂长"不比企业专聘法律顾问更优。在外部功能上，"法制副厂长"不比政府部门更优。可以说，"法制副厂长"制度可以解决问题，甚至是不少问题，但是"法制副厂长"的地位和功能与现有的企业相关部门、行政机关的职能、义务重叠，其功能与结构（法律地位）之间并不匹配。笔者担心，其较难形成长期的制度沉淀。作为一项制度试验，在遵守法律保留原则的前提下，其可以通过给付行政、指导行政进行。"法制副厂长"也罢，"法制副经理"也罢，其名称该与重新定位的地位和功能相适应。毕竟，两种名称让企业接受起来有点孙悟空与铁扇公主的感觉。

总之，尊重企业的自主经营权和遵循依法行政原则是试行"法制副厂长"制度的前提，其另一基础——法律地位和功能相比企业专聘法律顾问和政府部门来说，并无更优，因此，有待进一步摸索。只有将以上制度基础梳理清晰以后，才有可能进行下一步的工作，其中如制定地方法规，如果需要的话。

第七章　预防行政中的行政权如何预防

——评《法律程序主义对预防行政的控制：以人身自由保障为视角》一书[*]

　　现今世界灾害和事故的频发对政府形态的转变提出了要求，即从以给付行政为特征的福利国家到以预防行政为特征的安全保障国的转变。曾赟博士的《法律程序主义对预防行政的控制：以人身自由保障为视角》一书，把握了这一时代的嬗递与要求。提出了安全保障国下的核心词汇：预防行政、预防行政行为。曾博士认为，"预防行政是指以维护公共安全与公共秩序为目的，为防止与减少突发事件所引起的危害而创造性地管理风险的活动"。著作创建了考量预防行政合法性的三个有效性向度，即行政行为的正当性、形式合法性及主观真诚性。这"可谓作者在行政法学理论研究领域中的一项重大成就"。虽然著作的注释（"皮囊"）中鉴别的不多，但确是丰富和规范的。

　　不少人都观赏过德国故事片《窃听风暴》（Das Leben der Anderen，又译为《窃听者》《别人的生活》），该片曾经荣获第 79 届美国奥斯卡最佳外语片奖。影片描写的是 1984 年的东德柏林。背景是全东德百姓被一百万名史塔西（东德国安部）秘密警察和两百万名告密者监控，这些人在探知别人生活的每个细节。让人印象深刻的字幕是"公开化无处不在"以及那些令人发指而

---

　　* 本文原载《两岸商法评论》2012 年第 1 期。

不为人所知的大规模的窃听行径。主人公是最敬业的史塔西军官之一戈德·维斯勒（Gerd Wiesler）上尉。他出于个人兴致，决定去调查作家乔治·德莱曼（Georg Dreyman）。维斯勒在其公寓里安装了电线进行窃听。在窃听过程中，维斯勒渐渐为监听对象的生活所吸引，终于明白自己所监听的不过是一段真挚爱情（作家与其知名演员的女友），一个正义和良心的作家。维斯勒发生了转变，开始同情他们的遭遇，开始反思该行为是否正义。维斯勒最终为保护他们甘愿冒险、慨然援手。①

在此，笔者感兴趣的不是影片的情节，而是批判的武器与武器的批判的问题。对侵入个人生活的监听，我们都为之疾首痛恨，甚至到了"三骂其娘"的地步。可是，鲁迅先生说过："辱骂与恐吓绝不是战斗。"此时，批判的武器是不能代替对武器的批判的。那么，我们该运用何种批判的武器对诸如窃听这一类侵犯人权的行为进行武器的批判？曾赟博士新近出版的《法律程序主义对预防行政的控制：以人身自由保障为视角》一书不但为我们提供了批判的武器，② 还为我们提供了如何运用批判的武器对侵害人身自由的手段（行为）——这一政府挥舞的武器进行批判的范例。

该书由绪论、五大章与代结语三个部分构成，总结并概括了预防行政过程中侵害公民人身自由之尤甚的两种具体预防行政行为，即预防性拘留与预防性搜查的含义与特征，叩问了预防行政拘留与预防性搜查的法律程序主义控权路径。在系统规整我国140余部预防性行政法律法规的基础上，梳理了其中的立法疏漏，提出了相应的立法完善建议。拜读之后，掩卷而思，笔者认为该书具有以下特点和脉络。

---

① 几年前，媒体曝出德国总理默克尔曾是民主德国特工。其监听的对象竟是从1976年开始一直被软禁在家中、经常抨击政府高层的东德科学院科学家哈弗曼。东德国安部不分昼夜地派人监视他和他的家人，最多时曾有近200间谍在其住宅附近活动，对他进行监听和监视。默克尔就是其中的一名为哈弗曼同事的卧底。参见"德国总理默克尔的间谍生涯"，载《扬州时报》2008年7月12日，第3版。
② 曾赟：《法律程序主义对预防行政的控制：以人身自由保障为视角》，浙江大学出版社2011年版。

一、把握了时代的嬗递与要求：风险社会及其安全保障国

我们对英国作家奥威尔的《一九八四》并不陌生，小说塑造了一个虚拟人物"老大哥"（Big Brother，简称 B - B）。其的形象让我们记忆尤为深刻：国家到处都挂满了"老大哥"的画像，不论你走到哪里，总有"老大哥"盯着你。在那里，"战争即和平""自由即奴役""无知即力量"。每个人都被监视，每个人的权利都有被侵害、被没收的可能。"这个装置（它的名字是电屏）的声音可以被关小，但是没办法完全关掉。""电屏能同时进行接收和发送，温斯顿所发出的任何声音，只要比极低的细语高一点就能被它捕捉。而且不仅如此，只要他仍然保持在那块金属板的视域之内，他就不仅能被听到，而且也能被看到。"① 虽然以上的活动也在该书的讨论范围，但是如果其主题仅局限于国安活动——实际上国安活动历史由来悠久，如果仅提出限权的意义，或者对应的对策，那么这部著作、作为行政法学著作的意义就要大打折扣了，它的深度就要减半了。

著作起始，作者仔细观察了行政法学伴随的国家形态。

"在一个应对工业社会所制造的各种危害的社会契约中，政府可以通过社会给付、社会补偿与社会救助等社会福利措施来减轻种种社会风险。然而，在现代风险社会，'风险计算'的基础被暗中破坏了，例如，'9·11'恐怖事件使得个人在保证自身安全抵抗危害方面的保险契约显得毫无意义，而数以百万计的失业者使得失业救助亦无能为力。风险的不可控制性、不可预测性以及全球化掏空了福利国家之给付行政的基础，也破坏了自由法治国之干预行政的理性基础。"②

当今世界，和平与发展固然是两大主题。但是，世界的局势动荡不安于今为甚。地球不时发热或打喷嚏等种种不适，于是导致流感、Sars、海啸、干旱、涝灾、雪灾、台风、地震、泥石流等各种与天气有关的灾害。各民族、种族、宗教及其派别或国家之间的旧仇新恨，导致爆炸、暗杀、投毒等各种恶性事件不断上演。政府、社会组织与人民之间因为权力与权利的冲突，引发的各种群

---

① ［英］乔治·奥威尔：《一九八四上来透口气》，孙仲旭译，译林出版社 2000 年版，第 4 页。
② 曾赟：《法律程序主义对预防行政的控制：以人身自由保障为视角》，浙江大学出版社 2011 年版，第 23 页。

体事件，如上访、对抗对峙、爆炸等也时有发生。即便不是由于自然环境、政治环境所致，也可能某种技术原因、渎职所引发的事件，如最近温州高铁、上海地铁、各地校车所出现的重大伤亡事故。还有有关良心的事件，如瘦肉精、毒血旺、地沟油、毒奶、吊白块等事件。政府何为？当社会单一的时候，政府只要充任守夜人的角色就可以了，随着经济的发展、工业化的来临、社会的复杂化，政府需要给予人民从出生到死亡的照顾，是为生存照顾。可是，到了今天我们发现对于政府来说光有生存照顾已经不够了，政府不但要照顾弱者、扶掖后进，而且对于某种意义上都是弱者的每个人，在"能活下来就是奇迹"的今天，政府还要提供高于秩序行政下的安全保障。

针对此类的世界生活状态，德国社会学家贝克于 1986 年提出风险社会加以概括。以政府任务为依据，哈贝马斯区分了政府任务的三个不同时期：古典的维持秩序任务、对社会补偿的公正分配、应付集体性的危险的情况。以此相对应，哈贝马斯区分了三种理想类型的国家形态——法治国、福利国家和安全保障国。20 世纪 80 年代始，"世界风险社会"的图景逐渐形成。"随着国家安全保障义务的空前激化，'安全保障国'产生了，与之相伴随的则是政府之预防行政。"[1] "行政法学理论发展的轨迹似乎清晰可辨，自由法治国背景下的干预行政被福利国的给付行政取代，而后者又让位于安全保障国语境下的预防行政。"[2] 依据社会演进的历史，行政法发展的各个阶段如图 1 所示。

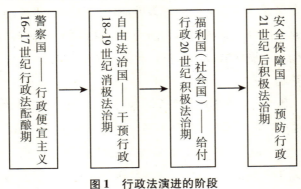

图 1　行政法演进的阶段

---

① 曾赟：《法律程序主义对预防行政的控制：以人身自由保障为视角》，浙江大学出版社 2011 年版，第 23 页。

② 曾赟：《法律程序主义对预防行政的控制：以人身自由保障为视角》，浙江大学出版社 2011 年版，第 24 页。

作者认为："由于风险社会之风险的不可理性计算与不可预测之特征，安全保障国之预防行政不得不突破形式法的事先明确性规定，超越形式法的藩篱，从而构成对行政法治的潜在威胁。"[1] "在斯密特看来，紧急行为并非如同自由主义所承认的那样是一种正常状态的例外，而是一种普遍的现象。借用斯密特的话，敌人不再是威胁政治秩序的导演者，而是政治秩序本身变得与新的人们想要建立的规则不相符合。因此，紧急状态并非临时政府的一种保守形式，而是新的政治秩序的开始。"[2] 正是在安全保障国的大背景下，作者分析了行政任务的特征，对行政权力突破法治的限度显现出深切的关注。风险社会的风险已然是一种司空见惯的现象，那么行政权力的行使也早已从非常的状态到了常态。然而，对此时已经脱逸法治的行政权如何将它拽回轨道即成为著作的主题。考虑到这是一个宏大的主题，所以作者以法律程序主义对涉及人身权的预防行政的控制为切面对预防行政进行剖析。以小喻大、从一滴水见太阳。著作概括了预防行政过程中侵害公民人身自由尤甚的两种具体预防行政行为的含义与特征——预防性拘留与预防性搜查，厘清了法律程序主义对预防行政拘留与预防性搜查的控权机制。这也是作者结合其刑事法学和行政法学专业学习的经历，游刃于这两门学科之间。阅读之后，笔者不能不感佩作者耐嚼的语词、充实的材料、精细的比较和独到的分析。

二、提出了安全保障国下的核心词汇：预防行政、预防行政行为

"伴随着风险社会的出现，政府的社会规划性活动，尤其是由于预防性活动必须在其中展开的时间限度内日益扩展，政府之行政目标逐渐转向为以风险预防为主。于是一种新的行政方式，即预防行政产生了。"[3] 我国著名刑事诉讼法学者陈瑞华先生于课堂内外曾经多次强调："学术的最高境界应该是揭示事物的发展规律。凡是学术上能有所作为的应该是对事物提出标签性

---

[1]　曾赟：《法律程序主义对预防行政的控制：以人身自由保障为视角》，浙江大学出版社2011年版，第72页。

[2]　曾赟：《法律程序主义对预防行政的控制：以人身自由保障为视角》，浙江大学出版社2011年版，第68页。

[3]　曾赟：《法律程序主义对预防行政的控制：以人身自由保障为视角》，浙江大学出版社2011年版，第29页。

概念的人物。"① 先生多次以弟子马明亮的《协商性司法》（法律出版社 2007 年版）为例，证成他的判断以及《协商性司法》对刑事诉讼法学的贡献。《法律程序主义对预防行政的控制》也是如此。作者提出了安全保障国下的核心词汇：预防行政、预防行政行为。

"预防行政是指以维护公共安全与公共秩序为目的，为防止与减少突发事件所引起的危害而创造性地管理风险的活动。"主要有以下几个典型特征：（1）预防行政是一种创造性的管理活动；（2）预防行政是一种创造性的风险管理活动；（3）预防行政主要是积极地、针对将来的创造性风险管理的活动；（4）预防行政的目的是社会公共利益的维护；（5）预防行政应受法律程序主义支配。② "预防行政行为是指，行政活动过程中，行政主体为预防风险、应对突发事件，基于行政职权所为的防止危害、预防危害或预防犯罪而对外直接发生法律效果的公务行为。从目的上看，预防行政行为在于应对突发事件，预防危害、防止危害，维护公共安全与公共秩序。"③ 预防行政是一种活动，预防行政行为则是发生法律效果的活动，强调的是对相对人权利义务的影响，达到一种容忍的状态。这两个词汇是这部著作立论的前提和基础。追寻着预防行政及预防行政行为，作者作出了对他们进行模式化的努力。不言而喻的是，社会国里除了"从摇篮到坟墓"的给付行政外，也有干预行政；同样，安全保障国里除了预防行政外，也存在给付行政和干预行政。只不过预防行政在时代的背景面前显得更加突出，而预防行政反过来又将时代给标签化了而已。

在本书的第五章，作者对战争状态、紧急状态、应急状态、紧急状况（广义）四种概念和他们的外延进行了对比，认为这四对概念之间前后是被包含与包含的关系。实际上他们都可能涉及本书研究的范围，或者说这四种情态下，现实要求政府作出预防行政。实际上常态下的行政中，也涉及预防行政，如交通管制、强制实施、特别管制、行政检查或调查、行政监测、现

---

① 陈瑞华：《论法学研究方法》，北京大学出版社 2009 年版。

② 曾赟：《法律程序主义对预防行政的控制：以人身自由保障为视角》，浙江大学出版社 2011 年版，第 31～34 页。

③ 曾赟：《法律程序主义对预防行政的控制：以人身自由保障为视角》，浙江大学出版社 2011 年版，第 39 页。

场检疫、卫生检疫，不一而足。所以，预防行政涉及的情况既有非常态的，也有常态的。

近年来，应急行政成为行政法学研究的热点，应急法治的概念也随之应运而生。这从反面印证了我们的时代背景和对预防行政的要求。但随即而来的问题是，应急行政和预防行政的关系究竟如何？我们不妨截取两位学者的定义。"当发生这些突发事件时，政府等主体必定要采取相应的措施来应对突发事件，从而减轻乃至消除突发事件所带来的危害。国家行政机关行使应急职权以控制和消除突发公共事件的制度，在行政法上被称为行政应急。"①"所谓应急行政行为，是指政府在紧急状况下而采取的行政行为。行政主体为了有效地克服危机，恢复社会秩序，维护公共利益，在突发事件发生后，根据法律法规的规定，采取各种应急措施。"② 预防行政是突发事件的风险管理活动，有事件发生之后的，也有事件发生之前的。事件发生之后，预防行政防止类似事件的发生和避免损失的进一步扩大；事件发生之前，预防行政尽力做到未雨绸缪、防患于未然。但"预防行政主要是积极地、针对将来的创造性风险管理的活动"。

三、研剖与判断的主要锐器——批判的武器：三个有效性向度

一项行政行为合法有效必须同时符合五个方面的要求：主体合法、权限合法、内容合法、程序合法、形式合法，否则就可能是无效的行政行为。我国《行政诉讼法》（1989 年）第 54 条第 2 项规定，认定一个行政行为违法（合法性问题）可以从下面五点考察：主要证据不足，适用法律、法规错误，违反法定程序，超越职权，滥用职权。以上五个方面不过是这五个方面的不完全细化而已。德国、葡萄牙、我国台湾地区和澳门特区等将无效行政行为进一步区分为绝对无效的行政行为和相对无效的行政行为，同时发展了可治愈的行政行为理论。

---

① 霍增辉："行政应急责任体系化研究——以突发公共卫生事件应急为例"，载《求是学刊》2009 年第 3 期，第 82 页。

② 陈恒志："试析我国的应急行政行为及其司法审查"，载中国法院网：http://www.chinacourt.org/html/article/200707/11/256039.shtml，访问时间：2012 年 4 月 25 日。

主体合法、权限合法、形式合法对于预防行政行为来说不是没有可以讨论的空间，只是未真正展现、揭示预防行政行为的特色。对于预防行政行为，内容合法性的问题才是最有亮点的地方，也是最难以把握的地方。而程序合法性（形式正当程序）的问题，作者将其作为单独一个论题，抽取出来，作为对预防行政行为控制的机制之一展开。

针对以上两个方面，作者假设了一个案例并对之进行分析：

现在我们来假定预防行政过程中行政机关于紧急状况下对公民发出的一项禁止令：禁止公民前往 S 地。对此行政紧急命令，前往 S 地的公民可以就以下四个有效性向度进行否定性论证：（1）对规范的正确性提出质疑：不，S 地并无特别需要的公共利益，且相较于公民之迁徙自由利益而言，尚存在比禁止前往地这一侵害手段更小的措施。（2）对命令的真实性表示质疑：不，实证法没有特别禁止公民前往 S 地。（3）对主观的真诚性提出质疑：不，该命令实际上是限制日裔美国移民的权利。（4）就法律程序的正当性过程提出质疑：不，公民享有宪法规定的迁徙自由；非经正当法律程序不得限制。[①]

著作创建了考量预防行政合法性的三个有效性向度，即行政行为的正当性、形式合法性及主观真诚性。三个有效性向度就是实质正当程序对预防行政行为的要求，而告知、听证、信息公开、咨询律师、获得法院及时公正审理以及申请司法审查的权利则是程序性正当程序对预防行政的要求。作者将预防行政过程中的程序性正当程序与实体性正当程序中融合在一起，从而创造性建构了法律程序主义控权机制。

"我们将预防行政行为的正当性具体化为正当性事由与正当性基础两个向度。公共安全与公共秩序的特别需要为预防行政行为正当化事由；行政合比例原则则为预防行政行为正当性基础……预防行政行为的形式合法性是以客观世界为界面，以理论话语为论证形式，以目的行为为取向来加以型构的；但其又不仅囿于预防行政行为法制化的形式主义论题，而是还要从有效性向度就该命令的真实性与预防行政行为的现实性不断展开……有效性要求之主

---

① 曾赟：《法律程序主义对预防行政的控制：以人身自由保障为视角》，浙江大学出版社 2011 年版，第 82 页。

观真诚性要件是指，一个以追求沟通为目的的行为者，其表现出来的意向必须言出心声。预防行政过程中，行政主体的意思表示必须是真实的，是其自由决定的内心意思的真实反映。"① 预防行政行为必须同时满足有效性的三个向度，才是有效的，欠缺任何一个有效性要件都是无效的行政行为。值得注意的是，在行政行为无效理论尚有待发展的我国，预防行政行为有效性的三向度的提出无疑是一副助进剂。我们可以从著作提出的三个向度，结合作者作为分析样本的预防性拘留和预防性搜查总括性地列出以下表1。

表1　预防行政有效性的三个向度及其运用

有效性＼向度	正当性要件		形式合法性要件		主观要件
	正当性事由	正当性基础	客观形式	合法性	主观确信
预防行政行为	重大而迫切的公共秩序或公共安全上的利益	手段与目的必须具备必要性、均衡性	客观证据证明合理怀疑	实证法的规定	必须是追求重大而迫切的公共秩序或公共安全上的利益
预防性拘留的正当性要件	公共安全或公共秩序之特别需要	比例原则的遵守	有客观证据的合理怀疑	适用情形及对象的法定化	即须出于防止对公共安全或国家安全的威胁与维护社会公共秩序的主观真诚性，而非为打击政治对手、排除意识形态异己或安抚公众之主观目的
预防性搜查的正当性要件	公共利益的特别需要	适当性标准：当个体合理的隐私期待值趋小，甚至限缩为零时，行政机关就可实施无证搜查；当个人的隐私期待值趋大时，行政机关的无证搜查就构成非法搜查或不合理的搜查	必须具有客观证据证明明显且急迫的公共利益的存在	实证法对预防性搜查的适用情形与法定对象的规定性	从隐私期待理论来论证

---

① 曾赟：《法律程序主义对预防行政的控制：以人身自由保障为视角》，浙江大学出版社2011年版，第90～96页。

虽然三个向度本身不是作者提出来的,① 但是作者能够从其他学科中借鉴并运用于行政法学的研究中,这是他的开创和贡献。"在专制或威权时代,行政法容易流为政权合法化与管制正当化的工具。"② 而三向度让我从行政法制本身,更从行政法学——行政法制之外去思考预防行政行为的问题。跟随作者的思绪,让我们纵横于美、英、法、日等国的预防行政行为的分析。三向度让我们有了从多个角度研判预防行政行为合法性问题的方法。这种方法不是一个维度,而是三个,是立体型的。既有行政合法性方面的要求,也有行政合理性方面的要求。而且将多项行政法的基本原则直接运用于预防行政行为,犹如多束光柱,将违法的预防行政行为照得无处遁形。这是一件拿着上手的批判的武器(具可操作性),而且是"大规模杀伤性武器"。

胡建森教授在该书的序言中推介并认为,"预防行政行为合法性三个向度的创造性建构可谓作者在行政法学理论研究领域中的一项重大成就","通过对预防行政行为合法性三个向度的创造性建构,作者成功地将预防行政过程中程序性正当程序融于实体性正当程序之中,从而弥合了实体控权与程序控权、主权与人权之间的巨幅鸿沟"。

四、预防行政过程中的交往理性之体现:法律程序主义的要求

行政权的合法性化的路径,传统方式主张从议会产生行政机关的"传送带模式"以及行政机关的"专业模式",而晚近则提出的公众参与行政程序的"参与模式"。"狗似玃,玃似母猴,母猴似人,人之与狗则远矣。此愚者之所以大过也"(《吕氏春秋·察传》)。对于正当性问题,传送带模式无法解决类似于"人之与狗"的纠问。一般认为,行政机关对其职权范围内的事务具有专业优势,所以对行政机关的职权自然地倾向尊重,乃至在程序设计上也采取封闭的内部化思考。而另外一部分人也提出从议会到行政的民主正当

---

① 哈贝马斯提出了一个以沟通为取向的行为者,其表达必须满足三种有效性要求。这三种有效要求是:(1) 相对于目的(策略)行为,其有效性要求是命题的真实性和行为的现实性;(2) 相对于规范行为,其有效性要求是行为规范的正确性(规范语境自身也必须具有合法性);(3) 相对于戏剧行为,其有效性要求是表现的真诚性。转引自曾赟:《法律程序主义对预防行政的控制:以人身自由保障为视角》,浙江大学出版社 2011 年版,第 76 页。

② 叶俊荣:《行政法案例分析与研究方法》,三民书局 2000 年版,第 11 页。

性不足，对行政机关的专业优势也不予以认同。他们认为，应当借助行政程序的公开透明以及民众参与等制度设计，来提升行政的正当性。①

吉登斯认为，应对社会风险需要科学家、政府与外行人士广泛参与的协商程序。他认为："在产生风险决策的每一个步骤上，都需要有一定的协商程序，这一程序通常必须有专家、政府和外行人士参加，许多风险情形的复杂性通常意味着协商的范围必须是非常大的。"在法治国家，预防行政未必完全受法律的支配，但法律程序主义之民主商谈原则的确是最低限度的要求。以"权力制约权力"这一真理失去了往昔的风采，而交往主体间一种建制化与非建制化论证商谈与程序的正当性过程则成为预防行政过程中行政控权的一道亮丽的风景线。②

作者主张以语言为媒介，以交往理论为导向的法律商谈论是对自由主义之形式法、福利国家之实质法的重构。法律程序主义是对理性主义与经验主义的超越，消解了形式正义与实质正义的二元对立。三个有效性向度（正当性要件、形式合法性要件、主观要件）是实质正当程序对预防行政行为的要求，而告知、听证、信息公开、咨询律师、获得法院及时公正审理以及申请司法审查的权利则是正当程序对预防行政的要求。作者将实质正当程序和形式正当程序融于法律程序主义之中，希冀对预防行政的控制，达到法治安定的状态。三个有效性向度强调的是行政机关对案件的了解和真诚地与相对人进行沟通、对话，形式正当程序则为相对人提供了与行政机关交往的平台，让双方从对立走向更多的合作。Joshua Cohen 认为："当且仅当最后结果是在平等的人之间自由、理性赞同的结果时，他们才是民主合法的。"③ "也就是说，预防行政行为合法性还受制于民主法治国民主地产生法律的条件；预防行政行为形式合法性的衡量标准，说到底是预防行政过程中对那些使公平判断成为可能的交往性论辩条件的满足程度。这种满足程度又与一种形式化了

---

　　① 叶俊荣：《行政法案例分析与研究方法》，三民书局 2000 年版，第 29 页。

　　② 曾赟：《法律程序主义对预防行政的控制：以人身自由保障为视角》，浙江大学出版社 2011年版，第 35 页、第 70 页。

　　③ Thomas Christiano：*The Significance of Public Deliberation*，in James Bohman and William Rehg edited：*Deliberative democracy：essays on reason and politics*．The MIT Press，1997，p. 263．

的行政程序之正当性过程连接起来，从而有助于重建一种规范的力量。预防行政行为的形式合法性要件首先在于民主法治国满足法律商谈所需的条件，即一种行政程序的正当性过程的充足程度；其次才是预防行政行为符合实证法的规定，即依法律行政原则。"① 传统的行政法学的出发点是司法优位的，不断强调对相对人权利的保护、救济，强化司法审查对行政滥权抑制的必要性。而法院控制亦未必会比议会控制行政权更加优越，两者孰优孰劣，未有定论。议会超多数累进机制在制衡一方的行政权面前不一定可以压倒对方；而法院也非始终是中立、理性的，其完全可能屈从于行政。体现交往理性的法律商谈为行政权的良好运行提供了另一种路径。这种路径试图解决同为主权者和人权享有者的人民中的个体（相对人）身上显现的张力，试图解决体现人民意志的立法、法律的执行（行政执法）与作为人民中的个体（相对人）之间的冲突。或一言以蔽之，合法性的问题。

五、"崇美"与"哀艰"之双痛

明显地，著作前四章在论述的过程中，是以英、法、德、日、加等国为分析样本的，而尤以美国历史上的预防行政案例作为资料进行佐证。如 2001 年《美国捍卫与加强本土安全采取防范与打击恐怖主义举措的法案》（又称《爱国者法》，为应对潜在的恐怖主义威胁，漫游式窃听、高科技的电子监视以及《爱国者法》规定的其他监视措施构成对传统隐私权的严重侵害）等多部法律的引用，凯茨诉美国（Katz v. United States）及马歇尔诉巴罗（Marshall v. Barlow）等多个判例折射出来的隐私期待理论，纽约诉布格尔（New York v. Burger）案发展的公共利益的特别需要理论，1997 年雷查兹诉威斯康星州（Richards v. Wisconsin）和 2003 年美国诉巴克（United States v. Banks）案所涉及的警察是否无须敲门就可以强行进入被搜查人房间的问题，以及我们所熟悉的切罗基族人的"流泪的痕迹"之旅程事件，几任美国总统在内战或世界大战期间对国民或侨民的基本权的侵害。这些素材或理论都是

---

① 曾赟：《法律程序主义对预防行政的控制：以人身自由保障为视角》，浙江大学出版社 2011年版，第 93 页。

美国的。

所谓"中学为体，西学为用"，历史对此早有验证。笔者无意展开全盘西化或部分西化（这实质上是法学上所说的法律移植）的问题，只是想指出我党提出的"制度创新"的确抓住了社会改革的纲目。为什么提起历朝历代，我们不约而同地骄傲地说起汉唐（我大汉、我盛唐）？不是宋，也不是明清？如果我们对比历朝历代的中央与地方制度、军事制度、抢才制度、政治制度，必然会说汉唐制度适应了当时的环境、处理好了各方关系，相形之下是最好的制度。"制度创新"的出台想必不仅是叹服于西方的船坚炮利等器物，而且还有他们的制度，也有我国历史的深意。美国是三权分立制衡的联邦制国家，司法上实行判例法，三权的此消彼长、中央与地方的纠葛和上级法院每天出台的判例无不让这个国家每天每时每刻在制度创新，充满活力。也让法学获得新鲜养分的滋养而不断被推进。我们也了解自然正义发端于英国，而美国人将其流播于新大陆，收获了实质正当程序的果实。著作主题的研究、制度的比较和推介，美国的制度是绕不去的坎。国内可得信息不畅，交流有限，司法驻足，法学幼稚病得之原因多多。因此，所谓的"崇美"是必然的。反过来说，身为国人，也是痛心的。

第五章是"预防行政在中国：规范分析与立法疏漏"。宏观上说，我国尚未真正确立立法保留、授权明确性等原则。微观上，著作运用形式和实质正当程序，拷问了我国140余部涉及风险预防的行政法律法规（自然灾害类20余部，事故灾害类46余部，公共卫生类11余部，社会事件类67余部），指出：《治理安管理处罚法》《外国人出入境管理法》中所谓的法律秩序之违反尚不足以构成预防性拘留的正当性事由，"情节严重"或"屡教不改"尚不足以构成预防性拘留的正当性基础；《集会游行示威法》第33条的规定是一种专断的拘留；《公安机关办理劳动教养案件规定》等法律性文件存在形式正当程序上的缺漏。经过作者的梳理，屈大夫的诗仿佛在耳旁响起："长太息以掩涕兮，哀民生之多艰"，"吾不能变心以从俗兮，固将愁苦而终穷"（《离骚》）。作者"哀艰"之心溢于言表。

作者蕴有"崇美"与"哀艰"之双痛，而"崇美"之痛本就是双层意义的。

六、结语

该书是在作者的博士论文基础上修改、补充和完善的，想到这里，笔者又翻阅了郑春燕博士几年前推荐的刘南平博士的《法学博士论文的"骨髓"和"皮囊"——兼论我国法学研究之流弊》一文。不禁自问：贯串整个博士论文的中心论点（"骨髓"）——基本问题（general issue）或基本观点（general position）是什么？是合法性的三个向度的内涵吗？还是法律程序主义如何对预防行政进行控制？以作者的原创性部分（originality）来看，似乎以前者为佳。这样论点也更加集中。著作的注释（"皮囊"）中虽然鉴别的不多，但确是丰富和规范的。

瑕不掩瑜，相信著作的原创性会吸引更多的人去学习和研究。

第八章　欧盟预算的制定、执行及监督[*]

作为超国家的组织，欧盟对事务的管理注定不能单方作出，而是在成员国各个代表机构中进行协商，在制约中进行。欧盟的预算也是如此。作为欧盟常设机构和执行机构的欧盟委员会，其负责制定预算草案并交由部长理事会和欧洲议会进行审查或修改，部长理事会和欧洲议会分别对义务性支出和非义务性支出享有决定权，欧洲议会对义务性支出享有修改权。经过欧洲议会表决通过后预算付诸执行。在执行过程中，独立机构反欺诈办事处、欧洲检察官、欧洲专员、内部审计处和欧洲审计院对预算的资金使用有各自的监督职责。其中，欧洲审计院负责总预算执行的监督。欧盟的预算不仅具有协商的特性，还具有分权、讲求程序和有效监督的特性。

总部设在比利时首都布鲁塞尔的欧洲联盟（以下简称欧盟），是一个超国家的地域性国际组织。2005 年，法国和荷兰先后在全民公决中否决了推进欧洲一体化过快的《欧盟宪法条约》。这一事件让欧盟一度陷入危机状态。为了应对危机，2007 年 6 月，欧盟成员国首脑就替代《欧盟宪法条约》的新条约草案达成协议，并于 2007 年 12 月 13 日在葡萄牙首都里斯本签署了《里斯本条约》（Treaty of Lisbon amending the Treaty on European Union and the Treaty establishing the European Community）。2009 年 11 月 3 日，条约获得 27 个成员国的批准，并于 2009 年 12 月 1 日正式生效。2012 年 10 月 12 日，欧

＊ 本文原载《惠州学院学报》（社科版）2015 年第 1 期。2013 年 7 月 1 日，北京大学宪法与行政法研究中心联合北京外国语大学法学院、北京普世社会科学研究所共同主办"第四届宪政论坛暨议会民主制度比较研究国际学术研讨会"。本文为该会议论文。感谢曾智群于发表时的修改协助。

盟获得该年度诺贝尔和平奖。从 1952 年建立的欧洲煤钢共同体至今，欧盟历经了六十多年的历史。能将利益多元的各国整合一起，其间可谓突破了层层阻碍。在此，笔者意以欧盟的预算过程为"管"一窥欧盟"之豹"，期待由此能对我国的中央与地方关系、国家各个权力的分支关系能有镜借之益。

一、制定预算的标准

欧盟每年的预算占成员国总值的百分之一，约合每位公民出资 244 欧元。欧盟预算支持的行动和项目属于成员国同意在欧盟层面上处理的事项。在这些领域聚集力量是为了取得更大的成果而付出更少的成本。欧盟支出的资金来源有：传统的进口非欧盟国家产品的关税〔traditional own resources (TOR)，约 10%〕、增值税〔value added tax (VAT)，约 10%〕、基于国民总收入的提成〔gross national income (GNI)，约 70%〕以及其他的一些岁入。①

欧盟预算和支出须受到以下限制：②（1）相关条约规定，欧盟的预算不允许赤字，即要做到收支平衡；（2）各成员国政府和议会同意的最大限额，即特有资源上线（own resources ceiling），目前定为国民总收入的 1.24% 付与欧盟预算，每位欧盟公民平均须负担 293 欧元；（3）符合欧洲议会、部长理事会和欧洲委员会同意至少设计 5 年的跨年度财政框架，该框架在一定的时期通过支出目录对欧盟预算进行控制。③ 为了确保年度预算的制定以及年度预算与欧盟长期政治和经济目标的统一，调和欧洲议会和欧盟理事会之间的冲突，确立了欧洲议会、欧盟理事会和欧盟委员会三方通过协调决定欧盟的财政展望系统（financial perspective system）制度（框架的表现形式，以预算展望的形式出现）。财政展望主要对预计支出的额度及支出结构作出规范，目的是强调预算

---

① European Commission：*The European Union budget at a glance*，http：//ec. europa. eu/budget/library/biblio/publications/glance/budget_ glance_ en. pdf（2013 – 05 – 01）.

② European Commission：*The European Union budget at a glance*，http：//ec. europa. eu/budget/library/biblio/publications/glance/budget_ glance_ en. pdf（2013 – 05 – 01）.

③ 此前，预算权威部门欧洲议会和理事会因预算问题产生冲突，为了调和，欧洲议会、欧盟理事会和欧盟委员会三方通过机构间协议〔an interinstitutional agreement（IIA）〕，在推进主要的涵盖数年周期的预算优先级达成统一意见。这些预算优先级确立了一个跨年度的财政框架（the multiannual financial framework），以预算展望的形式出现。参见欧盟网页：http：//europa. eu/legislation _ summaries/budget/l34012_ en. htm。

纪律，确保总支出受到控制以及预算过程的有效运转。财政展望对预算支出规定了"双重封顶"（dual ceiling）：对总支出额度设置封顶和每个支出类别设置封顶。[①] 4. 遵守理事会和议会共同采纳的财政条例，该条例规定了预算的成立、执行、管理和审计等事项。

欧盟预算可以分为两种支出：义务性支出和非义务性支出。义务性支出指那些具有法令根据的支出，非义务性支出指那些可以被削减的拨款的支出项目。欧盟理事会对于前者有最终的决定权；欧洲议会对非义务性支出有最终决定权，虽然理事会利用多数原则，可以修改或者拒绝欧洲议会对非义务性支出的修改。[②]

依照《里斯本条约》第272条规定，制定年度预算时间从每年的9月1日到12月31日。

二、制定预算的程序

欧盟委员会在欧盟预算过程中扮演重要角色，它具有创议权和执行权：编制预算草案、执行批准的预算。

1979年6月之前，欧洲议会议员由各成员国在本国当选议员中指定。当年9月以后，议员通过直选产生。议会中，负责预算工作的是预算事务方面的常设委员会。在议会闭会期间，该机构成为联系欧洲议会、欧盟委员会和部长理事会之间的桥梁。所有欧盟的组织和机构在7月1日前依据内部程序为预算草案提交他们各自的预算估算。欧盟委员会负责汇总，在此基础上编制下一财政年度最初的预算草案，在9月1日前提交理事会和议会。实践中，委员会会尽量争取在4月末5月初提交。理事会如果对草案有包括修改等表态的话，会在10月1日前提交议会。理事会如果有意见或建议也会和理由一起告知欧盟议会。议会收到草案后有42天的时间接受草案或将其修正案交还理事会。理事会可以在10天内接受并批准。如果理事会不接受议会的修正

---

① 周邵杰、王有强、卢大鹏："欧盟预算及其对我国预算制度的启示"，载《中国行政管理》2009年第12期，第96～99页。

② 周邵杰、王有强、卢大鹏："欧盟预算及其对我国预算制度的启示"，载《中国行政管理》2009年第12期，第96～99页。

案，则成立调解委员会（Conciliation Committee）。由理事会成员或代表组成，议会也派出同样人数的调解委员会成员。调解委员会受托在 21 天内提出联合方案（a joint text）。一旦调解委员会在 11 月上旬同意了调解方案，理事会和议会有 14 天的时间同意或拒绝方案。即使理事会拒绝，议会也可能同意方案。为了防止议会或理事否决方案而另一方没有作出决定，方案拒绝后，理事会必须提出新的预算草案。财政年度开始如果预算仍然没有被批准，可以以不超过上年度预算的 1/12 的支出应付当年的每个月支。在预算通过前出现新情况时批准修正案和预算通过后出现不可避免的、例外的或不可预见的情况时对预算的修改也遵循同样的程序。①

委员会下设多个部门和机构。其中涉及预算的是预算总司（the Directorate-General for Budget），其预算方面的职责有：管理欧盟组织在中期财政展望中的支出，同时通过提升机构间的建设性对话确保年度预算程序顺利进行；虽然预算总司不涉及拨款管理，这由欧盟的管理部门进行，但他负责集中欧盟组织的资源，这些资源来自资助欧盟预算的成员国。总司也包括欧盟的会计部门，它负责起草欧盟的财政声明（欧盟的账本和欧盟组织的合并账本）。总司还准备规范欧盟财政的规则，通过提供建议、培训提升在欧盟部门内的稳健的财政管理。②

整体上说来，欧洲议会有四种主要的预算权力：（1）有权在一定额度内增加财政开支数额；（2）有权在预算开支的分配上作适当的调整；（3）有权拒绝整个预算草案；　（4）有权对委员会预算实施工作作出是否放行（discharge）的决定。③

欧洲议会一共有 22 个常设委员会，其中 2 个与预算直接关联，一是预算控制委员会（Committee on Budgetary Control），另一个是预算委员会（the

---

① European Commission：*The European Union budget at a glance*，http：//ec. europa. eu/budget/library/biblio/publications/glance/budget_ glance_ en. pdf（2013 – 05 – 01）.

② European Commission：*Financial programming and budget*，http：//ec. europa. eu/dgs/budget/index_ en. htm（2014 – 11 – 09）.

③ 刘文秀：《欧盟的超国家治理》，社会科学文献出版社 2009 年版，第 72 页。

Committee on Budgets)。① 预算控制委员会负责：（1）欧盟预算和欧洲发展基金执行中的控制，对议会放行作出决定，包括内部放行程序和所有其他与类似决定相伴或执行类似决定的措施；（2）关闭、送呈和审计欧盟及其机构以及任何受它资助的组织的账户和资产负债表，包括确立拨款的推延和结算余额；（3）控制欧洲投资银行的金融活动；（4）监督各种各样的社团在执行欧盟政策时的金融活动的成本效益；（5）负责欧盟预算执行中的欺诈和非常规行为，为防止和追诉以上案件的措施，保护欧盟一般性的金融利益；（6）与审计院的关系，对其人员的任命和审核它的报告；（7）金融规制，如相关预算的执行、管理和控制。

预算委员会负责：（1）涉及欧盟税收、支出和自有资源系统的跨年度财政框架；（2）议会的特权，即欧盟的预算，与该领域内机构间的协议商谈和执行；（3）根据在一些规则中既定的程序作出议会方面的评估；②（4）分散性组织的预算；（5）欧洲发展银行的金融活动；（6）欧盟发展基金预算的制定，其间对应负责非洲、加勒比、太平洋地区 77 国与欧盟（ACP／EU）伙伴协议的委员会的权力不存偏见；（7）财政暗示和所有组织法案与跨年度财政框架的兼容性，其间相关委员会的权力不存偏见；（8）追踪并评估现行预算的执行，排除规则第 78（1）的适用，③ 拨款的转移，于确立计划相关的程序，行政性拨款，在富有意义的财政暗示下涉及与建筑相关工程的拍板；（9）财政规制，除了与预算执行、管理和控制有关的问题。

欧盟议会的这两个常设机构在预算程序中对相关的问题给出自己的意见、履行各自的职责。

以上的程序如图 1 所示。④

---

① 两委员会的介绍（包括职能）见欧洲议会网页：http://www.europarl.europa.eu/committees/en/cont/home.html。

② 规范欧盟资金实际使用的主要规则存于 financial regulation 之中，而关于 financial regulation 如何适用的问题则由另一套规则——implementing rules 作出规定。这里的规则应该是指后者。

③ 规范欧盟资金实际使用的主要规则存于 financial regulation 之中，而关于 financial regulation 如何适用的问题则由另一套规则——implementing rules 作出规定。

④ European Commission：*The European Union budget at a glance*，http://ec.europa.eu/budget/library/biblio/publications/glance/budget_glance_en.pdf（2013 – 05 – 01）.

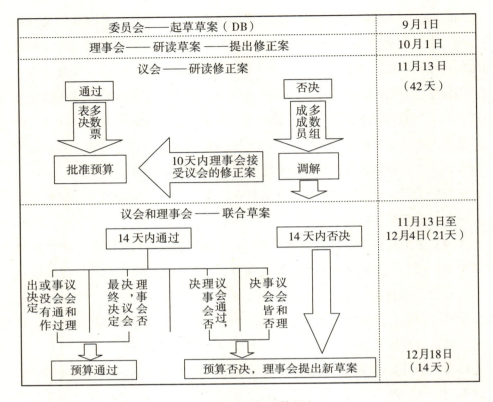

图1　欧盟制订预算程序

三、预算的执行

预算的最终责任落在欧盟委员会身上，委员会必须平衡不当支付的预算，如错误、非常规或故意欺诈性的支付。

为了更加透明，如追求何种政策、需支付多少资金、有多少人员，欧盟预算被分割为31个政策区域（31 policy areas）。如森林保护活动放在环境政策题名下得到资金支持。这种组织预算的方式称为基于活动的预算（activity-based budgeting）。欧盟的项目和活动由委员会的政策部门全体人员运营（称为总管们，directorates-general）。除了极少例外，每样项目的启动都必须有具体的授权法律的依据或法律基础，这样资金才会放出来。欧盟内部控制开支的途径有：一套明晰的标准、运营前后的管理上的控制、在风险评估基础上的独立的内部审计以及定时向各个委员提交的活动报告。理事会还每月在其网站公布预算执行情况。这些月度报告展示了资金的真实使用状况，这些信息的公开是按照预算的每章和区分政策领域进行的。每周数据则由相应的政策部门跟踪。

欧盟账本有两部分：一是预算账本，提供了详细的预算执行情况；二是普通账本，为平衡表和经济产量统计做准备。每年，欧盟账本都会公布并提交给欧洲审计院进行外部审计。最终的评估称为"放行"（discharge），由议会考虑理事会的建议后决定。临时性的账目经过审计院的初步审计后，委员会批准最终账目，之后最终账目送交到放行的权威部门——议会和理事会。

自 2002 年起，欧洲委员会的各个部门向欧洲委员会的各个委员提交年度活动报告，计划他们相关的目标，提出纠正缺陷的建议。这些报告经过整合提交给议会和理事会。这份报告成为欧洲审计院发布确保欧盟财务管理年度声明的基础性材料。每年审计院向银行提交独立的外部审计报告，附带一份保证声明（statement of assurance），内容涉及：账目的负债和潜在交易的合法性和规律性。由此对相关问题进行提示。

欧盟委员会公布整合了预算和收支平衡表的年度决算，依据的是《国际公共部门会计准则》（International Public Sector Accounting Standards）。决算整合了欧盟机构、组织及大部分管理部门的决算。

2005 年 1 月 1 日，委员会在使账目现代化方面作出了决定性的一步，即将现金制会计转向应计制会计（from cash – based to accrual accounting）。① 应计制会计在交易发生时进行确认，而不仅仅有了金钱的支付才确认，并且对欧盟所有的资产和负债进行全方位的概括。这样，政策的制定者、所有的控制部门、欧盟资金的管理者和欧盟公民可获得更加准确的财政信息，这些对高效管理和公共资金的控制是最根本的。②

四、预算执行中的监督

欧盟预算大约有 76% 的支出是通过欧盟委员会与成员国共同检查的"共

---

① 现金制会计的特征是，是否进行账务处理取决于是否发生现金流。
② 以上介绍参见 European Commission：*The European Union budget at a glance*，http://ec. europa. eu/budget/library/biblio/publications/glance/budget_glance_en. pdf（2013 – 05 – 01）．

同管理"方式使用的，仅有 22% 的资金是欧盟委员会完全负责的。欧盟的项目及活动都是由欧盟的政策部门（董事会）管理以及对应的欧盟成员国一起实施和负责。在每一个欧盟委员会的部门，部门的一个成员（通常是董事长）被任命为"授权官员"，该官员对项目的运作承担全部以及最终的责任。欧盟预算监督涉及三个主要方面：欧洲审计院的审计、欧盟委员会的内部控制以及欧洲议会的审查。[①]

欧盟预算是审计院审计工作的起点。欧盟每年大约有 1200 亿欧元的预算，占 27 个成员国国民总收入的 1%。[②] 欧洲审计院对欧盟账户实施独立的外部控制，欧洲议会通过履行程序以及欧洲议会对欧洲委员会的预算管理的表决进行监督。作为独立的审计机构，欧洲审计院也有权力对欧盟理事会和欧盟议会进行审查。在多年的审计工作中，欧洲审计院主要总结以下几种审计方法：（1）内部控制系统审计。是指对欧盟各机构公共资金使用情况的审计，由于资金大，审计院难以进行全面审计。（2）跟踪审计。进行连续几年的针对某个机构或部门跟踪审计，进行年度间的对比。（3）基于会计账目和现场核查的审计。审计师在检查财务收支账目的基础上，通过现场检查问讯欧盟资金的管理者和受益者，针对的是一些重点资金管理使用情况进行的审计。[③]

成立于 2001 年的委员会内部审计处（The Internal Audit Service of the European Commission，IAS）负责给委员会的总司和欧盟自治团体建议、主意和提议。主要目的是帮助委员会控制风险、保障财产安全和监督承诺的履行。每年审计超过 100 件案件，对象是委员会所有的总司以及欧盟的自治团体。工作中与欧洲反欺诈办公室交换信息、协作。作为委员会总司一部分的 The Internal Audit Capabilities（IACs）共有 39 个，他们和 IAS 通过审计网络进行合作。IAS 的报告立于 IACs 每年两次报告的基础上。IACs 共有约 200 名职

---

① 周邵杰、王有强、卢大鹏："欧盟预算及其对我国预算制度的启示"，载《中国行政管理》2009 年第 12 期，第 96~99 页。

② Curia Rationum：*Europese Rekenkamer*，http：//eca. europa. eu/portal/page/portal/aboutus/The Courtsroleandwork（2013 - 05 - 21）.

③ Curia Rationum：*Europese Rekenkamer*，http：//eca. europa. eu/portal/page/portal/aboutus/The Courtsroleandwork（2013 - 05 - 21）.

员，IAS 共有约 100 名职员。IAS 向委员会下属的审计进展委员会（the Audit Progress Committee，APC）报告工作，审计进展委员会再向欧盟委员会委员团（College of Commissioners，27 人）报告。① APC 的主要目的是，跟踪审计的贯彻，尤其是 IAS，当然是在欧洲审计院的基础上。评估年版审计的质量，以此总览欧委会的控制系统。②

为了保护欧盟的财政利益，成员国、欧盟委员会和欧洲反欺诈办公室（the European Anti – Fraud Office，OLAF）通力合作。欧洲反欺诈办公室是欧盟委员会下面的一个独立机构，职责是反欺诈、腐败、机构的渎职行为等违规行为，由此保护欧盟的金融权益。为了确保机构的独立性，立法机构指示欧洲反欺诈办公室不得寻求、也不得接受任何政府机构以及欧盟机构（包括欧盟委员会）的指令。如果委员会试图挑战其独立性，那么它可以向欧洲法院起诉。③ 欧盟国家管理欧盟 80% 的资金，有反欺诈的基本义务。OLAF 一共有 439 位职员，其中超过 2/3 的职员致力于反欺诈调查。自 1999 年 OLAF 成立以来，共完成 3500 宗案件调查。335 人共获 900 年的有期徒刑，OLAF 平均每年追回 1 亿欧元的损失。④

如果说在预算监督中，反欺诈办公室是略显外围的组织，那么欧洲监察官和欧洲专员只是在业务上可能有涉及罢了。

欧洲监察官是独立于欧盟委员会、部长理事会以及欧洲议会之外的机构，其职责是调查欧盟官员的渎职行为，打击犯罪。虽与预算监督并没有直接相

---

① European Commission：*The Internal Audit Service of the European Commission*，http：//ec. europa. eu/dgs/internal_ audit/pdf/ias_ presentation_ part_ 1. pdf（2013 – 05 – 22）.

② European Commission：*Charter of the Audit Progress Committee – European Commission*，http：// www. google. com. tw/url? sa = t&rct = j&q = Audit + Progress + Committee&source = web&cd = 1&ved = 0CC0QFjAA&url = %68%74%74%70%3a%2f%2f%65%63%2e%65%75%72%6f%70%61%2e%65% 75%2f%64%67%73%2f%69%6e%74%65%72%6e%61%6c%5f%61%75%64%69%74%2f%64% 6f%63%73%2f%63%68%61%72%74%65%72%5f%61%70%63%5f%65%6e%2e%64%6f%63&ei = MDacUZvrPIiziQeE_ oC4Dg&usg = AFQjCNEbv51FGHC6uaBCCfLztWsVAbhKcA&bvm = bv. 46751780，d. aGc&cad = rjt（2013 – 05 – 22）.

③ 周邵杰、王有强、卢大鹏："欧盟预算及其对我国预算制度的启示"，载《中国行政管理》2009 年第 12 期，以及贺五一、聂小蓬："略论欧盟的预算管理机制"，FAL《石家庄经济学院学报》2007 年第 5 期。

④ Curia Rationum：*Europese Rekenkamer*，http：//eca. europa. eu/portal/page/portal/aboutus/The Courtsroleand-work（2013 – 05 – 21）.

关的关系，但是官员的渎职行为往往与预算有牵连。①

欧洲专员（European Ombudsman，也称为欧洲监察使）由《马斯特里赫特条约》所创设，由欧洲议会所派认。任何欧盟的公民或住在欧盟成员国内的人，以及在欧盟内有登记在册的办公室的工商企业、组织、团体都可以以行政过失、过错即乱政（maladministration），如管理不善、违法行政、不公平、歧视、权力滥用、不回复、拒绝提供信息、不合理的延迟等理由向欧洲专员申诉，要求其调查某个欧盟的机构或组织。不过，欧洲专员并不能够对欧盟法院司法权限内之事项进行调查，另外，也不能对某国或地区的行政部门或司法部门、私人或公司进行调查，即便其可能涉及欧盟法律亦同。欧洲专员并没有强制的权力，他仰赖诚信和宣传的力量，使其决定可以获得遵从。②

从以上机构的作用来说，内部审计和外部审计是预算监督中最为有力的部分，因为他们专业、密切联系预算，而且更为重要的是具有组织独立性。

---

① 贺五一、聂小蓬："略论欧盟的预算管理机制"，载《石家庄经济学院学报》2007 年第 5 期，第 73~76 页。

② European Commission：*European Ombudsman*，http://www.ombudsman.europa.eu/home.faces（2014 - 11 - 09）；http://zh.wikipedia.org/wiki/% E6% AD% 90% E6% B4% B2% E7% 9B% A3% E5% AF% 9F% E4% BD% BF（2014 - 03 - 01）.

第九章　终身教职制度的引借及我国的实际[*]

　　本文通过中外终身教职制度在产生的动因及目的、发展与变革、对高校终身教职聘任与解聘权力的限制等三个方面的对比，展现出现阶段我国终身教职制度存在的一些问题。终身教职制度本身并不是目的，而是提升学术、激发创造的手段。当终身教职制度面临财政捉襟见肘、终身教职教师创造力减低等问题时，终身教职制度被倒逼而进行改革。如削减终身教职数量、增加评审后的考核制度。由于起步的不同，以上问题在我国尚不明显。在人事制度松绑后的 21 世纪之初，我国高校进行了终身教职制度的引入。但总有画虎成犬之憾，至少，整体上看来，激励作用尚未明显释放。我国终身教职制度运行的环境让人不无担忧其目标的实现。这些环境包括评价标准、行政与教学人员利益的平衡和给予潜在的申请者以相关的条件。这也是我们通常所说的配套制度的问题。

　　整体来看，我国高校中受聘终身教职的教师人数占高校教师的比重很小，以产生我国首批终身教授的华东师范大学为例，2003 年 1 月 10 日，华东师范大学 62 位教授接过聘书，成为我国首批由制度改革而产生的"终身教授"[①]，该批起聘日期为 2002 年 1 月 1 日。第二批新增终身教授名录（含一

---

　　[*] 本文原载《东南法学》2009 年第 1 期，后于 2014 年 5 月 10 日参加北京大学教师权利及其法律保障学术研讨会时进行了修改。

　　[①] "'终身教授聘任制'，利还是弊"，http：//www. china. com. cn/chinese/EDU – c/273395. htm，访问时间：2007 年 10 月 2 日。

人起聘日期未定）共 27 人，起聘日期为 2005 年 1 月 1 日。① 即目前华东师范大学共有终身教授 89 人。该校教师总数的情况是：截至 2005 年 9 月，学校教师（含科研人员）总数为 1724 人，具有副高级以上专业技术职务的教师1026 人，占教师总数的 59.5%。具有正高级专业技术职务的教师 410 人，占教师总数的 23.8%。② 据了解，华东师范大学推出的终身教授制度仅限于教授一级，副教授及以下职称没有纳入终身制度。由此，该校终身教授占教师总数的 5.2% 弱，占正高级专业技术职务教师的 21.7% 弱。而美国全职教师具有终身聘的百分比在 1975～1998 年处于超常的稳定状态——约 52%。③ 全美终身教职的对比情况如表 1 所示。④

表 1　全职教学人员百分比分布

机构层级、性质和年度	终身制状况			
	终身教职	终身轨	非终身轨	没有终身制
1998 年				
所有机构	53.1	18.8	18.1	10.0
所有四年制机构	53.9	19.7	20.7	5.7
所有两年制机构	49.8	15.1	7.2	27.9
所有公立机构	56.9	18.5	17.7	7.4
所有私立机构	44.1	19.7	20.2	16.0
1992 年				
所有机构	54.2	21.5	16.0	8.4
所有四年制机构	55.0	23.4	17.5	4.1
所有两年制机构	51.2	14.8	10.4	23.6
所有公立机构	57.6	20.6	14.5	7.0
所有私立机构	45.9	23.7	19.0	11.5

---

① 华东师范大学档案馆网页：http://www.dag1.ecnu.edu.cn/xiaoshi/renwu/zhongshenjiao shou. htm，访问时间：2007 年 10 月 2 日。

② 数字来源于该校校长王建磐的工作报告——《把华东师范大学建设成为世界知名的综合性研究型大学——在第五届教职工代表大会第五次会议上的行政工作报告》。

③ Richard P. Chait: *Why Tenure? Why Now?* in Richard P. Chait: *The Questions of Tenure*, Harvard University Press, 2002, p. 25.

④ 数据源自美国国家教育统计中心网页：http://nces.ed.gov/programs/quarterly/vol_4/4_3/4_ 7.asp，访问时间：2007 年 10 月 3 日。这两组数据是 1998 年秋季和 1992 年秋季的，表中私立机构是非营利性的。终身轨、非终身轨的含义是指系列的意思。其中终身轨教师是指有可能转为终身教职的系列，但并非一定；非终身轨教师是不可能转为终身教职系列的。

经以上比较，可以看出终身教职制度在我国并不是一项覆盖相对多数高校教师的制度。

法国高校多数是国立的，教师被视为公务员。教授和副教授一般是终身雇用，直到 65 岁退休。德国高校的教授经过一定的试用期，即可以作为终身公务员，享有终身教职的待遇。

一直以来日本大学教师聘任实行的是终身制，教师一旦经过考核被任用为正式教师特别是副教授职以上后，除非因犯罪并被判处徒刑以上刑罚等特殊情况可继续工作直到退休。1949 年通过实施的《教育公务员特例法》为作为公务员的教师提供了各种保障。1997 年 6 月《关于大学教师等的任期制的法律案》颁布之后，《朝日新闻》随即以日本的 95 名国立大学校长为对象进行了问卷调查。在回收的 73 名大学校长的问卷中显示：持赞成态度的 15 位认为任期制会增强人事的流动性，打破封闭的大学现状，促进大学研究的灵活性。持反对态度的 9 位认为采取聘任制，社会将无法保证教师可以继续工作，造成教师身份的不稳定性。同时，他们也指出缺乏流动性的大学主要集中在旧帝国大学系统为中心的城市型大学。持慎重态度的 28 位担心引入任期制将加剧人才向大城市流动的趋势，地方大学将无法得到优秀教师。[①] 正是源于上述种种问题的可能性，加上法律上是否实施任期制取决于学校的原因，所以各大学在对待教师任期制时采取了比较慎重的态度。

由于美国是终身教职制的始作俑者，英国在改革终身教职制中步伐迈的很大，所以以下的比较将以美国终身教职制为参照，英国的补充之。另外，需要说明的是终身教职制度在我国没有一个统一的规定，是属于各个高校自主改革的范畴，同时不是每一个高校对终身教职都作了规定。这一制度常见于相关高校的教师职务聘任方面的规定之中。

一、终身教职制度产生的动因与目的

美国斯坦福大学前校长唐纳德·肯尼迪指出："终身教职不是一项古老的制度。它最早出现于 20 世纪初的威斯康星大学。出现的地点和政策的目的性相

---

① 吴光辉、赵叶珠："试论日本大学教师任期制"，载《复旦教育论坛》2004 年第 6 期，第 17 页。

吻合。那时，威斯康星大学是'拉富特进步主义'（LaFollette Progressivism）的堡垒。教师要表达异端观点而又不遭政治报复，终身教职就被认为是必不可少的。这个观念后来得到广泛的传播，现在它已经成为美国高等教育中一个不可分割的组成部分。"①

威斯康星大学作为堡垒的标志是源自一次富有深远意义的事件，这件审理理查德 T. 伊利（Richard T. Ely）教授的事件是全美最驰名的学术自由案件之一。伊利是威斯康星大学经济、政治和历史学院的院长，是他所专领域的领军人物，也是一位专业受到当时学术界、社会和政府领袖承认的领导。但他并非没有争议。他的主要研究兴趣是劳工运动以及导致激烈的劳工运动难以平息的经济和社会问题。他相信通过研究和冲突中的劳资双方的理解，对双方有利的经济和平就能到来。这些观点在今天似乎是顺理成章的事，可在当时的经济萧条、劳资严重对立、罢工运动四起的环境下，他的观点挑动了相关人士的神经。维尔斯（Oliver E. Wells），康州公共教育的视导长、康大董事会成员，指控伊利的教学和著作为攻击生命和财产的行为提供道德上的正当性。维尔斯将伊利称为"学院无政府主义者"，认为他笃信罢工和联合抵制。维尔斯声称伊利的教学和著作充斥着"乌托邦、不切实际或有毒害的理论"，这些理论加剧了激烈的社会动荡。维尔斯把自己的指控写成信件，并在《国家》杂志和《纽约晚报》登载。随后《国家》发表社论预测伊利很快会被迫辞职。全国的舆论都在讨论这个话题，由此事件产生了全国性的影响。伊利在他的传记中认为他欲在国家的教育史上起重要作用的希望和抱负受到威胁，他想当然地认为不加理睬事件就会烟消云散，也许可以祈求得到维尔斯的宽大。事件却出他所料，校董会作出决定成立调查委员会并就维尔斯的指控举行听证会。8 月 20 日至 23 日听证会于法学院礼堂按法庭形式进行，调查委员会就坐主席台，伊利及其律师和维尔斯及其律师各坐两侧。听证中一些具有影响性的证人如康大校长 Charles Kendall Adams、美国劳工统计委员会委员 Carroll D. Wright、布朗大学校长 E. Benjamin Andrews 和杰出的历史学家 Frederick Jackson Turner 为维护伊利的人格、教学和写作作证。通过

---

① 唐纳德·肯尼迪：《学术责任》，阎凤桥等译，新华出版社 2002 年版，第 164 页。

听证伊利得以昭雪。具有讽刺意味的是伊利在听证中并没有运用学术自由来为自己辩护，而校董的调查委员会抓住机会一以贯之地阐释了当年校董会的一份报告中所提及的"精选"声明（the "sifting and winnowing" statement，"sifting and winnowing" 成为康大学术自由的传统），这便对康大所作的学术自由的承诺作了让人鼓舞的肯定。在威斯康星大学的巴士肯山上立起的一块铜牌毕恭毕敬地记录着校长 Charles Kendall Adams 保护学术自由的决定："无论其他地方有什么束缚研究，我们相信伟大的威斯康星州立大学应该永远鼓励永不停息地、无所畏惧地仔细考察和认真筛选（sifting and winnowing），只有这样才能发现真理。"这段语录摘自 1894 年校董会的那份报告。① 伊利案是威斯康星大学最早实行终身教职制度的动因。真正促成终身教职制成为一项制度的是发生于 1900 年的斯坦福大学的经济学教授爱德华·罗斯（Edward Ross）被解雇案，该案也是促成美国大学教授协会诞生的动因。

罗斯是斯坦福大学的一位社会学、经济学教授，他抨击亚洲人移入美国，认为这会冲淡基因群。更为主要的原因是罗斯批评斯坦福大学的创始人斯坦福（Leland Stanford，以靠亚洲移民修筑美国东西大铁路发家），所以斯坦福太太（Jane Lathrop Stanford，也是斯坦福大学的捐赠人）坚持解雇罗斯。校长（David Starr Jordan）起初摇摆不定，最后顺从了斯坦福太太，以罗斯缺乏学术能力为由在 1900 年年底解雇了他。受人尊敬的教授霍华德（George Elliott Howard）在给学生讲座时谈到解雇罗斯的不公正性，也因此被校长蛮横地强迫辞职。两人的离去在全国掀起了关于表达自由与商业利益对大学控制的讨论。紧接着，美国经济协会的一个调查委员会对该事件进行了调查，事后委员会宣布罗斯是无辜的。同时，罗斯的好几位同事以辞职来抗议他的解雇，其中一位是洛夫乔伊（Arthur Lovejoy）。罗斯事件引发了有组织的寻求终身制保护以捍卫学术自由的运动。洛夫乔伊和另外一些人于 1915 年在纽约市发起聚会，会议决定成立美国大学教授协会（American Association of

---

① Harry Miller：*Sifting and Winnowing*：*Academic Freedom and Ely Trial*，from http：//www. wisconsinstories. org/2002season/school/closer_ look. cfm（2007 – 10 – 3）。

University Professors），选举杜威（John Dewey）为主席。① 大会发布 1915 年原则声明，提出保护学术自由和终身教职的原则。协会相继颁布了 1940 年、1958 年、1970 年声明，呼吁大学教师们所享有的学术自由权力，完善相关组织机构，并积极介入有关大学教师学术自由事件的调查，发布谴责名单。经过努力，以终身教职为主要形式的学术自由保障制度得以最终确立起来。在以上声明中，以《1940 年关于学术自由与终身教职的声明》（1940 *Statement of Principles on Academic Freedom and Tenure*）最为著名，声明认为："终生教职是达到某些目的的手段；尤其是：（1）自由教学、自由研究和自由的校外活动；（2）一种充分的经济安全保障，能让教师职业对有能力的男人和女人具有吸引力。自由和经济安全即终身教职是一个机构顺利履行它对它的学生和社会义务的必不可少的手段。""试用期满后，教师或研究者应当给予永久的或不定期的终身教职。他们的服务只有在理由充分的情况下才能终止，除非到了退休年龄或财政紧迫造成的非常情况。"② 1941 年，美国大学教授协会与美国学院与大学协会（Association of American Colleges and Universities）在声明上首先正式签字承认声明中的内容。几乎每年都有相关组织在声明上签字支持。直到 2006 年，一共有 200 多个相关组织在声明上签字认可。终身教职制度成为美国大学的一个通常性的制度，由此美国大学教师得益于这项重要的制度保障。于是，终身教职制度开始在 1940 年确立起来。

我们再看看我国形成终身教职制度的动因。2002 年 7 月 3 日，国家人事部发布的《关于在事业单位试行人员聘用制度的意见》（以下简称《意见》）是高校人事制度改革的依据和肇始，由此各地高校展开了一波波的人事改革潮。在开篇《意见》表明了发布的目的："为了规范事业单位人员聘用工作（简称人员聘用工作），保护单位和职工的合法权益，促进社会稳定……"由于对终身教职制度没有统一规范，规定终身教职制度的各个高校称呼不一，或长期职位聘期制（北大）或终身教授（华东师大、徐州医学院）或无固定期限聘期（武汉大学）或终身教授、长聘教授（上海大学）或无固定期聘任

---

① http：//eh. net/pipermail/hes/2005-January./002784. html，http：//www. aaup. org/AAUP/pubsres/academe/2002/JA/Feat/Scot. htm（2007 – 10 – 3）。

② http：//www. aaup. org/AAUP/pubsres/policydocs/1940statement. htm（2007 – 10 – 3）。

（中山大学）。

　　针对改革的动因，张维迎教授在《改革十四点说明》（指关于 2003 年《北京大学教师聘任和职务晋升制度改革方案》（征求意见稿）及第二次征求意见稿的说明，以下简称《说明》）提出四点："1. 不改革现行体制，不可能形成一流的师资队伍，不可能建设一流大学的目标；2. 不改变现行人事制度，难以应付日益激烈的外部竞争的挑战；3. 不改革现行人事制度，我们就有愧于国家对北大的支持和社会对北大的期待；4. 教师人事制度的改革，也是整个社会改革和国家政策的要求。"对于终身教职制度的出台，《说明》道出了其目的："在 tenure-track 制度下，现有的教授已经获得了终身职位，因此不再担心自己被新的、更优秀的人才所取代，至少他们对优秀人才的恐惧没有在自己无终身教职时大，这就为优秀人才的进入提供了可能（大学的稳定性为终身教职提供了可能……）在 tenure – track 制度下，年轻的教员在其学术生涯的早期没有作出优良的学术成就，就会被淘汰出局；而获得终身教职的诱惑使得他们更有努力积极性的（如果教授也没有终身教职，年轻教员在年轻时工作的积极性就不会那么大，正如如果没有希望提升的话，政府官员就不会努力一样）……在这一制度下，那些已经被证明很有创造力因而获得终身教职资格的人将可以进行一些有重大价值的长期研究项目，没有必要进行一些急功近利的研究。……终身教职的一个传统好处是可以保护学术自由，教员无须担心自己由于个人的学术观点而受到学校当局的解职。"《说明》对终身教职制度的内容的解释是：聘任制和分级流动制和学科实行末尾淘汰制结合起来，基本上就是美国大学普遍实行的 "tenure – track" 制度。这种制度也被称为 "up – or – out"（不升即离）合同。①

　　《北京师范大学 2002 院系所全员聘任工作的实施方案》（2002 年 2 月 28 日校长办公会议通过）规定："实行'长期教授'职务制度：具有正高级职务、在 2 ~ 3 个聘期内高于定量考核合格成绩 40% ~ 50% 的教学科研人员可签订相对长期的合同以稳定教师队伍，但每 3 年仍需考核一次。原则上对年满 58 岁的现职教授或研究员给予相应年限的聘任。实行'无固定期限'合同制

────────────

① 博雅主编：《北大激进变革》，华夏出版社 2003 年版，第 71 页以下。

度：具有副高级职务、在 2 个聘期内高于定量考核合格成绩 40% ~50% 的各类人员可签订无固定期限合同以稳定教师科研和管理队伍，但每 3 年仍需考核一次。"

2005 年 12 月 7 日出台的《中国药科大学教师职务聘任工作细则》第 20 条第 4 项规定："正高级职务一般为有固定期聘任职务，每个聘期 3 年，可以连续聘任。在 3 个聘期内高于定量考核合格成绩 40% 的教学科研人员可签订无固定期限合同以稳定教师队伍。"

《徐州医学院院聘终身教授聘任管理办法（试行）》（2006 年 10 月 30 日）规定："根据《徐州医学院事业发展"十一五"规划》的精神，为使学术成就高、社会影响大、对学校的发展作出重要贡献的教授享有终身荣誉，继续为学校建设与发展作出积极贡献，特制定本办法。"第 1 条规定："院聘终身教授岗位设立主要目的：肯定长期在教育教学、学术研究和学科建设事业中，为徐州医学院的发展作出重大贡献的教授，并在学校范围内为他们打造继续工作的平台，希望他们能够以自己的学识和影响力为学校的长远发展作出贡献。"

对比中外双方终身教职制度形成的动因与目的，我们不难发现源自美国的这一制度有着它深刻的时代背景，是教师们自发组织主动去争取的权利，是为抵制校方权力和政府权力的滥用而设置的一项保障。而一系列的判例如 1957 年的斯威齐诉新罕布什尔州政府案（Sweezy v. New Hampshire）和 1967 年的凯伊西安等诉纽约州立大学董事会（Keyishian V. Board of Regents）为终身教职制度提供了司法的支持，从另一个侧面承认并推进了这一制度。

相反的是，我国终身教职制度的出台是相关大学相应《意见》号召，在推行人事制度改革中学习国外先进制度的产物。学术自由、职业安全和经济安全是高校教师所赞成的，但奇怪的是能够为这三方面提供保障的终身教职制度却不是由教师们提出，可能是我国处于教改之初，对原本事实上的教师终身制的观念冲击不大。再加上相关高校之间对终身教职制度的目的和作用并没有达成一致的理解，这使得无论是高校行政还是高校教师对终身教职制度的看法和观点不一，减弱了这一制度的影响。

二、终身教职制度的发展与变革

在 20 世纪 70 年代末至 90 年代中期的美国，对终身教职制度的评判相对安静。当时，有一定程度和低强度的嘈杂声，但没有要求改革的喧嚣。20 世纪 90 年代末，让人感到不自在的平静被打破。到了 1998 年，《纽约时报》煽情地报道："员工开放时代……给终身教职制度的修正或取消产生了压力。"[①]

对终身教职的批评来自校内外的各个方面。首先，来自社会人士（包括学生家长）认为学费在不停地上涨，大学也应该像公司企业一样通过精简人员来降低办学成本？为什么其他行业包括大公司即使在经济复苏后还在不停地减缩人员，而唯独高校还保留过时的终身制？尖锐的声音莫过于这么说："终身聘教授和恐怖主义者的唯一区别就是你还能常常跟后者谈判。"[②] 其次，高校管理层深感各方面的压力，来自政府的、社会的还有学校财政的等。而大学之间争夺生源和在"英雄榜"排名的竞争压力，更是促成重新审视终身教职制的动力。通过软化终身教职制以使高校的人员聘任名额留下空间，吸引带着新近学术意识的优秀人员来校。最后，从高校内部来说，部分年轻教师对终身教职制的现状不满，认为终身教职造就了一批长期占有学校资源的教师，这批教师阻碍了他们的发展道路。如果不改变现状，势必造成高校同事间的分裂，尤其是当终身轨和非终身轨教师同处一个院系，同教一群学生，最后非终身轨的教师却看不到奔头。

事实上，在美国支持和反对终身教职制的争论自 20 世纪末以来就未停止过。双方争点有终身轨与非终身轨教师谁负担的教学任务重？谁的教学质量高？谁对科研作的贡献大？宪法第一修正案是不是就足以保障学术自由？等等。

一方面争论不息，另一方面改革亦不止。较早提出对终身教职制改革举措的是波士顿大学管理学院院长 Louis Lataif，他在 1994 年提出如果选择非终

---

① Richard P. Chait: *Why Tenure? Why Now?* in Richard P. Chait: *The Questions of Tenure*, Harvard University Press, 2002, p. 6.

② Richard P. Chait: *Why Tenure? Why Now?* in Richard P. Chait: *The Questions of Tenure*, Harvard University Press, 2002, p. 15.

身轨则以额外的工资作为补偿。后来这一提议得到全体教职工的接受并成为一项制度。接着，明尼苏达州开始实施评审结果与工资挂钩的政策。

卡内基教学促进委员会（the Carnegie Foundation for the Advancement of Teaching）于1994年的一项调查发现，39%的院校五年前就开始研究改革终身教职的聘任标准，另有22%的院校仍在考虑之中。26%的院校已经实施某种改革，9%的院校正在对试用期的期限进行改革。另外，34%的院校实施没有终身教职制度的合同制，17%的院校正在考虑之中。1999年的一项民意测验表明，在1511名教师中，32%的教师认为过去的两年中其所在的院校取消了终身教授制，或进行了弱化、修改。① 面对来自各方面的改革压力，主张废除终身教职制度的有之，主张维持终身教职制度现状的也有之，但更多的是采取折衷调和方式，提出各种改革方案，例如，使用长期合同制（实质上是一种定期合同制，无非聘期较长，通常6~7年或5~10年，并且到期后若通过评议可以续约），暂停或废除"非升即走"制，减少终身职位、实行限额制，改革聘任主体（将终身教师由学校聘任改为由学系或学院聘任），调整薪酬体系，实行终身教职聘后评议制等。由这些改革方案关于终身聘任后评审的数据更具积极意义。② 美国大学教授协会由反对到限制性地承认终身聘任后评审，认为这项制度不应着眼于惩罚终身职教师，而应该出于为合格的终身职教师提供更好的发展机遇。关于终身教职制度的争论依然会持续下去，并且终身教职制度的适用面受到限制也是一个不争的事实。但是，终身教职制度作为美国高等教育三大基石（另有学校自治、学术自由）之一，顺应了高校的发展规律，具有不可替代的作用。在学校行政权力面前，它依然是一块坚固的保护教师权益的屏障。

终身教职制度在我国还处于了解、试验的阶段。由于处于这个阶段，这一制度就难免个性不张扬，难以起到它原本的作用。甚至一些高校在进行制度设计的时候，本意就偏离了保护教师权益、维护学术自由的方向。终身教职制度在一些高校成了一种奖励制度，终身教职成了一种荣誉称号。例如

---

① Richard P. Chait: *Why Tenure? Why Now?* in Richard P. Chait: *The Questions of Tenure*, Harvard University Press, 2002, p. 8.

② 顾建民："美国大学终身教职制度改革"，载《清华大学教育研究》2006年第1期，第39~47页。

《上海大学教师职务聘任条例（试行）》第22条第2项规定："中科院院士、工程院院士和相当这一级水平的教授聘为终身教授。"

2002年《北京师范大学院系所全员聘任工作的实施方案》规定了具有正高级职务并在2~3个聘期内高于定量考核合格成绩40%~50%的教学科研人员可签订相对长期的合同，这还不是真正意义上的终身教职制度。能够得到这一制度保障的人员很少，物以稀为贵，在自觉与不自觉之间，终身聘的意义变成了一种标志、一种表明学校办学实力的例证。

能够得到徐州医学院院聘终身教授职务的就更少了，因为该校的聘任条件是所知最严格的一个，《徐州医学院院聘终身教授聘任管理办法（试行）》规定院聘终身教授的提名周期为两年，需具备的实质条件是：

一、师德高尚、治学严谨、教书育人、为人师表，且长期工作在教育教学、学术研究和学科建设第一线。二、在职在岗并受聘教授职务。三、具有30年以上高校教龄。四、在徐州医学院教育教学改革发展过程中作出过特殊贡献，在国内高等医学教育的发展过程中取得过突出成就。五、学术造诣深厚，在国内外同行和学术界中有较高的学术声望，为该学科公认的学术权威，并在学术研究领域取得公认的研究成果，为徐州医学院在医学研究领域奠定了一定的地位，赢得了较大的影响。六、对徐州医学院的学科建设作出突出贡献，作为学科带头人带领本学科在同领域达到先进水平，在国内外具有较大影响。七、除满足上述条件外，还须具备下列条件中的两项：（一）省级以上重点学科或重点实验室带头人；（二）国家级或省级"教学名师奖"获得者；（三）国家级或省级有突出贡献中青年专家称号获得者；（四）享受国务院政府特殊津贴专家；（五）国家级教学、科研成果主持者。

在美国拿到终身教职非常不容易。美国高校有较长的试用期，通常是七年，然后才有可能获得终身教职，最后的审批权在学校董事会。终身制的材料包括：（1）科研成果：在各自学科杂志上发表文章的篇数，出版或编著学术书籍的数量（美国研究性大学还需几篇发表在国际一流期刊上高质量的文章）；（2）在不同级别学术会议上发言的次数：学术团体年会及州、国家或国际学术会议上的发言；（3）校内教学情况和参与系里一些的事务性工作：包括带课情况（如本科生或研究生，必修课还是选修课）；（4）校内、外担任不同级别委员会委员职位的统计；（5）参加或负责吸引外来经费进行科研项目的数量；（6）学生对其教课能力的评价；（7）同事对其教学能力的评价；（8）系主任的评语；（9）自我鉴定。以上材料由终身制轨教师从受聘之日起开始逐步准备，在申请前分类整理制订成个人终身制例卷。程序流程以德克萨斯农工大学经济系为例，这个过程包括本人提交自我鉴定报告，找校外 5～10 名教授写评审鉴定信，组成评审委员会拟写评审报告，提交给系里具有终身教职的教授们讨论，系主任拟写综合全系的讨论报告并给出自己的推荐意见，提交给文学院学术委员会讨论，文学院院长审批，校教务长批准。按照美国研究性大学的通常做法，校外评审人都是著名教授，大多是所在研究领域的权威。终身教职已由教务长批准后，就基本上没有问题了，剩下的只是走过场，需要校长和校董事会过目，最后由校长发终身教职聘书。①

在我国大部分大学的"职务聘任办法"中对终身教职的聘任程序未作规定，《徐州医学院院聘终身教授聘任管理办法（试行）》的规定或许可以管窥我国目前终身教职聘任程序的设置，该办法第 4 条规定："院聘终身教授的提名周期为两年。"第 5 条规定："提名及聘任程序：一、提名以部门为单位填写《徐州医学院院聘终身教授推荐表》，并由校内与被提名人不同专业的两名教授联名推荐，然后提交人事处。二、人事处聘请校外专家对被提名人进行综合评议。三、人事处将提名材料上报院长，由院长向专业技术职务评审聘任委员会提名；院长也可直接向专业技术职务评审聘任委员会提名。四、专业技术职务评审聘任委员会收到提名后予以评议。五、学校审议并通过专业技术职务评审聘任委员会意见。六、学校举行聘任仪式并向受聘教授颁发院聘终身教授聘书。"整个程序凸显了行政权力的主导地位。

三、高校终身教职聘任、解聘权力的限制

社会化大生产之初，契约自由的观念至上，企业凭借其经济上的优势地

---

① 吴志明："田国强教授的成长历程"，http://www.chinavalue.net/article/24873.html，访问时间：2007 年 10 月 5 日。本段前一节参考了黄启兵、骆旭林："日本与美国高校教师终身制之比较"，载《理工高教研究》2000 年第 5 期，第 122 页。另有孙建荣、冯建华等：《憧憬与迷惑的事业美国文化与美国教育》，中国社会科学出版社 2000 年版，第 169 页。

位对劳动者采取延长工时和劳动强度的方式来追逐利润。这种聘用权力达到了顶峰，但是到了 20 世纪初，随着劳工运动、民权运动的蜂起，企业的聘用权力成为限制的目标。1938 年 6 月 14 日，美国国会通过《公平劳动标准法》（又称《工资工时法》），该法第 6 条规定最低工资标准，第 7 条规定任何雇主不得要求雇员一周工作时间超过 40 小时，还规定了禁止使用 16 岁以下童工、禁止用工时的性别歧视。这是在劳工领域对强势一方采取的限制，保护了被雇用者的利益。同样，在高校实行终身聘任制度的领域，权力也受到或应当受到限制。

1963 年，以罗宾斯为主席的英国高等教育委员会提交的一份调查报告——《罗宾斯报告》，提出发展高等教育的基本原则——"所有具备入学能力和资格并希望接受高等教育的青年都应该获得高等教育的机会"。报告倡导大力发展高等教育，政府接受了报告的精神，并为高等教育的发展创造条件。英国也在那个时期开始实现由旧高等教育向新高等教育的转型，英国的高等教育获得大发展。英国对高等教育进行了大量的投入，学校、教师和学生规模迅速扩大，获得终身教职的教师数量也随着这些因素而大量增加。进入 20 世纪 80 年代后，英国财政吃紧，对高校的拨款已经力不从心。针对高校的积弊难返的情况，当时的撒切尔政府采取了霹雳手段对高校进行了改革。政府通过削减对高校的拨款以迫使高校教师减员，以此来带动高教改革的步伐。20 世纪 80 年代撒切尔政府高教改革的法律性文件是《1988 年教育改革法》。

英国大学教师作为大学的雇员的聘期类别有永久合同和定期合同两种。在《1988 年教育改革法》出台之前，英国大学大都采用终身教职制度，在短暂的试用期之后与教师签订终身合同，尽管新老大学的终身教职的刚柔不一，像赫尔大学等新大学甚至宣称不实行终身教职制度。白金汉大学则与其他大学不同，它采用可续约的定期合同聘任教师，包括常务副校长。此外，大多数老大学的章程规定，只有通过治理机构的投票表决，通常须获得 2/3 以上的多数票，方能解聘教师。这意味着解聘教师将受到各方利益的牵制，实施起来较难。《1988 年教育改革法》通过放宽解聘条件，建立了大学劳动力市场某种最低水平的灵活性，统一了英国大学教师的聘用制度，即 1987 年 11

月 20 日之后，所有大学的新聘教师包括新晋升的教师不再得到学校终身聘用的保证。①

《1988 年教育改革法》第 203 条规定：②

（1）专员须行使本法第 204 条所赋予的权力，以确保每所合格机构的章程包括下列规定——（a）使一个适当的团体或该团体指派的代表能够以人员过剩为理由解雇任何学术人员；

……

（5）为本条之目的，倘若一学术人员的解聘完全或主要由于下列事实，该解聘就须被认为是由于人员过剩而引起的解聘——

（a）所在机构已停止或计划停止进行他受聘或受雇在该机构从事的活动，或已停止或计划停止在他工作的地方进行这些活动；或

（b）学术人员从事的某一特别活动或在该地方从事这种特别活动的人数的需要已经中止或有所减少，或预期会中止或有所减少。

……

条款中所指称的专员是设立的一个名为大学专员的专员团体，简称专员。设置该机构的寓意是在授予学校可以以人员过剩（第 203 条第 2 款和第 5 款）和正当理由（第 203 条第 2 款和第 6 款）为由解聘教师的权力同时，运用专员的形式将这一权力限定在一定的范围内。这也是秉承英美人士对权力恐惧与不安的理解。《1988 年教育改革法》第 202 条第 2 款规定了专员在履行职能时保障学术人员的学术自由：

（a）确保学术人员在法律允许的范围内，有对普遍接受的知识提出疑问并进行检查以及提出新观点和发表争论性的或不是流行的意见的自由，而无丧失所在机构的工作或权利的顾虑；

（b）促进合格机构能够有效地、经济地提供教育，促进学术和从事研究；

---

① 顾建民："英国大学终身教职制度改革"，载《复旦教育论坛》2005 年第 6 期，第 75 页。
② 国家教育发展与政策研究中心编：《发达国家教育改革的动向和趋势第三集——苏联、日本、法国、英国、美国 1988 年期间教育改革文件和报告选编》，人民教育出版社 1990 年版，第 408～409 页。下条文同。

（c）运用正义和公平的原则。

四、我国的实际状况

2010 年后，我国实行"非升即走"的国内大学明显增加，如大连理工大学实行"358"制度，即新入校博士和新聘讲师入校后第 3、5、8 年必须参加副教授岗位竞聘，8 年未如期获得须转岗或解聘。在 2010 年，共有 243 名参评讲师，其中有 37 人转岗或解聘。1994 年，清华大学将"非升即转"政策（初级职务教师 3 年不晋升中级、中级职务 5 年未晋升副高者）变更为不再续聘（"非升即走"）政策。1994～2002 年，清华大学初级、中级教师调离者近 300 人，1998～2002 年聘用到期后没有续聘占签聘人数的 10.8%。1999 年，《浙江大学专业技术职务评聘工作实施办法》规定了"非升即转"政策："1999 年 9 月 30 日以后进校且聘在教学科研并重岗、研究为主岗、教学为主岗的教师，在博士毕业或中级专业技术职务以后满 6 年，未晋升相应副高级职务的，原则上调离岗位。"[1] 根据现有制度，终身教职制共有三种模式："非升即降""非升即转""非升即走"。

国内高校对终身教职并没有统一的制度，各地对终身教职的定位也不尽相同。有些是针对学术权威，如中国政法大学五位终身教授江平、陈光中、应松年、张晋藩、李德顺教授。有些被当作一项人事制度，如华东师范大学首批 62 名教授被聘为"终身教授"，针对数量多的疑问，校方的解释是：这是一项人事制度。然而，对比国外的要求，可以发现，国内对终身教职的要求是比国外高的，如华东师范大学关于"终身教授"制度的实施意见包括："必须完成学校规定的教育教学任务，承担核心课程讲授任务，培养研究生，指导高级访问学者和青年教师，指导和进行教育教学研究等；必须承担相应的科研任务，努力争取科研项目与经费，特别是争取主持重大的科研项目，发表高水平的学术专著、教材，解决国民经济和社会发展中的重大问题，取得有影响的研究成果等。"[2]

---

[1]　王凌峰："美式终身教职：战后变革与中国实践"，载《高校教育管理》2013 年第 3 期，第 87 页。

[2]　林蔚："华东师大推出'终身教授'制最年轻的获聘者年仅 36 岁"，http://zqb.cyol.com/content/2003 -01/12/content_ 595518. htm，访问时间：2014 年 4 月 26 日。

固然，终身教职的设立，可以让教师获得较大的学术研究自由以及相对宽松的研究、教学环境，能够为新进教师带来富有创造性的成果。但是，国内高校参差不齐，许多地市院校能够搞好教学就不错了，遑论科研立校。将终身教职的设立视为国内高校改革的救命稻草是站不住脚的。病情不同，病理也会不同，相应的诊断方式和医治手法也应不同。

上海交通大学教授金拓在他的博客中认为：终身教授的代价是用预备期间或之前的学术成果、基金贡献和承担多数人惨遭淘汰的风险。其实，该制度是一个对年轻人极为残酷的体验。北美实施这项制度对于大量的外来博士和博士后来说，已经具备施行这项制度的先决条件。即使他们被淘汰，尚可以去美国的公司或回国参与竞争，因此，仍有不错的前景。国内尚不具备这样的条件，而是要么全赢、要么全输的结果。他总结："并不是说这项制度不好、不能搞，而是告诉盲目地向往这一制度却不了解其中的难度的'青椒'们：事情没有那样乐观。"①

终身教职制需要一系列辅助措施的支撑，否则难以发挥其功效。这些主要措施有：（1）确定客观合理的业绩评价标准。（2）须给予被考评教师必须有配套的经费、工作时间与教学研究条件。美式终身教职下，助理教授拥有和教授相当的学术资源，均可获得科研启动费，具备招收研究生资格（确保研究辅助人力）和参与系日常事务决策的资格。这是确保竞争起点的公平。（3）平衡好教师与行政人员报酬关系。2003 年北京大学教师聘任改革方案基本失败，其失败的原因很多，如激进的学科末位淘汰制，未考虑研究周期较长的人文学科属性，而其中一个主要原因是：只改教师，不改行政。②

王保星教授认为终身教职在大学及大学教师的教学、科学研究实践中体现出鲜明的四个方面的学术价值：（1）终身教职为大学教师的学术生涯提供了一种制度性保护；（2）终身教职为大学教师的职业选择提供了一种制度性回报；（3）终身教职为保障大学教师享受学术自由提供了一种制度性工具；

---

① 赵秀红："清华大学：终身教授预备制打造高水平师资队伍"，载《中国教育报》2011 年 11 月 27 日，第 1 版。

② 王凌峰："美式终身教职：战后变革与中国实践"，载《高校教育管理》2013 年第 3 期，第 87~88 页。

（4）终身教职还为大学与教师营建共荣、共生关系提供了一种制度性纽带。[1]
其实，终身教职制度还是高校限制权力和保护教师权益的一种机制。反思我
国终身教职制度的现状，终身教职制度真正实现以上价值为时尚早，需要我
们对制度环境的营建和对该制度的不竭探索和努力。

---

① 　王保星："美国的历程：终身教职与学术自由"，见张斌贤、李子江主编：《大学：自由、自
治与控制》，北京师范大学出版社 2005 年版，第 266~269 页。

第三篇
公众参与法治过程

在第十章所展现的圆明园整治工程听证会的公众参与中，有权力限制权力的一种规律形式，也有权利限制权力的另一种规律形式。走向法治，没有公众参与其中，就会变成权力的独角剧。第十一章涉及的律师是公众参与中不可或缺的一个群体。如果我们担心国家会成为律师国家（也可能有司法国家的担心），那么这种担忧未免过于后现代了。现今欠缺的恰恰是律师与法官两大群体法治商谈的不足。这种商谈从 1999 年发端，至今已有近二十年的历程。从中我们可以领略其法治商谈的迁变轨迹和趋向。

第十章　公众参与和行政决策过程

——以圆明园整治工程听证会的公众参与为例*

　　圆明园整治工程环境影响评估中的公众参与是我国环评中的首次公众参与，其参与的形式包括网上调查、现场调查、媒体宣传、公告、听证会、信息联系等多种形式。各种形式在这次环评和行政决策中起了一定的作用，同时也存在亟待改进的地方。如听证会各个组织环节尚有改进的空间。结合国家环境保护总局的相关规定，至少可以朝以下方面改进：摒弃听证会启动权的随意性、听证会前后信息公开的全面化和制度化、代表选取的透明与公正、主持人选任的中立性、议题与论辩的集中与简洁、会场纪律惩戒的施行等。各环节应以公平、公正、公开为指导原则。《环境影响评价公众参与暂行办法》和《环境信息公开办法（试行）》的出台使得环评领域的公众参与不断扩大，作用越发明显。

一、环境影响评估中的公众参与概述

（一）环境的恶化与环境决策的出台

　　起初，人类的活动范围和能力有限，虽然有些废弃物，但环境问题并没

　　* 本文原载王锡锌主编：《行政过程中公众参与的制度实践》，中国法制出版社 2008 年版。其中部分内容先前已单独成篇发表，分别是《圆明园整治工程环境影响评估中的公众参与形式探析》（载《湖南社会科学》2007 年第 6 期）以及《圆明园整治工程环境影响听证会组织环节之分析》（载《河北科技大学学报》（社会科学版）2008 年第 4 期）。

有凸显，至少不会认为存在环境问题。随着人类活动范围的扩大、生产能力的提升，人类从自然中索取的资源日益增加，相应的被人们利用后废弃的东西也越来越多。由于生产的机械化、自动化和规模化的发展，生产过程中对环境破坏的问题越发突出。尤其是"二战"后各国忙于恢复破坏的经济，忽视了对环境的保护，使得环境问题日趋严重。20世纪30年代以来，世界各地相继出现了严重的环境污染事件，这当中就有世界闻名的八大公害事件：（1）1930年发生在比利时马斯河谷的马斯河谷事件。由于排放的二氧化硫进入肺部造成几千人中毒，60人死亡；（2）1943年5~10月发生在美国洛杉矶市的洛杉矶光化学烟雾事件。由于排出的废气和汽车尾气在强大阳光作用下产生的光化学烟雾造成大多数居民因此患病，65岁以上老人死亡400人；（3）1948年10月发生在美国多诺拉镇的多诺拉烟雾事件。由于二氧化硫、三氧化硫等硫化物附着在烟尘上，被人吸入肺部造成四天内43%的居民患病，20余人死亡；（4）1952年12月发生在英国伦敦的烟雾事件。由于硫化物和烟尘生成气溶胶被人吸入肺部造成四天内死亡4000余人；（5）1953~1961年发生在日本九州南部熊本县水俣镇的水俣事件。由于附近工厂含甲基汞的废水排入水俣湾使海鱼体内含甲基汞，当地居民食鱼而中毒，到1972年为止共有近200人患病，50余人死亡，20多个婴儿出生后神经受损；（6）1955年发生在日本四日市的四日事件。由于排放的烟尘及二氧化硫被人吸入肺部，造成500多人患哮喘病，有30余人死亡；（7）1968年发生在日本九州爱知县等23个县府的米糠油事件。因食用含多氯联苯的米糠油引起死亡近20人，受害者达万人以上；（8）1931~1975年发生在日本富士县神通川流域的富山事件。因食用含镉的米和水造成到1968年为止有300人患病，有100多人死亡。① 由于包括以上在内的众多事件的影响，许多公众为了健康生存参与到环保运动中。他们或者示威抗议、或者游行集会表达愿望、或者与政府直接接触期待改善居住的环境。在此背景下，各国政府纷纷作出决策以应对环境问题。

① 公害事件的损失数字见：http://jiangeu.blogchina.com/3915927.html，访问时间：2007年5月6日。

（二）美国环境影响评估中的公众参与

1970 年 4 月 22 日，当美国历史上的第一个"地球日"示威发生时，有人曾骂它是"自十字军东征以来的一次由一群乌合之众支持的马戏表演"，是"生态狂"；然而，到了 1990 年，在"地球日"20 周年的时候，4 月 22 日已成了一个国际性的节日。这一天世界上有 140 多个国家举行了各种形式的纪念性活动。在美国，仅纽约一地，就有 20 万人参加了在中央公园的庆祝集会。1970 年的地球日，被公认是在 1962 年卡森的《寂静的春天》拉开序幕之后，① 美国环境保护运动走向高潮的一个标志。确实，从那时起至 20 世纪 90 年代，经过 30 多年的努力和奋斗，美国的环境保护运动已经取得了令人瞩目的成就。它主要体现在两个方面：一是公众的环境意识，二是政府的环境政策和行为。②

1969 年，国会批准了《国家环境政策法》——这是世界上首部在环保中规定公众参与的法律，随后又有诸多环境法规出台。《国家环境政策法》第 4331 条规定："国会认为，各个人均得享受健康之环境，同时各个人亦均有责任参与环境之维护与改善。"③ 依该法第 4321 条的规定设置了环境质量委员会。《国家环境政策法》的出台标志着联邦开始对环境进行宏观管理。其不仅标志着美国环境保护全面统一立法的完成，同时也赋予环境保护以新的观念，即由治理为主转变为预防为主，并向改善环境方向发展；此外它还首次推出了环境影响评价（Environment Impact Assessment）制度。为此，其被美国国家环境质量委员会称为是"保护环境的国家基本章程"。它的颁布在美国国内引起了巨大的连锁效应，有力地推动了美国各州的类似立法，而其创造的环境影响评价程序亦为世界各国和地区所借鉴和效仿，从而推进了环

---

① 卡森大声疾呼，请关注生命与环境，制止那些因为使用有毒化学品而导致毁灭生命的种种计划。否则，"寂静"将不再代表"安祥"，而成为"萧杀"的代名词。她让读者想象一个没有鸟鸣、鸡蛋不能孵化、苹果树不能结果的地方，牛倒毙在田野里，孩子们死在操场上。尔后，她告诉大家，"这个地方"确实存在，所有这一切都是正在发生的真实故事。邢宇皓："百年回首——影响世界的十本书"，http：//www. white－collar. net/wx_ wxf/wxf03/81. htm，访问时间：2007 年 5 月 6 日。

② 侯文蕙："20 世纪 90 年代的美国环境保护主义和环境保护主义运动"，载《历史研究》2000 年第 6 期，第 11 页。

③ 法条引自 http：//environmentalistsociety. spaces. live. com/，访问时间：2007 年 4 月 24 日。

境保护的进程。① 1970 年，尼克松总统整合了几个分离的机构和环境管理有关的功能，成立了一个独立的联邦环境管理机构——美国联邦环保局。

1970 年制定的《清洁空气法》首次在环境保护法律中建立了环境公益诉讼制度，该法第 1365 条规定："任何公民均得自行起诉——（1）以任何人（包括美国政府与其他在宪法第 11 条修正案所允许范围内的任何政府部门或机关）为被告，违反（A）本法所规定的放流水标准或限制或（B）联邦环保署署长或各州依前述标准或限制所下的命令；或（2）以联邦环保署署长为被告，主张怠于执行本法所赋予其之非裁量性职责"。这一规定开环境公益诉讼制定法之先河，允许任何人可以依据环境法的规定提起环境行政公益诉讼。同时，法院也配合立法机关，在司法过程中较为广泛赋予原告的起诉权以回应立法，矫正行政机关执行环境保护法律的失职行为。1973 年的《清洁水法》第 505 条授权任何人当自己利益受到有害影响时，有权根据民事诉讼，控告排污者违反法律规定的标准，或者控告环保局没有采取有效措施执行法律规定。为一般公民提供了促进实施流体排放标准的机制。尽管不允许原告获得损失赔偿，但可以使违法者承担民事处罚和律师费，因此推动了环保团体提起诉讼以保护环境。② 《清洁空气法》《清洁水法》等主要环境法中规定了公民诉讼以及返还诉讼款等条款。《清洁空气法》规定违法信息应较快地传到感兴趣的公民当中。为鼓励公民环境诉讼，按照美国《清洁水法》规定，起诉人胜诉后，败诉方承担起诉方花费的全部费用，国家再对其奖励；美国《垃圾法》规定，对环境违法方提起诉讼的起诉人可得一定份额的罚金。环保组织还可以利用环保基金聘请公益律师进行诉讼。这些鼓励诉讼的措施提高了公众的环境保护参与意识，也影响着行政机关的环保决策。

美国的环境保护，在各级政府部门、专家系统和科研部门之外，有一个规模和影响极大的非政府组织，政府、专家和公众参与三支力量互为补充；曾经作为环保的主要"敌人"的产业和商业界，现在也越来越主动地参与环

---

① 陈泉生："西方国家环境法的发展"，http：//www.fzu.edu.cn/h19/cqspring/article/article-039.htm，访问时间：2007 年 5 月 5 日。

② 胡中华："论美国环境公益诉讼制度之基础"，载《宁波职业技术学院学报》2006 年 4 期，第 16～19 页。

保。美国在政府部门、产业和商业部门之外，还有一个第三类机构，即"非赢利部门"。其组织之多，规模之大，都是令人惊讶的。据调查，包括慈善、教育、文化、艺术、环保、宗教、工会等类型的非政府组织，总数超过 200 万个，经费总数超过 5 千亿元，工作人员超过 900 万人。其中，慈善、宗教、教育、环保类的 NGO 约为 55 万个。环境保护组织在开展公众教育、参与环境保护和治理、促进立法、协调跨部门、跨地区环境问题等许多方面发挥了重要作用。美国有 70 所大学开设关于慈善事业的课程，商学院还教授 NGO 的管理和法律之类，许多人从法学院、商学院毕业后，愿意从事一段 NGO 的工作。美国 NGO 数量众多，宗旨各异。其组成有的是按地区组织的，有的是针对某一具体问题组织的。例如，保护本地区的湿地、保护某一种动物或某一片树林。大的组织如世界野生动物基金会，在全球几十个国家有 1000 万会员，在美国有 120 万会员，在北京设有分部。小的如太平洋环境与资源中心，1987 年成立，共有 10 名全职人员，年预算 60 万～70 万美元。环境保护基金，1967 年正式成立，最初只有 10 个人，现有 30 万会员，150 个全职人员，其中一半是科学家、律师、经济学家等专业人员。他们从反对使用 DDT 开始保护环境的行动。1972 年，全国禁止使用 DDT。他们早期主要运用法律手段，促进立法和督促地方政府执行法律，否则上告法庭；后来做了许多制订、推广化学品和农药等的安全标准的工作。他们认识到，不能只是禁止这样、禁止那样，还必须学习与企业合作，建立伙伴关系，与他们一起探讨可以怎么做。与麦当劳的成功合作是经典的一例：他们要求麦当劳改革塑料包装袋，双方共同研究探讨，最后使用一种薄纸，可保温，存储方便，减少了漂白。这一改进既有利于企业，也有利与环境保护。①

（三）其他国家环境影响评估中的公众参与的状况

在英国，公众参与环境决策权具体包括：第一，环境知情权。1992 年颁布的《环境信息条例》明确规定，除了某些例外，任何寻求环境信息的个人都有从任何公共机构获得环境信息的权利。所有拥有环境信息的公共机构都

---

① 杨东平："美国：公众参与环境保护"，http：//www.fon.org.cn/content.php？aid=7126，访问时间：2007 年 5 月 6 日。

有义务，只要有请求，这些机构必须尽可能地在 2 个月内对任何不必提供兴趣或利益的个人提供环境信息，任何拒绝都必须以书面的形式予以回答，并伴以对拒绝的原因进行说明。1999 年英国又颁布了《信息自由法案》。该法案使公众获取环境信息的渠道更加广泛，环保社团和当地社区可以利用这些信息来对不同级别的政府决定提出反对意见。第二，参与环境事务决策权。英国 1985 年的《地方政府法》和 1990 年的《城镇和乡村规划法》规定公众有咨询和参与的法定权利。如果需要，以当地公众质询的形式展开。一般情况下，委员会或附设委员会会议，都应该向公众开放，会议议程的复本和为会议准备的报告至少在会议开始 3 天前对公众公开，接受公众的检查。会议结束后，某些文件要向公众公开，接受公众的检查要长达 6 年的时间。1997年，工党上台以后，公众参与得到了更进一步的加强。把诸如公民陪审团、兴趣群体、民意测验作为咨询机制，以及通过常设的公民专题讨论小组和论坛等形式促使公众参与决策过程，从而使先前那种公众参与比较散漫的局面得到改善。公众参与环境事务的讨论提高了决策过程中的公平性，它使得没有充分得到代表的群体的利益也能列入决策过程的考虑之内。第三，环境诉讼参与权。在英国，第三方没有法定的权利对政府部门的环境决定进行起诉，对行政决定提出挑战要通过高等法院复审的方式进行。1981 年《最高法院法》规定，只有申请人表现出"与申请的案子有关的足够的利益或兴趣"，才能具备必需的代表性。而在 1982 年的《国内税收特派员》专案中，英国议会上院对上述法令进行了解释。在英国，环境 NGO 有资金、人力资源和专业技能来对环境法的实施进行监测。NGO 所发起的活动，例如"要求恢复街道""土地是我们的""批评的大众"以及各种各样的以实体命名的抗路、抗机场、抗核电站的活动，已经对传统的认为道路、机场、核电站和核武器是我们生活的这个世界所必需的这一观念提出了挑战。1988 年起施行的并在其后进行过 2 次修订的《城镇乡村规划条例》，规定某些大的被认为有可能对环境造成影响的项目必须有公众参与，这是决策制定过程中不可缺少的一个步骤。开发商必须向"适当的机构"提交环境影响报告，该报告确认潜在的环境影响和计划中准备避免、减少或补救这些影响的措施。环境影响报告必须包括非技术性的摘要。有关的机构必须征询公众团体的意见，并给予公众表达他们自己观点的机会。开发商的环境影响报告必须开放，使公众可以得到，报告的复本必须提交咨询委员会。①

1995 年实施的《加拿大环境评价法》为公众提供了很多参与机会和途径，一般可以通过以下方式参与环境评价。（1）访问加拿大环境评价登记处（Canadian Environmental Assessment Registry）网页，了解本地区项目情况。2003 年 11 月前开工的项目信息可在联邦环境评价索引（Federal Environmental Assessment Index）中查询。（2）通过环境评价署的参与者资助计划（Participant Funding Program）申请资金，帮助你或你所在组织或团体参与综合研究、仲裁及审查小组。（3）在作出最后决定之前，利用各种机会参与项目审查，包括评价审查报告并提出意见等。（4）在环境评价署宣布等级审查是评价相似项目的合理方式之前，研究等级审查报告并提出意见。（5）在综合研究阶段提交意见。环境大臣在决定一个项目之前会考虑公众意见。（6）参加任何与审查小组有关的公众集会或听证会。②

此外，1993 年的日本《环境基本法》首先对本国内的公众参与作出规定。第 9 条规定："国民应当根据基本理念，努力降低伴随其日常生活对环境的负荷，以便防止环境污染。除前款规定的职责外，国民还应当报据基本理念，有责任在自身努力保护环境的同时，协助国家或者地方公共团体实施有关环境保护的政策和措施。"该法第 26 条规定："国家应当采取必要的措施，促进企（事）业者、国民或由他们组织的民间团体（以下称'民间团体'）自发开展绿化活动、再生资源的回收活动及其他有关环境保护的活动。"③ 另外，日本的《大气污染防治法》和《水污染防治法》也作了有关公众参与方面的规定。

（四）我国环境影响评估中的公众参与的历史发展

我国环境保护出现比较迟，1973 年面对官厅水库、大连湾、松花江水系污染等事件的出现，国务院于 1973 年召开了第一次全国环境保护会议。1974

---

① 侯小伏："英国环境管理的公众参与及其对中国的启示"，载《中国人口资源与环境》2004 年第 5 期，第 125～129 页。

② 印士勇："加拿大环境评价"，载《水利水电快报》2006 年第 23 期，第 23～24 页。

③ 法条引自 http：//environmentalistsociety.spaces.live.com/，访问时间：2007 年 4 月 24 日。

年设立了国务院环境保护领导小组，1982 年成立了城乡建设环境保护部。1984 年根据《国务院关于环境保护工作的决定》，成立了国家环境保护委员会，负责领导和组织协调全国的环保工作，研究审定环保方针、政策，并提出规划要求。1984 年城乡建设环境保护部下属的环保局改为国家环保局，同为前者的办事机构。1998 年国家环保局升为正部级的国家环保总局，撤销了国家环境保护委员会。

1998 年，中国政府颁布实施《建设项目环境保护管理条例》，明确提出环境影响评价制度，以及建设项目环境保护设施同时设计、同时施工、同时投产使用的"三同时"制度。2003 年开始实施的《环境影响评价法》，将环境影响评价制度从建设项目扩展到各类开发建设规划。国家实行环境影响评价工程师职业资格制度，建立了由专业技术人员组成的评估队伍。国家环保部门将内蒙古、新疆、广西及大连市、武汉市等五个行政区，铁路和石油化工行业，以及宁夏宁东煤炭化工基地规划和上海市城市轨道交通网络规划列为首批规划环境影响评价试点；完成了《全国林纸一体化工程建设专项规划》环境影响评价工作；开展了塔里木河流域、澜沧江中下游、四川大渡河、雅砻江上游、沅水流域等流域开发利用规划的环境影响评价。2006 年 2 月，国家环保部门颁布了《环境影响评价公众参与暂行办法》，详细规定公众参与环境影响评价的范围、程序、组织形式等内容。民间组织和环保志愿者是环境保护公众参与的重要力量，中国目前有非政府环保组织 1000 余家。到 2005 年年底，全国所有地级以上城市实现了城市空气质量自动监测，并发布空气质量日报；组织开展重点流域水质监测，发布十大流域水质月报和水质自动监测周报；定期开展南水北调东线水质监测工作；113 个环保重点城市开展集中式饮用水源地水质监测月报；建立环境质量季度分析制度，及时发布环境质量信息。各级政府和环保部门通过定期或不定期召开新闻发布会，及时通报环境状况、重要政策措施、突发环境事件、违法违规案例等，保障社会各界对环境保护的知情权，促进公众对环境保护的参与。截至 2005 年年底，全国有 4 个直辖市、312 个地级市、374 个县级市、677 个县开通了环保举报投诉热线电话，覆盖了全国 69.4% 的县级以上行政区。2003 年以来，全国各级环保部门通过环保热线共受理环境污染投诉 114.8 万件，结案率在

97% 左右，主要城市环境投诉满意率在 80% 左右。随着公众环境意识和对环境质量要求的不断提高，反映环境权益被侵害的来信来访数量逐年增加。2001～2005 年，各级政府环保部门共受理群众来信 253 万余封，群众来访 43 万余批次、59.7 万余人次，受理全国人大代表建议 673 件，全国政协委员提案 521 件。①

　　1989 年通过并实施的《环境保护法》第 6 条规定："一切单位和个人都有保护环境的义务，并有权对污染和破坏环境的单位和个人进行检举和控告。"该条规定为公众参与环境保护提供了原则性的法律依据。《国务院关于环境保护若干问题的决定》已明确规定："建立公众参与机制，发挥社会团体的作用，鼓励公众参与环保工作，检举和揭发各种违反环境保护法律法规的行为"政策；《水污染防治法》（1984 年通过）、《环境噪声污染防治法》（1996 年通过）也均在第 13 条规定："环境影响报告中，应当有该建设项目所在地单位和居民的意见。"《中国 21 世纪议程》明确提出："公众团体和组织的参与方式和参与程度，将决定可持续发展目标实现的进程。"《环境影响评价法》直接明确了公众在环境评价中的法律地位。2004 年国家环保总局发布的《环境保护行政许可听证暂行办法》、2006 年发布的《环境影响评价公众参与暂行办法》、2007 年发布的《环境信息公开办法》为环保领域的公众参与和行政决策提供了具体的操作规程。

　　（五）　相关的国际公约

　　尽管在 20 世纪 90 年代以前，公众参与得到很大的发展，特别是 1972 年联合国人类环境会议的召开将群众性环保运动推向高潮，但从总体上没有形成战略。1992 年在里约热内卢召开的环境与发展大会，标志着国际社会将公众参与上升到战略的高度。② 此次会议通过的《里约环境与发展宣言》（Rio declaration）) 又称《地球宪章》（Earth Charter），其规定："环境问题最好在所有有关公民在有关一级的参加下加以处理。在国家一级，每个人应有适当

---

　　①　中华人民共和国国务院新闻办公室：《中国的环境保护（白皮书）(1996～2005)》,http：// environmentalistsociety. spaces. live. com/，访问时间：2007 年 5 月 6 日。

　　②　李艳芳：《公众参与环境影响评价制度研究》，中国人民大学出版社 2004 年版，第 43 页。

的途径获得有关公共机构掌握的环境问题的信息，其中包括关于他们的社区内有害物质和活动的信息，而且每个人应有机会参加决策过程。各国应广泛地提供信息，从而促进和鼓励公众的了解和参与。应提供采用司法和行政程序的有效途径，其中包括赔偿和补救措施。"通过的《中国21世纪议程》指出：实现可持续发展，基本的先决条件之一是公众的广泛参与与决策。在环境和发展这个较为具体的领域，需要新的参与方式，包括个人、团体和组织需要参与环境影响评价程序以及了解和参与决策，特别是可能影响到他们工作和生活的社团的决策。个人、团体和组织应有机会获得国家当局掌握的有关环境和发展的信息，包括关于对环境有或可能有重大影响的产品和活动的信息和关于环境保护措施的信息。

2002年8月26日至9月4日，在南非约翰内斯堡举行的联合国可持续发展世界首脑会议被认为是国际社会推动公众参与环保的又一次高峰。会议通过了政治宣言的《约翰内斯堡可持续发展承诺》。第26点认为：我们认识到可持续发展需要有长远的观点，在各级政策制定、决策和实施过程中都需要广泛参与。作为社会伙伴，我们将继续努力与各主要群体形成稳定的伙伴关系，尊重每一个群体的独立性和重要作用。第34点认为：我们认为这必须是一个包容性的进程，让所有参加了具有历史意义的约翰内斯堡首脑会议的所有主要群体和政府都参与这个进程。①

我国签署的部分国际环境公约如下：《濒危野生动植物种国际贸易公约》《南极条约》《国际捕鲸管制公约》《国际海洋法公约》《关于保护臭氧层的维也纳公约》《关于消耗臭氧层物质的蒙特利尔议定书（修订本）》《气候变化框架公约》《生物多样性公约》《防治荒漠化公约》《关于特别是作为水禽栖息地的国际重要湿地公约》《1972年伦敦公约》。

综上，我们不难发现环境影响评估中公众参与的范围越来越大：从身边到一个区域到全国到整个世界；从参与事后补救到事前环评到环境立法与决策；从关注现在到关注未来；从人类自身到动植物；从身体的肉身到心理的感受；从空气、水、阳光到环境美感。我们也不难发现参与的形式趋于多样

---

① http://www.blogchina.com/new/display/12614.html，访问时间：2007年5月6日。

化，参与的方向从单向到双向。我们还可以发现公众参与的阶段的伸延——健全的参与可以划分为预案参与（在环境法规、政策、规定指定过程中和开发建设项目实施之前的参与，是事前参与）、过程参与（在建设项目实施过程中的参与，是监督性参与）、末端参与（与过程参与并无明确的界限，是指一种把关性的参与）和行为参与（是公众采取之自我行动的参与，是公众参与环保的根本，是一种自觉性参与）。①

二、圆明园整治工程环境影响评估中的公众参与和行政决策

（一）圆明园事件的缘起与经过

2005 年 3 月 22 日，兰州大学生命科学院客座教授张正春②在"世界水日"这天来到圆明园参观，不料在园内见到几十台挖掘机正在作业，映入眼帘的是遍地的白色薄膜。本想拍几张照片，却感到无从下手。震惊之余，他询问施工的工人后得知是为了防渗。原想乘坐第二天的火车回兰州，但是他看过之后决定改变行程，他觉得应当为圆明园做点什么，尽管自知自己的力量单薄。"记者同志，圆明园正在湖底铺设防渗膜，这是自毁命根子！"3 月 24 日中午，《人民日报》记者赵永新接到张正春的电话后，马上赶到圆明园。圆明园游人稀少，所见所闻与张正春描写的并无二致：大部分湖底已被"开膛破肚"，防渗膜已经铺完，上面盖上了被晒干压碎的污泥，像平整后的农田；有的民工正在用水泥认真地砌严石头缝——防渗工作可以说是横到边竖到沿，天衣无缝。赵永新随后电话采访了北京地球纵观科普中心主任李皓博士和中科院生态环境中心研究员、国际科联环境问题委员会第一副主席王如松。他们也同意张正春的看法，并且认为，由于湖底和岸边的防渗工作做得如此密不透风，势必会危及岸边和山上的植被，从而危及整个圆明园的生态系统。在采访圆明园管理处主任李景奇时，他向记者出示了《圆明园水资源可持续利用规划》（该规划认为，圆明园"年渗水量 250 多万立方米，因此

---

①　余晓泓："日本环境管理中的公众参与机制"，载《现代日本经济》2002 年第 6 期，第 13 页。
②　另外他还担任兰州大学经学研究所所长助理、中国生态学会生态旅游专业委员会委员、甘肃省植物学会副理事长、《甘肃植物志》编委、《经学讨究》编委。

必须有选择地对湖底进行防渗处理"），并认为看不出防渗与水体富营养化有什么必然联系。[①]

圆明园整治工程包括遗址保护、整修驳岸、整理山形、清理湖淤、湖底防渗等工程，工程项目总投资约 2 亿元。从 2003 年 8 月至 2005 年 3 月，北京市、海淀区两级政府以及圆明园管理处已投入环境整治资金共计约 8200 万元。2005 年他们计划再投入 2 亿元，其中 3000 万元用于湖底防渗工程。防渗工程自 2004 年 9 月开工，预计于 2005 年 4 月中旬结束。铺设的防渗膜由"一布一膜"构成：一层是塑料防滑膜，另一层是特制的白色土工防渗膜。圆明园管理处负责人曾对媒体表示，《圆明园水资源可持续利用规划》是由管理处与北京市水利科学研究所、海淀水利局 3 家单位编定的，并专门请专家作了论证，湖底防渗是规划中确定的。该规划提出，在保护遗址和湖底生态系统的前提下，有选择地对湖底进行防渗处理。不过，该规划说得比较含糊，并没有明确防渗的具体方法。

2005 年 3 月 29 日，北京市环保局环境评价处和海淀环保局的相关负责人一早就赶到了圆明园铺设防渗膜的工地现场进行调查，初步的调查显示，圆明园湖底铺设防渗膜工程是海淀区今年系列环境整治工程中的一部分，其相关清淤工程在去年年底前展开。环保部门当天要求园方报送相关的材料，并对其有关环保手续进行查证。

2005 年 4 月 1 日，国家环保总局发出相关通知书，责令该工程停止建设。[②]

2005 年 4 月 5 日，国家环保总局发出《关于责令限期补办圆明园环境

[①] 赵永新："保护还是破坏"，载《人民日报》2005 年 3 月 28 日，第 5 版。

[②] 这份编号为"环函〔2005〕101 号"的《关于责令圆明园环境综合整治工程停止建设的通知》具体内容是：

圆明园管理处：

你管理处未依法向环境保护行政主管部门报批圆明园环境综合整治工程环境影响报告书即擅自开工建设。根据《环境影响评价法》第三十一条的规定，现责令你处立即停止该工程建设，并抓紧委托有资质的环境影响评价单位编制环境影响报告书报送我局。

鉴于该工程环境敏感，且存在重大分歧意见，我局在审查批复该工程环境影响报告书前，将举行听证会，征求有关单位、专家和公众的意见。

联系单位：国家环境保护总局环评司　　电话：66556419。

综合整治工程环境影响评价报批手续的通知》给北京市海淀区圆明园管理处，正文全文是："圆明园环境综合整治工程未报批环境影响报告书，即擅自开工建设，我局曾于 2005 年 4 月 1 日下达了《关于责令圆明园环境综合整治工程停止建设的通知》（环函〔2005〕101 号）。根据《环境影响评价法》第三十一条的规定，现责令你处自收到本通知之日起四十日内，向我局报送该工程环境影响报告书。"同日发出 2005 年第 13 号《国家环境保护总局公告》，将就北京市海淀区圆明园管理处通过圆明园保护整治工程指挥部实施的"圆明园环境综合整治工程"的环境影响举行听证会。① 公告的内容大体是：

一、听证会时间、地点和方式

二、听证内容

1. 圆明园环境综合整治工程，特别是采用湖底铺设防渗膜的方式，可能对生态环境的影响；

2. 圆明园作为历史人文景观和遗址公园如何修复与保护。

三、申请参加听证会的方法

四、联系方式

五、注意事项

在参加听证会前，请作好以下准备：

1. 携带有关证据材料；

2. 可通知有关专家或者证人到场作证；

3. 委托代理人参加的，须提前办理委托代理手续。

4 月 11 日，国家环保总局发出《关于圆明园整治工程环境影响听证会的通告》（环函〔2005〕117 号）。通告认为："《国家环境保护总局公告》（2005 年第 13 号）发布后，我局收到来自社会方方面面的申请书。由于场地的限制，不可能满足所有申请人参加听证会的要求。在兼顾听证会参加人员的代表性

---

① 这次听证会的名称较多，有：圆明园环境综合整治工程听证会、圆明园防渗工程听证会、圆明园防渗听证会、圆明园环境整治工程环境影响听证会、圆明园听证会、圆明园湖底防渗工程公众听证会等，为简洁明了，本文姑且称之为圆明园整治工程听证会。

和专业性的基础上，本着科学、公正的原则，我局确定参加听证会的单位和人员主要以各类专家为被邀请对象（名单见附件）。"并附具了共 73 人的圆明园整治工程环境影响听证会代表名单。

4 月 13 日，圆明园整治工程听证会在国家环境保护总局办公楼 2 楼多功能厅举行，听取各方面的意见和建议。听证会由人民网和新华网进行网上直播。公众通过网上直播和媒体报道，了解了听证会上各种不同的声音。

圆明园管理处曾找到北京师范大学所属的一家环评单位，并主动递交委托书。复杂的考虑之后，这家环评单位在近一个月后提出不愿牵头作该工程的环境影响评价，延误了圆明园工程环境影响评价的时间。5 月 9 日，国家环保总局下达《关于责令限期补办圆明园环境综合整治工程环境影响评价报批手续的通知》（环函〔2005〕167 号），责令北京市海淀区圆明园管理处自收到通知之日起 40 日内，报送该工程环境影响报告书。环保总局环评司负责人表示，如果圆明园不能按时交出环评报告，按照环评法规定，将会被处以5 万 ~20 万元的罚款，并且建设单位的直接负责人也将受到行政处分。同日，清华大学环境科学与工程系正式接手环评项目后，即联合北京师范大学、北京市勘察设计研究院、中国农业大学、首都师范大学等单位，成立了地下水、地表水、生态、防渗材料、文物遗址、再生水回用、公众参与、改进方案、工程分析与其他影响等 10 个小组对圆明园进行环评。

4 月 20 日，由中国水利水电出版社、北京华商国际公司和 TOM 在线有限公司主办了一场名为"水资源、节水、圆明园防渗工程的思考"的论坛，共有 8 位专家到场，另外 3 人递交了书面发言。他们发言支持圆明园防渗工程，反对"破坏生态"说。据主办方负责邀请专家的人员介绍，嘉宾们意见这么一致的原因，一方面是因为在圆明园听证会上支持方发言机会很少，受社会重视程度不够，另一方面则是他们与水利方面专家比较熟悉。这次只有极少几家媒体参加的论坛，更为圆明园事件涂上了扑朔迷离的色彩。

5 月 24 日，圆明园管理处和海淀区政府在相关新闻发布会上，就圆明园有关问题公开信息，表明了欢迎监督、尊重科学、依法执政的态度。

国家环境保护总局 2005 年于 6 月 30 日受理了圆明园管理处提交的《圆

明园东部湖底防渗工程环境影响报告书》，并于 7 月 5 日在该局网站公布了环评报告书，同时组织专家对环评报告书进行了认真审查。7 日，总局副局长潘岳向新闻界通报同意报告书结论，同时要求圆明园东部湖底防渗膜工程必须进行全面整改。全面整改是国家环保总局在北京市环保局报送的《关于圆明园东部湖底防渗工程项目环境影响报告书初审意见的函》基础上作出的《关于圆明园东部湖底防渗工程项目环境影响报告书的批复》（环审〔2005〕573 号)》下达的。批复指出："从环境保护角度分析，原工程方案存在严重缺陷，在工程设计和建设过程中缺乏全面有效的生态保护措施，造成了水生生态系统的严重破坏，必须进行全面综合整改。"批复还明确提出了具体的整改要求，包括全部撤除绮春园湖底已经铺设的复合膜。环保总局还告知圆明园管理处，如对该许可决定不服，可以依法申请行政复议或者依法提起行政诉讼。

圆明园管理处 7 月 9 日表示，一定按照国家环保总局批复文件的要求，抓紧时间落实整改方案，力争早日开工，完成整改任务。社会各界对国家环保总局依法行政和圆明园管理处的积极态度，都给予充分肯定。

圆明园对已经基本铺就的防渗膜进行了整改后，受国家环保总局委托北京市环保局进行了验收。2006 年 7 月 12 日，圆明园管理处接到了市环保局验收合格的通知。至此，圆明园整治工程案尘埃落定。

（二）圆明园整治工程环境影响评估中的公众参与形式

以上对事件的过程的介绍是为分析中有个衬底。在此专列公众参与形式一个主题是因为在圆明园整治工程中官方组织或认可的公众参与形式不单单是国家环保总局于 4 月 13 日举行的听证会和之前的公众网上调查①，还有清华大学环境科学与工程系等环评机构在作环评时展开的网上问卷和现场问卷的形式。为了使问题更加集中，后面的分析主要是对听证会的分析，而这里

_____

① 环保总局自决定就圆明园湖底防渗工程召开听证会后，就在其官方网站上进行了公众网上调查，环境综合整治工程直接关系到圆明园遗址公园生态环境和人文遗址资源的保护和可持续发展。截至 12 日 17 时，共有 3568 人参加了调查。其中，1756 人认为"会对生态造成破坏"，占 49.2%；另有 1748 人认为"不影响周边生态环境"，占 49%；64 人表示"说不清"。http：//218.246.22.68/zt/ymy/index1.htm，访问时间：2007 年 4 月 27 日。

对环评机构所做的公众参与略作分析。

依先进国家实施的经验，参与的方式大约有（但不限于）下列各种：（1）咨询委员会；（2）非正式小型聚会；（3）一般公开说明会；（4）社区组织说明会；（5）公民审查委员会；（6）听证会；（7）发行手册简讯；（8）邮寄名单；（9）小组研究；（10）民意调查；（11）设立公共通讯站；（12）记者会邀请意见；（13）发信邀请意见；（14）回答民众提问。参与的方法可以视计划的内容做交互组织运用，内容有很大的调和空间。何种开发计划使用何种参与方式，也没有一套既定的标准。当然，不同的参与方法，有其相对的优点或弱点。①

《环境影响评价法》第5条规定："国家鼓励有关单位、专家和公众以适当方式参与环境影响评价。"至于究竟哪些方法才是适当的，本部法中并没有作出规定。作为在环评领域中首次的公众参与②，采用调查和听证的形式使参与的范围达到足够的广度，尤其是利用现代化的手段在网上调查更是扩大了参与面。③ 对于我国目前环评领域的公众参与的方式种类，作为事后的分析，我们可以看看国家环保总局于2006年2月14日发布的《环境影响评价公众参与暂行办法》，事实上该办法也是对环境影响评价公众参与形式作出了目前最为详细的规定。该办法第12条规定："建设单位或者其委托的环境影响评价机构应当在发布信息公告、公开环境影响报告书的简本后，采取调查公众意见、咨询专家意见、座谈会、论证会、听证会等形式，公开征求公众意见。"环境保护行政主管部门也可以采取以上形式公开征求公众意

---

① 叶俊荣：《环境政策与法律》，中国政法大学出版社2003年版，第212页。

② 媒体认为圆明园政治工程环境影响听证会有两个"第一次"不容忽视：环保领域第一次举办了一场真正意义上的听证会，各种意见都得以表达；第一次把执法的全过程公开，从叫停到听证、环评、评审，直至决策的全过程，环保总局都主动向社会完全公开，包括点名批评不敢承担责任的环评机构，以及后来的环评报告和环保总局的审查结果，都对社会忠诚相告。

③ 环评机构组织的网络调查调查时间为2005年5月28日19点~2005年6月6日20点。由于这次网上公众调查是我国环境影响评价公众调查中的一次尝试，在调查中出现了一些问题。如调研虽然采用了严格的IP控制（在投完第一张票后的10分钟内同一个IP不允许第二次投票，在整个网上公众调查期间一个IP总共可以投5张票），仍发现在6月1日中午12点到15点这短短的三个小时内，一边倒的投票数目急剧增加了500多票。在此之后，采用了更加严厉的控制IP段的做法，限制了三个明显有问题的IP段的投票权限。对于已经进入数据库的500多张投票我们根据数据库里的相关记录做了如下处理：删除了510个答题记录，原因是这510张投票中，在关键问题上，其答案几乎完全相同，并且IP地址临近。所以，总有效投票数为1305票。参见《圆明园东部湖底防渗工程环境影响报告书》。由此可见公众参与方式的选择中具体设置的重要性。

见。听证会这种形式受到不少机构、机关的青睐，原因是这一方式准备时间长会引起媒体的高度关注，程序比较正式。但是也有他的缺点，他是公众参与中最为严格的一种方式，发言要求高，参与者之间很少交流，耗费的时间和财物也比一般的参与形式多。并且由于场地的限制，这种"昂贵的表演"的舞台空间不可能太大，总会让场外的"热心者"留下遗憾。①国家环保总局在《关于圆明园整治工程环境影响听证会的通告》中特地表示："国家环境保护总局公告（2005 年第 13 号）发布后，我局收到来自社会方方面面的申请书。由于场地的限制，不可能满足所有申请人参加听证会的要求。"

　　这次现场调查和网上调查实质都是以问卷的方式进行的，问卷的方式对问题的设计要求很高，设计不当往往会流于形式而达不到调查的目的。由于设计的要求，问题的精心设计需要专业机构，例如，专门的民意测验组织、咨询公司等。从相关报道来看，国家环保总局在其官方网站上的调查设计的问题应该是"你认为圆明园环境整治工程是否会对生态造成破坏？"问题简单醒目，一般的人都能回答上来。但是，不要忘记的是，问题应当和调查的目的相连，而面对一般的公众，我们想要得到有关他们意向的什么信息？从整个事件来看，面对公众的核心问题是圆明园的定位问题，即它到底是爱国教育的遗址还是游乐园？这一核心问题的缺失会使我们的调查目的在一定程度上无法实现。或许将问题设计为："1. 你认为圆明园应不应该保有原有的面貌？2. 圆明园环境整治工程是否会对原有面貌造成破坏？3. 圆明园环境整治工程是否会对生态造成破坏？"这样更为妥当。

　　从《圆明园东部湖底防渗工程环境影响报告书》中设计的《圆明园东部防渗工程公众意见调查表》来看，提出的问题相对比较全面，主要是针对防渗工程环境影响的问题。但是，里面也存在不少问题，一是问题过多，一共21 个问题之多，其中选择题 20 个，问答题 1 个。选择题中选项最多有 7 项。公众是否都有耐心填写呢？二是对被调查者的背景调查的确很有必要，与之相关排序在前的三道问题是：

---

　　①　依据《行政许可法》第 47 条之规定，申请人、利害关系人不承担行政机关组织听证费用的。也就是说此时行政机关应当承当听证的费用。

1. 您在何时参观过圆明园：

□2005 年 3 月前　□2005 年 3 月后　□2005 年 3 月前、后都参观过

□未参观过

2. 您了解该工程的途径是：

□报纸　□电视　□网站　□朋友议论　□政府部门　□其他（　）

3. 您对圆明园湖底防渗工程的关注程度

□很关注　□一般　□不关心

4. 您对圆明园湖底防渗工程的了解程度

□了解　□一般　□不了解

但是，有的问题是越俎代庖的，例如：

15. 您认为圆明园的收费标准应该是？

□10 元以下　□10 ~ 20 元　□21 ~ 30 元　□30 元以上

问题固然重要，可是与东部湖底防渗工程有多大的关联呢？

现场调查是在 5 月 28 ~ 6 月 5 日进行的。共发放问卷 300 份，其中回收的有效问卷数为 273 份。调查对象是北京市的不同阶层和职业的市民、一部分外地来京游客。同时，报告认为考虑到圆明园有 1664 名职工，是该工程项目的利益主体和实施主体，了解其意见也有助于该项目的下一步实施，因而将圆明园职工也作为一组独立的对象进行了问卷调查。在圆明园内向圆明园职工发放调查问卷 30 份，回收 30 份，报告书将这 30 份问卷另外作了统计和说明。现场问卷调查发放的情况是：

调查地点	时间	发放份数
元大都遗址公园、后海公园	5 月 28 ~ 29 日，6 月 4 ~ 5 日	100
圆明园门口	5 月 28 ~ 29 日，6 月 4 ~ 5 日	100
清华大学校内	5 月 28 ~ 29 日，6 月 4 ~ 5 日	100

不可否认此调查范围有一定的覆盖面，但是其改进的空间还是有的。现场调查的对象是北京市的不同阶层和职业的市民、一部分外地来京游客。圆

明园事件当时的影响已经不局限于海淀区、朝阳区等几个区域，也不局限于北京市。完全可作适当扩大，也应当扩展到其他省市。

各种参与方式有其缺点，事前需以目标为导向进行选择，[①] 事后对参与的结果分析时，还得区别对待，进行甄别分析。报告书对此持理性，在网上调查中虽然采用了严格的 IP 控制（在投完第一张票后的 10 分钟内同一个 IP 不允许第二次投票，在整个网上公众调查期间，一个 IP 总共可以投 5 张票），仍发现在 6 月 1 日中午 12 点到 15 点这短短的三个小时内，一边倒的投票数目急剧增加了 500 多票。在此之后，采用了更加严厉的控制 IP 段的做法，限制了三个明显有问题的 IP 段的投票权限。对于已经进入数据库的 500 多张投票，根据数据库里的相关记录做了如下处理：删除了 510 个答题记录，原因是这 510 张投票中，在关键问题上，其答案几乎完全相同，并且 IP 地址临近。经过适当的处理后，最后确定总有效投票数为 1305 票。报告书在分析问卷的过程中明确提出了两种调查方式的对比：45.4% 的网上投票者主张继续按原计划铺防渗膜，而现场调查结果显示这一数值仅为 19.4%。报告书在 273 张有效问卷中，抽取了居住在圆明园附近、具有专业知识，同时又了解防渗工程的 16 个被调查人，认为他们的意见具有更高的参考价值，并且提出了这部分人的观点与全部样本相比的明显不同之处。

《环境影响评价公众参与暂行办法》所规定的参与方式以会议的形式为多：座谈会、论证会、听证会，而以调查公众意见、咨询专家意见等非会议的方式相对居少。非会议的方式形式简单，往往更有效，并且不受固定时空的限制，具有开放性。依据非会议的参与方式中信息的流向可以分为三种，如表 1 所示。[②]

---

① 比较《环境影响评价公众参与暂行办法》（环发〔2006〕28 号）第 19 条："建设单位或者其委托的环境影响评价机构调查公众意见可以采取问卷调查等方式，并应当在环境影响报告书的编制过程中完成。采取问卷调查方式征求公众意见的，调查内容的设计应当简单、通俗、明确、易懂，避免设计可能对公众产生明显诱导的问题。问卷的发放范围应当与建设项目的影响范围相一致。问卷的发放数量应当根据建设项目的具体情况，综合考虑环境影响的范围和程度、社会关注程度、组织公众参与所需要的人力和物力资源以及其他相关因素确定。"

② 列表引自［美］伦纳德·奥托兰诺：《环境管理与影响评价》，郭怀成、梅凤乔译，化学工业出版社 2004 年版，第 369 页。列表形式略有改动。

表1　非会议参与方式中信息流向的种类

类别	具体形式
提供信息给公众	直接邮寄或者电子邮寄
	实地考察
	大众媒体宣传（宣传品、广播、宣传片）
	公告、广告、公开展示
	报告、宣传手册、信息公报
从公众获得信息	行政部门要求书写的书面简评
	投到编辑处的社论和信件
	民意调查表
	信息公报的反馈卡
	详细考察表与问卷调查
建立双向交流	信息联系
	电话交流的电台或电视节目
	会见
	电话咨询
	网上聊天室

在报告书的 273 份现场问卷中，通过电视了解该工程的占 45.0%，通过报纸的占 41.7%。各种媒体的报道和讨论，其中包括国家环保总局的媒体（国家环境保护总局网站和《中国环境报》等），无疑提供了一定的公众参与平台，让更多的公众成为潜在的参与者。而表1所列的各种方式对我们确定何种参与形式以促进行政决策不无启发意义。

（三）圆明园整治工程听证会中的公众参与和行政决策

1. 听证会的启动及其性质

按照 2004 年 7 月 1 日生效的《环境保护行政许可听证暂行办法》第 5 条的规定："实施环境保护行政许可，有下列情形之一的，适用本办法：（一）按照法律、法规、规章的规定，实施环境保护行政许可应当组织听证的；（二）实施涉及公共利益的重大环境保护行政许可，环境保护行政主管部门认为需要听证的；（三）环境保护行政许可直接涉及申请人与他人之间重大利益关系，申请人、利害关系人依法要求听证的。"环境保护行政许可听证的启动分为三种情况：第一种属于法定必须举行听证的情形；第二种属于环境保护行政主管机关可以自由决定举行听证的情形；第三种属于依申请而举行听证的情形。《国家环境保护总局环境保护行政许可听证公告》对圆明园整治工程听证会的由来表示："根据《行政许可法》第 46 条和《环境保护行政许可听证暂行办法》（国家环境保护总局令第 22 号）第 5 条的规定，我局将就北京市海淀区圆明园管理处通过圆明园保护整治工程指挥部实施的'圆明园环境综合整治工程'的环境影响，举行听证会。"《行政许可法》第 46 条规定："法律、法规、规章规定实施行政许可应当听证的事项，或者行政机关认为需要听证的其他涉及公共利益的重大行政许可事项，行政机关应当向社会公告，并举行听证。"可见，听证会是国家环保总局启动的。圆明园整治工程听证会的举行与否是完全取决于行政机关的判断的，能够在环境许可领域举行第一听证会，实为进一步的行政公开、公众参与、理性决策和提高公众的环境意识提供了契机。

2006 年 3 月 28 日生效的《环境影响评价公众参与暂行办法》规定的主要的公众参与是指，在建设单位或者其委托的环境影响评价机构应当在发布信息公告、公开环境影响报告书的简本后，采取调查公众意见、咨询专家意见、座谈会、论证会、听证会等形式，公开征求公众意见。而环境保护行政主管部门在审批或者重新审核建设项目环境影响报告书过程中征求公众意见的活动，适用本办法。该办法对环境保护行政主管部门和建设单位或者其委托的环境影响评价机构在何种情形下是否启动听证会则语焉不详。这必然带来的缺陷是，作为公众参与形式之一的听证会的启动权存在很大的随意性，无从制约行政机关也无从制约建设单位或者其委托的环境影响评价机构，尽管征求公众意见的方式有多种。就上文提到的一、三两种启动的情形而言，目前我国的法律、法规、规章还没有作出启动权的严格规定，第三种情形下环境保护行政许可直接涉及申请人与他人之间重大利益关系和申请人、利害关系人依法要求听证必须同时具备，并且是否存在重大利益关系的判断取决于环境保护行政主管部门。与行政决策相联系的是，行政机关在行政决策的过程中，听证是否会成为其决策的权宜？我们可以想象，有1664名职工的圆明园管理处是一个多么不容忽视的群体，更何况该项工程的投资者是北京市和海淀区政府。不知国家环保总局在决定对工程采取措施前有没有忌讳打虎不着反被虎伤，为了增加决策的权威性而举行听证会的考虑呢？不论公众的意见是拆还是不拆，总局就有理由不成为众失之的了。因为类似的猜测已经在其他话题中出现。如果圆明园防渗膜工程必须拆除，那京密运河的水泥河床就更应该拆除。因为如果真的影响生态，圆明园防渗膜工程影响的至多几平方公里，而京密运河则影响至少上百平方公里，为什么会有这样的不公平待遇？完全是因为看人下菜碟，北京市政府无人敢惹，圆明园捏一捏料无大碍。①

任何权力必须公正行使，对当事人不利的决定必须听取他的意见，这是英美普通法的一个重要原则，其他国家法律中也有类似的原则，只不过名称不同。这个原则是广泛流行的自然法思想的一种体现。在行政法上，这个原则表现为行政机关的决定对当事人有不利影响时，必须听取当事人的意见，不能片面认定事实，剥夺对方辩护的权利。听取利害关系人意见的程序，即为听证程序，是公正行使权力的基本内容。② 广义上的听证包括立法、司法和行政听证三种形式。立法机关制定法律征求利害关系人意见和建议的活动称为立法听证。司法听证实质上就是法院审理案件的程序。狭义上的听证是行政听证。这里的听证是指行政机关进行处分时，为处分相对人或其他利害关系人，就与该行政决定有关的事实及基于此的法律适用问题，提供申述意见，提供证据的机会的程序。③ 根据行政机关的活动性质不同，可分为行政

———

① 步德迎："从圆明园防渗工程看听证会异化"，http：//blog. icxo. com/read. jsp? aid = 45393，访问时间：2007年4月29日。至于京密引水渠，据《中国新闻周刊》报道："几年后，硬化工程的恶果逐渐显现。夏天，水泥河底让水迅速变热、蒸发，冬天，水温则急剧下降，水生生物难以存活，鱼也变得很少，河流失去了自净的功能。河里的水质并没有如规划者所期望的方向好转，反而出现了恶化的迹象——水生植物种类减少，出现了'水华'现象。"参见http：//www.66163.com/Fujian_ w/news/fzen/fzwb/20050401/GB/fzwb^8644^wba16001. htm，访问时间：2007年4月29日。
② 王名扬：《美国行政法》，中国法制出版社1995年版，第382页。
③ ［日］室井力主编：《日本现代行政法》，中国政法大学出版社1995年版，第178页。

立法听证、行政执法听证和行政司法听证。

《行政许可法》中的行政许可是指行政机关根据公民、法人或者其他组织的申请，经依法审查，准予其从事特定活动的行为。听证是由行政机关指派专人主持听取审查该行政许可申请的工作人员和申请人、利害关系人就事实和证据进行陈述、质证和辩论的法定程序。许可法将行政许可听证定性为行政执法听证的一种。《环境影响评价法》设定了两类听证会制度。一类是专项规划的环境影响评价编制机关依法应举行的听证会；二是报批建设项目环境影响报告书的建设单位依法举行公众的听证会。前一类的听证组织机关是规划的环境影响评价文件编制机关。根据《环境影响评价法》第8条的规定，这类机关包括两类：（1）国务院负责组织编制工业、农业、畜牧业、林业、能源、水利、交通、城市建设、旅游、自然资源开发的有关专项规划的有关部门；（2）设区的市级以上地方人民政府及其下属负责组织编制工业、农业、畜牧业、林业、能源、水利、交通、城市建设、旅游、自然资源开发的有关专项规划的有关部门。后一类的举办主体是依法负有编制环境影响报告书义务的建设项目的建设单位。由上可见，国家环保总局并非属于《环境影响评价法》中所规定的听证组织机关，因此圆明园整治工程听证会也并非是《环境影响评价法》中所规定的两类听证会。《行政处罚法》中规定了行政处罚听证制度，当中第42条规定："行政机关作出责令停产停业、吊销许可证或者执照、较大数额罚款等行政处罚决定之前，应当告知当事人有要求举行听证的权利；当事人要求听证的，行政机关应当组织听证。"但是，无论从国家环保总局于2005年4月1日下达了《关于责令圆明园环境综合整治工程停止建设的通知》还是4月5日《关于责令限期补办圆明园环境综合整治工程环境影响评价报批手续的通知》和听证会的结果来看，都无法得出听证会是行政处罚听证会，因为停工和补办环评报告书都不是行政处罚。对听证会性质的分析离不开当时圆明园整治工程的情况，在工程叫停时，该工程大部分已经完工，完成铺设面积69.95万平方米，其中绮春园13.39万平方米、福海31.31万平方米、长春园25.25万平方米。圆明园整治工程之所以受到大多数调查者的反对，是因为圆明园管理处在未遵循《环境影响评价法》和《环境保护行政许可听证暂行办法》相关程序的规定情况下开工的。试想如果按正常的程序，此次听证应该是为圆明园整治的建设项目给予行政许可的一次听证。圆明园事件实际上是先上车（开工）后买票（得到环保部门的许可），听证会实施于审查圆明园管理处申请许可之前，是为环境保护行政许可作准备的一次听证，但不是环境保护行政许可听证。有人认为圆明园湖底防渗工程公众听证会的真正法律性质，仅是国家环保总局参照《环境保护行政许可听证暂行办法》举行的一次旨在实践公众参与原则的、公开政务的环境保护公众听证会。[1] 笔者同意这种观点，主要理由除了它不是一次行政处罚听证外，另外两点理由是从目前环境保护的两种听证（行政许可听证和公众参与听证）及其听证会的实施步骤来看的。按照行政许可听证，应该有以下步骤：（1）行政许可审查人员提出初步审查意见、理由和证据；（2）行政许可申请人、利害关系人就该行政许可事项进行陈述和申辩，提出有关证据，对行政许可审查人员提出的证据进行质证；（3）行政许可审查人员和行政许可申请人、利害关系人进行辩论；而此次听证会没有。按照公众参与听证，应该有以下步骤：（1）建设单位的代表对建设项目概况作介绍和说明；（2）环境影响评价机构的代表对建设项目环境影响报告书做说明；（3）听证会公众代表对建设项目环境影响报告书提出问题和意见；（4）建设单位或者其委托的环境影响评价机构的代表对公众代表提出的问题和意见进行解释和说明；（5）听证会公众代表和建设单位或者其委托的环境影响评价机构的代表进行辩论；此次听证会没有环评机构代表参加，圆明园管理处尚未与环评机构形成委托关系。

2. 听证会前的信息公开

公众参与思想提出至今，各国及国际金融组织在这方面取得的进展不一，要求也不尽相同。表2列出了世界银行、欧洲开发银行、美国及欧洲一些国家、组织、地区在公众参与内容与要求方面的对比。

---

① 竺效："圆明园湖底防渗工程公众听证会的法律性质研究"，载《河北法学》2005年第8期，第40页。

表2　世界银行、美国、欧洲一些国家、组织、地区在环境影响评价中公众参与方面的对比

项目	美国	罗马尼亚	保加利亚	捷克共和国	斯洛伐克	欧盟	世界银行	欧洲复兴开发银行	中国
项目必须何时通告公民	审查前不通告,审查后应通告	无法律规定,声明可以允许公众了解	无条例规定	无规定时间	项目宣布一周内	各成员国自己决定	项目被分配归类后	A类项目在一通过初审后	确定环评机构7日内(参与暂行办法第8条)
公民是否可以参与规划过程	是	无法律规定	条例无规定	无法律规定	否	各成员国自己决定	无要求	建议参与	可能造成不良环境影响并直接涉及公众环境权益及公众参与规划的规定(环评法第11条,参与暂行办法第33条)
公民如何了解背景信息	规划过程开放为公众提供信息	无法律规定	项目建议者提供	无法律规定	接受通知	按各成员国的规定	信息供给	决定于具体情况	环保部门、企业和建设单位主动公开(信息公开办法和参与暂行办法相关规定)
公民有无机会得到环境影响评价文件	有	无法律规定	有	有	有	有	有	按各自国家立法	有(信息公开办法和参与暂行办法相关规定)

续表

项目	美国	罗马尼亚	保加利亚	捷克共和国	斯洛伐克	欧盟	世界银行	欧洲复兴开发银行	中国
公民是否可以提交有关项目书面评论	是	是	是	是	是	是	是	是	是(参与暂行办法第14条)
当局或建议者是否必须对公众意见作出反应	是	否	是	否	是	—	无要求	无要求	限于听证会和环境影响报告书(信息公开办法第33条和参与暂行办法第17条)
有无公众听证	当有较大环境争论或公众对听证感兴趣时,有	无法律明确规定	有	有	有	各成员国自己决定	无要求	无要求	有
公众是否有权了解作出最后决定的理由	是	法律无规定,草案中有规定	是	有	有	—	无规定	无程序规定	无规定

续表

项目	美国	罗马尼亚	保加利亚	捷克共和国	斯洛伐克	欧盟	世界银行	欧洲复兴开发银行	中国
什么时间公众可以收到有关信息	进入环境识别系统后不少于30天	无明确规定	40天内	无明确规定	作出决定一周内	各成员国自己决定	—	—	环境信息形成或者变更之日起20个工作日内(信息公开办法第14条)
公民是否可质问环境影响评价的充分性	是	无现行规定	决定允许被上诉,但无明确谁有权	无明确规定	无规定	无规定	无程序规定	—	无规定

说明:表2摘自郑毅铭:《环境影响评价导论》,化学工业出版2003版,第67～68页,转引自朱浩,赵文喜,田野,吴犇:"中西方国家环境影响评价中公众参与制度的对比分析",载《城市环境与城市生态》,2006年第1期。其中,表内的中国部分是笔者所加,环评法是指《环境影响评价法》,参与暂行办法是指《环境影响评价公众参与暂行办法》,信息公开办法是指《环境信息公开办法》,听证暂行办法是指《环境保护行政许可听证暂行办法》,《环境信息公开办法(试行)》。

美国有较完善的公众参与的程序和规则，对公众参与有着较丰富的经验，拥有与公众进行磋商的社会基础，通常做法是：（1）通过新闻媒介（报纸、电台、电视台）或张贴广告，发布拟建项目的厂址、内容，让公众了解建设项目的情况。绝大多数公民能读到报纸、听到收音机广播和看到电视，而且可以看得懂。（2）新闻媒介公布公众听证会的时间和地点，请公众参加。如果公民得知某项目，而且知道在哪些场合可以讨论其环境意义，那些最感兴趣的公民就会去参加。（3）通过公众听证会，听取公众的意见，并进行答辩。参加会议的公民习惯于坦率的、有来有往的民主讨论，并且在质询拟议的政府行动后，不会遭到重大的个人或政治风险。（4）在环境影响报告书中，设专门章节论述公众的意见（包括听证会的记录）。违反公众意愿的项目如果建设，公众可以通过完善的司法手段维护自己的利益。①

世界银行关于公众参与环境影响评价的程序分为三步：向公众传达信息、听取公众的意见和将公众纳入决策程序。根据世界银行环境影响评价指令的要求，至少要在环境影响评价的种类确立后（在范畴界定过程中）和环境评价报告书草案准备完毕，及时公开信息，世界银行认为信息的公开是十分重要的而且有助于形成保证利益相关人及时获得信息的有效机制。世界银行通常使用的传递信息的方法包括：印刷资料（包括信息布告、小册子）；展示与展览；印刷媒体（报纸、新闻发布、新闻发布会）；电子媒体（电视、收音机、视频）；正式的信息发布会；非正式的信息发布会（开放式办公室、现场访问、田间办公室）等。由于各种方法有利有弊，世界银行项目组认为，在具体决定使用哪一种方法时，应当考虑下列因素：（1）利害关系人的数量和他们的特性，包括平均受教育的水平，环境知识、社会和文化地位；（2）将要传递的信息的性质，特别是技术内容；（3）所涉国家的社会事业性质的情况，特别是项目可以利用的技术的类型和财政资源；规定进行环境影响评价的对象等。世界银行指令还规定，成员国应保证任何开工许可申请以

---

① 黄一绥、邱健斌："美国环境影响评价中的公众参与及其借鉴"，载《福建地理》2006年第2期，第114页。

及任何与项目有关的信息都要向公众公开，公众有机会在该项目开工许可前提出他们的意见。①

　　以上是在环境影响评价中公众参与做得比较成熟的两个国家和组织信息公开的大致的办法。信息是公众参与的基础，是理性交锋的前提。缺少信息的参与没有说服力，会变成感情的宣泄，更为严重的是参与者甚至不知道自己的利益所在。而环境影响评价中公众参与作为行政过程的政治化，其本质是各种利益的博弈过程，是一种斗争和妥协的游戏。信息的屏蔽，有时是无意的，但是更多的时候利益主体为了自己的利益最大化，总会或多或少地掩藏相关的信息，尤其是对自己不利的信息，以达到将自己利益通过己方的信息整合加上能言善辩的技巧得以正当化和合法化。环境影响评价中大致有三方：环保部门、申请者和公众。环境影响评价中的参与有时是三方的参与，即前面所提的所有三方；前两者是组织化的主体，他们拥有设备、技术、人员和资金的优势，他们掌握着参与事件的绝大多数的环境信息。而公众一般是分散的个体，除了没有前者的优势外，他们唯一的优势是可能他们最了解自己的利益所在。巨大的反差使我们认识到，环境影响评价中信息公开的主体必然是环保部门和申请者，这样才能取长补短，博弈才会在一个相对公平的环境中进行。

　　表2涉及的四部法规及办法组成了或将要组成我国环评信息公开的制度，尤其是2007年2月8日通过、2008年5月1日起施行的《环境信息公开办法（试行）》将环评信息公开推进了一大步。信息公开办法把须公开的分为两类：政府环境信息公开和企业环境信息公开，把公开的方式定为两种：主动公开和依申请公开，规定了公开的范围、媒介和程序。公民、法人和其他组织可以向环保部门申请获取政府环境信息的规定对建设阳光政府无疑是积极的推动器。公民、法人和其他组织认为环保部门不依法履行政府环境信息公开义务的，可以向上级环保部门举报，以及认为环保部门在政府环境信息公开工作中的具体行政行为侵犯其合法权益的，可以依法申请行政复议或者提

---

① World Bank. Environment Dept：*Environmental assessment sourcebook*，1999. 转引自李艳芳："论公众参与环境影响评价中的信息公开制度"，载《中州学刊》2004年第4期，第129页。

起行政诉讼。这些规定为保证环保信息提供了切实的保障。反过来看，我们不妨和发达国家略作比较。发达国家信息公开，包括公众参与环境影响评价的信息公开，是与这些国家行政公开的大环境和对信息公开的立法密切联系在一起的。从立法的角度看，美国为了保障行政公开，陆续颁布了《情报自由法》《阳光下的政府法（行政会议公开法）》《隐私权法》《电子的情报自由法》。加拿大于 1982 年 7 月制定了《信息公开法》。英国作为欧盟成员国，没有制定统一的情报公开法，只是在 1994 年后以政府内部规则为基础实施情报公开制度。但是，英国 1990 年颁布的环境法中，却规定环境信息必须向大众、其他部门、政府和国际组织公开，尤其是公众有权向污染者和政府索取资料。英国环境法还确定了"公共注册"（public register），公共注册是一个法定信息系统，环保局控制着许多注册者以便公众随时得到信息。德国的情况与英国类似，德国也没有制定全国基本的情报公开法。但受欧盟环境指令的压力，德国于 1994 年 7 月 8 日公布了《环境信息法》。该法第 1 条明确规定："制定本法的目的是确保自由获取并传播由主管部门掌握的环境信息，规定获取环境信息的先决条件。"第 4 条规定："人人都有权从主管部门或其他法人处获取环境信息。主管部门可以根据申请发布信息，允许保护环境的档案被查阅，开通多种信息渠道。获得信息的其他要求不受影响。"日本于 1999 年 4 月 28 日由参议院通过了《关于行政机关保有的情报公开的法律案》，规定除包括个人的情报，法人等经营情报，国家安全和外交的情报，公共安全的情报，审议、讨论的情报，行政机关事务、事业的情报六类不公开的情报和其他限制公开的情报外，其他情报应当予以公开。此外，瑞典、芬兰、丹麦、挪威、法国、澳大利亚、韩国等国家都制定了本国的情报公开法。在这些国家，由于信息公开制度有法律的保障，因而与信息公开制度密切关联的公众参与包括环境影响评价的公众参与都具有基本的前提条件和可能性。① 此外，信息公开的原则是以公开为原则，不公开为例外，而《环境

---

① 李艳芳："论公众参与环境影响评价中的信息公开制度"，载《江海学刊》2004 年第 1 期，第 129～130 页。

信息公开办法（试行）》对环保部门的决定的说明理由等决策过程并没有要求公开，同时对信息的公开限制的边界比较模糊——第 10 条规定："环保部门公开政府环境信息，不得危及国家安全、公共安全、经济安全和社会稳定。"何为国家安全、公共安全、经济安全和社会稳定？边界的模糊可能造成信息公开范围的紧缩。

　　我们回过头再看看圆明园整治工程听证会前后的信息公开问题。信息公开必须面临的四大问题：信息公开的主体，即由谁公开信息；二是公开的方式，即如何来公开信息；三是公开的内容，即公开哪些信息；最后是公开的时间。依循这些内容我们会发现，在该时间中信息公开的主体往往是国家环保总局，而总局公开的方式又常常是副局长潘岳对媒体采访的发言，内容是总局的意向和决定，时间常是马上就会有一个正式的结果前。圆明园管理处公开的信息主要是其发言人的媒体报道。这些和制度的缺失紧密相关（《公众参与暂行办法》和《信息公开办法（试行）》都是后来通过的，他们的出台和圆明园事件不无关系）。7 月 5 日，国家环保总局在官网上公布了环评报告书，曾获得广泛的称赞，美中不足的是公布的并不是报告书的全文，附件没有一起公开。[①] 而附件目录是了解事件的很重要的背景信息。此外，由于听证会的提前——从信息公开、公众获得较为充分的信息的角度，这些关键的以及相关的背景信息似乎显得不那么重要。全观事件的整个信息公开过程，一个略为明显的特征是像报告书一样，信息是以破碎的方式出现的，国家环保总局的一系列的决定并不完全能够得到，至少不易得到。

　　从 2006 年 5 月 9 日建设部副部长仇保兴在杭州怒斥《无极》剧组破坏香格里拉生态环境，到 5 月 16 日国家环保总局公布调查结果，责成云南省环保

---

① 　附件目录如下：
1. 环境影响评价委托书　北京市海淀区圆明园管理处。
2. 关于转发《2005 年政府投资建设项目初步方案》的通知　北京市海淀区发展改革委员会。
3. 关于圆明园遗址公园规划的批复　北京市人民政府。
4. 关于《圆明园遗址公园规划》的批复　国家文物局。
5. 关于北京市海淀区海河流域水污染防治规划的批复　北京市人民政府。
6. 关于圆明园东区防渗工程环境影响评价标准的申请。
7. 圆明园东部湖底防渗工程项目建议书　海淀区圆明园管理处。

局依法对该剧组进行处罚，前后仅有短短的一个星期。而此时距离《无极》剧组撤出香格里拉碧沽天池，留下遍地垃圾和违规建筑，已经过去近两年的时间。于是，另一种质疑不免响起：为何《无极》事件两年后才被拿来说事，如果没有仇保兴副部长的点名，破坏是不是可以继续？事实上，除《无极》外，《惊情神农架》《情癫大圣》等影片都曾受到过破坏环境方面的指责，但一直都未得到很好的解决。① 如果不是一些偶然的机会，类似圆明园事件的现象是否一样等待戈多？圆明园事件公众知情的滞后固然与管理处不依法开工有关，为什么我们要到工程快要结束时才知道？看来我们强调的信息公开之外的信息对公众参与也是至关重要的。

3. 听证会公众参与中公众的利益组织问题

北京西上六输电线路工程在开工之前没有进行环境影响评价，② 北京市环保局根据居民投诉经调查，于 2004 年 6 月 8 日作出《关于限期补办环保审批手续的通知》。2004 年 8 月 13 日，在北京市环保局主持下于北京环境保护宣传教育中心公开举行电磁辐射污染环境影响评价行政许可听证会，听证的内容主要是该输电线路是否会对周边的单位和居民造成电磁辐射污染和不良影响。此次听证会是我国实施《行政许可法》和《环境保护行政许可听证暂行办法》以来的首例环境行政许可听证案。百旺家苑 1369 户居民组织了"环境维权委员会"，开设了专门网站（www. bwhome. net），推举出代表人，并聘请了专家作为证人到场。此前，百旺家苑小区维权委员会多次写信给相

---

① 叶静："'无极事件'凸显公众监督"，载《中国经济周刊》2006 年第 19 期，第 28 页。

② 百旺家苑地处颐和园以北、西临百旺山森林公园，环境优美。这条高压线路工程自 2004 年 2 月开始建设，高压输电线路沿线的居民事先没有得到任何的通知，其中两个线塔甚至建在了百旺家苑小区公共绿地上。高压电线工程建设破坏颐和园等风景区的生态环境，影响了业主在绿地上的活动，更重要的是，业主随后了解到高压线路产生的电磁辐射有可能危害沿线居民的身体健康，在距离高压线 200 米以内居住的儿童患白血病的概率，比未受电磁辐射的普通儿童高 30%（国际卫生组织已经确认高压输电产生的工频电磁场属人类可疑致癌物），而已装修好的小区幼儿园距离铁塔只有 30 多米，是小区内距离铁塔最近的建筑物。因为家长都担心电磁辐射对孩子的影响，线塔建设后，幼儿园没有招到一名学生。自建设初，该工程便遭到了沿线居民及有关专家的强烈抵制。有关该事件的详细介绍见张兢兢、梁晓燕："北京百旺家园小区环境维权事件"，见梁从诚主编：《中国的环境危机与突围》，社会科学文献出版社 2006 年版，第 305~311 页。另可访问：http://bbs. soufun. com/1010026855~-1/25384975_ 25384975. htm（可以了解大致的过程），http://bbs. soufun. com/1010026855~-1/24284083_ 24284083. htm（强行架线的一组帖子），当然其中的言词有的过于偏激。

关部门，其中一封给北京市有关领导的信写道："恳请政府出面协调北京电力公司、百旺家苑开发商等单位，共同出资将高压线入地敷设，小区居民也愿意通过自愿捐款等方式贡献微薄之力。"百旺家苑案件是我国第一起适用环境行政许可听证程序的环境维权案件。百旺家苑以及相邻小区的居民于 2004～2005 年共提起了 3 次行政复议和 4 次行政诉讼。由于精心的组织和业主积极的参与，百旺家苑案件成为我国公众维护自己环境权益的"里程碑"式的案件。小区最终未能实现自己的预期目标，但是该案是中国公众首次高调参与环境行政决策过程。

百旺维权委员会是百旺家苑抵制架空高压线维权委员会的简称，这是一个典型的由公众自发组织的参与公众事件和行政决策的团体。从出谋划策、凝聚力量、延请律师团到直接与相关的行政部门、法院的交涉，无不显示了该组织的核心作用。委员会的行动是有计划、有组织，更有它的理性和理智——在 2005 年 1 月 31 日北京电力公司围栏强行进入小区施工的情况下，小区居民没有与之发生激烈的冲突，在委员会的带动下，百旺家苑走过了几乎所有的权利救济途径。圆明园事件发生于其后，为何没有出现类似的自发的临时组织？为何在自发的公众参与行政决策方面显得稍逊百旺家苑一筹？或许我们可以找到众多的理由：委员会的成员绝大多数是权利意识较强的中产阶层，成员间联系容易，成员间人员和范围固定。最重要的是这次涉及的利益相关度太大，外部的压力在他们身上很容易转化为一股形成组织的动力。反思圆明园事件，这些条件在圆明园周边的公众中大多都不具备，更不用说与圆明园具有"游丝联系"关系的外地一般公众了。从我们的"文化的深层结构"看，中国人格的组成有很大一部分是"他制他律"而缺少"自我组织"的，因此一方面被造成自我压缩，不懂得为自己争取权利，整个"人"都压得很低；另一方面又缺乏纪律，无须对一己之行为负责，也少尊重别人之权益。中国人的"人我界限不明朗"，人格之依赖性，以及上述的"桃源"情结（一切事依托别人操劳），都易衍生自恋式的"万能的幻觉"。① 可以告

---

① 孙隆基：《中国文化的深层结构》，广西师范大学出版社 2004 年版，修订版序第 5 页。

慰的是，在圆明园事件中，我国的民间环保组织发挥了不可低估的作用，作为民众（非全体）的代言人，这些组织起来形成观点、集中利益、跟踪观察、提供证据、进行交涉、寻求救济。自然之友①观鸟组长期对园中的鸟类动物进行观察，并对工程前后鸟类、青蛙等动物数量和种类的对比，认为从动物学角度来讲，会对生物多样性有一定影响。

分散的个体利益通过组织化的方式参与行政过程，不仅可以矫正参与中利益代表的不平衡结果，而且也将获得更强的参与能力。与分散的个体相比，个体利益的组织化可以带来更多的参与资源、更丰富的信息及对政策制定的更大影响力。② 2005 年 4 月 1 日下午 2：00～4：00，"自然之友"在友谊宾馆召开第一次圆明园生态与遗址保护研讨会，会议围绕以下问题展开：作为皇家园林，圆明园的水究竟该怎么保护？现在铺设的防渗膜垫底对于自然湖是否最佳选择？怎样才能做到在保护遗址和湖底生态系统的前提下，科学地防止湖水渗漏？科学决策该如何进行？2000 多亩的湖底防渗膜已基本铺完，我们还能做些什么？参会的有专家学者、NGO 组织，还有市民代表。其余的嘉宾是与圆明园的保护规划有着非常重要关系的相关政府机构的人士。会后，"自然之友"联合北京地球村、绿家园等十多家民间环保组织向北京市环保局、北京市海淀区人民政府、国家环保总局、北京市园林局、北京市文物局、北京市水利局、圆明园管理处提交《支持政府针对圆明园铺设防渗事件举行听证会的声明》，希望能够通过此事推动公众参与环境治理，促进环境事件的行政决策。③ 参加圆明园整治工程公众听证会的 73 名代表中，来自民间环

---

① 1994 年 3 月，梁从诫领导创建了中国第一个群众性民间环境保护组织——中国文化书院·绿色文化分院，又称"自然之友"。

② 王锡锌：《公众参与和行政过程——一个理念和制度的分析框架》，中国民主法制出版社 2007 年版，第 83 页。

③ 声明的呼吁是："我们呼吁圆明园管理处尽快委托具备资质的环评部门针对此事开展环境影响评价，并吁请环保部门针对环评报告书召开听证会。""我们赞赏有关政府部门对此事件作出的积极快速的反应，支持政府部门依法行政，理性解决问题。由于圆明园独特、宝贵的价值，我们希望对本问题的处理办法是深度的和长期有效的。希望针对圆明园湖底铺膜事件的环境影响评价以及政府部门举行的听证会，能够容纳社会各方多元代表，充分倾听相关领域专家以及市民的声音。作为长期关注此问题，参与过圆明园生态调查和遗址公园论证的环保社团，我们希望参加相关环评、听证会工作。希望本次事件的进程，推动公众参与环境治理，促进环境事件的科学决策。"

保组织的代表有近十名。"自然之友"总干事薛野出席听证会并在发言中宣读了"自然之友""北京地球村"等七家环保组织联名提出的五点推动圆明园善后的建议。[①] 在他们的推动下，解振华局长在接受媒体采访时说："以后遇到关系到公众利益和敏感问题，环保部门都将通过听证会的形式听取各方意见，来民主决策和依法办事。"2005 年 7 月 14 日下午"自然之友"在同一地点以环境影响中的公众参与为题召开了圆明园生态与遗址保护第二次会议，参加者中有国内的 NGO 组织、海淀区的人大代表，常年服务于环保的律师、大学教授、科研院所研究员。

民间环保组织在与环保相关的法律制度中的地位是不明确的，我们在法条中看到的是"公民、法人、其他组织"。但是，反过来说环保法律制度也没有明确限制民间环保组织的发展和作用。中国社会利益组织化的进程，本身是中国现代化、民主化过程。在中国社会利益组织化的过程中，尤其应该关注社会弱势群体的利益组织化，为他们提供有效的、可信任的利益代表。[②]一方面，民间组织在公众参与行政决策的过程中起了组织公众利益和实现公

---

① 联名呼吁的组织是：自然之友、北京地球村环境文化中心、绿家园志愿者、环境与发展研究所、北京天下溪教育研究所、阿拉善 SEE 生态协会、野性中国。五点呼吁具体内容是：①鉴于铺设防渗膜工程违法和破坏生态，应立即撤除，恢复原状。撤除防渗膜存在损失和成本，但是，我们相信维治的收益会大于撤膜的成本。而且，立即撤除防渗膜，可避免将来不可估量的生态损失，使国家支付更加高昂的账单。②有鉴圆明园不可替代的历史与文化遗产价值以及重要的生态价值，我们呼吁借助本次事件，在保障公众参与的前提下重新编修圆明园规划；呼吁北京市人大立法，确立和保障圆明园作为遗址公园的定位。不仅湖底铺设防渗膜是不当之举，园中的林灌植被、原有地貌也不应肆意砍伐和改变，以保持其历史形成的自然生态，使圆明园成为北京不可多得的生物多样性体验和教育场所。如此，既彰显圆明园的历史意义，满足公众情感，亦可发掘其可持续的多元价值。③有鉴圆明园湖水渗漏具有补给北京市地下水的功能，对于北京地区生态有着积极意义。因此，在定位准确、规划合理的前提下，如果证明圆明园管理处确实无力支付园林用水的必要经费，应考虑由海淀区、北京市财政给予弥补。甚或，组织听证会探讨提高门票价格的可能性——由消费者承担园林用水的部分成本，也有利于提升公众节水意识，理解北京严重缺水的现状。④鉴于本次事件也凸显了管理体制条块分割的弊端，我们建议设立一个吸收有关政府部门（文物、园林、水务、规划、环保、财政、区政府、市政府）、相关领域专家，市民代表和环保社团的联合管理机制，负责协调和审议圆明园管理和运营的重要事项，以制度来保证相关决策的科学和明智，防止类似错误再次发生。⑤鉴于本工程的违法性质和造成的生态、环境以及相应的经济损失，有关决策人是否应当承担责任？我们呼吁有关方面将官员问责制引入环保领域，促进环境保护的法治和善治。

② 王锡锌：《公众参与和行政过程——一个理念和制度的分析框架》，中国民主法制出版社 2007 年版，第 111 页。

众利益的作用，强调了公众的利益、放大了公众的声音，使问题解决于法律的框架内；另一方面，民间组织还存在法律地位不明确、注册困难、资金不足及其自身组织的问题。

4. 听证会代表的选取

国家环保总局在《关于圆明园整治工程环境影响听证会的通告》中表示："在兼顾听证会参加人员的代表性和专业性的基础上，本着科学、公正的原则，我局确定参加听证会的单位和人员主要以各类专家为被邀请对象。"我们不妨先通过其附件（表3）来看被邀请的73人的简单情况。

表 3　圆明园整治工程环境影响听证会代表名单（共 73 人）

序号	代表	身份	备注
1	北京市海淀区圆明园管理处	—	6 人
2	国家文物局	—	1 人
3	北京市环境保护局	—	1 人
4	北京市规划局	—	1 人
5	北京市文物局	—	1 人
6	北京市园林局	—	1 人
7	北京市水务局	—	1 人
8	北京市海淀区人民政府	—	1 人
9	吴良镛	清华大学院士	1 人
10	钱易	清华大学院士	1 人
11	李文华	中国科学院地理科学与资源研究所院士	1 人
12	李迪华	北京大学教授	1 人
13	崔海亭	北京大学教授	1 人
14	俞孔坚	北京大学教授	1 人
15	张正春	兰州大学生命科学研究院教授	1 人

续表

序号	代表	身份	备注
16	陈鸿汉	中国地质大学教授	1 人
17	李其军	北京市水科学研究所教授	1 人
18	陈铁	北京市水务局总工	1 人
19	李楯	中国社会科学院社会学所教授	1 人
20	井文涌	清华大学教授	1 人
21	王红旗	北京师范大学教授	1 人
22	王翊虹	北京地质工程研究院高工	1 人
23	李皓	地球纵观环境教育中心	1 人
24	姜文来	中国农业科学院农业资源与农业区划研究所	1 人
25	甘成发	原北京铁路二中教师（退休）	1 人
26	张相辅	原国家林业局治理沙漠办公室（退休）	1 人
27	刘根旺	工人	1 人
28	李敬	中国社会科学院社会学所	1 人
29	韩再生	中国地质调查局水文环境地质部	1 人
30	翟宝辉	建设部政策研究中心	1 人
31	曹克定	原北辰花木公司（退休）	1 人
32	王斌	北京市桌代律师事务所	1 人
33	牛光全	中国建筑防水材料工业协会	1 人
34	王炜	全军绿化培训中心工程师	1 人
35	龚道孝	中国城市规划设计研究院	1 人
36	魏凯晋	北京北林地景园林规划设计院	1 人
37	王耕	1995～1998 年北京仲裁委首席仲裁员	1 人
38	王彬生	北京运时投资管理公司	1 人
39	吴保人	北京文物建筑保护设计院	1 人
40	连冕（香港）	清华大学美术学院学生	1 人
41	张虎	留学回国人员	1 人
42	丁军	建设部综合勘察研究设计院	1 人

续表

序号	代表	身份	备注
43	陈海兵	中国地质大学研究生	1 人
44	刘玉栋	北京市公安局海淀分局圆明园派出所	1 人
45	娄华君	中国科学院地理与资源所	1 人
46	张迪	中国人民大学环境学院环境经济管理系	1 人
47	侯笑如	中华书局编辑	1 人
48	马金珠	中央民族大学生命与环境科学学院学生	1 人
49	王伟	中国有色金属建设股份有限公司	1 人
50	宋志远	清华大学生物科学与技术系学生	1 人
51	韩玉灵	北京第二外国语学院旅游管理学院教师	1 人
52	李小溪	空军指挥学院教师	1 人
53	周丰	北京大学环境学院博士研究生	1 人
54	叶廷芳	中国社会科学院研究员	1 人
55	王东胜	中国水利水电科学研究院	1 人
56	自然之友	—	薛野 1 人
57	保护国际	—	吕植 1 人
58	北京环境发展研究所	—	李来来 1 人
59	地球村	—	廖晓义 1 人
60	自然修复	—	蒋高明 1 人
61	阿拉善生态协会	—	郝冰 1 人
62	中国人民大学环境资源法研究所	—	竺效 1 人
63	中环水务建设有限公司	—	刘振林 1 人
64	中国国际民间组织合作促进会	—	黄浩明 1 人
65	中国建筑设计院建筑历史研究所	—	傅晶 1 人
66	中国少年儿童手拉手地球村	—	管铖（小记者，11 岁）柏淑芳（带队老师）
67	中国圆明园学会	—	潘从贵 1 人

我们还可以进一步对 73 位代表进行分类：[1]

表 4　环境许可听证会代表类别

	数量	所占比例
申请许可方代表	6	8.2%
普通民众代表	33	45.2%
专家学者代表	14	19.2%
社会团体代表	13	17.8%
政府部门代表	7	9.6%
总计	73	100%

表 5　环境许可听证会代表社会阶层

	数量	所占比例
国家与社会管理者阶层	2	2.9%
专业技术人员阶层	49	73.1%
办事人员阶层	15	22.4%
产业工人阶层	1	1.6%
总计	67	100%

注：按阶层理论，学生不计入统计（共计 6 人）。退休人员按退休前工作单位确定所属阶层。由于资料所限，只能做一个大概的区分，如将政府部门人员归入办事人员阶层，科研机构人员归入专业技术人员阶层等，可能与实际情况有所出入，从定量研究的角度，是不准确的，但不影响定性分析。

表 6　环境许可听证会代表社会等级

	数量	所占比例
社会上层	2	2.9%
中上层	49	73.1%
中中层	15	22.4%
中下层	1	1.6%
总计	67	100%

---

[1]　表 4～6 引自陈巍：《试论环境行政许可听证制度的功能》，福州大学 2005 年硕士学位论文，第 26 页。

从表 4~6 所进行的数字统计和比例的分析，可以看出听证会代表群体的专家特色，同时又是兼顾了各个阶层、各个领域的人员代表。倘若对此次听证会的代表构成进行一次民意调查，公众的满意度应该是比较高的。原因很简单，将要进行听证的议题比较专业，若没有较高的专业水平而出席听证会，就可能浪费稀缺的代表资源（任何一个听证会都不可能满足所有申请者的要求）；如果这一类代表所占比例较大，则可能直接影响听证会的质量。从这个意义上说，以环境、文物、建筑等各类专家为主的此次圆明园听证会，应当是一次质量较高的听证会。① 按照国家环保总局新闻通稿的观点，国家环保总局是在充分考虑各方利益并顾及代表性的基础上，根据申请人的不同专业领域、不同年龄层次等因素，邀请了 22 个相关单位、15 名专家、32 名各界代表参加听证。他们中最大的 80 岁，最小的 11 岁。既有知名专家学者，也有普通市民与下岗职工；既有各相关部门的负责人，也有各民间社团的代表；既有圆明园附近的居民，也有千里之外赶来的热心群众。但是，对于代表的选取包括其代表性的问题，并不是没有可以改进的空间。

这次参加听证会的代表是通过先申请，再由国家环保总局依据申请名单确定最终与会的 73 名代表而产生的。申请的程序是公民、法人和其他组织在 2005 年 4 月 11 日前通过电子邮件、信件或者传真向总局提出参加该听证会的申请。申请的内容包括：申请人姓名、年龄、身份证号码、工作单位、通讯地址及邮政编码、电话、传真、电子邮箱；申请人为法人或其他组织的，申请内容包括该法人或组织的名称、地址以及代表该法人或组织参加听证会的人员姓名、年龄、职务和详细联系方法。根据《国家环境保护总局公告》（2005 年第 13 号），国家环保总局是根据场地等情况确定参加听证会的人员。《关于圆明园整治工程环境影响听证会的通告》称："在兼顾听证会参加人员的代表性和专业性的基础上，本着科学、公正的原则，我局确定参加听证会的单位和人员主要以各类专家为被邀请对象。"由此，我们可以推断出参加

---

① 滕朝阳："圆明园听证会的专家特色"，载《南方日报》2005 年 4 月 15 日。作者还认为：事实上，此次听证会虽然并无最终结论，但专家们也为如何了解这一工程积极献计献策，诸如中水回用、缩减水域面积、在湖底铺设适当数量的排水井，等等。像这样外行连听都难听懂的建议，亦非专业人士不能提出。

听证会的人员都是必须经过申请程序的，否则不可能进入会场，也无由得以发言、辩说。而后来发布的《环境影响评价公众参与暂行办法》认可了这一做法。该办法第 15 条规定："建设单位或者其委托的环境影响评价机构、环境保护行政主管部门，应当综合考虑地域、职业、专业知识背景、表达能力、受影响程度等因素，合理选择被征求意见的公民、法人或者其他组织。被征求意见的公众必须包括受建设项目影响的公民、法人或者其他组织的代表。"该办法第 25 条第 2～3 款规定："听证会组织者应当按本办法第 15 条的规定，在申请人中遴选参会代表，并在举行听证会的 5 日前通知已选定的参会代表。听证会组织者选定的参加听证会的代表人数一般不得少于 15 人。"这次听证的代表是怎样产生的？① 是电脑随机？或是随意抽取？还是有意安排？以代表性和专业性为标准对于解决铺膜给环境造成的影响的问题无可厚非。但是，公众却难以祛除官定代表的猜测，为没有一个固定的能制约选取行为的程序感到忧虑。再者 7 个政府部门的代表都是经过申请后由总局选取参加的吗？问题不是政府部门要不要参加（其实政府部门参加后，听听他们的意见，才能实现部门间通力合作），而是如何识别代表的问题，仅有申请这种参与申请者自我识别是不够的，听证的组织者完全可以更加开放一些：增加群体识别——积极识别潜在的利益团体，例如，通过电话簿、相关政府部门的登记记录、媒体报道等，和第三方识别——组织和个人可以向组织者推介他们认为应当参加的组织或个人。当然，参加一种政治化过程的行政决策过程，就像投票一样是权利而不是义务，是不可以强行要求某某组织或个人参与的。但是，后两种识别的方式至少给了相关组织和个人以机会，为代表更具代表性提供了途径和保障。

选取公众有多种判断的标准，尤其是相关公众是一个非固定化的群体，只有标准的多样化才能适应获取公正客观的全面意见的要求。公共项目和法规决议影响公民的一些可能途径有：②

---

① 2003 年民航价格听证会时，中国消费者协会在长安公证处和媒体的监督下，按照地区分组的方式，通过摇号办法产生了 7 名参加民航价格听证会的正式代表及候补代表。

② ［美］伦纳德·奥托兰诺：《环境管理与影响评价》，郭怀成、梅凤乔译，化学工业出版社 2004 年版，第 366 页。

● 临近关系（proximity）。在项目欲开展地区附近居住的人们常常会关心一些因素，如污染的增加状况，财产的减少情况或者对本社区利益潜在的影响情况等。

● 经济关系（economics）。一些团体，如本地开发商可能会对行政部门的法规决议有很强烈的经济方面的兴趣。

● 使用关系（use）。目前，一些设施的使用者，如徒步旅行或者垂钓爱好者，在新项目和新法规执行时，可能会感到受威胁。

● 社会和环境问题（social and environmental issues）。公民可能对项目提案、社会公平、文化多样性以及对其生活的环境造成的影响等方面感兴趣。

● 价值关系（values）。具有某种执着的信仰团体（如支持非人类物种的团体）可能也会对项目和法规提案感兴趣。

按照以上五个方面的标准，试问圆明园附近的普通居民有代表吗？北京以外的地区有代表吗？园内的使用者何偿不可参加听证会以表达意见呢？①此外，听证会的目的②也是和选取代表的区域紧密关联的，73 位代表发言时间固定在几个小时显得不足，一项系关社会敏感神经与情愫的事件未尝不可延至一天乃至几天。如此也才能相应地扩大代表数量以听到更多的声音，实现听证会的四层目的。

听证会有利益表达、公众教育的功能，理论上说只要不受资源的限制，各方面的公众都要有相应的代表，但是由于人、财、物的限制，听证会代表的选取一般又是以能达到听证目的为宜。行政部门会被"管制俘获"，听证

---

① 有媒体曝出"圆明园将园内福海湖心岛出租给私人"、圆明园内一处占地 3 万平方米的万春园别墅等相关的使用者。具体新闻见 http：//society. people. com. cn/GB/1062/3396297. html；http：//blog. icxo. com/read. jsp？aid=12449，访问时间：2007 年 5 月 1 日。

② 根据国家环保总局副局长潘岳的讲话，这次听证的目的有四：第一，为了落实中央科学发展观和构建社会主义和谐社会各项要求。使决策真正建立在科学民主的基础上，对同群众利益密切相关的重大事务举行听证制度。第二，为了贯彻环境影响评价法和环保行政许可听证暂行办法的规定。对环境影响存在重大意见分歧或者严重影响居民生活环境质量的开发建设活动，环保部门在审批之前可以举行听证会征求公众意见。第三，为了进一步规范公众参与，扩大公众的参与度。第四，为了进一步推动我们的环境决策的民主化。形成政府和公众社会之间的一种良性互动的关系，从而保证环境决策更加科学合理。

代表也存在类似的问题，^①而法律制度在这方面所能起的作用有限，毕竟它们不是万能的。

5. 听证会主持人之分析

《环境保护行政许可听证暂行办法》第 8 条第 1～4 款规定："环境保护行政许可的听证活动，由承担许可职能的环境保护行政主管部门组织，并由其指定听证主持人具体实施。听证主持人应当由环境保护行政主管部门许可审查机构内审查该行政许可申请的工作人员以外的人员担任。环境行政许可事项重大复杂，环境保护行政主管部门决定举行听证，由许可审查机构的人员担任听证主持人可能影响公正处理的，由法制机构工作人员担任听证主持人。"这些条款形成了环境许可听证制度中主持人制度的任职资格与选任要求，并且和第 11 条一起构成了对主持人的回避要求，其中体现了相对的职能分离。第 9 条和第 10 条规定了主持人的权利和义务，但是对其法律责任并没有作出要求。也没有作出禁止单方接触的要求。

常见的听证主持人的选任有两种模式：一种是行政法官制，另一种是由行政机关的首长或指定的人员担任。实行行政法官制的国家以美国为代表。美国的行政法官制，由专门的行政法官担任行政听证主持人，他们是行使准司法型听证权的一类特殊行政人员，由文官事务委员会从具有律师资格经验的人当中通过考试录用。任命行政法官一般要求具备两个条件：一是拥有律师资格且有一定的行政工作经验；二是通过文官事务委员会的考试。美国行政法官制度的最大特色和优越性，表现在行政法官行使职权的独立性上。行政机关无权自由任命行政法官，只能从文官管理委员会确认的合格人选中挑选；行政法官的工资、级别由文官管理委员会负责，不受所在机关建置和级别影响；非有文官管理委员会规定和确定的正当理由，并经正式听证程序，不得罢免行政法官；在工作方式、权力运用等方面，行政法官也与一般雇员

---

① 与会的 73 名代表中，年龄最小的是一名 11 岁的小学生，名叫高梦雯，她代表中国少年儿童手拉手地球村的小村民，获得了一个"稀有和宝贵"的代表名额。作者认为她的发言事先经过大人指导，发言内容没有新意可言。要真正让"小鬼当家"，就不要给小鬼施加太多成年人的影响，尤其是需要"小鬼"那"不同"视角与"独特"看法的时候。一经大人指导，稚嫩是没了，但天真也没了；成熟是有了，但套话、大话也有了。参见"要让'小鬼当家'，且请大人暂时走开"，http：//www.zjjybk.com：8080/jyxxb/jyxxb_2.jsp？CategoryID1＝0002&ID＝111444，访问时间：2007 年 5 月 1 日。

有所不同，独立行使权力，不受所在行政机关首长左右。这些制度，可以确保听证主持人不受行政机关的影响和干涉，最大限度地保持听证主持人的中立和公正，为完成设置听证会的使命提供了良好的制度基础。① 1981 年修正后的美国《州规范行政程序法》实行集中使用制，该法第 4 条规定了设立行政听证局（办公室），供各州在制定行政程序法时参考。听证主持人的集中使用制是指在州行政部门内设立一个行政听证局（办公室），全部行政法官由该局（办公室）任命和管理。各行政机关根据行政程序法必须举行的正式听证所需要的听证官员由该局（办公室）委派，任期至少 5 年，听证官员不是有关行政机构的职员，而是州行政听证局（办公室）的职员。②

国家环保总局下一层级的职能司（局）、厅有办公厅、规划与财务司、政策法规司、行政体制与人事司、科技标准司、污染控制司、自然生态保护司（总局生物多样性保护办公室）、核安全管理司（辐射安全管理司）、环境影响评价管理司、环境监察局、国际合作司、机关党委。环境影响评价管理司主要职责是：拟定和组织实施环境影响评价、"三同时"等环境管理政策、法规和规章；承担重大经济和技术政策、发展规划和重大经济开发计划环境影响评价工作；拟定环境影响评价分类管理名录；负责审定重大开发建设活动环境影响报告书。圆明园整治工程听证会的主持人是国家环保总局环评司司长祝兴祥。环评司是行政许可审查机构，因为其拥有审定重大开发建设活动环境影响报告书的职权，也就是说圆明园管理处提交的《圆明园东部湖底防渗工程环境影响报告书》是由该机构审定的。如果遵循《环境行政许可听证暂行办法》的规定，那么祝兴祥不是审查该行政许可申请的工作人员，但是作为一个机构的首长不在场内参与难道场外（以签字、允准等方式）也没有吗？代表李楯事后撰文认为：听证会没有由利益无涉的法律职业者主持。听证会主持人缺乏主持能力，或者是不能公正主持，影响到不同意见的充分展现，应是导致听证会必须重新举行的法定理由。③ 但是，目前法律规范却

---

① 应松年：《比较行政程序法》，中国法制出版社 1999 年版，第 198～199 页。
② 白小莉："行政听证主持人相关问题初探"，载《中国律师》2004 年第 11 期，第 62 页。
③ 李楯："圆明园听证会：让一切展现在阳光之下"，载《中国新闻周刊》2005 年第 15 期，第 39 页。

没有作出相关的规定。

6. 听证会会场组织之分析

（1）听证会议题的确定与论辩。

主持人在会上提出听证事项原则上定这么几类：第一，圆明园遗址公园的定位问题。圆明园遗址公园应以什么功能为主？是以进行爱国主义教育为主还是以旅游、娱乐为主？第二，北京普遍缺水的情况下，我们应该如何介入？是否需要恢复山形水系？是否要搞 1800 亩水面，保持 1.2～1.5 米的水深开设游船等水上娱乐项目？第三，防渗工程、铺膜是否为唯一的或者最佳的选择？对土壤和地下水生态是否有影响？第四，湖边湖底铺膜对水生生态与周边陆生生态能否造成影响，影响的程度和范围如何？第五，作为国家级文物保护单位和历史文化遗产在这一特定的地域范围内，是否应该进行人工铺膜，让旧日的水景园重现迤逦的风光？

据统计，在整个听证会上，代表们提到"环境"和"水"的次数分别高达 83 次和 443 次，而提及"文物"和"遗产"只有 63 次和 15 次。[①] 会议所讨论的主题设计的切合与否直接系关听证会的效果。作为一次非法定类型的开放式的听证会，如果所设的主题的预决性相对或者比较明显，就像辩论会一样，在人们对辩题的价值趋向了然的情况下，正反双方的胜负决出其实早就在人们的预料之中。如此听证会所产生的象征意义远大于它本身作为听证会的意义。由于媒体的报道多以圆明园防渗工程为题，多少给人以"水"的暗示。实际上主持人当头一口气开出五大论题，多少让代表们发怵——太多了，记忆困难！问题 1、2、5 其实是一个问题，解决了问题 1，后两个问题的答案其实也就是问题 1 的答案。对问题 3、4，我们不妨给综合如下：防渗工程、湖边湖底铺膜对水生生态、周边陆生生态、土壤和地下水生态能否造成影响，影响的程度和范围如何？有没有其他影响足够小的替代办法？这样简化以后，问题集中，记忆也方便了。

再者，就议题的范围而言也是有可改进之处的。听证会上北京大学俞孔坚教授出示了多张圆明园在西区大规模毁林的照片，代表提出圆明园要恢复

---

① 端木："文物部门的缺席与圆明园争议的错位"，载《中国青年报》2005 年 4 月 26 日。

山形水系，此时作为主持人完全可以引导会议进入灌木是否砍伐、是否正在恢复山形水系的论题。此外，代表们关心的工程费用支出的问题也当场可以拿来论辩。① 如果组织者认为其权威不足，可以和在场的北京市海淀区人民政府代表沟通听取其作为上级主管机关的意见。一些代表提出，此次听证会不应该仅仅讨论圆明园防渗工程的环境影响，更应该追究事件中有关负责人的责任。就目前的议题制度规定来看，仅有《环境影响评价公众参与暂行办法》第21条规定："建设单位或者其委托的环境影响评价机构决定以座谈会或者论证会的方式征求公众意见的，应当根据环境影响的范围和程度、环境因素和评价因子等相关情况，合理确定座谈会或者论证会的主要议题。"却不是对听证会议题的规定。

再次，根据听证会实录的文字稿，圆明园管理处有三次发言，基本上是强调园内困难，高姿态邀请大家去参观、互相沟通，而对代表们的质疑往往没有回应，乃至搪塞过去。至少作为主持人可以在以下两个方面有所作为：一是给管理处发言时间；二是要求正面回答问题。所幸的是《公众参与暂行办法》规定了会议两个关键的程序：建设单位或者其委托的环境影响评价机构的代表对公众代表提出的问题和意见进行解释和说明；听证会公众代表和建设单位或者其委托的环境影响评价机构的代表进行辩论（第30条）。

最后，本次听证会程序大致包括：①听证会准备工作：听证员宣读听证会纪律，记录员宣布听证所涉的许可事项、听证主持人、听证员名单，国家环境保护局副局长潘岳讲话，主持人宣布听证会主要议程以及本次听证会5

---

① 听证会代表、解放军空军指挥学院教授李小溪在会上质疑："关于工程本身的问题，我提两个：第一，圆明园的防渗工程在施工之前有没有经过招投标，如果有招投标，为什么三家中标的公司都是北京市水务局、海淀区水务局和圆明园管理处的下属单位；第二，3000万元的防渗工程，费用是怎么使用的，圆明园管理处的副主任朱红女士也曾介绍说，一共是75.5万平方米的防渗膜，每方造价是28.86元，一共是2000多万元，但是昨天《经济半小时》报道，经过他们的记者了解，每平方米的造价是7.2元，一共是500多万元，这个差距怎么解释？"根据《经济半小时》记者的调查，在圆明园防渗工程防渗膜采购合同的复印件，清清楚楚地写着，防渗膜的采购价是每平米7.2元。但今天，在听证会上，圆明园管理处透露，防渗膜铺设每平方米造价是28.86元。那么，除了7.2元的材料费，剩下的21.66元究竟是如何支出的？圆明园管理处今天并没有给出一个明确的答案。参见"听证会变声讨论圆明园管理处主任中途退席"，http://news.china.com/zh_cn/domestic/945/20050414/12241312.html，访问时间：2007年5月2日。

项主要听证事项；②张正春简单介绍事件发生的过程；③海淀区圆明园管理
处的人员介绍圆明园的基本情况；④主持人询问出席听证的各个国家机关代
表是否需要发言（均未申请发言）；⑤听证会参加人中的 27 人依次发表意见
或证言；⑥圆明园管理处代表做最后陈述；⑦中国社科院教授李楯代表利害
关系人和社会公众做最后陈述；⑧主持人宣布听证会结束。从这些程序中我
们可以了解到，会上论辩并不集中，也没有双方之间的互相诘问。涉及圆明
园整治工程有关防渗工程的规划《圆明园水资源可持续利用规划》（由北京
市海淀区水务局等单位共同编制完成），以及诸多的申请、批复，而会上国
家文物局、北京市环境保护局、北京市规划局、北京市文物局、北京市园林
局、北京市水务局、北京市海淀区人民政府都有代表在场，此时，正是让他
们对他们自己或其相关专业领域或其下属机关的文件发表观点的绝好时机，
公众的疑虑、猜测也会因此消解许多。

　　（2）座席的布局。

　　此次听证会出现了有趣的现象，会场座位的布置就是其中之一，"正方"
"反方"面对面坐。对着大门坐着环保总局副局长潘岳、主持人环保总局环
评司司长祝兴祥和几位旁听者代表，在大门右侧依次是圆明园管委会、国家
文物局、市环保局、市规划局、市文物局、市园林局、市水务局、海淀区政
府以及部分支持防渗工程的专家，在大门左侧则是吴良镛、钱易、叶廷芳、
李楯、李皓、张正春等持反对意见的专家和部分市民代表。① 这样分门别类
的座席布局让双方之间多少会产生些对立对抗的情绪，也不由地让人想起在
美国持续半个世纪之久的"隔离但平等"的场景。② 为此有人提出"大会式"
座席布局的方式，主要设计是主持人和听证员以及相关的工作人员和发言人

　　① 　王大鹏、肖丹、韩娜、马云卿："有争论无结论的圆明园听证：防渗污染性成关键"，载
http：//blog. sina. com. cn/u/3f585216010000y0，访问时间：2007 年 5 月 2 日。
　　② 　美国联邦最高法院于 1896 年的普莱西诉弗格森案确立了"隔离但平等"的原则，维护路易
斯安那州关于在铁路上对旅客实行种族隔离的法律。此原则比起黑奴时期的绝对种族隔离的确是个进
步，但由于当时社会上废除种族隔离的呼声已经高涨，所以该判决又是一个臭名昭著的判决。1954
年的"布朗诉教育委员会案"废除了"隔离但平等"的原则。

在听证区域，其他代表和旁听者在观众席上。① 这种布局不失为一种较好的解决办法。也可以在那次听证会座席布局不变的情况下，让几方代表之间交叉而坐，而不形成明显的"阵营"。

（3）对退场的纪律惩戒。

《环境保护行政许可听证暂行办法》对纪律惩戒的相关规定是：主持人指挥听证活动，维护听证秩序，对违反听证纪律的行为予以警告直至责令其退场；听证申请人违反听证纪律，情节严重被听证主持人责令退场的，视同放弃听证权利；环境保护行政许可申请人、利害关系人接到听证通知后，应当按时到场；无正当理由不到场的，或者未经听证主持人允许中途退场的，视为放弃听证权利，并记入听证笔录；听证申请人未经听证主持人允许中途退场或听证申请人违反听证纪律，情节严重，被听证主持人责令退场时应当终止听证。

当天下午 1 点 15 分左右，会议进入最后阶段由代表李楯教授发言时，圆明园管理处主任李景奇就起身离开了现场，记者追问："李主任，我们是中央电视台的记者，我想问一下，这个工程在施工之前有没有经过招投标？"李景奇没有回答，自顾自地说："我去趟洗手间。"说罢，一路向前走去。经过洗手间时，李景奇并没有进去，记者提醒到："洗手间在这儿。"李景奇没有丝毫停下来的意思，还是自顾自地往前走。记者又插话道："李主任，我们想问一下……"李景奇冒出一句："欢迎大家到圆明园，实地去看，我接受大家采访。"记者："我们就是想咨询一下这个工程有没有经过招投标，这个工程的造价是怎么出来的，你们的报告上是每平方米 28.86 元，而根据了解，这个工程的主要材料膜每平方米只有 7.2 元，其他的钱去了哪里？"记者说着，李景奇已经钻进了车里。记者大失所望："你是当事方，听证会还没有结束，你怎么就可以离席呢，而且是在李楯老师发言的时候离开……"李景奇的车疾驶而去。② 李景奇的不辞而别引起代表和公众的极大不满。

---

① 竺效："环境行政许可庭座席布局的法理探究"，载《法律适用》2005 年第 8 期，第80~83 页。

② "听证会变声讨会　圆明园管理处主任中途退席"，http://news.china.com/zh_ cn/domestic/945/20050414/12241312_ 1.html，访问时间：2007 年 5 月 2 日。

　　李景奇是管理处的主任，我们可以设想以此搪塞：当天管理处来了6个代表，主任中途退席，还有副主任等5人，对听证会没有影响，不能视为放弃听证权利。听证作为一种公众参与行政决策的方式，是行政过程的政治化，其中含有公众的激情、热心和信任，如果不将这点因素考虑进去置于相当的高度并得到尊重，听证会基础的崩溃也就为时不远。那些逢听必涨的涨价听证会不是我们对待听证会的殷鉴吗？可惜的是听证会的组织者当时没有对此作出应有的惩戒，作为对此次听证会总结的制度《环境影响评价公众参与暂行办法》也没有相应的作出规定。对一方部分代表的离去尤其是主要代表的离去，我们可以采取终止听证会的办法，并且可以向其上级主管机关提出处理建议。办法不是没有，关键看我们去不去设计并愿意认真实施。

　　此外，在听证会的组织中留下的和今后还可能存在的缺憾还有：没有公开北京市海淀区圆明园管理处圆政字〔2003〕第75号文（即《关于2003～2004年度圆明园遗址保护整治工作拟施项目的请示》）、《圆明园东部湖底防渗工程项目建议书》、国家文物局及北京市文物局的批复和海淀区政府海政会〔2004〕第4号文件等与听证密切相关的重要的背景材料。没有给公众留下更加充足的报名和准备的时间，没有事先要求听证陈述人提供书面证言。《公众参与暂行办法》规定被选定参加听证会的代表因故不能如期参加听证会的，可以向听证会组织者提交经本人签名的书面意见。旁听人应当遵守听证会纪律。旁听者不享有听证会发言权，但可以在听证会结束后，向听证会主持人或者有关单位提交书面意见。

　　7. 听证会中公众的救济权

　　有权利就必须有救济，否则就会成为空头支票和虚幻缥缈的楼阁。《环境保护行政许可听证暂行办法》规定了行政许可、利害关系人在符合要求的情况下有要求听证的权利。并且环保部门在《环境保护行政许可听证告知书》应当载明下列事项：（1）行政许可申请人、利害关系人的姓名或者名称；（2）被听证的行政许可事项；（3）对被听证的行政许可的初步审查意见、证据和理由；（4）告知行政许可申请人、利害关系人有申请听证的权利；（5）告知申请听证的期限和听证的组织机关。试问如果在告知书中内容缺失怎么办？与环保部门发生争执如何解决？再设想如果法人、公民或其他组织认为他是利害关系人应当参加听证会但环保部门认为他不应当参加，此时前者该怎样寻求救济呢？在听证会中权利受到限制、会后没有得到告知处理的结果，这些是不是也应该在考虑如何救济之列？2006 年 5 月，潘岳在全国环境影响评价工作上讲话强调总局全过程公开查处圆明园遗址公园环境综合整治违法工程，此案已被作为典型案例选入哈佛大学教材，其听证会得到了《人民日报》、新华社、中央电视台等主要媒体的高度关注，被舆论称为我国第一次真正公开的听证会。我们肯定该听证会取得的成就时，更应该看到成绩背后制度化建设的任重道远与深远的意义。

《环境保护行政许可听证暂行办法》第五章"罚则"第 35 条规定："环境保护行政主管部门及其工作人员违反《中华人民共和国行政许可法》的规定，有下列情形之一的，由有关机关依法责令改正；情节严重的，对直接负责的主管人员和其他直接责任人员依法给予行政处分：（一）对法律、法规、规章规定应当组织听证的环境保护行政许可事项，不组织听证的；（二）对符合法定条件的环境保护行政许可听证申请，不予受理的；（三）在受理、审查、决定环境保护行政许可过程中，未向申请人、利害关系人履行法定告知义务的；（四）未依法说明不受理环境保护行政许可听证申请或者不予听证的理由的。"第 36 条规定："环境保护行政主管部门的听证主持人、记录员，在听证时玩忽职守、滥用职权、徇私舞弊的，依法给予行政处分；构成犯罪的，依法追究刑事责任。"这是对环境保护行政主管部门及其工作人员，听证主持人、记录员的法律责任的规定，其中的模糊性大，还不足以成为救济申请人、利害关系人权利的条款。

《环境信息公开办法（试行）》第 26 条规定："公民、法人和其他组织认为环保部门不依法履行政府环境信息公开义务的，可以向上级环保部门举报。收到举报的环保部门应当督促下级环保部门依法履行政府环境信息公开义务。公民、法人和其他组织认为环保部门在政府环境信息公开工作中的具体行政行为侵犯其合法权益的，可以依法申请行政复议或者提起行政诉讼。"这一条款规定了当事人多种救济的途径，明确将环境信息公开的行政行为纳入司法审查的范围，将行政法治向前推进了一步。

由于美国行政程序法对司法审查采取开放的设计，原则上对行政机关的作为都可以审查。虽然有关环境影响评估的相关法律没有明文规定司法审查，但在实务上，若认为机关在评估程序中有违法情事（包括未依规定进行公共参与程序），仍得提起诉讼，使得环境影响评估的公共参与更具有制度上的尊严。[①] 这一步离我们有差距，摆在我们面前的当务之急是尽快将当事人的救济权制度化与体系化。

8. 听证会事后的回应以及听证会对行政决策的影响

美国环境品质委员会[②]于 1978 年对环境影响评估作业细节制定规则，规定对公众的参与有相当积极与具体的回应。针对环境影响评估初稿各方所作的评论，主事机关应借环境影响评估书定稿积极回应。回应的方法有以下几种：（1）修改原方案或其他替代方案；（2）发展或评估原先未慎重考虑的方案；（3）补充、改进或修正原来的方案；（4）作事实资料上的修正；（5）若对评论意见不积极采行，则叙明其缘由。不论评论意见是否得到采用，此等意见都应附于环境影响评估定稿。针对参与的回应，法院利用几个判决巩固其严肃性。在 California v. Block 一案中，法院对虚应故事的回应方式表示不能容忍，并表示单纯叙述评论意见是不够的。在 National Wildlife Federation v. Andurs 一案中，法院甚至认为单单只是承认某些项目确实对环境会有些影响，是不充分的回应。[③]

虽然这次听证会是在环评报告书作出之前举行的，但是《关于圆明园东部湖底防渗工程项目环境影响报告书的批复》（以下简称批复）依然是对公众积极回应的平台。批复分为三大点，第一点对圆明园的定性作出回应："圆明园为爱国主义教育基地，是国家重点文物保护单位，是以保护遗址为主体的公园。"对防渗是否有必要的问题，批复回应："……水系是全园的脉络和纽带。由于北京水资源十分短缺……采取综合节水、补水和防渗是必要的……优先考虑对环境友好的防渗天然材料。"第二点中对报告书的属于技术性的批复内容较多，其中也不乏对听证会的回应："……应保证充分的侧

---

① 叶俊荣：《环境政策与法律》，中国政法大学出版社 2003 年版，第 198 页。
② 在总统办公厅下设立，委员会由三人组成，总统从三人中任命一人为主席。委员会的职能主要有两项：为总统提供环境方面咨询意见和协调行政机关的有关环境的活动。
③ 叶俊荣：《环境政策与法律》，中国政法大学出版社 2003 年版，第 197～198 页。

渗补给……应进一步与有关部门协调，增加圆明园的水量输入……在保证一定量的新鲜水供应量的情况下，充分利用雨洪和再生水作为补充水源……尽量种植与藻类呈竞争关系的水生植物……动物种类以田螺、河蚌等底栖类动物为主……"第三点是："该工程竣工后，由北京市环保局组织环保竣工验收。"但是对听证会代表们提出的问题和方案没有回应的也不少：（1）对圆明园砍树种植草坪的问题；（2）湿地的问题；（3）山形水系进行改造的问题；（4）在湖中打20~25眼井的方案；（5）铺适当数量的垂直排水井的方案；（6）已有的防渗方式是否违背文物保护原则问题；（7）把湖水的现有面积缩小至1/3，保留的湖水还用来做湿地的方案；（8）相关人员的责任问题；（9）原有工程的资金审查的问题；（10）圆明园防渗工程施工之前有没有进行招投标，为什么三家招标的公司都是北京水务局和圆明园管理处等。当然，有的问题超出国家环保总局的权限，但却不是不能回应的理由，毕竟回应和行使职权是两回事。作为一种弥补和救济，《环境影响评价公众参与暂行办法》第18条规定："公众认为建设单位或者其委托的环境影响评价机构对公众意见未采纳且未附具说明的，或者对公众意见未采纳的理由说明不成立的，可以向负责审批或者重新审核的环境保护行政主管部门反映，并附具明确具体的书面意见。负责审批或者重新审核的环境保护行政主管部门认为必要时，可以对公众意见进行核实。"

《环境保护行政许可听证暂行办法》第29条规定："组织听证的环境保护行政主管部门，对听证会必须制作笔录。听证笔录应当载明下列事项，并由听证员和记录员签名：……（七）行政许可申请人、利害关系人和其他听证参加人的主要观点、理由和依据……听证结束后，听证笔录应交陈述意见的行政许可申请人、利害关系人审核无误后签字或者盖章。无正当理由拒绝签字或者盖章的，应当记入听证笔录。"第30条规定："听证终结后，听证主持人应当及时将听证笔录报告本部门负责人。环境保护行政主管部门应当根据听证笔录，作出环境保护行政许可决定，并应当在许可决定中附具对听证会反映的主要观点采纳或者不采纳的说明。"《行政许可法》第38条第2款规定："行政机关应当根据听证笔录，作出行政许可决定。"

综观各国行政程序法的规定，听证笔录对行政机关的作用力在程度上是不一样的。大致有两种做法，即案卷排他性原则和案卷非排他性原则。前者以美国为代表。行政机关的裁决只能以案卷作为根据，不能在案卷之外，依当事人所未知悉和未质证的事实作为根据，这个原则称为案卷排他性原则。美国联邦行政程序法规定，行政机关的决定必须以听证核实的案卷为依据，案卷以外的材料不能作为决定的依据。这样的规定，就排除了听证案卷以外的材料作为作出行政决定依据的可能性。后者可以德国、日本为代表。根据两国行政程序法的规定，听证笔录对听证机关的决定有一定的约束力，但行政机关作出行政决定还可以听证案卷之外的材料为依据。[①]

依据以上的规定和对听证笔录效力的分类，我们可以得知我国在行政许可听证领域已经确立案卷排他原则。依据前文对听证会的性质的分析，这是一次次旨在实践公众参与原则的、公开政务的环境保护公众听证会。是不是因为这样的性质决定了案卷排他原则在此可以不加适用？如果带着挑剔的眼光看圆明园湖底防渗工程公众听证会，你可能觉得这是一个"失控"的听证会：圆明园主任中途离席，区政府代表一言不发，整个听证会给电视观众留下最深印象的，是激烈的辩论，而不是清晰的观点陈述和质询；你可能觉得它更像辩论会或座谈会，而不是听证会。听证会"失控"，也许主要由于举办经验上的不足，但更表明了，这不是一个操控下的封闭的听证会，而是一个真正多元声音的开放的听证会。不是为了听到想听的单一声音，而是为了听到多种声音，同时通过向媒体开放，让全国公众听到这些声音，让公众参与重大公共事件。[②] 的确，与前后的各式各样的"涨价听证会"相比较，你会发现圆明园听证会相对显得质朴且原生态，仓促的准备、其他机关联手的欠缺、覆盖面的有限、程序的不足等，使得它的缺陷如此明显，也许这些缺陷正是在今天我们这个行政执法环境下觉得可爱之处。我们可以从批复中的回应窥见它对行政决策的影响，而它最重要的影响是它对后来的听证会和行政决策标识性、示范性的意义。

---

① 叶必丰："从行政许可法看行政听证笔录的法律效力"，载《法学评论》2005 年第 3 期，第 85 页。

② 刘鉴强："圆明园听证具有重大示范意义"，载《南方周末》2005 年 4 月 21 日。

三、结语

2007 年 4 月，国家环保总局副局长潘岳向媒体通报环保信息公开情况时说："自 2006 年 3 月《环境影响评价公众参与暂行办法》（以下简称《暂行办法》）实施以来，环保总局严把受理关，先后对投资额达 1600 亿元 43 个项目的环评文件没有受理，确保公众参与环评工作落到实处。"未予受理的 43 个项目中，29 个项目涉及火电、化工、交通、煤炭等行业，投资额达 1159 亿元。截至目前，以上项目中有 31 个完全落实开展公众参与要求的项目获得批准，有 12 个项目因公众参与仍不符合要求未予批准。潘岳说，《暂行办法》实施以来，环保总局拒绝受理公众了解信息不充分、参与范围不全面、参与代表性没有保证等不符合公众参与要求项目的环评。在一些重大敏感项目审查中，对公众意见的有效采纳消除了大量环境隐患。如辽宁北方锦化聚氨酯有限公司 TDI 项目按公众意见调整了安全防护距离，武汉乙烯项目通过召开听证会解决了腐蚀性气体危害环境的问题，华能福州电厂三期扩建工程通过公众参与从根本上解决困扰老百姓多年的煤场扬尘扰民问题，南京新苏热电有限公司扩建项目通过公众参与及时反馈老百姓关心的热点问题等。潘岳表示，环保总局一直高度重视公众参与工作，不断探索公众参与的体制机制，最大限度听取民意、吸纳民智。[①]

环境影响评估是牵动我们心弦的一个话题，因为我们就生活在一定的环境中，这个环境中的阳光、声音、水、空气、空间乃至美感和我们休戚相关，影响着我们的生存、我们的发展。环境影响评估是大家的事业，缺少了公众参与是导致环境不健康的重大原因，缺少公众参与的制度是不健康的制度。审计风暴、环评风暴、听证风暴……风暴不时刮起，取得明显的收效。但是，我们不爱听某某风暴，因为风暴终究要过去的，如果说风暴暂时吹去了混浊与黑暗，那么风平浪静时不是混浊与黑暗的再现吗？我们关注的是风暴过去能够为我们留下永恒的东西，这就是制度和制度下的实践。令人欣慰的是，

---

① "环保总局先后拒绝受理 43 个不符合公众参与要求项目 潘岳提出以听取民意吸纳民智消除环境隐患"，http://www.sepa.gov.cn/xcjy/zwhb/200704/t20070426_103160.htm，访问时间：2007 年 5 月 3 日。

我们的"刮风者"正在朝着这方向努力。

　　结合新近发布的《环境信息公开办法（试行）》，不妨列表看看在目前的制度下环评的各个环节中的公众参与情况。

表 7　环评各环节中公众参与情况

环评类型	阶段		有无公众参与	公众参与的类型
规划	规划编制的立项		无	无
	起草		无	无
	编制环评报告		无	无
	报批		造成不良环境影响并直接涉及公众环境权益的规划，在该规划草案报送审批前，有	举行论证会、听证会，或者采取其他形式，征求有关单位、专家和公众对环境影响报告书草案的意见
	审查小组审查		无	无
	环境主管部门审查		可能造成不良环境影响并直接涉及公众环境权益的专项规划，有	可以举行听证会，征求有关单位、专家和公众对环境影响报告书草案的意见
	批准、实施		无	无
	跟踪检查		无	无
项目	立项		无	无
	可行性研究	界定影响范围	无	无
		编制环评报告	有	公开有关环境影响评价的信息、环境影响报告书简本。采取调查公众意见、咨询专家意见、座谈会、论证会、听证会等形式，公开征求公众意见。公众提交书面意见。咨询专家意见
	行业主管部门预审		无	无
	报批		报批环境影响报告书前，有	举行论证会、听证会，或者采取其他形式，征求有关单位、专家和公众的意见

续表

环评类型	阶段	有无公众参与	公众参与的类型
项目	受理	有	公告环境影响报告书受理的有关信息。可以采取调查公众意见、咨询专家意见、座谈会、论证会、听证会等形式再次公开征求公众意见。公众意见未采纳且未附具说明的，或者对公众意见未采纳的理由说明不成立的，可以向环保行政主管部门反映，并附具明确具体的书面意见
	审查（审核）、批准	有	公开有关环境影响评价的信息，征求公众意见。政府网站公告审批或者审核结果。公众提交书面意见。组织专家咨询委员会，认真考虑专家咨询委员会的处理建议
	设计、施工、使用（三同时）	有	公布建设项目竣工环境保护验收结果
	跟踪检查	有	自愿或强制企业公布排污、环保设施的建设和运行等情况
立法与政策的制定	参与阶段规定不明确	部分省市有	先期在新闻媒体公布草案或召开论证会，公开征求公众意见，并采纳其合理意见（《沈阳市公众参与环境保护办法》）

  由于《公众参与暂行办法》和《信息公开办法》的逐渐出台使得环评制度点滴完善，我们看到的趋势是环评领域的公众参与不断扩大，他的作用也越来越发明显——没有按照规定实行公众参与的环保行政机关不予办理许可。从上表我们可以掌握目前和今后一段时间里在环评领域公众参与的大致的制度规定情况，全程来看并非每个环节都是开放的、公众可以参与的，尤其是在规划环评中公众参与的机会较少，获取的信息也是有限的。初始环节没有信息的披露、没有公众意见的表达。往往在这个阶段能实现"未雨绸缪"，

制度的设置却没有体现它的用武之地。

回顾圆明园事件，我们承认它的标志性的作用，它为我们展开一幅公众参与为行政执法的公开透明、行政的民主化、守法程序的强调和行政部门之间的协调与法治化多色彩的画面，在时代的呼应下，这幅画面更加耀眼夺目，甚至成为我们某种意义上的"图腾"。但它也绝非法治的成品，而是初坯。既然是初坯，就免不了一些缺憾，除了具体实施中有如上缺憾外，另外几点是：

（1）圆明园整治工程包括遗址保护、整修驳岸、整理山形清理湖淤、湖底防渗等工程，国家环保总局的文件也多次提及的是"圆明园环境综合整治工程"，以及此次听证会也是以"圆明园环境综合整治工程环境影响听证会"为名的。①环评报告书是《圆明园东部湖底防渗工程环境影响报告书》，为何明显将环评的范围缩小？②北京市环保局作出《关于圆明园东部湖底防渗工程项目环境影响报告书初审意见的函》、国家环保总局作出《关于圆明园东部湖底防渗工程项目环境影响报告书的批复》，难道是对缩小后的范围的默认？

（2）《文物保护法》第 11 条规定："文物保护单位的保护范围内不得进行其他建设工程。如有特殊需要，必须经原公布的人民政府和上一级文化行政管理部门同意。在全国重点文物保护单位范围内进行其他建设工程，必须经省、自治区、直辖市人民政府和国家文化行政管理部门同意。"听证会中有代表提出要多个部门协作，为何国家环保总局不联合文物保护部门、水务部门等相关部门一起处理圆明园事件呢？该事件不是单单环评就能解决的，事后的效果对此作了有力的注释。为何总局偏要唱独角戏，一花独放呢？

要走向民主，我们首先得实践民主，所以我们有面对各种缺憾、反面趋动的心理准备，只有在不断的历经民主化事件，逐渐培养民主的意识和品格，不断完善民主制度，才会最大限度的接近民主。行政民主同样如此。由于体制和制度的原因，也由于认识方法和思想观念的问题，从 8~9 月的圆明园整改就成了秘密进行的"私事"，外部无权过问，新闻不能报道，公众更加莫名其妙，就连一直坚称"事件全过程要向社会公开，保持透明公正"的国家环保总局也不得不保持沉默了。环保总局的执法依据是《环境保护法》和《环评法》，而《文物保护法》应该由谁来落实呢？国家文物总局无所作为，国家环保总局孤军奋战，北京市和海淀区的领导配合不力，个别领导从中作梗，这就必然导致了"圆明园事件"的不彻底性。①

民主需要我们付出，时间、精力甚至是荣辱的两层天。在经历圆明园事件后，张正春教授事后感慨：在"圆明园事件"中，那些违法乱纪的人逍遥法外，而主持正义的人反而受到谩骂，无论是国家环保总局的潘岳副局长，还是《人民日报》记者赵永新、《南方周末》记者刘鉴强，无论是中国科学院的蒋高明研究员、复旦大学教授葛剑雄，还是环保组织"自然之友""地球村"和"地球纵观"……他们毫无例外地成为恶毒攻击和肆意谩骂的对象。我个人简直成了"众矢之的"，国内国外都有不少"骂家"参与"批判"和"揭露"，连篇累牍，不胜枚举。在一些人看来，张某人简直是万恶之极，非杀不足以平民愤！我的手机就接到了没完没了的恶意短信，辱骂、恐吓、诅咒，无聊至极，这里记录几个没有来得及删除的短信，由此可见"圆明园事件"的复杂现象可见一斑……②

圆明园的整改是在挡板的严密遮蔽下进行的，关于整改的进展，所有媒体都没相关报道涉足。一些公众关心的问题，如防渗膜是怎么拆除的？拆了多少？拆完后怎么处理了？类似问题都没有媒体的相关报道。尽管有人呼吁，但是人们对圆明园事件的热情似乎已经消退，最终慢慢淡忘了。经过20多天的"灌水"后，圆明园的水面得到恢复。2005年9月27日，上百艘游船正式下水。目前，圆明园准备了脚踏船、水上三轮、自驾小艇、交通艇和手划船等5种类型的游船。③ 就像圆明园的水，排干了又灌满了，而今似乎一切都风平浪静，我们能从中汲取多少的关于公众参与和行政决策的经验和教训呢？

---

① 张正春："'圆明园事件'的是非成败"，http：//yunmingyuan. blogspot. com/，访问时间：2007年5月4日。

② 张正春："'圆明园事件'的是非成败"，http：//yunmingyuan. blogspot. com/，访问时间：2007年5月4日。

③ 李贵明、王晴摄影报道："圆明园游船下水"，载《京华时报》2005年9月28日。

第十一章　从国家决定到
　　　法治商谈的律师职业[*]

> 国家主义在法律上主要表现为权力标准和轻忽权利，将律师业置于"体制外的烦恼、公检法中的棘刺"的地位。自然法学与国家主义互为诘辩，其诸多理论资源可以成为今日重构法治的源泉。法治商谈启发于哈贝马斯的法律商谈理论，是在自然法的基础上，以平等、自由、财产等权利为内容，以发现法律为目的，同意以体现人性的自然法而不是权力为最终判断事物的标准进行的对话。良性有序的律师职业发展，是一个从国家决定到法治商谈的过程。

一、引言

　　我国宪法修正案明文规定我国要建设社会主义法治国家。而法治国是一种状态，据说它起源于康德的一句名言："国家是许多人以法律为根据的联合。"法治思想则起源于古典自由主义的法律学说。[①] 该思想和古典自然法学派超验的法律价值观相联系。我们一般把英语单词"lawyer"翻译成"律师"，实际上准确的意思——除去特定语境下的，应该是"法律人"。而从反向逻辑来看，lawyer 的主体应该是律师。法治国是许多人以法律为根据的联合，其中的主力军，不言而喻就是律师。在此，笔者并没有要贬抑公检法司

---

　　[*] 本文原载《惠州学院学报》（社科版）2015 年第 2 期，最初为因应一次组稿在三天内完成的，后在搁置的几年中多次修改。

　　[①] 刘军宁：《共和、民主、宪政——自由主义思想研究》，上海三联书店 1998 年版，第 140 页。

等法律人的意思，只是表明律师与社会的天然联系，在弥合国家和社会的作用上是其他法律人无法替代的。尤其是，他们拥有越来越明显的对于其他法律人在数量上和专业水准上的优势。

律师制度最早产生于古罗马，这与古罗马的法律制度、政治制度息息相关。中国现代意义上的律师出现在清末，第一位律师是南北议和中南方代表伍廷芳。之前的讼师可能更像英美的沙律师，不是完整意义上的律师。律师的发展与法治国的建设之所以休戚相关，是因为他们的职业特点契合了法治国建设的一些基本条件，如社会自治的社会基础；民主政治的政治基础；市场经济的经济基础；理性文化的文化基础；法律治理的法治社会秩序维持的基础。①

倒不是笔者在褒扬律师职业的时候认为其有百利而无一弊，实际上现今中国律师业问题丛生，社会公信力非升反降。美国学者、法官波斯纳这样描述律师职业："法律市场日益增长的竞争特点使律师们感到自己就像小本生意人，而不再是当年骄傲的职业者，而在这一职业中进入领导地位的才能——以销售（寻求客户）为例——是商业竞争才能，而不是职业精神才能。""经济变化已经改造了这一职业，正朝着竞争性企业发展。"② 虽然这是美国的现象：从职业发展到服务性交易，但在国内，又何尝不是如此。但是，笔者在此并非意图细数律师业的弊病，而是想探讨在社会管理法治化主题下的律师职业的发展问题。为收提纲挈领之效，笔者计划从意识方面进行阐述，即远离国家主义，走向与自然法学相默契的法治商谈，让律师职业回归其本来的面貌、环境，最终发挥他们的作用，促进社会管理的法治化和社会管理的和谐。

二、国家主义法律观

《君主论》的作者马基雅维利（Machiavelli）提出政治就是权力，统治者应以夺取权力和保持权力为目的，创导"国家即是权力"的思想，反对把道

---

① 卞建林、万毅、王永杰、张栋：《法治社会与律师职业》，中国人民公安大学出版社 2010 年版，第 18～23 页。

② ［美］波斯纳：《超越法律》，苏力译，中国政法大学出版社 2001 年版，第 78、89 页。

德的良善作为政治的目标。他为君主们提供了思想的支撑以及强国的理论。①
近代，黑格尔（Georg Wilhelm Friedrich Hegel）认为国家是行进在地上的神，
国家理性是"绝对的神物"和"绝对的权威和尊严"。"神自身在地上的行
进，这就是国家。国家的根据就是作为意志而实现自己的理性的力量。""不
言而喻，单个人是次要的，他必须献身于伦理整体。所以当国家要求个人献
出生命的时候，他就得献出生命。"② 他们对国家的描述强化了国家在人们日
常生活中的地位，将国家的目的与人的目的本末倒置。由此，现代的一些提
倡国家主义的哲学家们推波助澜，将国家主义置于极端的位置。

"生命就是权力意志"，尼采（Friedrich Wilhelm Nietzsche）认为一切都
有权力意志，权力意志决定意识，不是意识决定权力意志。"一切目的、目
标、意义都不过是与一切现象同时发生的意志的表现方式和变态，也就是权
力意志的表现方式和变态。"③ 是作为权力意志实现的工具而存在的。这样对
权力的极端崇拜，必然滑向国家主义的极端。

德国历史学家、政治学家特赖奇克（H. Von Treischke）是国家主义另一
个阶段，现代强权论的主要代表，在承继"国家即是权力"的基础上，他认
为一切组织和个人都必须绝对服从国家。为了国家牺牲个人是每个公民的本
分，而不论国家正当与否。一个国家如果不能有效地控制社会团体的活动，
而是容忍它的权力被分享，这就不是真正意义上的国家。特赖奇克的思想得
到新黑格尔主义者的响应后，成为法西斯主义的重要思想来源。④

在武力夺取政权的过程中，权力是目的，权利往往在自觉或不自觉的行
进中化为附从的工具。获得政权以后，在经济建设中，一些经济政策常常又
配合了之前的意识。总的说来，我国现行法概念的理论框架是以统治与服从
关系为基础，统治阶级意志为核心，由主张法律只能存在于一个由掌权者的
命令构成的逻辑体系封闭的、等级森严的规范体系的形式之中的规范主义、

---

① ［意］马基雅维里：《君主论》，潘汉典译，商务印书馆1985年版。
② ［德］黑格尔：《法哲学原理》，范扬、张企泰译，商务印书馆1961年版，第259、79页。
③ ［德］尼采：《权力意志》，张念东、凌素心译，商务印书馆1991年版，第428页。
④ 吕世伦、贺小荣："国家主义的衰微与中国法制现代化"，载《法律科学》1999年第3期，
第9页。

主张法是由法律的真谛——概念来说明的概念主义、国家主义为支柱共同构成的完整的理论体系。[1] 国家主义在我国法概念研究中的表现是：国家是社会形式上的代表，它的利益当然地高于集体利益和个人利益；通过国家制定或认可的规范性文件都是不容置疑的法律；对违法行为的制裁是国家强制；法律的效力源于国家。[2] 这些结论虽然是在 20 世纪 80 年代末给出的，但是在现今多少能够看到其余留。

国家主义的内涵是：其一，强调国家权力支配一切。其二，偏重于社会整合手段的实质正义，忽略一切可能妨害权力行使的"正当程序"即程序合理性。其三，提倡以命令性规范包活义务性和禁止法律规范而非授权规范为主来构筑法律体系。国家主义对我国制度性法律文化的影响主要有以下几个方面：（1）强调诉讼过程中的国家本位原则，忽略和轻视诉讼参与人的诉讼权利；（2）将国家权力的公正性视为预先设定的毋庸置疑的原则，并将之贯穿于实体法和程序法之中；（3）在国人对法治之重要性获得普遍认同的前提之下，国家主义常常通过频繁的立法来扩充其权力管辖的范围;[3]（4）频繁的立法活动所促成的法律自身的粗疏性，必然会引起司法环节中权力操作体系的失衡，从而为司法机关侵蚀立法权留下了空隙；如《民法通则》第135条明确规定："向人民法院请求保护民事权利的诉讼时效期间为两年，法律另有规定的除外。"而最高人民法院在解释优先购买权的诉讼时效时却将其缩短为6个月；（5）国家主义在政治和经济活动中最经常的表现

[1] 葛洪义："规范主义·概念主义·国家主义（上）——评我国法概念研究理论框架的逻辑实证倾向"，载《政治与法律》1989年第3期，第8页。
[2] 葛洪义："规范主义·概念主义·国家主义（下）——评我国法概念研究理论框架的逻辑实证倾向"，载《政治与法律》1989年第4期，第12页。
[3] 2012年3月，全国人大通过了《中华人民共和国刑诉法》修正案。7月，最高人民法院起草了《最高人民法院关于执行〈中华人民共和国刑事诉讼法〉若干问题的解释（征求意见稿）》并下发全国法院征求意见。意见稿第249条规定："诉讼参与人经人民法院许可，携带笔记本电脑、平板电脑等办案工具入庭的，不得使用其录音、录像、摄影或者通过邮件、博客、微博客等方式报道庭审活动。"第250条规定："辩护人、诉讼代理人严重违反法庭秩序，被强行带出法庭或者被处以罚款、拘留的，人民法院可以禁止其在六个月以上一年以内以辩护人、诉讼代理人身份出席法庭参与诉讼。辩护人、诉讼代理人是律师的，还可以建议司法行政部门依法给予停止执业、吊销律师执业证书等处罚。"以上两条被热议，被认为是最高人民法院在扩充权力（司法行政处罚权），侵夺了国家的立法权，违反了宪法精神。

是行政权的无序性和随意性；（6）国家主义的权力本位原则是对市场经济法律体系中建立平等和自由原则的极大阻碍。① 后面两点将在下文中涉及的律师职业生态的内容中窥见。

马克思、恩格斯对国家的看法是负面的，更不用说国家主义了。马克思认为："自由就在于把国家由一个站在社会之上的机关变成完全服从这个社会的机关"，人民自由的程度取决于"把'国家的自由'限制到什么程度"。② 恩格斯曾经说过："国家再好也不过是无产阶级在争取阶级统治的斗争胜利以后所继承下来的一个祸害；胜利的无产阶级也将同公社一样，不得不立即尽量除去这个祸害的最坏方面，直到在新的自由的社会条件下成长起来的一代能够把这全部国家废物完全抛掉为止。"③ 国家尚且如斯，遑论国家主义。

国家主义将德、日纳入了法西斯政权组织，并最终以给世界带来"二战"祸害告终。反观我国历史，从古代到近代，国家组织一直就以一元化的形式发展，国家主义的集中表现为"王（皇）权至上"，"普天之下，莫非王土，率土之滨，莫非王臣。大夫不均，我从事独贤"（诗经）。由孔孟荀提倡的"人存政举、人亡政息"和由申商韩提倡的"法自君出"对这一至上观念推动尤其明显。汉代董仲舒提出罢黜百家独尊儒术，本质上不过是为了彰显代表国家的君权。朝代不断更替，国家主义却一直主导着整个国家的思想和形式。1949 年以后到 20 世纪 80 年代初，国家主义也几度起落，虽然比起现今来这一意识和表现更加凸显，但是现今的法治状态我们虽不能完全归因于国家主义，而国家主义却难辞其咎。

三、国家主义决定下的律师职业

截至 2004 年 12 月，我国执业律师达 114 503 人，其中专职律师 103 389 人。各类律师及人口比例见表 1、表 2 所示。④

---

① 吕世伦、贺小荣："国家主义的衰微与中国法制现代化"，载《法律科学》1999 年第 3 期第 6 ~ 12 页。
② 《马克思恩格斯选集》第 3 卷，第 20 页。
③ 《马克思恩格斯全集》第 22 卷，第 228 页 ~ 229 页。
④ 郭春涛："我国律师及律师业发展调研报告"，载《中国司法》2007 年第 7 期，第 42 ~ 46 页。

表 1　全国律师分类表

律师种类	专职律师	兼职律师	公职律师	公司律师	军队律师	合计数量
数量	103 389	6814	1817	733	1750	114 503
百分比	90.29%	5.95%	1.59%	0.64%	1.53%	100%

表 2　律师人数占全国或全省（市）的比例

国家或地区	美国	英国	新加坡	中国香港	北京	上海	甘肃
人数比（万分之一）	33	15	8.7	10.2	7	3.6	0.6

1979 年，中国律师只有 212 人，到 2010 年已有 19.5 万人，其中专职律师 17.6 万余人。[①] 以上数据表明，我国律师发展迅速，也有增长的空间。但并不表明，国家主义已经退其位让其道。我们可以从历史上的国家决定与现阶段的国家决定下的律师职业来进行考察。

（一）历史情境下的律师职业

士荣是有历史记载的中国古代第一位律师，根据《左传纪事本末》（三）的记载，公元前 632 年，士荣担任卫侯的辩护人，虽尽责勤勉，但卫侯还是败诉。典籍是这样记载的："卫侯与元咺讼，宁武子为辅，针庄子为坐，士荣为大士。卫侯不胜。杀士荣，刖针庄子，谓宁俞忠而免之。执卫侯，归之于京师，置诸深室。宁子职纳橐馈焉。元咺归于卫，立公子瑕。"。士荣是案件中唯一被杀的人，在刑不上大夫的时代，他是代卫侯受过的。《吕氏春秋》记载，邓析在诉讼的过程中敢于提出自己的精到的见地，"以非为是，以是为非，是非无度，而可与不可日变。所欲胜因胜，所欲罪因罪"。受到他的影响，"郑国大乱，民口欢哗。子产患之，于是杀邓析而戮之，民心乃服，是非乃定，法律乃行"。公元前 501 年"杀邓析，而用其竹刑"的事件，就连《吕氏春秋》也认为是对的："今世之人，多欲治其国，而莫之诛邓析之类，此所以欲治而愈乱也。"在我国历史上，对律师基本是一边倒的负面评价。士、邓两人的遭遇是国家意识的牺牲品，也是律师职业危殆

---

① 程金华、李学尧："法律变迁的结构性制约"，载《中国社会科学》2012 年第 7 期，第 114 页。

的信号。

现代意义上的中国律师群体出现在中华民国期间。他们主要集中在少数几个主要城市。盛行于中华民国时期的律师系统在 1949 年 9 月正式取消，并在 1949～1950 年间肃清。1954 年司法部依照苏联模式指定一些主要城市设立法律顾问处（legal advisory division）。新制度在 1955 年正式确立。同年，北京市司法局建立。到了 1957 年 6 月，19 个省里已有 820 个顾问处，共有 2572 名专职律师和 350 名兼职律师。从历史的眼光来看，那些在 20 世纪 70 年代末至 80 年代初响应号召当律师的很容易认为是轻浮的（understandably skittish）。吸引和留住他们的政府政策是允许他们在国家人事系统外进行民事业务。自 1979 年后律师业复苏后的 10 年，律师业和政府挂钩，他们深深地嵌在政府系统并成为其一部分。1979～1986 年，律师被定为行政干部，并且根据复杂的要职公务人员级别制度（the complex nomenklatura system）赋予行政级别。律师由国家任用，他们挂在各级国家机关和工作单位的法律顾问处工作。20 世纪 80 年代，律师主要办理刑事、离婚和继承案件。①

1983 年，全国展开的"严打"至今让许多老律师记忆犹新。1980 年的《律师暂行条例》规定，律师是具有公职身份的领薪的国家法律工作者，工作机构是国家的事业单位性质的法律顾问处。有的地方的"严打"使得暂行条例的定位发生了巨大的变化，顾问处竟成了公安乃至检察机构的分设或附属机构，律师穿起了警服。② 20 世纪 50 年代律师整体退出、80 年代初期律师大部分退出都是国家有形的手在决定。

1985 年，"法律顾问处"转向"律师事务所"开始经费体制的改革，推行自收自支的经费管理体制。1988 年，开始"合作制律师事务所"试点工作，80 年代后期合作所市场化，90 年代早期合伙所出现。1993 年，国务院

①　Ethan Michelson：*Lawyers Political Embeddedness and Institutional Continuity in Chinas Transition from Socialism*，American Journal of Sociology，V. 113，No. 2，Sep. 2007，pp. 364－365；Sida Liu：*Lawyers，State Officials and Significant Others*：*Symbiotic Exchange in the Chinese Legal Services Market*，The China Quarterly，2011，June，p. 281. 此处及下引麦宜生和刘思达两文部分有的是直接译出的。

②　刘桂明："痛并快乐着——顾培东、顾永忠、李淳律师纵论中国律师业"，载《中国律师》2002 年第 11 期，第 43 页。

批转了司法部《关于深化律师工作改革的方案》，指出"进一步解放思想，不再使用生产资料所有制模式和行政管理模式界定律师机构的性质，大力发展经过主管机关资格认定，不占国家编制和经费的自律性律师事务所；积极发展律师队伍，努力提高队伍素质，建立起适应社会主义市场经济体制和国际交往需要的，具有中国特色，实行自愿组合、自收自支、自我发展、自我约束的律师体制"。1996 年颁布的《律师法》对律师的性质界定为"依法取得律师执业证书，为社会提供法律服务的执业人员"，不再是国家法律工作者。1997 年 10 月，党的十五大则在报告中将律师定位为"社会中介组织"。国务院办公厅先于 1999 年 10 月发布了《关于清理整顿经济鉴证类社会中介机构的通知》，后于 2000 年 7 月发布了《关于经济鉴证类社会中介机构与政府部门实行脱钩改制意见的通知》。① 律师业的发展似乎走上了良性轨道。国家之手的确变得越来越小（放松管制），此时下定国家决定的情形不再的结论却未免言之过早。有形的国家之手在慢慢松绑的同时，无形的国家之手却显得更加有力。

（二）现状描述下的律师职业

《律师法》的颁布实施，新《刑法》与新《刑事诉讼法》的修正通过（1979 年 7 月 1 日通过，1996 年 3 月 17 日第一次修正），之后的现实让律师业感到这种对立法通过的快乐是盲目的乐观。"两法"颁布后，公、检又各自颁布了决定：律师取证，要经过同意；律师会见，要经过批准；律师阅卷，要经过签字。否则，"306 大棒"（刑法第 306 条）就会落在头上："妨碍作证""唆使作证"或"涉嫌作证"。律师业难上加难，20 世纪 80 年代发生辽宁台安三律师案，90 年代发生彭杰案、马海旺案、孙少波案、贺欣案、涂建国案，21 世纪初发生陈德惠案、于萍案、张军案。② 包括前几年发生的李庄案，其中可以窥见对权力崇拜的国家主义的影子。

---

① 刘桂明："救亡与图存：中国律师业面临十大难题"，载《中国律师》2002 年第 11 期，第 14 页。
② 刘桂明："救亡与图存：中国律师业面临十大难题"，载《中国律师》2002 年第 11 期，第 15 页。

美国印地安那大学法学院、社会学系、东亚系副教授麦宜生（Ethan Michelson）① 在其调查、研究的基础上指出，律师面临的困难除了国家机关不予合作、对会见刑事被告人设置障碍、法官在庭审和判决中对律师的辩护打折扣或予以漠视外，还包括警察篡改证据、恐吓证人、直接的骚扰和权力滥用，包括殴打、绑架及非法拘禁。在中华全国律师协会（All - China Lawyers Association，简称 ACLA）调查的 1999~2001 年的 79 个涉及律师权利的案件中，21 个涉及非法关押、拘禁、起诉律师或将律师当作人质、绑架律师或殴打律师。其中 31 个涉及阻碍律师工作。当律师在宏观上与国家脱钩以后，他们通过调动各种微观的政治联系找到了保持挂钩和重新挂钩的各种途径。隶属于嵌在国家官僚机构的各种组织里面使他们免于国家工作人员的掠夺行为，同时享受特权途径和来自国家工作人员的支持。总之，律师们每天工作中依赖的关系包括与国家的各种直接的和间接的，个人的和组织的关系，将这些关系概念化的话，称为"政治性嵌入"（political embeddedness）最合适不过。② 麦氏又将"政治性嵌入"分为"个人的政治性嵌入"（individual political embeddedness）和"组织的政治性嵌入"（organizational political embeddedness），后者主要是指国资性的律所，所谓的戴红帽子的单位（wearing a red hat）。

2000 年前后，为了推动律师事务所上规模，多地政府出台资金扶助、免费培训等政策。2005 年以来，南京市司法局和市检察院、市中级人民法院就如何改善律师执业环境、保障律师正常履行职责多次进行协商、座谈。并和市律协与税务、物价、财政、保险、新闻等单位联系，争取对方对建"规模化律所"的理解和支持。南京市司法局还向市人大、政协和统战部门汇报，

---

① Ethan Michelson 分析中国律师转型特点的专著是：Unhooking from the State：Chinese Lawyers in Transition，是其在 Department of Sociology of University of Chicago 时的博士论文。文中，麦氏通过在 2000 年夏天在中国 25 个城市对 980 名律师进行调查，与 67 名律师访谈，认为与政治的不可分割性加重了律师，尤其是刑事辩护律师的脆弱性。

② Ethan Michelson：*Lawyers Political Embeddedness and Institutional Continuity in Chinas Transition from Socialism*，*American Journal of Sociology*，V. 113，No. 2，Sep. 2007，pp. 352~360.

积极推荐规模所的名律师担任人大代表、政协委员。① 该例子从一个侧面证成了麦宜生的"政治性嵌入"理论。

威斯康星大学麦迪逊分校（University of Wisconsin-Madison）社会学系、法学院助理教授刘思达（Sida Liu）② 通过2004～2007年进行的256次深度访谈（采访对象包括律师、基层法律工作者、法官、企业法律顾问、各级司法办公室官员等）、在一家专业网站论坛进行的三年的人类学研究和广泛的档案研究，考察了中国法律服务市场的复杂生态并创立了交换共生理论（a theory of symbiotic exchange），来描述律师、基础法律工作者和其他日常法律实务人员之间的竞争，包括如何对这些群体进行管理。如果说麦氏是从国家机关与律师的关系进行分析，那么刘氏更多的是从法律市场主体之间的竞争关系来看律师职业的。

刘氏认为，中国律师弱小的市场地位根源于政治体制。也就是说，管理法律服务市场的权力就像市场本身意义呈现出碎片状。律师有司法行政部门管理，而许多的竞争者在有政治利益和权力的部委、局处注册、管理。在市场中，中国律师面临广泛而普遍存在的竞争。他们处于弱势，因为他们与政府的交换共生关系不如他们的对手牢固、稳定。概括地说，中国法律服务市场的碎片化和国家的碎片化管理权力结构有密切关系。法制改革并没有出现一个统一和理性的法律职业，整体来看，律师被种种地方性的法律从业人员包围，他们所有的都与国家牢牢的连在一起。互换有两种基本形式，一是协商性的，二是互惠性的。在当下中国的环境里，交换共生在各地市场和官员之间常常出现。对于法律服务市场来说，法律从业者用他们的社会和经济资源换取手中握有司法管理权及能够决定市场成败而进行的关键资源调配的官员。习以为常的是，法律服务机构用他们的收入、劳动与主导市场的行政机关、司法机关的案件介绍、政策配置行为进行交换。在中国法制改革的30多

---

① 季翠华：《建规模化律师事务所促律师业新发展》，http：//www.njsfj.gov.cn/www/njsfj/2009/dywz－mb＿a39050709305.htm，访问时间：2013年1月7日。

② 同时也是上海交通大学凯原法学院特别研究员、美国律师基金会研究员，其代表作：《失落的城邦：当代中国法律职业变迁》（北京大学出版社，2008年版）、《割据的逻辑：中国法律服务市场的生态分析》（上海三联书店，2011年版）。

年变化中中国官僚机构碎片状的权力主义催生了与他同一个模子的碎片状的法律服务市场。最紧密的互换共生关系可能存在于基层法律服务所和当地司法行政机关之间。这些机关建立法律服务所，将他们的退休官员和超编人员塞进去。实务中他们给予法律服务所优势，如由司法行政机关或街道、乡镇政府提供的办公场所免费。当有人到司法行政机关寻求法律帮助时，他们将法律服务所介绍出去。极端的例子是，一些法律服务所的办公室就在法院或它的基层法庭内。一些法律工作者有时还会在庭审时充任法官的秘书甚至给法官起草法律意见。一些穿着司法行政服、警察服办案。他们给法官的回扣数额是他们收入的20%～30%。法律服务所给当地司法行政机关交年度管理费，用收入支持司法行政机关的运转。就像宁夏一位前区司法行政机关的首脑形象描绘："这些法律工作者全是我们的兵。"所以下面这样的描绘就不是空穴来风了，在一次中华全国律师协会论坛上，一位律师将他们之间的关系比喻成司法行政机关的"亲生子女"（the biological "sons and daughters"），律师仅仅是养子女（the "stepchildren"）。近些年，在许多大城市法律咨询机构代替基层法律服务所成为律师最大的威胁。虽然这些机构和国家没有正式的联系，但他们的人员和公检法或工商等部门有着紧密的非正式联系。就连律师也不得不与他们合作取证和执行。比这些咨询机构更强大的是"黑律师"（black lawyer），① 曾经的法院和行政部门的高官，有些作为律所的顾问，有些在法律服务所或法律咨询机构从业，有些不属于任何的组织。在西北某省会，异常强悍的"黑律师"有30～40名。中国的法律市场呈现出万花筒一样的面貌：许可的和未许可的从业人员在不同的名义下做着类似的事情。当律师从国家脱离，基层法律工作者、法律咨询机构和"黑律师"占据了国家和市场之间的空隙。在一些中小城市，他们的数量远远超过律师的数量。他们成为中国法律系统中"值得注意的另一群"（significant others）：官员喜欢，律师憎恨，想得到非普通法律服务的普通人依赖。除公检法外，律师与其他行

---

① 一般意义上的"黑律师"主要指无证律师和坑害当事人的无良律师，关于"黑律师"的治理可参见一些资料，如"本报记者惠州调查'红色律师'实践 治理'黑律师'党建是剂良方?"，载《南方日报》2010年11月19日，第A19版。

政部门也存在互换共生关系。许多省级国资委列出律所名单，国企必须从名单上寻求法律帮助。在大型的房地产项目中，建设局会将一些律所介绍给开发商。在外商投资活动中，商务部给投资者提供类似的律所名单。名单上的律所不但要懂得法律业务，而且需要和行政部门有联系。能通向高级别的行政部门才能占领市场的制高点。① 互换共生的方式是多种多样的：送礼、请饭、娱乐、做邻居等感情投资（emotional credit）、回扣、行贿、找主管案件人员的上级领导。

刘氏的结论是，"中国法律服务在市场与国家之间的互换带上了明显的权力不均衡的烙印。因此，初生的市场秩序大规模地被掌握市场制胜至要资源的一个强有力的干涉者——国家所噬耗"。互换共生不仅影响市场竞争，而且束缚了国家对行业管理的政策。更为重要的是，经过大规模的经济民营化之后，强势的国家并没有将其掌控改革和分配市场制胜的基础资源的权力缩减。中国律师必须面对如此众多的竞争者，真正的原因是带有明显利益和权力的多个国家机关制造和保护了他们的竞争者。②

而上海高校的学者程金华、李学尧则认为："改革开放以来中国法律体系变迁已逐步由国家主导的格局，演变成国家、市场、社会和法律体系之间相互直接和间接影响的格局。"对国家主义分析中存在如下几种不当倾向的认识：把国家主义视为唯一的视角；忽视了国家对法律干预在深度和广度上的动态变化；忽略了法律体系本身的动态发展及其对国家意志的反作用力。错误的认识使得论者容易产生极端看法。国家主义论者认为，是国家意志造就了中国律师职业的兴衰，包括宏观的最终取决于国家的意志的"国家—律师职业"关系层面和微观的"官员—律师个人"（主要是来自公、检、法、司四个部门）关系层面。③ 实际上，笔者赞同律师职业发展中的市场、社会

---

① Sida Liu：*Lawyers*，*State Officials and Significant Others*：*Symbiotic Exchange in the Chinese Legal Services Market*，The China Quarterly，2011，June，pp. 277～290.

② Sida Liu：*Lawyers*，*State Officials and Significant Others*：*Symbiotic Exchange in the Chinese Legal Services Market*，The China Quarterly，2011，June，pp. 291～293.

③ 程金华、李学尧："法律变迁的结构性制约"，载《中国社会科学》2012 年第 7 期，第 101～105 页。

因素，并且同样主张应该扩大他们的影响力，但是谈论国家主义并不等于将国家主义认定为唯一的因素，而是将它抽取出来，放在历史的和现实的背景中考察，意图矫正我们的意识，回到法治的意识（正义）中来。

四、作为国家主义论争者的自然法学派

程、李在文章中认为国家对待律师职业发展的态度基本上呈现了从政府全盘干预的"全能主义"立场转变为政府规制与律师职业自我规制相结合的"职业主义"转向。需要注意的是，这只是转向，转的弯有多大、走得多远，不得而知。笔者也不打算去测量，也无法计算出这样一道几何题目。只是想指出，转向的过程中别忘了带上自然法学的精髓、远离国家主义的糟粕，从各家（包括律师）的权力崇拜真正转向到对权利的崇敬。因为"国家主义的日渐衰微正是法制现代化走向成熟的标尺和界碑"。①

与西方的国家权力相伴的是其外在的对立力量，两者在二元化的道路上并行。制约国家权力的力量主要来自三个方面：一是自然法观念的制约。自然法对国家的制约表现在：个人权利的自然性与国家的人为性、理性与国家的非理性、应然性与国家法律的实然性、自然法的恒久性和实证法的不稳定性的对立。简而言之，就是自然法高于人定法的地位。另外两方面是基督教的制约和代议制的制约。② 古典自然法学说产生伊始，就遭遇了另一种理论的挑战：国家理由理论（raison d'etat，国家主义表现的一种），古典政治哲学将国家学说建立在自然法的基础上，自马基雅维利以来的近代政治哲学则是将国家学说建立在"国家理由"的基础上。③ 国家和权力在强大的基督教面前，被置于神法和自然法的控制之下，因而"国家理由"的概念是完全不被承认的。进入中世纪晚期以后，与教会和教皇之间的斗争催醒了世俗帝王们的权力意识，诞生了"国家必需"的概念，人们已经开始把"国家视为维

---

① 吕世伦、贺小荣："国家主义的衰微与中国法制现代化"，载《法律科学》1999 年第 3 期，第 6 页。
② 吕世伦、贺小荣："国家主义的衰微与中国法制现代化"，载《法律科学》1999 年第 3 期，第 8～9 页。
③ 马俊峰："论'国家理由'学说及其当代意义"，载《长春市委党校学报》2011 年 2 期，第 40 页。

护共同体利益的一种永恒机制"，马基雅维利则是这一观念的首位阐释者，认为国家受制于生存竞争的自然法则，遵循权力的铁的逻辑，遵循不惜一切代价追求安全与自保等原则。"国家理由"概念的诞生及其基本内涵用德国历史学家弗里德里克·迈内克（Friedrich Meinecke）的话来说，"'国家理由'就是国家行为的根本原则，是国家的第一行为法则，它昭示国务家们，为了维护国家的强健和实力，他们必须做到什么"。①

　　古典自然法学派是近代西方各种自然法哲学的总称。它的主要代表人物有荷兰的格老秀斯（Hugo Grotius）、英国的霍布斯（Thomas Hobbes）、洛克（John Locke）、法国的孟德斯鸠（Charles de Secondat, Baron de Montesquieu）、卢梭（Jean - Jacques Rousseau）、德国的普芬道夫（Pufendorf, Samuel, Baron von）和意大利的贝卡利亚（Cesare Beccaria）等人。自然法的基本内容是人的自然欲望和利益需要的满足，如此一来，近代自然法理论就成为论证自然权利的理论。霍布斯论证了生命权，洛克论证了财产权，孟德斯鸠论证了政治自由，卢梭论证了平等权。他们为现代文明的法律秩序奠定了基础。古典自然法学派重新发现并加强了法律与自由、平等及人类理性之间的联系。他们认为，强力并不创设权利的观点，权力来源于人民，是通过社会契约的形式让渡给国家的。而且法律既是抑制无政府状态也是抵御专制主义的堡垒。其后，自然法学受到历史法学、实证法学和纯粹法学的攻击，由于其天然的先验性，在这些法学以各种不同的角度发难之下，自然法学溃不成军。20 世纪初，德国的施塔姆勒（Rudolph Stammler）、法国的惹尼（Francois Geny）、意大利的韦基奥（Giorgio Del Vecchio）等发起了复兴自然法的运动。"二战"后，在德国的拉德布鲁赫（GustavRadbruch），法国的马里旦（Jacques Mar-itain），美国的富勒（Lon Fuller）、罗尔斯（John Rawls）、德沃金（Ronald Dworkin）和英国的菲尼斯（John Finnis）等学者的努力下，自然法学恢复了自己的学术声誉。自然法学说本质上是一种正义论，是西方

---

① 刘飞涛："政治现实主义观念形态的变更及其理论提示——从'国家理由'观念到'现实政治'思想"，载《欧洲研究》2006 年第 5 期，第 125～126 页。

历史上最早、最持久和最有影响的政治正义论。这些自然权利的有效保障不在于个人道德实践,而在于政治制度为此作出的设计。① 这样,自然法和国家主义就成为理论的两极。自然法有着各种表现形态,实质是自然权利。自然法是一个参照标准,是一组原理、定则、标准,而自然法观念提供人们看待法和法律的基本模式。② 实证法学、分析法学和纯粹法学的理论中有国家主义的影子,笔者倡扬自然法学的传统、内容,尤其是其中的法治精神,当然不是要否定其他学派的"合理内核"。

论及于此,不能不提及重国家、轻社会,重权力、轻权利,重人治、轻法治,重集权、轻分权,重集体、轻个体的表现为国家主义的苏联"司法遗产",因为这份"遗产"影响我们太深了。苏联在刑事诉讼方面的遗产,是检察院、特情组织、契卡,可以控制法院,可以决定判决的结果,法院审理不过是个形式。可以以党内斗争、党内清洗代替国家法律,代替法庭审判。侦查机关的权力超过法院,凌驾于法律之上。从重从快剥夺生命不遵守程序,"文化大革命"期间,中国废弃公检法,工人组织可以将受审对象判刑入罪。"反右"时废除律师制度,也是学习苏联的。陈有西律师总结并认为:苏联的司法遗产对今日中国的影响必须清除,这是改革的前提。③ 面对这份"遗产",我们需要将靠近国家主义的标尺向另一端的自然法学说移动。

除了作为国家主义的论争者自然法学以上的观点以外,自然法学还有一个颇具影响力的观点:认为法律只能被发现,而不是人为的创造(历史法学派亦如此认为)。而分析法学派则持相左的意见,法律只能被人为理性的创造。④ 概念法学走得更远,主张法律只能是由立法者所创造的,严格禁止立法者以外的法官造法。法官仅仅在于发现法律和适用法律。⑤ 无论是在立法中,还是

---

① 张中秋、王静:"价值的追求:古典自然法学派评析",载《江苏社会科学》2000 年第 5 期,第 51~53 页;申建林:"西方自然法学理论的当代走向分析",载《环球法律评论》2007 年第 3 期,第 5~6 页。

② 张文显:《二十世纪西方法哲学思潮研究》,法律出版社 1996 年版,第 39 页。

③ 陈有西:"反思清理苏联司法遗产是中国司法改革当务之急 在中国法学会 2011 刑辩峰会上的演讲",http://www.china-review.com/lath.asp? id=26662,访问时间:2013 年 1 月 8 日。

④ 胡君:"法律发现之概念解析",载《求索》2009 年第 2 期,第 135 页。

⑤ 池海平:"法律发现——司法过程中使用的一种法律方法",载《政法论坛》2009 年第 3 期,第 92 页。

适用法律时（司法、执法），在自然法的基础上，针对律师职业发展，以平等、自由、财产等权利为内容，以法律发现为目的的法治商谈由此呼之欲出。

五、法治商谈下的律师职业

1840 年，法国托克维尔（Alexis de Tocqueville）在其《论美国的民主》书中，对律师群体在法治社会的力量，作出过精辟的论述："律师代表着法治——民主制度允许多数人占上风，法治允许每个人围绕自己的权利提出和争辩法律问题，两者相辅相成。"为了对抗民主制度可能造成的"多数暴政"，律师构成唯一能够反制民主社会的弊端的力量。[①] 美国联邦最高法院沃伦大法官曾经写道："摧毁一个政府最快捷的方法就是政府自己不遵守自己的法律。"美国人继承英国人的传统，对权力机关极度不信任（如认为警察是必要的"恶魔"），同时心中对警察和官员滥用权力怀有极度的恐惧。美国人认为："律师钻法律空子的现象并不可怕，因为它的前提是承认法律，是在司法程序规定的框架中挑战法律。真正可怕的是有法不依、执法犯法和无法无天。法律法规中的漏洞可以通过正当的法律渠道，如新的案例，予以修补，而有法不依、执法犯法的口子一开，后果不堪设想。"[②]

德国学者尤尔根·哈贝马斯（Jürgen Habermas）提出了建立现代社会法律共同体的民主法治国理想，即现代社会作为"一个高度人为的共同体，更确切些说，是由平等而自由的法律同伴所结成的联合体，他们之结合的基础既是外部制裁的威胁，同时也是一种合理推动的同意的支持。"[③] 这与托克维尔对律师在法治社会的作用的论述，有了可对接性。也就是说，律师可以作为民主法治国中的主要力量。

哈贝马斯创立的法律商谈论（discourse，法律程序主义范式）是风险社会中交往主体间以普遍的语用学为基础，以生活世界为界面，以交往行为为导控，通过有效性论证形式来型构的。规范的正确性、命题的真实性、表达

---

① 方流芳："'匿名律师'、律师笑话和律师的公众形象"，载《律师文摘》2005 年第 2 辑，第 2 页。
② 曹立群："改变美国警察执法的三大案例"，载《政法论坛》2004 年第 2 期第 50、51、54 页。
③ ［德］尤尔根·哈贝马斯：《在事实与规范之间》，童世骏译，生活·读书·新知三联书店 2003 年版，第 10 页。

的真诚性等有效性要求必须用一种论证理论才能加以阐明。以交往理论为导向的法律商谈论是对自由主义之形式法、福利国家之实质法的重构。法律程序主义是对理性主义与经验主义的超越，消解了形式正义与实质正义的二元对立。① 法律商谈理论试图论证商谈原则的理想内容是法律体系的基本架构，架构之下是一个以法律下的协商、自由自决和平等联合为基本观念的民主宪政国家。② 法治商谈启发于法律商谈，笔者认为法治商谈是法律人（主要的主体）以法律生活（如法庭辩论、律师意见等一系列的与权力部门对话的代理活动）为界面，以与法律相关的行为（不一定具有法律意义）为导控，通过对论争对象的有效性论证形式来进行的。

以理解为取向、以语言为媒介的社会交往行为中，交往行为理论认为，交往主体应当符合以下合理性的要求："这种合理性是铭刻在达成理解这个语言目的之上的，形成了一组既提供可能又施加约束的条件……参与者应该无保留地追求他们的语内行动目的，他们的同意是同对于可批判的有效性主张的主体间承认相联系，并表现出准备承担来自共识的那些同以后交往有关的义务。"③ 而法治商谈中的交往行为的合理性的要求是指以发现法律为目的，同意以体现人性的自然法而不是权力为最终判断事物的标准，是以对法治的遵守而不是以对强力的遵守为交往义务。

合理的商谈必备三个程序性的交往条件是："第一，它们阻止对论辩的不受合理推动的中断；第二，它们通过人们对论辩过程的普遍、平等的了解和平等、对称的参与而确保在议题之选择和最好信息最好理由之接纳这两方面的自由；第三，它们排除理解过程内外所产生的任何强制，而只承认更好的论据的强制力量，所以，除合作地寻求真理之外的所有其他动机都被中立化。"④ 法治商谈中的程序要求是：法定程序不被修改；以程序产生的结果作

---

① 曾赟：《法律程序主义对预防行政的控制：以人身自由保障为视角》，浙江大学出版社2011年版，第75、78页。
② ［德］罗伯特·阿列克西："法律的重构、论证与实践——与尔根·哈贝马斯的法律商谈理论"，万平译，载《中南财经政法大学研究生学报》2006年第4期，第179页。
③ ［德］尤尔根·哈贝马斯：《在事实与规范之间》，童世骏译，生活·读书·新知三联书店2003年版，第4~5页。
④ ［德］尤尔根·哈贝马斯：《在事实与规范之间》，童世骏译，生活·读书·新知三联书店2003年版，第282页。

为结论；允许非在场的法律人的观点进入商谈，如在辨别的基础上，以学者的观点作为判决的论理依据。

总之，法治商谈是这样一种法律人的活动：是在自然法的基础上，以平等、自由、财产等权利为内容，以发现法律为目的，同意以体现人性的自然法而不是权力为最终判断事物的标准。它同样需要符合规范的正确性、命题的真实性、表达的真诚性等有效性的要求。

法治商谈体现律师的主体性、职业性，是以法为中心，而不是以权力为中心。远离"政治性嵌入"和"割据的逻辑"〔这些状况都不是法律的预期，但法律失去（或部分地失去）了它的功能〕。如果权力为了心理上的快感、物质上的贪图，想主导市场并分上一杯羹，那么市场将永远无法成熟。法治商谈内在的具有以权利制约权力的目的，律师职业的发展就是要端正两者之间的关系。法治商谈中受益的不仅是律师业，同样还有其他法律人。整体的法律人的受益也必然会推动社会管理的进步。法治商谈并不是要否定机关的权力，如司法行政的管理、法院的裁判、政府政策对律师职业某些方面发展的决定性作用，所否定的是因为拥有权力所以代替了法治这个上司的状态以及否认律师在法治商谈中的主体地位，及由国家决定律师的发展规律。

让所有的法律人共同努力去追求现象背后的法规秘密，发现这个秘密并且遵守它。这也是因为，从裁判书的历史来说，具有同样地位的各端法律群体都不是最终的法律裁判员。套用一句话就是：真理面前无法官。

六、作为法治商谈重要形式的身份转换

《中共中央关于全面深化改革若干重大问题的决定》（2013 年 11 月 12 日）规定："建立符合职业特点的司法人员管理制度，健全法官、检察官、人民警察统一招录、有序交流、逐级遴选机制……"《人民法院第一个五年改革纲要（1999～2003 年）》规定："改革法官来源渠道。逐步建立上级人民法院的法官从下级人民法院的优秀法官中选任以及从律师和高层次的法律人才中选任法官的制度。……使法官来源和选任真正形成良性循环，保证实现法院队伍高素质的要求。"《人民法院第二个五年改革纲要（2004～2008

年)》规定:"改革法官遴选程序,建立符合法官职业特点的选任机制。探索在一定地域范围内实行法官统一招录并统一分配到基层人民法院任职的制度。逐步推行上级人民法院法官主要从下级人民法院优秀法官中选任以及从其他优秀法律人才中选任的制度。"《人民法院第三个五年改革纲要(2009~2013年)》规定:"完善法官招录培养体制。配合有关部门完善法官招录办法。最高人民法院、高级人民法院和中级人民法院遴选或招考法官,原则上从具有相关基层工作经验的法官或其他优秀的法律人才中择优录用。"法官"下海"和律师"上岸"成了法律人才流动一大景观,也成为律师与法官商谈互动的重要形式。《最高人民法院关于全面深化人民法院改革的意见——人民法院第四个五年改革纲要(2014~2018年)》规定:"完善将优秀律师、法律学者,以及在立法、检察、执法等部门任职的专业法律人才选任为法官的制度。健全法院和法学院校、法学研究机构人员双向交流机制,实施高校和法院人员互聘计划。"可以说秉承了法治商谈的思想。

1999 年,律师进入法官队伍的尝试开始,最高人民法院公开选拔 10 名法官,招录对象有下列人员:一级律师、法学教授、法学研究员和立法机关、法院外的政法机关、行政执法机关中正处级以上法律工作者。条件是具有法律专业的硕士以上学历和北京市户口。2000 年,最高人民法院第二次公开招考 15 名高级法官,条件逐步放宽:一、二级律师,法学教授、副教授,法学研究员、副研究员,立法机关和政法机关中副处级以上法律工作者。除前三者(研究员)外,其他人员须从事本职工作满八年。2001 年《法官法》《检察官法》修订后,司法系统已经吸纳了一批优秀的律师出任法官、检察官。2002 年,安徽律师汪利民出任该省高级法院副院长,是我国第一位直接由职业律师出任省高级法院副院长的"律师法官"。2005 年,内蒙古律师郑锦春出任内蒙古自治区检察院副检察长。2006 年,共有 22 名律师、学者成为最高人民法院的法官。使法律职业共同体进一步实现良性互动。[①] 2011 年的全国"两会"期间,全国人大代表相建海联名另六名代表提出《关于从优秀资深律师中选任法官、检察官的建议》的提案。最高人民法院答复时表示:最

---

① 练情情:"法官'下海',律师'上岸'?",载《广州日报》2013 年 12 月 20 日,第 A22 版。

高人民法院曾进行多次尝试从律师中遴选法官，得到了全国人大、中央组织部的支持。现今，在法律和制度上已不存在障碍，律师不需公务员考试即可成为法官。2013 年 12 月 13 日，最高人民法院发布了《2013 年公开选拔高层次审判人才公告》。[①] 至报名日期截止时，共有 195 人报名竞争五个职位（包括刑庭副庭长、研究室副主任、刑庭审判长、民庭审判长和司法研究处长各一名）。他们来自 28 个省、自治区和直辖市，其中律师 75 人（占 38%），专家学者 76 人（占 39%），党政机关人员 44 人（占 23%）。资格审查后，共有 150 人进入专业评审环节。2014 年 3 月 27 日，最高人民法院对外公布了最终人选。招录过程中，考核律师时主要侧重品行和法律实践经验。[②] 除了最高人民法院，这项制度也在地方法院获得推广。

当下，法官辞职做律师的人数不少，相反，从律师和学者转型做进入法院的不多。但至少在 20 世纪末，这种身份转换的制度为法治商谈提供了渠道，让法律职业者追求法治真理提供了更为广泛的空间。在这项为人所称道的制度的背后，我们应该看到他的瓶颈。律师进入法官队伍除了追求职业荣誉、法治真理以外，职业尊严也是他们考虑的因素。职业尊严是相对律师职业而言的。当前，法官职业尊荣感正面临下降的挑战，经济待遇也是律师们担忧的一个因素，所以初始执业的律师一般并不考虑进入法官队伍。最高人民法院在最近的首次向社会招考高层次审判人才中，为了显示纳贤的诚意，提供了 2 个局级、3 个处级的职位以增加吸引力。这就不无以上因素的考虑。让律师转变为法官的渠道更加畅通的方式除了扩大公开招考的口径外，法官

[①] 规定资格是：（1）参加副庭（局）长选拔的，专家学者应任正高级专业技术职务满 3 年，并从事相关法律工作满 10 年。律师应具有相关执业经历满 15 年。党政机关人员应现任副局级职务或任职满 4 年的正处级职务，并从事相关法律工作满 10 年。参加处长、正处职选拔的，专家学者应任副高级以上专业技术职务，并从事相关法律工作满 5 年。律师应具有相关执业经历满 10 年。党政机关人员应现任正处级职务或任职满 3 年的副处级职务，并从事相关法律工作满 5 年。（2）一般应具有法学专业硕士研究生以上学历（含法律硕士）。（3）参加局级干部选拔的一般不超过 50 周岁（1963 年 1 月 1 日后出生），参加处级干部选拔的一般不超过 45 周岁（1968 年 1 月 1 日后出生）。（4）取得法律职业资格证书（A 证）或律师资格证书。（5）获得"长江学者""全国十大杰出青年法学家""全国优秀律师"等奖项和荣誉的人员优先考虑。（6）具有法律规定不得录用为公务员或担任法官情形的，曾受过党纪、政纪或行业处分的，不得参与选拔。

[②] 王丽娜："成为最高法院法官"，载《财经》2014 年第 10 期。

职业环境的改善也是其中的关键问题。其他职业之间的转换也同样面临类似的难题。从英美等法治发达的国家来看，法治商谈的重要形式是身份的转换，而身份的转换同样会促进法治商谈。身份的转换是律师职业发展的一项正向诱导措施，当律师进入法院后，由律师经验带去的法治智识和精神因为两种职业经历的合一而获得了法治商谈的升华。

第四篇
司法审查的广度与密度

本篇共七章。第十二章所介绍的是一件涉及安乐死的案件，但并非从基本权利的角度进行叙述的。这起民事案件由美国联邦法院受理，其中所展示的是司法公权力的自制。本篇的第十七章所涉及的案件同样也是民事的。这章的公法学意义在于希望对警察权在认定交通事故事实和责任时有所导引。第十五章和第十六章以行政迟缓为题，前一章从理论的层面对行政迟缓进行分析，后一章则以一个案件为分析样本，即司法审查的实践层面对行政迟缓和司法审查进行推论。第十三章、第十四章以及第十八章都是在以往案件的基础上，指陈其不足，出现了规律的变形和理论迁变的偏离。

第十二章 持常与论理的司法[*]

——夏沃案最后阶段的 8∶05 – cv – 530 – T – 27TBM 号司法命令介评

　　夏沃案以其旷日持久和涉及面之广给人们留下深刻而持久的印象，多方的参与更加凸显了案件的复杂性和影响性。联邦佛罗里达中区地区法院坦中白分院作出的这份司法命令具有决定性，而其中的论证过程值得我们一读。围绕着原告颁发临时限制令的请求，法院从颁发临时限制令的四个条件出发，在说明后面三个条件具备后，着重论证第一个条件，即是否有胜诉的充分可能性。这个条件又是和原告的提出的五个论点是否站得住脚息息相关：只要其中一个成立即可。在一一反驳之后，法院完成了它的论证过程。命令中体现的严谨的逻辑和论理的行文风格，可引为镜借。

一、夏沃案的案情简介

　　面对卧床沉睡的植物人，我们选择放弃还是坚持？处理这样的难题，我们会有各种各样的理由来支持我们的决定，尤其是在我国于该领域处于法治真空的背景下。对于安乐死，如果要施行的话，法律更多的是探究被施行对象清醒时的意思表示，也就是在此情景下的意愿是否选择放弃自己的生命。

---

　　* 本文原载《惠州学院学报》（社科版）2009 年第 5 期，初为 2006 年上半年张千帆老师《美国宪法》课程的作业。2013 年 7 月，我国最高人民法院要求裁判文书上网公布。该措施对裁判文书的风格有一定的正面促进作用。

迈考尔·夏沃（特丽·夏沃①的丈夫和监护人，案发时已和别的女人生活在一起，并且有了孩子）声称，特丽曾经表示如果自己成为植物人，不愿意依赖被动的营养供给存活。特丽的父母不相信已在病榻上躺了多年的特丽已经丧失了知觉，他们反复强调她仍能够与人进行一定的沟通，依然眷顾生命。他们不愿意选择放弃她。于是，围绕着是坚持还是放弃的问题，翁婿之间你来我往的法院诉讼持续了近八年。法院常站在迈考尔一边，而佛罗里达州长小布什总统（George W. Bush）的弟弟杰布·布什（Jeb Bush）和州议会则尝试着用各种方法延长特丽的生命。另外，还有许多虔诚的教徒们为她祈祷，他们期待着冥冥中的奇迹会出现，留住这个年轻的生命。更有甚者，不少"心怀正义"的人士为特丽送去食物，在受到警察的阻拦、逮捕时，有的甚至准备使用武器去"解救"她。

夏沃案虽然早已经尘埃落定，案中的伦理与法律、亲情与金钱、权力与权力的厮杀也已远去。但是，夏沃案留下的资料是十分丰富的，其中的案件资料数量虽比不上克林顿绯闻案一箱一箱的材料来回搬动的奢豪情景，可是从夏案参与的主体（有一般的公民，立法、司法、行政人员，还有社会各个团体、医务人员等）和影响的范围来看，就足与克林顿绯闻案媲美。这桩耗时15年的跨世纪的案件涉及的领域非常宽泛，可以做多学科的研究。我们研习或重温案件的内容时总能引起我们不尽的思考。近年来，有关植物人复苏的事件不断有报道，例如据英国《星期日快报》2007年9月9日报道，美国18岁女孩莎拉·斯坎特林1985年不幸遇车祸变成植物人。在昏迷了整整20年之后，2005年她竟然奇迹般地苏醒，并再度开口说话。经过2年多康复治疗后，目前莎拉还恢复了部分肢体动作的能力。② 可以预测有关这个方面的话题会不时提起，并且论争不乏激烈，观点的交锋和碰撞以至于转变都是稀松平常之事。而夏沃案带给我们的是一座丰富的研究宝藏。

在回顾命令之前，让我们重温一下夏沃案的时刻表：

---

① 全名是 Theresa Marie Schiavo，昵称为 Terri。其夫为 Michael Schiavo，父母分别是 Robert Schindler 和 Mary Schindler。

② 旺旺："美国女子昏迷20年苏醒仍当自己是少女"，http://hi. baidu. com/wubotao/blog/item/cdf60608e8aa1033e824880b. html，访问时间：2009年9月30日。

表1　夏沃案时刻表

时间	事件
1990 年 2 月	26 岁的夏沃心脏停跳，成为植物人
1998 年 5 月	迈考尔向佛罗里达州法院提出申请，要求拔掉夏沃的进食管
2001 年 4 月	佛罗里达州一家法院同意迈考尔的申请，进食管被第一次拔除。两天后，另一家法院作出相反判决，进食管重被插上
2003 年 10 月	经法院批准，夏沃的进食管再次被拔掉。6 天后，佛州通过《特丽法案》，州长签署恢复夏沃进食命令
2005 年 3 月 18 日	夏沃的进食管被第三次拔掉
2005 年 3 月 20 日	国会参议院通过议案，把夏沃案的司法管辖权从州法院扩大到联邦法院
2005 年 3 月 21 日	众议院通过这项法案，布什签字批准，要求联邦法院重审此案
2005 年 3 月 22 日	美国联邦法院作出裁决，驳回国会要求
2005 年 3 月 30 日	美国联邦第十一上诉巡回法院驳回夏沃父母的紧急申请
2005 年 3 月 31 日 9 时	拔掉进食管 13 天后，靠生命维持技术存活了 15 年的夏沃死亡，终年 41 岁

　　为"透明国际"（一个世界性的民间反腐组织）工作的新西兰学者杰里米·波普认为，作为与独立的司法并列、令政治家不悦的两种孪生力量之一，自由的新闻界是政府生活中腐败现象强有力的反对力量。他强调说："新闻媒体是自我委任的，但它受到公众的支持，他们认为它所传达的东西是有价值的，并愿意为之支付金钱。新闻界应该而且能够摆脱政治庇护系统，这类系统的存在，甚至在最民主的社会中依然是政治生活中的一个事实。"① 新闻媒体受到政治系统的憎恶，因为他们常常披露政治生活中的阴暗面，这些是政治家们不愿意看到的。同样，独立的司法是泛滥的政治权力的天敌，政治家们对此也是恨之入骨，必先除之而后快。即使在先进的法治国家美国也不例外，这只能说这种现象的多次反复出现是对汉密尔顿、阿克顿和密尔等先贤的观点的一以贯之的证明而已。规律总是相通的，本案曾有的一段司法与政治剑拔弩张的场景已然是以上证据的一部分。

---

　　①　余杰：《我的梦想在燃烧》，当代世界出版社 2004 年版，第 7 页。

夏沃案发生在佛罗里达州，杰布·布什当然不会放过演出政治秀的机会。早在 2003 年 10 月 7 日他就正式表示支持斯金德勒夫妇（夏沃的父母）停止拔除夏沃的进食管。10 月 20 日，佛州众议院通过《特丽法》授权州长可以中止一定案件的审理。次日，《特丽法》在佛州参议院获得通过。布什州长签署一项行政命令，要求重新插上进食管同时他还为夏沃女士指定一名诉讼监护人。10 月 28 日，小布什总统盛赞布什州长在夏沃案中的办事方法，兄弟一唱一和将夏沃案推向了一个小高潮，然而麻烦就在后面等着他们。11 月 4 日，布什州长要求佛州第二上诉巡回法院法官道格拉斯·拜尔德（W. Douglas Baird）驳回迈考尔·夏沃挑战《特丽法》的诉讼。11 月 8 日，拜尔德否决了他的动议，两天之后布什州长提出了上诉。

11 月 19 日，布什州长提出剥夺拜尔德在挑战《特丽法》合宪性一案中主审法官的资格。12 月 10 日，佛州第二巡回上诉法院驳回了州长的请求。在夏沃案中受到这一类压力的法官并不仅是拜尔德一位，最初审理本案的 Pinellas 县巡回法院法官格瑞尔（George Greer）就因在多次审理中的态度坚决而在下一届法官选举中遭到一位名叫格万律师（Jan Govan）的挑战——该位律师一向以反对格瑞尔而著称。然而，格瑞尔在选举中以较大的差额战胜格万并获选，夏沃案并没有在这次选举中对他造成负面影响。尽管格万违反常理给县里每个人寄出的大信封里提了诸如以下的几个问题："你是否相信是上帝创造了生命？你是否认为我们每个人都有享受生活和保护生命的权利？"① 由此，美国法院的威信和美国人的理性、法治观念略见一斑。法院和法官的独断独行的风格和地位再次在此凸显出来。

在夏沃案的角力场中，表面上是翁婿之间的唇枪舌剑，实质是在以立法和行政为一方、以法院为另一方以及部分民间团体为第三方的较劲背景下展开的。各方都是绞尽脑汁费尽口舌并且千方百计地达到自己的目的。例如，眼见留住女儿无望，斯金德勒夫妇便请医学专家用拍照录像和试验的方式证明夏沃有挽救的可能以使法院推翻以前的决定而将进食管插上。正如前文交

---

① William R. Levesque: *Pinellas – Pasco Circuit Court: Schiavo rulings do no harm to Greer*, http: // www. sptimes. com/2004/09/01/Tampabay/Pinellas_ Pasco_ Circui. shtml，2006 – 9 – 6。

待夏沃案资料充栋，完全理清确需较长的时日。但我们不妨拣取要紧处——联邦地区法院在最后阶段的 8∶05 - cv - 530 - T - 27TBM 号司法命令来进行分析，因为正是这份司法命令决定了特丽的生与死。命令是联邦佛罗里达中区地区法院坦中白分院于 2005 年 3 月 22 日作出的。

二、命令的推理过程

命令是应特丽的父母即原告请求法院发出临时限制令而作出的，原告在请求法院命令迈考尔即被告和佛罗里达阳光海岸安养院为维持特丽的生命和重新恢复她的营养和水合物而寻求任何必需的医疗。他们的请求是针对格瑞尔停止特丽的营养和水合物的命令而提出的。依据不告不理的原则，审案法官惠蒂姆（James D. Whittemore）首先假定国会通过并在前一天清早由总统签署的《给予特丽莎·玛丽·夏沃父母救济法》[①] 合宪。他认为摆在法院面前的问题不是原告能否在联邦法院提出诉讼请求，而是是否批准临时禁令。话锋一转，由此惠蒂姆展开了他的说理论证过程。

颁发临时限制令的目的和初步禁令一样，是为了免于无法弥补的伤害和保持现状。[②] 动议方只有在满足以下四个条件时，地区法院才能批准初步禁令：

（1）从诉求本身来看，它有胜诉的充分的可能性；（2）除非颁发禁令，否则将遭受无法弥补的伤害；（3）动议方受到的伤害超过动议的禁令可能对对方造成的损失；（4）并且，如果禁令的颁发不会违反公共利益。

以上都是在判例中建立起来的标准。初步禁令是一种非同寻常的和影响激烈的救济手段，除非动议方明显的完成了这四个前提的说服责任，否则请求不会得到批准。

"显然初步禁令没有批准的话，夏沃将会死去，这满足了第二个前

---

① 该法规定："对特丽莎·玛丽·夏沃中止或撤走维持生命所需的食物、流质或医疗，依据美国宪法或法律她的代理人提出的声称对她的任何权利的侵犯的诉讼或请求，佛罗里达中部巡回区联邦地区法院应有听审、决定和作出判决的管辖权。"

② 美国的禁令制度十分复杂，共有三种形式的禁令救济措施：临时限制令、初步禁令和永久禁令。其中，临时限制令和初步禁令都属于临时性措施，故又统称为中间禁令。参见李澜："美国禁令制度研究——兼评我国知识产权诉讼中临时禁令制度"，载《科技与法律》2003 年第 2 期，第 54 页。

提——无法弥补的伤害的标准。"惠蒂姆继续论证道，"同时，迫在的伤害超过了可能遭受的任何损害……最后，让法院放心的是禁令不会违反公共利益。除了这些事实，最基本的是原告必须在依据案件的特征证实具有充分的胜诉可能性上站得住脚，而法院发现他们在这一点上并没有做到。"这样惠蒂姆的论述进入了判决的核心部分——论述他们是不具有胜诉可能性的。这种可能性是很可能（likely）、十分可能（probable），而不是一定的可能（certain）。针对原告提出的五个论点，惠蒂姆一一进行了反驳。最后排除了任何一个成立的可能，最终完成了他的论证过程——夏沃的父母不具有胜诉的可能性。

论点一：是否违反了宪法修正案第十四条规定的获得公平公正审判的权利？原告认为夏沃获得公平公正审判的权利受到了侵犯，原因是格瑞尔法官在为夏沃的死进行辩护，他的受案法官（trial judge）和夏沃的医疗看护问题上的代理人（Terri's health care surrogate）的双重身份（原告认为法官有倾向性，所以才如此称呼，并非有法律依据）未能让夏沃得到公平公正的审判。其中的起因之一是，州法院曾经指定特丽的丈夫迈考尔为她的全权监护人和代理人（plenary guardian and proxy），此后翁婿间就因是否维持病人的人工生命支持系统展开论战，格瑞尔被委任为初审该案件的审判长。惠蒂姆引用了佛州第二巡回上诉区的解释："当（两个）适当的代理性的决定作出者（指原被告方）不能在如何作出适当的决定的问题上达成一致时，（监护人）可以启动法院的管辖权让它成为一个代理性的决定作出者。"惠蒂姆解释，解决他们之间的争端是格瑞尔的法律义务。另外，2004年双方曾就更换诉讼期间监护人（the Guardian ad Litem）的问题展开诉讼，最后斯金德勒夫妇败诉。之所以没有侵害特丽宪法修正案第十四条规定的获得公平公正审判的权利，主要是斯金德勒夫妇没有对所谓的格瑞尔法官危害程序正当和法庭公正给出有力的证明。原告极度忽视了主审法官既是一个事实的发现者，也是一个决定的作出者。不能因为法官作出了对一方不利的决定就认为他变成了另一方的辩护者。

论点二：是否侵犯了宪法第十四条修正案所规定的正当程序权利？原告认为格瑞尔法官侵犯了夏沃的正当程序权利，因为：（1）没有为她指定专门的诉讼代理人；（2）没有为她指定一位独立的律师代表夏沃的法律权利；（3）拒绝亲自去和夏沃见面而没让夏沃靠近法庭，和格瑞尔没有亲自估量夏沃的认知和反应程度。对第一个方面，事实上在 1998 年 6 月法官莱伍斯（Rives）就已经指定小珀斯（Richard L. Pearse，Jr）为专门的诉讼代理人。只不过在 1999 年 6 月 16 日他被格瑞尔免去代理人资格，小珀斯最终成为格瑞尔面前的证人出庭作证。至于第二个方面，它涉及正当程序条款，宪法在此问题上暗示只有政府剥夺人民生命、财产和自由的时候才适用。在一具体案件中测定是否使用正当程序应当运用马休斯平衡法，该法考虑三个明显的因素。其一，将受到政府行为影响的私人利益；其二，在已有的一些程序下错误剥夺该项利益的风险和额外的可替代的程序保障下的可能的价值——假如有的话；其三，政府的利益，包括其在当中的作用和额外的可替代的程序要求所带来的财政上的及行政上的负担。[①] 第一个因素是存在的。夏沃案已经用尽了所有的诉讼手段，如佛州第二巡回区上诉法院表明："如果有，那也是非常之少的类似案件被赋予如此之高水准的程序保障。"可是，原告无法证明在以前的申诉过程中如果法院再指定一名律师如何可能降低作出错误决定的风险。至于第三个因素，佛州在州公民的福利和提交给格瑞尔裁判的与本案类似案件的法律程序中是存在利益的，因为政府负有保护公民的义务。平衡以上三个因素，联邦地区法院认定在州法院提供的广泛的程序之下，夏沃的生命和自由之利益得到了充分的保护。由此原告在争点二上没能证实本案本质上具有胜诉的充分可能性。

论点三：是否违反了宪法第十四修正案规定的平等保护条款？与争点一的原因相同，通过平等保护条款提出争点三来寻求救济是站不住脚的。

论点四和五：是否违反了《宗教土地利用和社会福利机构中的人群法》（Religious Land Use and Institutionalized Persons Act）和宪法第一修正案的宗教自由条款？原告认为州院授权拔出夏沃进食管的命令给她的宗教自由权利的行使增加了巨大的负担。前法明确规定："（任何）政府不得对宗教自由权利的行使以巨大的负担。"在争点五中，原告断定她的宗教权利的救济因命令

---

① 该平衡法确立于 1976 年的马休斯诉埃德里奇案（Mathews v. Eldridge）。

的执行受到阻碍，因为夏沃被迫从事与她所信奉的罗马天主教教义相反的行为。惠蒂姆提出原告如想在两者之中的任一诉求中胜诉，就必须证实被告是政府行为者。也就是说，依据前面两部法律，获得宗教自由的诉求，面对的必须是政府行为。而原告的诉求不成立，因为无论是被告迈考尔还是佛罗里达阳光海岸安养院（非政府机构）都不是政府行为者。

由于原告方未能证实他们的诉求从根本上具有胜诉的充分可能性，所以他们的申请颁发临时限制禁令必须驳回。

三、结语

这份命令的论述思路是清晰的，至少向原被告双方展示了惠蒂姆自己是如何达到驳回结论的。论述中的问题和依据层层相叠环环相扣，仿佛是一部精密的仪表在合拍的节律声中时时引领着读者了解它所表明的时刻。命令引用了大量的宪法法律的条文和判例，更增强了行文的说服力，就此视为一份"论证报告"也似乎颇为恰当。说理是一个公开的过程，这个过程是当事人双方不满心绪得到张扬和平抑、舒缓的过程。正如在辛普森案审决后高涨的民众心绪最终平缓那样：司法判决是经得起推敲的，人们最终接受并认可了判决。

第十三章　受教育权的宪法条款援引、内涵及救济路径[*]

——基于齐玉苓案与罗彩霞案的分析

导源于齐玉苓案的宪法司法化的争论虽然取得了遵守性援引宪法条款的初步共识，但未解决下列问题：《宪法》第 46 条存在几种遵守性援引的可能、受教育的内涵、案件的案由以及案件应有的救济路径。梳理基本权的功能后，可知应从防御功能和受益功能等主观法方面进行援引。受教育权包含受教育机会权、受教育条件权和受到公平评价权等三项内容。以是否遵从普遍、强迫、免费标准，受教育机会权可分为给付请求权和给付分享请求权。从后者的角度分析，罗案中受教育权并未被侵害，齐案的教育合同和一般人格权救济路径与被侵害的权利性质不相适宜。齐案的实质是公权力的侵害，于民事诉讼中诉的合理性与合法性均不成立，因此，应从行政诉讼路径提供救济。

齐玉苓（下称齐案）案过去十多年了，与当年炽热的论争场面相比，现在对此的论辩似乎已经淡出了学界的关注。而前几年发生的罗彩霞案（下称罗案）在一定程度上重复了齐案的某些情节，在处理的方式上，是不是也同样重复了十多年前的错误呢？作为与受教育权相关的两起典型案件，其中引

---

* 本文原载《政治与法律》2015 年第 4 期，后被中国人民大学书报资料中心《复印报刊资料 宪法学、行政法学》2015 年第 10 期全文转载。

发的问题足以令人思考和探究。这种思考和探究或许可以说"慎审追远，法德归厚"吧。因为，论争后通向救济的航道仍有未扫除干净的些许暗礁，所谓司法的阳光穿透重重雾霭照射于"枯叶飘零的幽谷"容易遮蔽救济的不洽。

一、论争后未解决的问题

最高人民法院于 2001 年 7 月公布了《关于以侵犯姓名权的手段侵犯宪法保护的公民受教育的基本权利是否应当承担民事责任的批复》，认为陈晓琪等侵犯了齐玉苓受教育的基本权利。同年 8 月 13 日，《人民法院报》刊载了时任最高人民法院民一庭庭长黄松有针对批复的文章——《宪法司法化及其意义》，主张法院在审理类似案件时直接以宪法作为裁判的依据。由此，拉开了宪法司法化论争的序幕。宪法的法律属性、基本权利保护和司法化的国外经验成为力主司法化一方的论据。反对司法化的一方依据宪法规定的职权，以《宪法》第 67 条规定的全国人大常委会行使解释宪法、监督宪法实施的职权和第 126 条的规定"人民法院依照法律规定独立行使审判权"作为批判的理由。翟小波博士切中肯綮地指出："围绕宪法司法化的论争，本质上是政体之争，它必然要求等位且制衡的分权结构，以后者为前提。"①

2008 年 12 月 8 日，《最高人民法院关于废止 2007 年底以前发布的有关司法解释（第七批）的决定》废止了批复，废止理由为：已停止适用。该决定于 2008 年 12 月 24 日起实施。不明的废止原因引起了不少学者的各种猜测。② 但基本上认同：至少在目前，宪法司法化的问题已经被冻结。在系铃、解铃的过程中，最高人民法院否决了自己失误的冲动。这场论争告诉我们：法院在判决中只能遵守性援引宪法，而不能以适用性的方式进行援引。童之伟教授认为遵守性援引须：所引的宪法条文或内容为裁判书说理论证的组成

---

① 翟小波："代议机关至上，还是司法化"，载《中外法学》2006 年第 4 期，第 430 页。许崇德教授亦指出："相对于全国人大及其常委会来说，最高人民法院处于从属的地位。一个处于从属地位并受人大监督的国家机关，当然不可能亦无权对全国人大及其常委会的立法行为实行违宪审查。这是无需赘言的。否则，它将会损害最高国家权力机关的尊严，而且与我国根本政治制度的原则相违背。"参见许崇德："'宪法司法化'质疑"，载《中国人大》2006 年第 11 期，第 45 页。
② 马岭："齐玉苓案批复的废止'理由'探析"，载《法学》2009 年第 4 期。

部分，不能成为"根据宪法××条判决如下"项下的内容；援引的宪法条文内容不存在争议，其效力为大家认同；所引内容为推理前提、条件或表明某项基本权利的存在，为裁判做铺垫，而不是裁判的直接依据。① 遵守性援引只能是原文照录，不能够对其内容进行解释，因为监督宪法的实施和解释宪法属于全国人大常委会的职权，而非法院的职权。

合宪性解释方法并不是解释宪法，但是在判决中遵守性援引时，如需援引无疑义的宪法条文或内容等文本，首先要了解文本的内涵，才能够准确援引。要做到"相对于有关事项来说，被援用宪法条文的有效性极为明显，不构成争议，其公正性绝对不需要通过上诉、再审等程序来救济"，以及"相对于宪法有关规定来说，法院或当事人通常只以服从和照办等方式回应就可以"，② 这种遵守性援引有时是能够达成的，但并不是每一宪法法条和内容都是具有确定无疑的含义，对于那些有着不同波段的条文（不同确定性的条文），法院该如何去援引？而且，全国法院、各位法官对条文含义的理解也参差不齐，因此，所引条文的含义是相对确定的。而本文探讨的问题并不是宪法文本含义的确定性问题，只是想沿着遵守性适用的方向探讨：《宪法》第46条的内涵是什么？存在哪些遵守性援引的可能？

"人民法院对《宪法》条文的援引，仅仅是为法院受理案件表明某种权利是受法律保护的权利说理或者阐明法院选择法律适用的合法性，法院对《宪法》条文援引时并不能对《宪法》进行解释，也不适用《宪法》条文作为裁决案件的直接依据。""法院援引《宪法》的案件不是宪法案件，在普通民事、刑事和行政案件中援引《宪法》条文，并不表明宪法规范在普通案件中具有直接拘束力。其目的在于将宪法的效力放射到法律的原则和规则上，是一种不可缺少的辅助性引用。"③ 这是对法院裁判时遵守性适用宪法较为精准的总结，也指明了援引的真正作用。这也成为本文讨论的前提和基础。在确立了判决时该引用的宪法条文后，接下来的问题是：如果想获得"将宪

---

① 童之伟："宪法适用应依循宪法本身规定的路径"，载《中国法学》2008年第6期，第26页。
② 童之伟："宪法适用应依循宪法本身规定的路径"，载《中国法学》2008年第6期，第26页。
③ 朱福惠："我国人民法院裁判文书援引《宪法》研究"，载《现代法学》2010年第1期，第9页。

的效力放射到法律的原则和规则上"的效果，必须了解所引宪法条文的基本权功能是什么？这样才能回答上段中的问题。

罗彩霞案的阵容不可不谓强大，从天津起诉到长沙异地开庭，尤其是原告在诉讼中一口气列出了八名被告。2009 年 5 月 15 日，法院决定受理时，列明的被告有王佳俊、王峥嵘、杨荣华、湖南省邵东县第一中学、邵东县教育局、贵州师范大学、贵阳市教育局。6 月 1 日，罗彩霞要求追加贵州师大历史与政治学院院长唐昆雄（代领录取通知书，其妻为王父的同学）为案件被告。[①] 齐案共有被告五名，分别是：陈晓琪、陈克政、腾州市第八中学、滕州市教育局、济宁商业学校。人们喜欢将两起案件进行对比，的确两者有许多相类似的东西，其中最大的相似点是主要被告都是被以侵害姓名权的方式获得受教育的机会。当论及受教育权时，似乎结论也是一样的：她们都是受教育权受到了侵害。这点似乎并无多少歧见，歧见丛生的问题是，该以何种途径给予当事人救济？民法学者认为应该在我国的《民法通则》或《合同法》中寻求救济，行政法学者则认为应该在《教育法》《高等教育法》中寻求救济。即便是民法学者所主张救济路径也不尽一致。

由此，两案中争论的教育法层面的问题是：两案被告是不是都侵害了原告的受教育权？侵害的具体为受教育权的哪项内容？纠纷解决的路径取向是什么？

二、如何遵守性援引《宪法》第 46 条

对于基本权而言，它们需保护的是关于个人实现的法益，称为保护法益。保护领域确定了基本权保护的、防止国家侵害的范围。基本权的保护领域是由基本权的构成要件决定的。由于台湾"宪法"基本权构成要件过于简略（大陆宪法文本的情况相似，因此下文的思考方式也可以借鉴），所以必须经由基本权作用的方式，去建构、形塑基本权的保护法益。在主观功能方面，体现在基本权作为防御权、社会基本权所确立的保护法益。在客观法方面，体现在基本权作为客观价值秩序、制度性保障、组织与程序保障以及国家保

---

① 李经纲、祖先海："天津通报罗彩霞案件有关情况"，载《人民法院报》2010 年 5 月 8 日，第 03 版。

护义务所建构的基本权保护法益。① 基本权作用的方式即基本权的功能。

（一）客观法方面的援引

客观法方面的功能具体含义为：（1）客观价值秩序指该基本权是一种价值规范，国家机关行使职权时必须遵守和贯彻这种价值取向。（2）制度性保障功能，吴庚教授在"司法院"大法官释字第 368 号解释协同意见书中认为："国家均赋有使之实现之任务，为达此项之任务，国家自应就各个权利之性质，依照社会生活之事实及国家整体发展之状况，提供适当制度之保障。"（3）组织与程序保障功能课予国家提供适当程序与组织方面的义务，当没有相应的组织与程序配合，根本无从落实其他功能。基本权程序保障功能的效果表现在两方面：积极方面，国家有义务积极营造一个适合基本权事件的环境，以帮助基本权的落实。消极方面，单纯在于减少基本权实害案件的发生，在基本权的实害未成就前，事先透过相关程序将实害的发生机率减至最低。（4）国家保护义务功能要求国家保护人民基本权免受来自第三人的侵犯。该功能的效力表现为：国家所采取的手段必须足以达到保护目的。一方面，国家须遵守不足禁止原则；另一方面，国家选择干预手段时，负有所谓"过度禁止"义务。② 大陆对客观法方面的客观价值秩序鲜有理解，制度性保障、组织与程序保障、国家保护义务等基本权作用的方式对于大陆宪法来说，属于组织、制度建设方面（含诉讼制度）的东西，如要发挥作用，需要赋予相对人以立法请求权。大陆法院不具有解决立法请求权问题的裁判能力，在广义的立法方面，司法可以处理的问题也只能到达参照规章这一层面（参见新修订后《行政诉讼法》第 63 条），当事人也无从提起立法请求诉讼，所以法院进行遵守性援引时不能依据基本权的客观方面的功能去引用《宪法》第 46 条。

（二）主观法方面的援引

我们再看看主观法方面的功能。基本权两个方面的功能的含义是：

----

① 许育典："基本权功能建构作为大法官解释的类型化——以教育相关基本权为例"，见黄舒芃主编：《宪法解释之理论与实务：第 7 辑（下册）》，中研院法研所筹备处自刊 2010 年版，第 389～392 页。

② 许宗力：《宪法与法治国行政》，元照出版社 2007 年版，第 192～200 页。

（1）防御功能是指当人民受到来自国家的侵害时，可以请求国家停止侵害。防御功能又称为侵害停止请求权功能，国家负有停止侵害的不作为义务。该功能的效力表现为：宣告侵害基本权的法律或命令违宪、无效，或要求废弃侵害基本权的行政处分与司法裁判，或要求停止任何其他侵害基本权的国家行为。① 大陆法院并无权宣告侵害基本权利的法律违宪、无效，对行政命令、行政处分、下级法院的司法裁判可以宣布无效，也可以在其权限内要求停止任何其他侵害基本权的国家行为。如在义务教育阶段涉及教育行政部门对适龄公民学区、学校的派发案件，案件的裁判标准为《义务教育法》和相关行政规范，可以在说理部分援引《宪法》第46条。（2）受益功能又称为请求给付权功能、社会基本权功能，是指人民可以直接根据基本权的规定，请求国家提供特定的经济或社会给付，国家也负有提供给付义务。社会基本权的实现有赖于国家财政，而国家财政上的有限性和资源的有限性构成了这些给付请求权的必然界限。形成他们之间无法改变的紧张关系。如果国家给予人民的资源已经存在，且经济援助的实现是可能的，那么所有人民此时对此资源都享有共享权。此共享权性格的保护法益，是在国家财政最大的支持下，使每一个人自我实现的机会均等。相对于衍生的给付请求权的共享权，基本权还存在一个原始的请求权。与共享权不同的是，国家并未主动地提供某种给付给人民。如果经过请求，国家不予给付，那么人民可以直接依据基本权的规定，直接向国家请求。但是，如果每个人都向国家主张，国库将无法负担。所以原始的给付请求权，只在少数例外情况下被承认。国家财政许可教育基本权的范围，目前在台湾限定在国民中小学阶段。也是因此原因，大学教育无法成为教育基本权保障的范围，其宪法依据是台湾"宪法"第11条的学术自由。教育基本权作为社会基本权的保护法益，包含了现有教育措施的入学请求权和必要教育设施的创设请求权。基于教育基本权作为社会基本权保障，可知对于教育公共设施入学申请只能基于申请人本身的能力及性向条件，以及被许可人和被拒绝人的不同条件资格进行拒绝，才有正当性。因教育基本权是以学生自我实现为核心和目的，并不是一个单纯的学习权，不

---

① 许宗力：《宪法与法治国行政》，元照出版社2007年版，第184页。

可将学习能力作为教育基本权主张能力，从而否决学生的入学请求权。① 因此，大陆有些小学在学生入学前进行测试，即使不是为了入学、编定班级，其行为是否符合《宪法》第 46 条的精神是存有疑问的。在中学、小学不接受符合条件公民入学的案件中，法院也可以作出遵守性援引。

学术自由源自台湾"宪法"第 11 条讲学自由条款。学术自由作为防御权的保护法益，包含研究自由、讲学自由、学习自由和私人兴学自由。目前合宪的台湾教育法制类型，应该是教育基本权所建构的学校法制和学术自由建构的大学法制。台湾 2000 年度诉字第 1833 号判决所引用学习自由、学习权和受教育权，作为大学"二一退学"规定违宪理由，很明显将作为学术自由保护的大学生学习自由误等于中小学学生的学习权或受教育权。没有顾虑两者之间在宪法基本权目录规定和法律的给付规定上存在差异。在"最高行政法院"2002 年度判字第 467 号和"司法院大法官"释字第 563 号也出现类似的问题。另外，即使申请人没有大学生身份，无法依据学习自由享有独立的入学请求权，但"宪法"规定人民享有平等权。因而，想进入大学就读的学生可以由学习自由中的入学自由联结平等权，从而享有公平入学请求权。这也是人民通过平等原则而享有共享权的主要途径。② 这对大陆大学入学案件的判决与宪法条文的遵守性援引也有一定的启发。齐、罗两案以民事诉讼立案，以同班同学及其家长为首要被告，而不是以学校和教育行政部门为首要被告，（如）在判决中援引《宪法》第 46 条能否对应于案件所需的防御功能或收益功能，就存在疑问。这也是与下文笔者主张两案应通过行政诉讼的救济路径相对应的问题。

三、从受教育权的权利内涵认定两案所侵害的权利类型

从宪法问题到教育法问题存在跨度，所以在讨论两案中的教育法问题之

---

① 许育典："基本权功能建构作为大法官解释的类型化——以教育相关基本权为例"，见黄舒芃主编：《宪法解释之理论与实务：第 7 辑（下册）》，中研院法研所筹备处自刊 2010 年版，第 394～404 页。

② 许育典："基本权功能建构作为大法官解释的类型化——以教育相关基本权为例"，见黄舒芃主编：《宪法解释之理论与实务：第 7 辑（下册）》，中研院法研所筹备处自刊 2010 年版，第 413～426 页。

前，有必要对涉及受教育权的相关法律之间的关系进行梳理。

（一）受教育权的不同保护方式和受教育权的内涵

有学者认为，受教育权有多层次的含义：宪法层次的受教育权、行政法层次的受教育权和民法层次的受教育权，不同层次的受教育权被侵害时，应采用不同的保护形式。违宪审查应对宪法层次受教育权进行保护。[①] 这种观点将受教育权进行割裂，也将保护方式与权利的种类混淆了。试想，如果按照这样的逻辑，是不是也存在宪法层次的财产权、民法层次的财产权、刑法层次的财产权呢？我们知道，部门法的划分是按照调整的社会关系或调整的方式为标准的。如果存在各个层次的教育权，那么也同样存在不同层次的其他权利，权利目录将不可胜数，将造成权利理论失序的结果。权利不因部门法而产生区隔，虽然各部门法的关系在权利研究、立法研究中是一项很重要的内容，这种关系也会对权利本身造成影响。部门法与受教育权的关系是一种调整方式的关系，否则也无法解释该学者对公民受教育权内涵的划分：受义务教育权、平等受教育权、终生受教育权和恰当受教育权。[②] 这是对受教育权作为一项整体权利进行的划定，而非坚持其原有标准，即将各个层次的受教育权分别划定。由此反观，将受教育权划为不同层次的受教育权不会有太多的实际意义。

对于受教育权的内容，有学者认为，公民受教育权的内容主要有：公民接受义务教育权，获得公正评价权，取得学籍、学位权，获得奖学金、贷学金、助学金权，择优录取权，获得平等考试权等几个方面。[③] 有学者认为，根据《教育法》第 42 条的规定，受教育权包括受教育机会获得权、受教育

---

① 徐继敏："公民受教育权研究"，载《河北法学》2004 年第 2 期，第 19 页。另一位学者也持同样的分类，参见陈运华："论私法视阈中的受教育双"，载《教育评论》2010 年第 2 期，第 7 页。

② 徐继敏："公民受教育权研究"，载《河北法学》2004 年第 2 期，第 19 页。

③ 赵利："论公民受教育权及其法律保障"，载《江苏大学学报（高教研究版）》2004 年第 4 期，第 30 页。

条件获得权和评价结果获得权。① 另有学者则列出国内外受教育权的不同内容：国内法上的受教育权是指受教育者享有的受教育机会权、受教育条件权和受到公平评价权；国际法上的受教育权是受教育者享有的基本教育权、初等教育权、中等教育权、高等教育权和教育选择权。② 第一种提出的内容概括性不够强，零散甚至有些不全面，第二种的词语不够精简，但后两种所指的内容大同小异，涵盖了受教育权所有的内容。虽然受教育权是一项不断发展的权利，但不会溢出受教育机会权、受教育条件权和受到公平评价权等三项内容。

（二）从受教育机会权的角度检讨两案受教育权是否受到侵害

义务教育阶段的受教育权与高等教育阶段的受教育权（即台湾地区的"受国民教育之权利"及"受国民教育以外教育之权利"）下的受教育机会权相对应的是"给付请求权"（具有普遍、强迫、免费的特征）与"给付分享请求权"（需要经过考试或甄选才能入学）。虽然都是给付方面的请求权，内涵却有较大的差异，前者重在给付，后者重在分享机会。《宪法》第46条涵括的是给付请求权，追求的是入学。《教育法》《高等教育法》《职业教育法》等法律所指的高等教育受教育权涵括的是给付分享请求权（《教育法》也涵盖给付请求权），追求的是一种入学的机会。在"入学"问题上，给付请求权与给付分享请求权的权利内容差异明显。罗案与齐案中，涉及的核心问题都是招生录取的问题（也涉及姓名权、隐私权），而且起因都是在非义务教育阶段的入学考试阶段。因此，所涉及的都是"给付分享请求权"。两案是不是存在受教育权的侵害，取决于给付分享请求权是否受到侵害，因为

---

① 蒋少荣："公民受教育权及其实现中的法律关系"，见《中国教育法制评论（第1辑）》，教育科学出版社2002年版，第387～390页。另一种分类方式依据受教育权产生、发展的时间顺序，将受教育权划为三个阶段的"子权利"，即开始阶段的"学习机会权"，过程阶段的"学习条件权"和结束阶段的"学习成功权"。"学习机会权"依照其表现形式又可以派生三种"孙权利"：入学升学机会权、受教育选择权和学生身份权。学习条件权主要包括教育条件建设请求权、学习条件利用权和获得教育资助权。学习成功权包括两种：获得公正评价权和获得学业证书学位证书权。参见龚向和：《受教育权论》，中国人民公安大学出版社2004年版，第37～56页。仔细对比这两种分类，我们可以发现各个对应的子权利的内涵相差无几。

② 杨成铭："从国际法角度看受教育权的权利性质"，载《法学研究》2005年第5期，第131页。

罗与齐都没有入学就读，除此以外的其他内容的受教育权尚未成就。

必须明确的是，作为给付分享请求权，"给付分享"是给予入学资格的机会，而"请求"是向义务主体主张之意。如果权利人放弃权利，我们不可以认定权利人的权利受到侵害。同样，如果权利人不存在请求的可能，我们也不可以认定权利人的权利受到侵害。

1. 罗彩霞的受教育权因其未请求而没有被侵害的可能

2010 年 8 月 13 日，西青区法院在湖南长沙中院开庭。当天庭审中，罗彩霞与各方达成和解，放弃了对各被告的诉讼请求，由被告王峥嵘一次性给付赔偿金 4.5 万元。从案件以媒体集中关注到放弃大部分诉讼请求结案，案件的结果确实让人有些意外。由于案件是以侵害姓名权、受教育权为由起诉的，依据上文所言，如果存在受教育权侵害的可能，实际上侵害的应当是受教育权的给付分享请求权。但笔者认为，根据案件事实，受到侵害的应该是姓名权、隐私权等权利，受教育权没有受到侵害。具体分析如下。

（1）罗彩霞没有向贵州师范大学主张给付分享请求权。2004 年高考报志愿时，罗彩霞填报的本科第二批次是湖南人文科技学院，而不是贵州师范大学。罗彩霞的高考总分 514 分，与湖南省当年 531 分的第二批本科录取线相差 17 分。17 分对"无任何背景"的罗彩霞是梦想中遥不可及的障碍。而这17 分在王峥嵘等人看来却是绝佳的机会，因为属于第二批本科的贵州师范大学定向招生在他们的运作之下可以降低 20 分录取王佳俊。罗彩霞由此成为顶替人选。[①] 因不能对权利客体直接支配，请求权权利人需要通过要求他人为特定行为（作为、不作为）才能实现自己的权利。与请求权相对应的是形成权，权利主体可以以自己的单方行为、不需要另外一个人的参与实现自己的权利。受教育权的给付分享请求权必须向特定的主体——特定的学校主张，否则无从实现。从案件具体情节中我们可以看到，罗彩霞并没有向贵州师范大学主张给付分享请求权。所谓的侵害原告罗彩霞的受教育权，所指的应该是侵害原告的向贵州师范大学主张的给付分享请求权。在作为给付分享请求权体现的高考志愿中，原告恰恰没有填写。因此，原告诉讼请求所主张的确

---

① 仇玉平："2009 年追问湖南高考冒名顶替案"，载《法制与新闻》2009 年第 6 期，第 7 页。

认第一被告王佳俊构成侵害受教育权的行为失去基础，不能认定。有人认为："从民事责任上说，（罗案）是侵犯罗彩霞的教育选择权——一个学生有选择上某所大学的权利，没有报考某所学校而被录取，也是侵权。"[①] 这种结论显然不符合事实与逻辑，罗彩霞已经用尽其选择权。贵州师大虽然在录取通知书填写了罗的姓名，但想录取的另有其人，并且也没有完全公开（至少在邵阳县没有张榜，县教育局也不知道），作为一种行政行为，其效力的公定力方面存有疑问。师大的本意也是避开其公定力，让其效果不会达到罗那里。从法律后果来说，罗受损的是姓名权。因没有报考某所学校而被录取，认为侵犯罗的受教育选择权，这种结论的得出过于仓促。

（2）对贵州师范大学主张的给付分享请求权是王父违法获取的。2004年，湖南省普通高校招生录取时间为一个月，从 7 月 10 日（提前录取开始）到 8 月 11 日（第四批专科录取结束）。期间，罗彩霞没有被任何学校（包括专科）录取。2004 年 9 月初，王佳俊之父王峥嵘找到她和罗彩霞两人的高三班主任张文迪，获得了罗的高考分数、考号、身份证号等相关信息。之后，贵州师范大学向湖南省教育考试院发出了批件调档的请求，要求调取罗彩霞在湖南的 2004 年高考档案。湖南省教育考试院审核确定该校有招定向生的计划，启动了招生程序。具体时间及过程是：

具体时间	录取进程
2004 年 9 月 24 日 14：49	贵州师范大学向湖南省教育考试院提交罗彩霞的调档申请
2004 年 9 月 25 日 17：28	湖南省教育考试院向贵州师范大学投放了罗彩霞的电子档案
2004 年 9 月 25 日 20：36	罗彩霞被贵州师范大学思想政治教育专业录取，层次为本科，计划性质为国家任务定向

通过运作，2004 年 9 月 24 日，"罗彩霞"被贵州师范大学降低 20 分定向补录。贵州师范大学填写录取通知书后，贵州师范大学历史与政治学院院长唐昆雄代为领取录取通知书。[②]

《湖南 2004 年普通高等学校招生工作实施办法》第 41 条规定："录取工

---

① 熊丙奇："从罗彩霞案看'完整受教育权'"，载《东方早报》2010 年 8 月 16 日。
② 仇玉平："2009 年追问湖南高考冒名顶替案"，载《法制与新闻》2009 年第 6 期，第 7~9 页。

作于 8 月中旬结束，逾期不再办理。本科层次招生不安排补录，专科层次补录定于 9 月中下旬进行。"教育部《关于做好 2004 年普通高校招生录取工作的通知》规定："高等学校要抓紧做好及时寄发录取通知书的工作。录取通知书不得通过个人或中介转递，严防欺诈行为，保护学生和群众利益。"以上记者的调查表明，贵州师范大学和湖南省教育考试院在这起违法录取案件中起了关键作用。正是师大的超期、巧借名目（定向生），以及湖南省教育考试院违法补录、投档，"配合"王峥嵘运作，才让王佳俊最终录取，获得学籍，甚至最终胜利毕业（师大没有将罗彩霞的纸质档案和电子档案作比对）。作为定向生的王佳俊毕业后落户在广州天河区，显然有悖于定向生的宗旨。

由上可见，罗彩霞所主张的受到侵害的受教育权——给付分享请求权，因为她没有向贵州师范大学主张，是未达降分录取线的王佳俊主张的，而且最终的录取是王峥嵘通过各种违法手段获得的，所以其主张无法成立。如果没有王峥嵘的"努力"，王佳俊也根本无法录取，即使是罗彩霞本人也无法录取。难道罗彩霞要主张一个不存在、违法的给付分享请求权吗？有学者假设从罗彩霞是否与贵州师范大学建立教育合同来判断她的受教育权是否受到侵害，他的结论虽然是正确的。但笔者认为这个标准在时间上有些滞后，难道没有建立教育合同就不存在侵害受教育权的情况？招录过程中的侵权不是吗？从合同的角度探讨这个问题，难免时间上存在不周延。他认为，受教育权既不能简单地划归为民法上的财产权益，也难以简单地划归为民法上的人身关系。因此，受教育权被侵害案件，通过转换为民诉上的姓名权损害纠纷，或者行诉上的公立学校与受教育者之间的法律关系的方式，似乎获得司法保护更容易些。"即便从民法的合同理论类推，罗彩霞与贵州师范大学之间的'教育合同'并不成立。与此同时，'假罗彩霞'王佳俊与贵州师范大学的'教育合同'因为违法违规在先，应看成自始无效。从已公布的事实看，罗彩霞因为当年高考成绩不够录取线，自然无从谈起其受教育的机会被剥夺，而受教育的机会是受教育条件权利和受教育公正评价权利的前提。所以，无论是冒名者王佳俊及其家长、湖南省与地方教育行政部门还是贵州师范大学均未侵害到其受教育权利。"① 这种观点涉及的事实并不全面，没有解释罗彩霞的高考分数达到降分录取的情况（此时，罗彩霞可以向贵州大学提出给付分享请求权。王佳俊及其家长等人可能侵害其受教育权），所以他的结论"受教育的机会没有被剥夺"的推理过程就不圆满。

（3）王峥嵘等被告侵害的是姓名权、隐私权等权利。王峥嵘在张文迪处获取了罗彩霞的高考分数、考号、身份证号等相关信息及空白学生档案纸后，利用从招办提取的女儿的档案，伪造了一份罗彩霞的纸质档案。后又私刻"邵东县公安局红土岭派出所户口专用"印章，利用留在家中的空白户口迁移证，伪造了罗彩霞的户口迁移证。2009 年 10 月 26 日，北塔区法院认为："辩护人提出王峥嵘并没有让其女儿冒名顶替他人的名额读大学，只是冒用他人身份及高考成绩等信息资料而入读大学，没有剥夺他人受教育的权利，也没有给被冒用者造成特别严重后果的辩护意见，符合事实，予以采信。"② 这是针对王峥嵘受贿罪、伪造国家机关证件罪的刑事判决书作出的相关认定，文中对王侵害了罗的何种权利没有认定，但确定了王峥嵘没有侵害罗的受教育权，理由是没有占有罗的名额。辩护人和法院的推理结果虽然是正确的，但过程有欠精准。从侵害的罗的权利来说，侵害的是她的姓名权、隐私权等权利。

2. 齐玉苓的受教育权因其请求而有被侵害的可能

齐玉苓在 1990 年的预选考试中获得报考统招和委培资格，统考中取得成绩 441 分，虽未达到统招的录取分数线，但超过了委培生的录取分数线。而陈晓琪在当年的中专预选考试中成绩不合格，失去了继续参加统招及委培的资格。陈父认为没有侵害齐的受教育权，一审法院枣庄中院认为："原告齐玉苓主张的受教育权属于公民一般人格权范畴。它是公民丰富和发展自身人格的自由权利。本案中的相关证据表明，齐玉苓已实际放弃了这一权利，即放弃了上委培的机会。其诉请所依据的证据明显不足，不能成立。"③ 二审法院山东省高院认为："上诉人齐玉苓通过初中中专预选后，填报了委培志愿，

---

① 肖君拥："'罗彩霞'案件的法律评析"，载《重庆社会科学》2009 年第 7 期，第 63 页。
② 邵阳市北塔区人民法院〔2009〕北刑初字第 46 号刑事判决书。
③ 枣庄市中级人民法院〔1999〕枣民初字第 8 号民事判决书。

并被安排在统招兼委培考场，表明其有接受委培教育的愿望。陈克政辩称是由于其提供了鲍沟镇镇政府的介绍信和委培合同，齐玉苓才被安排在统招兼委培考试的违法行为，不能对抗齐玉苓填报委培志愿的事实，其所称齐玉苓放弃了接受委培教育的权利没有依据。"①

由上比较，两案都是涉及给付分享请求权的问题。两个案件都是冒名，是否涉及侵害受教育权的判断标准是原告有没有向招生学校主张给付分享请求权。罗是否填报贵州师范大学志愿，查询罗当年报考志愿档案，结果明显。参加中考，也需填报志愿。齐案的两级判决书都没有理清诉讼中的书面证据。从判决书的内容来看，并未提及志愿表，而是从齐参加统招兼委培考场的考试来推断齐填报了济宁商校的志愿。既然存在原告主张的给付分享请求权，那么被告侵害她的受教育权的事实是存在的。

四、受教育权的救济路径

因罗案中的受教育权并未受到侵害，所以以下的探讨以齐玉苓案为基础。首先需要探讨的是学界提出的两种民法救济路径存在的问题。之后，在反思前两种救济路径的基础上，再提出符合《教育法》的救济路径。

（一）民法实体法上的救济路径存在种种弊端

纵观学界提出的齐案民法上的救济路径，比较有影响的有以下两种。

1. 教育合同路径

我国著名民法学家梁慧星教授透露，在最高人民法院作出批复之前，该院民事审判第一庭曾就齐案涉及的"受教育权是否是民事权利"问题，发出〔1999〕民他字第34号函，征求专家意见。民事审判第一庭是赞同将受教育权视为民事权利的。他提供的法律意见是："不宜将'受教育权'解释为民事权利。主要理由是，什么是民事权利，什么不是民事权利，应当以民事法律的规定为准。当然首先是以民法通则的规定为准。我国民法通则专设第五章规定各种民事权利，更不应在民法通则之外轻率地承认所谓'受教育权'为民事权利。"他认为：少女失学不须宪法断案。齐玉苓与济宁商校之间已

---

① 山东省高级人民法院〔1999〕鲁民终字第258号民事判决书。

经订立教育合同。陈晓琪在其父陈克政谋划下冒齐之名领取录取通知后到济宁商校上学，该侵权行为所侵犯的客体不是齐的"依据宪法规定所享有的受教育的基本权利"，而是齐与济宁商校之间已经成立的教育合同所享有的债权性权益。① 梁教授主张受教育权的侵权问题由作为私法的合同法来解决，虽然他不主张受教育权是民法权利。

（1）混淆了公法与私法责任。正如前文所述，教育合同路径无法解决合同成立前的侵权问题。我们不妨设想，如果陈父像王父那样，通过非法途径在商校填写齐的录取通知书时利用齐玉苓的档案、中考分数等材料找人替换为陈晓琪的名字，那么我们可能会得出这样的结论：陈并未侵害齐的受教育权，齐的损害不过是期待利益的落空，商校只须承担缔约过失责任。私法的视角将遮蔽公权力滥用的事实，也为公法"遁入"私法开了后门，出现公权力卸责的现象。这点下文将继续展开探讨。

（2）不符合部门法之间的权利法定原则。不但我国《民法通则》中没有规定受教育权，其他一些国家和地区也是如此。这些国家和地区涉及教育方面的条文都是与教育培训合同有关的条款。如澳门"民法典"第 310 条规定："下列给付之时效期间为两年：a）向学生提供住宿或食宿之场所，以及提供教学、教育、救济或治疗服务之场所因提供上述服务所生之债权……"《日本民法典》第 173 条规定："下列债权，因二年间不行使而消灭：……三、从事学艺或技能教育的人，就学生的教育、衣食或寄宿的代价所享有的债权……"《德国民法典》第 196 条规定："（1）下列请求权，因二年内不行使而消灭：……11. 为教学、教育、养育或者治疗提供服务的公共机构以及此类性质的私人机构的业主，因教学、养育或者治疗以及与此有关的支出而产生的请求权……"这些条文并没有受教育权的规定。在相关教育法律有受教育权名称、内容及救济途径规定的情况下，最高院将受教育权解释为民事权利，这种舍近求远路径显得不甚合适，也违背了权利法定的原则。

齐案判决落定之后的 2009 年，我国通过了《侵权责任法》。该法第 2 条

---

① 梁慧星："少女失学何须宪法断案——宪法司法化的冷思考"，载《法学天地》2002 年第 4 期，第 12～13 页。

规定:"侵害民事权益,应当依照本法承担侵权责任。"就在该条的权利目录说明中,并没有将受教育权涵括其内。① 梁慧星教授虽然"感佩"最高院大胆运用民法侵权责任保护公民的宪法基本权(受教育基本权),突破了民法学者关于侵权行为的侵害客体限于民事权利的通说。但他对权利法定原则还是保有坚持的想法,并对引用《民法通则》第 106 条第 2 款展开其谨慎的欢迎。该款规定:"侵害他人财产、人身的"应当承担民事责任,对此,应当采用严格解释的方法,应当认为只在侵犯民事权利(财产权和人身权)的时候,才构成侵权行为,应当承担民事责任。侵犯民事权利以外的如宪法上的"受教育权"等权利,不构成侵权行为,也不应承担民事责任。其实,权利法定原则不应局限于民事法律的领域,更应扩大于其他部门法,以及他们之间的争议领域。

(3)《教育法》第 81 条所定的民事责任并不能反映受教育权的性质。在受教育权侵害案件中,受教育权、《民法通则》、民事责任三者之间究竟具有怎样的关系呢? 笔者认为,依据《教育法》,受教育权是属于《教育法》的权利目录,而不是《民法通则》中的。《教育法》第 81 条规定:"违反本法规定,侵犯教师、受教育者、学校或者其他教育机构的合法权益,造成损失、损害的,应当依法承担民事责任。"该条中所谓应当依法承担民事责任,以及第 72 条中的民事责任(侵占学校及其他教育机构的校舍、场地及其他财产的,依法承担民事责任),这两条都属于准用性规则,即须援引其他规则(《民法通则》中的条款)以使本条内容明确。这并不表明受教育权就成了《民法通则》的权利目录的内容。《教育法》第九章所涉及的其他法律责任的条款,如行政处分、刑法处罚,也是准月性规则。而刑法处罚部分也并不表明,受教育权是刑事诉讼中的权利。

2. 一般人格权路径

民事侵权行为有权利侵害类型、违反公序良俗侵害类型以及违反法律侵害类型三种。张红博士认为,针对受教育权受到侵害,最高人民法院在齐案

---

① 《侵权责任法》规定的民事权益,包括生命权、健康权、姓名权、名誉权、荣誉权、肖像权、隐私权、婚姻自主权、监护权、所有权、用益物权、担保物权、著作权、专利权、商标专用权、发现权、股权、继承权等人身、财产权益。

中的批复并不能创设违反"保护他人的法律"的第三类侵害类型，因为这在法学方法上具有重大瑕疵，《宪法》第 46 条和《教育法》第 81 条的内容都不是"保护他人的法律"。因此，未被明文规定为民事权利的基本权利——受教育权的保护应通过民法上的一般人格权来实现，其请求权基础为《民法通则》第 106 条第 2 款。由此可获得民法保护的基本权利有人格尊严、人身自由、选举权与被选举权、受教育权、劳动权等具有人格利益的基本权利。①

　　以一般人格权作为受教育权的法律保障路径，是以齐案中的受教育权为《宪法》第 46 条所规定的基本权利为基础的，正如前文所述，这项基础是不成立的。除了第三类侵害类型不成立以外，张文中认为采用一般人格权路径的主要理由是："首先，《教育法》并未规定公民不得侵害他人受教育权的义务，因而很难说被告陈晓琪的行为违反了《教育法》的某一条。同理，既然陈晓琪的行为没有违反《教育法》，则其父陈克政的辅助侵权行为自然也不违反《教育法》。其次，本案被告滕州市教育委员会属于教育行政主管机构，《教育法》对其权利和义务也没有规定，因而无法从《教育法》上认定其是否违法。"②《教育法》第 15 条第 2 款规定："县级以上地方各级人民政府教育行政部门主管本行政区域内的教育工作。"不可谓对市教委的权利和义务没有规定，因而，将《教育法》第 81 条适用于市教委不存在没有法条依据的情况，只是如何确定其具体的权利和义务的问题。至于《教育法》没有规定受教育者以外的个人的权利义务的问题，笔者认为可以通过诉讼参与人中的第三人的方式解决，也就是齐案中的受教育权救济可以通过行政诉讼的路径予以救济。

（二）民事诉讼救济路径无法通过现行立案要件审查

　　《最高人民法院关于人民法院立案工作的暂行规定》第 8 条规定："人民法院收到当事人的起诉，应当依照法律和司法解释规定的案件受理条件进行审查：（一）起诉人应当具备法律规定的主体资格……"现行《民事

---

①　张红："论一般人格权作为基本权利之保护手段——以对'齐玉苓案'的再检讨为中心"，载《法商研究》2009 年第 4 期。

②　张红："论一般人格权作为基本权利之保护手段——以对'齐玉苓案'的再检讨为中心"，载《法商研究》2009 年第 4 期，第 51 页。

诉讼法》第 119 条对民事诉讼起诉人的资格规定为："起诉必须符合下列条件：（一）原告是与本案有直接利害关系的公民、法人和其他组织……"所谓与本案有直接利害关系是指原告的人身权、财产权或其他权利受到侵害，或权利义务归属发生争议。[1] 认真审究我国民事诉讼的立案条件实为实体问题的判决要件，相比较国外受理案件的条件，是高标准的要求。[2] 如直接利害关系的问题直接与原告适格问题相关，而适格的问题属于诉有无理由的问题。立案条件本属于诉的合法性问题，实体问题的判决要件属于诉的合理性问题，《民事诉讼法》则将立案条件等同于诉的合理性问题。当事人能力属于立案条件的范畴，因为当事人能力是指可以进行诉讼作为当事人的一般资格。只有具有当事人能力后，在具体的诉讼案件中，依法具有权利义务主体地位，才可以成为适格的当事人。当事人能力不要求权利受到侵害或权利义务归属发生争议。民事诉讼法关于当事人能力的标准采用"权利主体原则"，也就是"有权利者，就有当事人能力"。行政诉讼法上的当事人能力标准除了采用"权利主体原则"外，兼采"机关原则"。[3] 齐案通过民事诉讼路径如何能通过当事人能力的审查？其诉为何又成为有理由而胜诉？这些问题让人难以解答。因为，如上所述，依据《教育法》，齐玉苓无法成为相对于陈晓琪和陈克政的"权利主体"。所以齐玉苓无当事人能力，更无法成为适格的原告，遑论在以陈氏父女为首要被告或首要被上诉人的案件中取得胜诉。

---

[1] 田平安主编：《民事诉讼法》，高等教育出版社 2007 年版，第 211 页。该要件受到诉讼法学界诸多的质疑，缩小了适格原告的范围，因此，有人建议以原告具有诉的利益代之。诉的利益，是指民事诉讼的当事人受到侵害或与他人发生争执时，向法院请求救济的必要性和实效性。必要性，即受侵害的权利或纠纷有无通过民事诉讼救济的必要。实效性，即法院能否通过民事诉讼实际解决纠纷或保护权利。参见田平安主编：《民事诉讼法》，高等教育出版社 2007 年版，第 36、211 页。

[2] 国外的起诉的条件一般为：向法院提交起诉状、诉状应当记载当事人、法定代理人以及请求的目的和原因。他们不认为有关起诉的规定是所谓的"条件"，不过是一种方式上的要求。参见张卫平："起诉条件与实体判决要件"，载《法学研究》2004 年第 6 期。美国法院意识到行政诉讼资格客观上具有不断扩大的趋势，相应地极力放松利益范围标准，该标准几乎不构成独立的诉讼障碍。参见张千帆："启动公益诉讼的条件——论美国行政诉讼的资格"，载《行政法学研究》2014 年第 2 期。

[3] 吴庚：《行政争讼法论》，元照出版有限公司 2013 年版，第 64~65 页。机关原则标准是指被告的标准。

（三）行政诉讼救济路径让起诉人获得了当事人能力并兼顾了陈氏父女为诉讼参与人的问题

既然民事诉讼无法解决起诉人起诉陈氏父女时当事人能力的问题，那么我们不妨换一个角度，尝试行政诉讼的救济路径：以行政主体为起诉对象兼顾陈氏父女。依照《行政诉讼法》第 41 条（新修订后为第 52 条）的规定："提起诉讼应当符合下列条件：（一）原告是认为具体行政行为侵犯其合法权益的公民、法人或者其他组织；（二）有明确的被告；（三）有具体的诉讼请求和事实根据；（四）属于人民法院受案范围和受诉人民法院管辖。"显然，这与民事诉讼一样属于高门槛的立案条件，同样需首先解决当事人能力的问题。诉讼权能要求系争诉讼必须与原告个人权利有关。[1] 当事人须为"权利主体"，这要求相关法条有起诉人主观公权利的内容。

民事侵权中有违反法律侵害类型，强调法条具有保护他人的意思。行政诉讼中主观公权利和保护规范理论与违反法律侵害类型趣旨相同，要求法条具有保护或增进特定人的权益。具体来说，主观公权利，又称公法权利、公权、公权利，是指行政相对人根据实定法规范的规定，可为自己的利益，请求行政机关作出一定行为或不作出一定行为的资格。[2] 所谓保护规范（Schutznorm），指一切的公法法规按照其目的，是专用以保护或增进特定或可得特定人民的权利或利益的规范，或其虽在维护公益，但同时也有保护或增进特定或可得特定人民的权利或利益的规范。[3] 主观公权利栖身于保护规范，是诉讼权能的基础。梁教授和张博士提出以上救济路径的基础是，我们难以在《教育法》中找到原告针对个人侵害存有救济主张的条款。梁教授

---

① 李建良："保护规范理论之思维与应用——行政法院裁判若干问题举隅"，见黄丞仪主编：《2010 行政管制与行政争讼》中央研究院法学研究所 2011 年版，第 32 页。

② 李惠宗："主观权利、法律上权利与反射利益之区别"，见台湾行政法学会主编：《行政争议问题研究》，五南图书出版公司 2000 年版，第 143 页。

③ 蔡志方："论公权力之委托与授权概念上之区别"，见蔡志方：《行政救济与行政法学（三）》，学林文化公司 1998 年版，第 224 页。转引自周瑞堂：《建筑执照使用执照核发与国家赔偿责任——以保护规范理论解析最高法院九二一地震相关判决》，岭东科技大学 2011 年硕士学位论文，第 61 页。

认为，从《教育法》第36条至第39条等相关条文来看，[①]我们不难判断出：只有国家、社会、学校和家庭才是保障公民受教育权的义务主体。也只有国家、社会、学校和家庭才可能侵害公民的受教育权。因此，我们可以说被告滕州八中和滕州市教委侵犯了齐玉苓"依据宪法规定所享有的受教育的基本权利"，但绝不能说被告陈克政父女侵犯了齐玉苓"依据宪法规定所享有的受教育的基本权利"（应该是权利，而不是基本权利——笔者注）。[②] 向滕州八中、济宁商校主张的依据是第29条第3项：学校应当履行维护受教育者合法权益的义务。以上教育合同的路径和一般人格权路径未符合受教育权自身的特性，将公权力主体与陈氏父女并列则将主次混淆了。虽然受教育案件不排除民事诉讼的救济路径，如即便存在宪法诉愿的台湾地区请求给付生活教育费的案件也是通过民事诉讼来解决的（见2014年"最高法院"台抗字第3号民事裁定），但是就像颁发毕业证书、涉及开除学籍的教育案件一样，行政诉讼的路径与案件的公法色彩更相宜，即便案件因个人主体而起。

给付分享请求权从其性质来说是相对权，是对人权，与作为对世权的绝对权不同。给付分享请求权针对的是确定的义务主体，给付分享请求权针对的就是报考的学校以及毕业学校、相应的各级招生行政机构。前者是直接的义务主体，后两者是辅助性质的主体。齐案中的私人主体是陈晓琪及其父陈克政，司法受到了原告起诉案由和侵害受教育权因他们而起的影响，所以将他们列为主要的被告。让我们再回溯一下享有公权力的被告的侵权行为：

---

① 《教育法》第36条规定："受教育者在入学、升学、就业等方面依法享有平等权利。学校和有关行政部门应当按照国家有关规定，保障女子在入学、升学、就业、授予学位、派出留学等方面享有同男子平等的权利。"第37条规定："国家、社会对符合入学条件、家庭经济困难的儿童、少年、青年，提供各种形式的资助。"第38条规定："国家、社会、学校及其他教育机构应当根据残疾人身心特性和需要实施教育，并为其提供帮助和便利。"第39条规定："国家、社会、家庭、学校及其他教育机构应当为有违法犯罪行为的未成年人接受教育创造条件。"

② 梁慧星："少女失学何须宪法断案——宪法司法化的冷思考"，载《法学天地》2002年第4期，第13页。原文所指的受教育权皆称为受教育的基本权利，按《教育法》的内容、受教育权的级差及齐案的教育阶段，应称为受教育权，而非受教育的基本权利。

侵权主体	侵权行为
滕州八中	未将统考成绩、委培分数线通知齐玉苓；将齐录取通知书交给陈晓琪；为陈克政伪造的学期评语表提供学校财务章加盖变造为学校印章
滕州市教委	在齐、陈 1990 年中考后的 1991 年中专招生考试体检时，为陈克政伪造了贴有陈晓琪照片的"齐玉苓"的体格检查表
济宁商校	入学时对既无准考证又无有关单位证明的陈晓琪审查不严；陈毕业时，让其自带档案，客观上提供了被告撤换档案的机会

　　虽然以上侵权都是由陈克政主导，并由其贯串起来，最终达到了侵权目的，但是，如果各组织被告能够各司其职，陈克政的侵权完全可以被中断。齐玉苓的受教育权被侵害实质是给付分享请求权被侵害。而给付分享请求权是针对目标学校主张的，是一种主观公权利，不是私权利。所以，将陈氏父女列为被告没有掌握案件涉及的核心权利，[①] 混淆了案件涉及的公私法。合乎法律逻辑的思路是：按照接近核心权利（给付分享请求权）的远近，将济宁商校列为第一被告，滕州市教委为第二被告，滕州八中为第三被告，陈氏父女为第三人。从民事法律关系视角来看，以上五大主体都是共同侵权人。[②]按照刑法的特殊侵权主体，如妇女本不是我国刑法规定的强奸罪的侵权主体，但在特殊情况下，如帮助男性侵权人实施强奸行为，可以成为该罪的共犯。陈氏父女也构成共同侵权。但是按照《行政诉讼法》的规定，共同作出具体行政行为的行政机关才是共同被告（第 25 条，修订后为 27 条），而且被告恒定为行政机关，因此，依据第 27 条（修订后为 30 条）第三人的规定，同提起诉讼的具体行政行为有利害关系的其他公民、法人或者其他组织，可以作为第三人参加诉讼，将陈氏父女列为第三人更恰当。这就是齐案中各被告的地位及其互相间的关系。当然，依据教唆情节，在追究陈克政的法律责任时，

---

　　① 　有人认为雇用童工从事危重劳动罪侵害的客体"是未成年人身心健康发育的权利、受教育的权利，以及国家正常的劳动管理秩序"。参见丁强、丁猛：《侵犯公民人身权利、民主权利罪司法适用》，法律出版社 2006 年版，第 300 页。所谓受教育权受到侵害，是另一种对案件涉及的核心权利的误解。照此，人身自由权、监护权是不是也受到了侵害呢？

　　② 　参考《侵权责任法》第 9 条第 1 款："教唆、帮助他人实施侵权行为的，应当与行为人承担连带责任。"

可加以更重的负担。

既然齐案是涉及主观公权利的案件，那么案件定位为行政诉讼案件才符合案件的性质。这样的诉讼程序对追究前三个被告的公法责任（不仅仅是民事责任）才会更有意义，也才能够起到惩前毖后的作用，防止权力者的懈怠与故意侵害。

五、结论

与行政诉讼受案数量逐年下降一样，作为与行政诉讼相关的案件类型的受教育权案件近年来也是有减无增。这种状况兴许也是导致学界对受教育权案件研究"退潮"的原因。但是，"百年大计，教育为本""科教兴国"这些我们日常熟视无睹的口号提醒我们，对受教育权的研究与受教育权一样有着非凡的意义。

对受教育权的保护脱离不了传统的以司法为中心的制度体系。齐玉苓案件对学界的影响已经成为我们研究和教学中顺手拈来的案件材料，案件里面有着不竭的话题源泉。笔者在此想理清齐案和罗案中的基础性问题，同时也是受教育权案件的基础性问题。

法律是务实的，法学研究也应如此。否则，无法解决实际生活中的问题。结合我国的实际，法院判决时应从防御功能和受益功能等主观法方面援引《宪法》第46条。受教育权包含受教育机会权、受教育条件权和受到公平评价权等三项内容。与齐玉苓已向齐宁商校主张受教育机会权中的给付分享请求权不同，罗彩霞并未向贵州师范大学主张该项权利，所以罗案中原告的受教育权并未被侵害。齐案的教育合同和一般人格权救济路径与被侵害的权利性质不相适宜，不符合权利法定原则，也无法通过民事诉讼程序中的诉的合法性与合理性审查。教育合同路径无法涵盖订立合同前双方之间的行为。齐案的实质是公权力的侵害，应从行政诉讼路径提供救济。该路径让起诉人获得了当事人能力并兼顾了陈氏父女为诉讼参与人的问题。

第十四章　法规目的的司法审查

——从《道路交通安全法》第 22 条的适用展开[*]

依循我国法院常用的因果关系理论，程某案判决书采用了直接因果关系标准。实际上，因果关系理论是丰富的。本质上，归责是一个法律问题，属于法规判断的范畴。因此，探寻法规范的目的是归责案件司法审查中必经的步骤。借鉴行政法学中的保护规范理论来确定《道路交通安全法》第 22 条第 1 款是否具有个人利益保护目的较为困难。如果从新近的主观公权利标准、我国司法实际及国外的标准来看，认定其可以保护个人利益并非不可能。然而，当我们参酌优先适用原则和虑及该条款缺失法律后果规定时，就可知该条款适用于本案是不可取的。

2012 年 7 月 15 日晚，23 岁的程某在上海虹口的一居民小区启动停在区内东西向通道的小汽车准备回家。车子前行约一米后，突然感觉右前轮剧烈晃动，下车后发现 52 岁的柏某某被轧死。11 月 6 日，虹口区法院认定被告程某的行为构成过失致人死亡罪，判处有期徒刑 1 年，缓刑 1 年。案发后，中央电视台记者进行了深度的采访，并且制作了一期《今日说法》节目，于当年的 12 月 6 日以《离奇的事故》为题首次播出，后又于 2013 年 2 月 22 日重播。笔者还注意到，江西电视台著名栏目《传奇故事》也将案件于 2013 年 1 月 12 日作为世间传奇播出。2013 年 3 月 1 日，内蒙古包头人民广播电台

＊ 本文原载《行政法学研究》2015 年第 2 期。笔者曾经试图通过电邮与负责出庭的代理律师取得联系以获得更多资料，很遗憾没有得到回应。

以《小疏忽酿成大事故》为题播出。另外，河北等地的电视台也曾以该案为题材制作节目。一时间，人们被案件的情节所震撼，被90万元的赔偿数额和所定的罪、刑所悚动。由是，大家互相提醒：开车前要绕车一周（公安的驾驶操作规范——办案交警所提的要求）。其实，案件的情节并不复杂，案件的发生和判决结果却超出常人的意料。作为刑事附带民事诉讼（该部分调解结案）的案件，实际上还交织着行政法律关系。因此，仔细考究，这其实是一起简单而复杂的案件。

一、认定事故责任的推导过程

对这起判决结果让人意外的案件，我们有必要回顾一下案发的要点，看看法院在认定事故责任中是如何得出加害人负全责的，最后提出案件处理结果涉及的关键问题。

（一）案发要点

根据《今日说法》记者的采访，案发当晚，柏某某和妻子王女士带着女儿参加了朋友的聚会，晚上十点多他们回到了所住的小区。因柏坚持在楼下走走以醒酒，所以王女士就和女儿先回家了。当程某一行人从小区的棋牌室出来，上车后，程某启动汽车左转前行感觉撞上了东西。下车发现车下躺着柏某某，只有一只手露在外面，他的头和汽车车头同一个方向。

可以确定的是，在发现车行异样前，程某和他的同伴都没有发现右车轮前躺着柏某某。程解释说，车前面的大灯没有投射到任何人，也没有发现有人走来。当时启动车辆时车前部的雷达并没有报警，显示前方没有障碍物。警方经过调查认为，车的右前侧是程某的视线盲区，是完全看不到的。并且通过事后在事发地点进行的实验，警方认同了程某等人的说法：上车前确实看不到有人躺在右车轮前，只有往前走过前车门一米左右后，才能看到。

事后，交警对加害人和被害人进行了体内酒精含量测试。被害人的数值是每百毫升血液中酒精含量为284毫克，加害人的数值为零。被害人已经达到醉酒标准，这种状态下已不能控制自己的行为。警方认定，加害人当天没有喝酒，身体状况也没有问题。肇事车经过了年检，各项数据都合格。

2012 年 8 月，警方划分了这起交通事故的责任，尽管因为视线上的盲区程某确实无法注意到躺在车前的柏某某，但是他还是要负担事故的全责。

（二）事故责任的推导过程

区法院在判决中认为："经审理查明，2012 年 7 月 15 日 22 时 30 分许，被告人……未注意观察到车前被害人柏某某，致使车辆右前轮碾压柏某某身体，造成柏某某当场死亡。经上海市公安局虹口分局交通警察支队交通事故认定：被告人程某负事故全部责任……（以上省略部分讲述了程自首和赔偿经过——笔者注）上述事实，被告人程某及其辩护人在开庭审理过程中均无异议，并有公诉机关提供的证人顾某、虞某某、肖某某的证言，上海市公安局物证鉴定中心出具的《法医学尸体检验鉴定书》，上海市道路交通事故鉴定中心出具的《检验报告书》，上海市公安局虹口分局出具的《道路交通事故现场勘查笔录》《非道路交通事故现场图》《道路交通事故照片》《非道路交通事故认定书》《案发经过》及上海市虹口区人民法院提供的《民事调解书》、相关收条等证据为证，足以认定。"①

在这份十分洗练的共 1139 字的判决书中，我们没有看到判决书对被害人醉酒躺在右车轮前，及其家属照顾不周的责任分析。上述内容表示，由于被告人一方无异议，而且还有主要的证据《非道路交通事故认定书》佐证，所以交警认定程某负事故的全责是没有问题的。在被告人负全责的前提下，考虑到程向警察自首和被害人家属达成民事调解协议并赔付最高额的因素，② 所以法院在判决刑事部分的时候，酌情从轻处罚并适用缓刑。显然，交警的交通事故责任认定影响了民事赔偿和刑事责任。法院基本支持了交警对责任认定的观点。因此，案件事故责任的推导过程应该从警方入手。

交警是如何得出程某全责、被害人不承担事故责任的结论呢？

首先，警方强调了程的避让义务。程某和家人认为，程属于正常驾驶。

---

① 上海市虹口区人民法院〔2012〕虹刑初字第 1027 号刑事判决书。

② 被告人的代理律师在接受采访时说，赔偿数额应在 70 万 ~80 万之间，不会高于 80 万。根据上海人身伤害赔偿标准，数额主要由三部分组成，即死亡赔偿金、丧葬费和精神抚慰金。经过计算，这个数额即是全责的标准。受害方家属起初提出 120 万元赔偿数额，后在法院的调解下，双方协商为90 万元。

而醉酒的受害者在没有人监护的情况下，卧在自己的车前，受害人存在过错。针对程某的观点，受害者的家人倍感气愤，她们说在自己居住的小区里，柏和她们分开后只有短短的十几分钟，就被程轧死，死亡结果完全是对方造成的。对此，虹口警方认为这起事故发生在小区封闭的道路上，司机有义务避让行人。如果事故发生在小区外的道路上，责任认定的结果差距就会很大。警方的依据是《道路交通安全法实施条例》第 67 条的规定："在单位院内、居民居住区内，机动车应当低速行驶，避让行人；有限速标志的，按照限速标志行驶。"

其次，警方强调了程某在行车前的注意义务。针对要求程某负担事故的全部责任的原因，虹口分局交警支队事故科副科长顾斌在《今日说法》记者调查时答复："（被告人）违反了《道路交通安全法》（以下简称《道交法》——笔者注）的第 22 条第 1 款的规定，驾驶车辆没有做到安全驾驶，文明驾驶，违反了一个操作规范。按照驾驶操作规范的话，首先启动车辆前，出车前，要绕车一周，二要整个车辆的四周要看一看，包括车辆的轮胎是否有气，车辆底盘下面是否有障碍物，包括前面是不是有漏油，机油，漏水，都要看一看。通过车辆四周一圈全部看了以后，像这种情况，这起事故完全可以避免。"

《道交法》第 22 条第 1 款是这样规定的："机动车驾驶人应当遵守道路交通安全法律、法规的规定，按照操作规范安全驾驶、文明驾驶。"

（三）存在的疑问

本案事实比较清楚，损害结果也很明确。但是，我们只对判决结果感到意外，很少质疑判决推理过程是不是合理。笔者认为，这起案件至少存在警方、法院没有交待清楚的两大问题：

（1）案件中程某的行为和柏的死亡结果之间存在因果关系吗？该用何种因果关系理论将程是否担责论述完整？

（2）适用《道路交通安全法实施条例》第 67 条和《道交法》第 22 条第1 款适用于本案是否妥当？

躺在地上的人是"行人"吗？"行人"至少应该是走动的人，可以是走走停停。再怎么扩大解释，笔者认为很难将柏在案中的情况涵括进去。因此，警方在此强调避让义务失却适用《道路交通安全法实施条例》第 67 条的事实前提。第二大问题只剩下《道交法》第 22 条第 1 款的适用是否妥当的问题。笔者认为，以上两大问题具有统一性，即统一于因果关系理论的选择问题。第二大问题涉及因果关系中的规范目的理论。第一大问题将从多种因果关系理论中检视程的行为与损害结果之间的因果关系和责任的范围，从而质疑案件结果推论的粗糙，引出规范目的理论对问题分析的角度。两大问题中，第二大问题是核心问题。实际上，两大问题统合于法规目的的讨论，而以第二大问题表现出来。因此，本文讨论的其实就是一个问题：《道交法》第 22 条第 1 款适用于本案是否妥当？

我们当然可以从其他角度质疑《道交法》第 22 条第 1 款的适用问题，如"按照操作规范"是何种按照操作规范？但笔者不欲就此问题展开，因为笔者意图讨论的核心是该条款的保护目的。在警方看来，《道交法》第 22 条第 1 款是保护被害人的法条规范，即本案的保护规范。围绕第二大问题，下文从以下四个问题进行探讨：

（1）该不该探究保护规范的目的，其意义和作用是什么？

（2）如何确定保护规范的目的？

（3）保护公益的规范可不可以成为私人利益请求的依据？

（4）在法规目的无法适切解决该条款适用是否妥当时，如何另辟蹊径？

针对第一个问题，笔者拟从确定归责标准的法规目的说和我国实务中对法规目的的探究等两个方面展开论述；对于第二、三两个问题，拟参考行政法中较为成熟的保护规范理论和法国特定规范或强制性规范法规目的的标准；对于最后一个问题，笔者欲从宪法条款第三人效力和民法中适用公序良俗条款的经验进行分析。以上也是本文的主体结构。主体结构的前一部分是本部分，最后一部分是结论。

二、被案件遗忘的规范目的理论

程某在案发后认为：十个司机中九个在开车前都不会绕车看四周和车底的。与常人的经验一样，他认为车子碾轧卧在地上的人的概率极低。提起本案案发的概率与被告人的过失关联性，不得不提起英国侵权法上一起著名的案例 Bolton v. Stone 案。一天，斯通小姐（Miss Stone）走在她家外面靠近板球场的马路上，不幸被球场飞出的球击伤。她起诉板球俱乐部侵权、存在过失。案发环境是，板球场周围有 7 英尺的围栏，球场如陷入地下 10 英尺的盆地，因此围栏高于球场 17 英尺。击球运动员离围栏约 78 码，离原告近 100 码。与原告住在同一条马路并靠近球场的目击证人作证说，据他所知，30 年来，只有五六次球飞出击中他的房子或院子。俱乐部的两名成员认同他的观点。法院认为该案发生伤害的可能性低，球场地处偏僻，马路行人稀少，并且被告在该情形下已经采取所有可行的防范措施。板球场为社区提供了良好的服务，存在了 90 年，之前并没有伤人事件。法院认为，被告并没有违反注意义务，支持被告的抗辩。① 这起案件与本案在案发概率上具有相似性，但加害人被认定的注意义务却截然不同。

依循我国法院常用的因果关系理论，本案判决书采用了直接因果关系标准。实际上，因果关系理论是丰富的，与本案相关的因果关系理论包括以下几个。

（一）与被害人一方行为相关的因果关系理论

1. 必要条件和实质因素说

柏虽然不能控制自己的行为，但是就地躺在汽车前轮前，应该预见发生事故的可能性。就这点来说，柏作为被害人是有过错的。而且柏是不是自甘冒险也是可以一辩的。② 此外，我们还可以参酌《美国侵权行为法》，该法整

---

① Bolton v. Stone，［1951］AC 850。

② 自甘冒险（assumption of risk）是指"受害人明知可能遭受来自于特定危险源的风险，却依然冒险行事"。自甘冒险的受害人对于加害人没有尽到注意义务的情形事先是预见到的。如，甲与乙一起共赴婚宴，宴毕，甲大醉仍坚持驾车回家，而乙为图方便上了甲的车，途中发生车祸导致乙受伤。因乙明知搭乘甲醉驾的车是十分危险的，乙对旦没有尽到行驶安全的注意义务的情形事先是预见到的，却仍然搭乘，属于自甘冒险。又如，张某未戴安全头盔开摩托车上班，结果被有过失的司机王某的汽车所撞，张受伤，其未戴头盔显然有过失，但其并不能预见会被王所撞，因此该案属过失相抵而非自甘冒险。当受害方自甘冒险出现赔偿责任时，一般采用过失相抵制度对加害方的赔偿责任进行相应的减轻乃至免除。见程啸："论侵权行为法上的过失相抵制度"，载《清华法学》2005 年 2 期，第 22~23 页。柏虽不能控制自己的行为，但应当预见到躺在某车车前轮前，在该车司机没有尽到注意义务时的结果。即便不是自甘冒险，从受害人及其家属的过失来看，适用过失相抵原则的可能性还是存在的。

编以必要条件说作为事实上因果关系认定的标准，以实质因素说作为辅助的标准。柏躺在车前轮的反常行为虽非案件发生的充分条件，但却是必要条件。实质因素说认为被告的侵权行为对损害的发生必须是一项重要因素（substantial factor）。[1] 无论是按照必要条件说，还是实质因素说，柏在案件中的过错比例都会不小。[2]

2. 相当因果关系和风险升高理论

被害人醉酒的情节让我们想起一例因醉酒导致的类似案件，即发生在2009 年 2 月 19 日的朱培训致死案。被告檀某叫了出租车送醉酒同事朱培训回家，因巷口窄，距朱家约 30 米时朱下车自己走了回去。次日早晨，朱被发现冻死在家门口。南京浦口区法院判决认为："朱培训是完全民事行为能力人，对饮酒的危害应该是很清楚的。对于自身死亡的后果，应承担主要的民事责任。而檀作为护送人员，在明知朱培训饮酒过多的情况下，其护送、帮助义务未能完成，从而导致朱培训在失去照顾的情况下丧失生命，也应承担相应的民事责任。"檀某须承担20% 的责任，赔付 10. 6 万余元。[3]当然，檀某和柏的家属一样都不是局外人，也就是说他们在各自的案件中都负担着一定的法律义务，檀某因邀请朱赴宴喝酒，家属是因为一同宴毕而归的亲属关系。作为确定因果关系之一理论的相当因果关系注重关注行为人的不法行为介入社会既存的状态，并对现存危险程度有所增加或改变。也就是说，行为人增加受害人既存状态的危险，或者行为人使受害人暴露于与原本危险不相同的危险状态，行为人的行为就构成结果发生的相当性原因。[4] 同样，依照德国著名刑法学者 Roxin 提出的风险升高理论，认为只要违反注意义务的行

---

[1]　陈聪富：《因果关系与损害赔偿》，北京大学出版社 2006 年版，第 63 页。

[2]　《道路交通事故处理办法》第 17 条第 1 款："公安机关在查明交通事故原因后，应当根据当事人的违章行为与交通事故之间的因果关系，以及违章行为在交通事故中的作用，认定当事人的交通事故责任。"

[3]　未名："醉酒男子冻死家门口 送其回家同事赔十万"，载《重庆晚报》2009 年 12 月 20 日第 013 版。案件讨论中，有网友举出美国加州的立法例子，认为檀某作为好心人，可以免责。这就是加州议会司法委员会于 2009 年 6 月以 75 比 0 的票数通过"好心人免责条例"。

[4]　陈聪富：《因果关系与损害赔偿》，北京大学出版社 2006 年版，第 8 页。

为增加了法益侵害的风险，则该行为就应该为结果的出现负过失责任。[1] 虽然柏的家属是受害方，但以上两种理论并非不可以参考，因为王女士及其女儿因"护送、帮助义务未能完成"，增加了柏某某在户外活动的危险，从而导致柏某某"在失去照顾的情况下丧失生命"。由是，她们是否也存在过错并应承担一定的责任呢？

（二）与被告人一方行为相关的因果关系理论

与被告人一方行为相关的因果关系理论有直接因果说、可预见说和回避可能性理论。

根据判决结果，很难说警方在确定事故责任的时候没有受到直接因果说的影响。因为我国侵权行为法因果关系传统理论中一直存在直接原因和间接原因的区分。在事故认定书中，警方认定程的行为是造成事故的直接原因。直接原因直接作用于损害结果，在损害的产生、发展过程中，表现出某种必然、一定如此的趋势。而间接原因则透过第三者介入因素对损害结果起一定的作用。然而，并不是所有的直接原因都构成法律上的原因，它要经过因果关系相当性或可预见性的检验。在英美法侵权行为因果关系理论中，"直接结果说"在过失侵权场合已经让位于可预见说，只在故意侵权场合还继续适用。因为如果在过失侵权场合让加害人要为其行为的所有直接结果承担责任，这就包括加害人可能甚至是完全不可预见的结果，那么责任范围就会过大而责任负担就会过重。[2] 通过事后在事发地点进行的实验，警方认同了程某等人的说法：上车前确实看不到有人躺在右车轮前，只有往前走过前车门一米左右后，才能看到。如此看来，依据可预见说，参照英美法中通常人，即理性人在这种情况下可能行为的标准，也就是程某在记者面前所说的十个司机有九个不可能在开车前看看车子的四周，司机在此时所见所闻是无法预见车前躺着有人的。因果关系与生活经验会产生如上推理。但法条规定的"按照操作规范"，其中的操作规范为何？如何解释？这涉及法规定的合理性的问

---

[1] 王皇玉："医疗过失中的因果关系：从邱小妹人球案谈起"，载《台大法学论丛》2012 年第 6 期，第 741 页。

[2] 叶桂峰、肖华："由'五月花餐厅案'论侵权法因果关系理论的若干问题"，载《判解研究》2004 年第 5 辑，第 186～188 页。

题。对此，笔者不欲展开探讨。而是从法规的保护目的来探讨《道交法》第22条第1款适用的妥当性问题。

在刑法定罪过程中，涉及过失犯因果关系审查时，在确定事实因果关系之后，下一步进行客观归责。这种法律上的归责评价就过失犯而言，最重要的归责评价有二：一是保护目的关连性（Schutzzweckzusammenhang）的审查，二是结果与义务违反的关连性（Pflichtwidrigkeitszusammenhang）的审查。前者主要判断结果的出现是否属于注意义务的规范保护范围内的危险。这一问题在本案中涉及《道交法》第22条第1款，由于该条是本文的重点分析的内容，容后再叙。那么我们看看第二个标准。义务违反关连性的审查主要解决一个假设的问题：如果行为人在该案件中的行为合乎注意义务，会是什么结果？是案件结果得以避免，还是案件结果依然发生？如果是后者，则此一结果实属客观上无可避免的结果，因而不能归责于被告的行为。这种"假设遵守合乎规范行为"的"合法替代行为"的概念，在刑法学说称为"回避可能性理论"（Vermeindbarkeitstheorie）。如果行为人遵守了注意义务，结果仍然会发生，该结果应属客观上无法避免的结果，则行为应视为并非实现危险结果的行为从而行为人没有过失。[①] 关键是，案发前，程某的注意义务是什么？按照警方给出的两大法条：《道路交通安全法实施条例》第67条和《道交法》第22条第1款，前文已经表明前条于此适用不当。《道交法》第22条第1款说规定的"安全驾驶、文明驾驶"显然所指含义不甚确切，也可以解释为极高的注意义务，让被告人无法免责。在这种情况下，就必须回到保护目的关连性的审查。易言之，必须探讨《道交法》第22条第1款的保护目的，即该条款的法规目的是什么？是个人利益的条款，还是公共利益的条款？这个问题恰恰被警方所忽视，由于"强行"适用，带来逻辑上的问题。

三、与确定归责标准相关的法规目的说

本案被告人是否存在过失，从各个不同的理论和角度会得出不一样的结

[①] 王皇玉："医疗过失中的因果关系：从邱小妹人球案谈起"，载《台大法学论丛》2012年第6期，第737～740页。

论，毕竟视角的不同导致所关注的内容不同。而司法面对的任务就是要在各种角度中选取最切合案件实际的理论，以此展现法律的公平和正义。遗憾的是，区法院只是简单的认定被告人的有责性，认同警方对法条的选取和适用，并没有细究法条对案件而言是不是"合身"的。

相当因果关系说发源于德国，因其内容抽象不确定，难以合理界定损害赔偿的范围。由此转向衰落，代之而起的是法规目的说。该说主张侵权行为所生损害赔偿责任应在探究侵权行为法规的目的基础上来决定。其理论依据除了相当因果关系说存在的缺点外，另有：行为人就其侵害行为所产生的损害应否负责是一个法律问题，属于法规判断的范畴，所以要按照法规目的进行认定。法规目的说由 Rabel 于 20 世纪 40 年代提出，60 年代由 v. Caemerer 加以发扬，终成德国通说。王泽鉴教授认为："依法规目的而判定某项损害应否归于行为人负担，实具说服力。"现今，德国多数学者认为对损害赔偿案件可以先行确定有无相当因果关系，而后再探究归责是否符合规定目的。在德国侵权归责中争论最多的是"道路绿地案件"。案中因甲驾车疏忽导致车祸，从而致使交通阻塞。乙等因不耐久等，便驾车碾过道路两侧绿地而去，甲应否对该绿地所有人丙所受损害负赔偿责任？德国法院认定其间存在相当因果关系，也因此饱受质疑。学界认为于这类案例应依法规目的否认甲的赔偿责任。驾车疏忽对车祸受害人固然应该担责，但两侧绿地免受侵害就不是甲违反的行为义务所保护的目的和范围。①

英美法院实务中也适用了法规目的说标准，普通法上也存在法规目的说。英国早期探讨法规目的的案例是 1874 年的 Gorris v. Scott 案，原告 Gorris 雇被告 Scott 从境外用船运送绵羊。按照 1869 年的《预防（动物）传染病法》[the Contagious Diseases（Animals）Act 1869]，牲畜须用围栏隔离，并将其腿固定。被告没有遵法而行，后来羊群越过船舷坠入海中。原告起诉被告要求赔偿，理由是被告没有依法捆绑羊只的腿和进行隔离。英国财政法院（Court of Exchequer）认为法规的目的是防止传染病的传播，具体到该案是防止运送过程中不同种类的动物混杂导致感染传染病。原告请求的赔偿与立法

---

① 王泽鉴：《侵权行为法》，中国政法大学出版社 2001 年版，第 221~223 页。

目的无关，其诉讼请求无法予以支持。[①]

美国法院依据法规目的，在 Morales v. City of New York 一案中否定了原告的诉讼请求。被告是一家汽油加油站，某夜出售汽油给了持有塑料牛奶瓶的加害人，该加害人用所购汽油焚烧原告的房屋。原告认为依法被告不得出售汽油给持有塑料瓶的顾客，因为塑料牛奶瓶不是依法许可的装油容器，被告在夜间不易获得合法的购油容器。如果不是被告违反法令售油，加害人将无法在夜间获得汽油焚毁原告房屋。法院在判决中认为，该案法令的目的是避免汽油外漏或爆炸，保证汽油运送和储存的安全，而不是增加夜间购油的困难。被告违法与原告损害之间并没有合理的因果牵连关系。[②] 另外一个案件是 Kernan v. American Dredging Co. 案。一位拖船上的海员因所拖的平底船上一只开放式的煤油灯引燃的大火丧生，油灯引燃大火是因为河面上漂浮着大量的散发极易引燃气体的汽油制品。油灯距离水面不到三英尺，而如果按照《海岸警卫条例》（Coast Guard regulations）八英尺的规定，油灯就不会引燃大火。海员的财产管理人 Kernan 由此提起赔偿诉讼。联邦地方法院判决原告败诉，理由是该案法规目的是增强船舶能见度，不是避免引发火灾。案件经过巡回上诉法院后提交到了联邦最高法院。最高法院以 5 比 4 放弃了普通法中的法规目的说，而转向具体化《联邦雇主责任法》（the Federal Employers' Liability Act）条款的《琼斯法》（the Jones Act），将重点放在保护劳工的权益上。布伦南大法官发表了多数意见，认为海员的雇主虽然没有过失，但是雇员的死起因于对《海岸警卫条例》关于航行规定的违反，所以应该担责。[③] 该案并不是表明法规目的说的失效，而是体现了法政策左右了案件的判决，法政策比归责理论更能决定法官对案件的判决结果。

以法规目的的标准来否定原告诉讼请求的案件还有 1992 年裁判的 Lua v. Southern Pacific Transportation Co. 案。1977 年 9 月，原告农场工人 Panfilo Lua 到洛杉矶找工作，为了在预定时间赶到，一路疾走。路过车道口时，被

[①]　Gorris v. Scott, (1874) L. R. 9 Ex. 125.

[②]　Morales v. City of New York, 70 N. Y. 2d 981, 521 N. E. 2d 425 (1988). 转引自陈聪富："侵权行为法上之因果关系"，载《台大法学论丛》2000 年第 2 期，第 292 页。

[③]　Kernan v. American Dredging Co., 355 U. S. 426 (1958).

一列停在道口的火车挡住无法通行。其时，控制道口交通的护栏臂（traffic control crossing arms）已经抬起，信号灯不再闪烁，铃声也停了。Lua 不知道用手表，也不知道看时间。在估计自己等候了 10～15 分钟后，便爬上火车。在脚踏连接器的时候，火车开动了，由此他受伤了，而后起诉铁路公司。按照法令规定，火车停在道口时，如果有人、车在等候，火车必须在 10 分钟内离开。根据立法听证会，立法的理由在于阻断道口将侵害大众使用街道的自由，并可能对交管部门造成重大的交通问题。为了公众利益，立法要求道口畅通，以便将大众耗费的时间减至最少。法院认为，基于上述立法理由，系争法规目的是交通通畅和避免交通迟延所致的损害，行人安全不在本法目的的范围内。[1]

当然，美国法院在运用法规目的理论时，也有过犹不及的时候。这就是 1921 判决的 DiCaprio v. New York Central R. R. 案，纽约州铁路法规定，铁路公司应在铁道两旁砌起围墙，以免马、牛、羊与猪等牲畜进入轨道，否则铁路公司应承担所有家畜损失的赔偿责任。同时规定，如无必要，则无须修围墙。被告公司的铁道经过原告农场的地方，没有修筑围墙。原告的牛被火车撞死，原告依法获得被告赔偿。之后，原告两岁的儿子在无人看护的情况下，进入铁轨时被火车轧死。被告抗辩说法规要求修建围墙的目的是避免家畜进入，而可能导致对家畜所有人的损害，以及火车员工和乘客的危险，对于人类进入铁轨的安全，不属于责任的范围。法院认为，依据该案法规目的，未修围墙以致动物进入铁轨，导致火车肇事及人员受伤，被告应负赔偿责任。但该法规目的并不是保证人类无意识进入铁道的安全，因而被告的抗辩是有理由的。[2]

法规目的说存在的问题是如何确定法规的目的以及目的之下受侵害的权利是否属于受保护的范围。这就需要发达的法解释学说。裁判中所考虑法规目的往往是法官裁量的结果。有的时候是法官综合经济、社会发展、权利平衡等各方面因素的结果。Kernan 案就是这种方法的体现。

---

[1] Lua v. Southern Pacific Transportation Co. , 6 Cal. App. 4th 1897, 9 Cal. Rptr. 2d 116；陈聪富："侵权行为法上之因果关系"，载《台大法学论丛》2000 年第 2 期，第 293 页。

[2] 陈聪富："侵权行为法上之因果关系"，载《台大法学论丛》2000 年第 2 期，第 292 页。

如何确定法规目的，将在第五部分中借鉴行政法学中的保护规范理论进行论述。接下来我们把目光转到国内，看看国内司法适用法规目的标准的情况。

四、法规目的标准在我国实务中的运用

下面列举了两岸涉及法规目的的案例，从其中表述的判词可见法规目的在案件中是如何适用的，法规目的又如何影响了责任的最终认定。

台湾地区"最高法院"在1993年台上字第200号民事判决中称："李雅樵未经查证，即印发不实之竞选传单，指摘李宗藩为花心博士，只见新人笑，不见旧人哭，影射其有婚外情，纵李宗藩为县长候选人，其私德并非与公益无关，惟李雅樵就足以毁损李宗藩名誉之事散布于众，对于发生侵害李宗藩名誉之结果，不能谓非具有故意，复不能证明其所诽谤之事为真实，即难认有免责之事由存在。唯本件系因李宗藩未向我国户政机关办理结婚登记，致使李雅樵认其有婚外情而加以渲染影射，是李宗藩此种不作为与李雅樵之作为均为造成本件损害发生之共同原因，自有'民法'第二百十七条第一项过失相抵原则之适用。"台湾学者陈聪富曾对法院的该起案件作出批评，运用的就是法规目的理论。他认为：结婚登记目的并不是避免他人误解当事人发生婚外情。是否登记与他人毁谤其婚外情之间似无因果关系。接着又以预见可能性进行分析：该案名誉受损的被害人，未结婚登记，因被害人无法预见，未办理结婚登记足以成为被毁谤致名誉受损的原因。因此，难以认为被害人违反了注意义务。[①]

下面是大陆地区三例与规范目的有关的案件。

2011年12月14日，在上海市浦东新区一交叉路口，被告李某驾驶重型自卸货车（该车挂靠于被告某公司名下）与骑行电动自行车的原告发生碰撞。导致两车损坏、原告受伤。交警部门虽经多方调查仍无法查明事故成因，故未作出事故责任认定。原告起诉要求：被告中国某财产保险股份有限公司新疆分公司先行在交强险及商业三者险的责任限额范围内承担赔偿责任（并要求在交强险责任限额范围内优先赔偿精神损害抚慰金）。不足部分，由被

---

① 陈聪富：《侵权违法性与损害赔偿》，北京大学出版社2012年版，第197页。

告李某、某公司承担连带赔偿责任。诉讼中，被告某新疆分公司提出被告李某未具备特种车的操作证，保险公司依据合同约定可免除商业三者险的保险责任。浦东新区法院认为："首先本起事故发生于机动车在道路上通行期间，而非实施特种作业中，作为机动车驾驶人的被告李某只需具备相应驾驶资格即可，其不具有特种作业操作证的行为与本起事故的发生之间不存在因果关系，况且现实中还存在驾驶车辆通行及实施特种作业可由不同之人分别作为的情况；其次被告某新疆分公司据以引用的商业三者险免责条款中关于'使用各种专业机械车、特种车的人员'的约定，从设立特种作业操作证制度的规范目的来理解，应作缩限解释，仅限于实施特种作业的人员，而不应包括驾驶机动车通行的人员，否则难免有规范过宽之弊端；综上本院对被告某新疆分公司的相关免责意见不予采纳。"① 该案审理法院针对的是保险合同中的免责条款的规范目的。至于特种作业操作证制度具体所指并没有列明。《特种作业人员安全技术培训考核管理规定》第 3 条规定："本规定所称特种作业，是指容易发生事故，对操作者本人、他人的安全健康及设备、设施的安全可能造成重大危害的作业。特种作业的范围由特种作业目录规定。本规定所称特种作业人员，是指直接从事特种作业的从业人员。"该规定的目的是提高特种作业人员的安全技术水平，防止和减少伤亡事故（第 1 条）。法院并没有将李某的行为视为是特种作业，而是机动车驾驶行为。机动车驾驶并不在特种作业目录的范围内。

第二例案件是一起教育赔偿案件。2006 年 12 月 5 日，阜新公路学校的学生原告张某某与被告齐某及另几位同学在教室内嬉闹，齐某不慎将张某某脚关节弄伤。为此，张花费治疗等相关费用一万余元。原告认为由于该起事故发生在学校，学校管理教育不当，应与被告共同负担事故赔偿责任。《最高人民法院关于贯彻执行〈中华人民共和国民法通则〉若干问题的意见（试行)》（以下简称《意见》）第 160 条规定，在幼儿园、学校生活学习的无民事行为能力人，受到伤害或者给他人造成损害，单位有过错的，可以责令这些单位适当给予赔偿，该条可否涵括非无民事行为能力人。海州区法院认为：

---

① 上海市浦东新区法院〔2012〕浦民一（民）初字第 37929 号民事判决书。

"要探求该条规定的规范意旨、规范目的及在多种价值竞争情形下的价值衡量与选择……在订定有关在校学生伤害事件的法律规范时，既要考虑受损害学生的利益保护，又不能忽视学校教育的特性，使学校担负力所不能的责任，阻碍教育事业的有序发展。"区法院的这段论述，结合了立法的目的，从立法的角度和社会发展的视野进行了有力的分析，是笔者所见我国少有的说理较为深刻的判决。在广为论述法规目的与价值衡量的同时，区法院不但否定了限制行为能力的学生、精神病人以外的学生对学校的求偿权，而且一定程度上也在反思《意见》第160条在适用时背离法规目的的问题。紧接着法院直指诉讼请求的问题："即使认为事件发生在自习课上，原告张某某与被告齐某，作为已满17周岁的学生，应当如何遵守自习纪律，应否嬉闹，是有足够的认定……在该起伤害事件中，被告阜新公路学校不承担民事赔偿责任。"①

第三例案件有关著作权侵权案。上诉人上海某豆网络科技有限公司在经营的土豆网上为其注册用户提供信息网络存储空间服务。注册用户可自行选择将其视频等文件上传至该网供其他用户免费点播观看。其中包括了被上诉人上海德森影视传媒有限公司在授权期限及授权区域内享独家信息网络传播权的电视剧《我的傻瓜老婆》。德森公司起诉某豆公司侵害其信息网络传播权。上诉中，双方争执的其中一个焦点是：某豆网上传播的视频添加了"某豆网"和"×××××．com"水印，而且这种水印在作品被下载脱离某豆网后仍然存在于作品中，这种行为是否构成对作品的"改变"。因为这涉及上诉人主张免责的依据《信息网络传播权保护条例》第22条所规定的五大免责事由之一："未改变服务对象所提供的作品、表演、录音录像制品"。结合《著作权》法条中出现的两次"改变"一词，一中院认为："该如何解释'改变'的含义，还必须考虑《条例》的规范目的，作出符合法意的目的解释……如果作广义的解释，这种添加行为或许属于改变，问题在于这样解释显然不符合《条例》的规范逻辑和规范目的……这一改变行为是否会侵犯权利人依《著作权法》的规定所享有的某项权能呢？答案应该是否定的。因为

---

① 辽宁省阜新市海州区法院〔2008〕阜海民权初字第186号民事判决书。

添加水印的作用在于提示作品传播的来源，来源信息没有替代电视剧中的权利管理电子信息，也不改变作品的表达，不会对权利人的著作人身权的行使造成侵害，也不妨碍权利人通过转让或者许可的方式行使著作财产权。"[1] 依据《条例》第 1 条，其规范目的除了保护权利人的创作和信息网络传播权外，同时鼓励作品的传播。

以上三个案例中，有两个属于上海法院的判决案例。这只不过是笔者的不经意间的选取。当然，以上运用法规目的标准的案例并不表明法规目的说在我国法院已经普遍接受。只想说明，我国法院并不排斥该学说。在涉及法规目的标准的案件中，我国判决中涉及机动车第三者责任强制保险赔付案居多，案中常常强调《道交法》第 75 条（第三者责任强制保险）的立法目的，保险公司主张不予赔偿不成立云云。对以上三个案件在确定规范目的时考虑的因素，我们不妨列表进行对比。

表 1　三个案件中确定规范目的时考虑的因素

案例	涉及的规范	考虑的规范的目的	确定规范目的时考虑的因素
一	合同中的免责条款	驾车行为是否为条款涵摄的问题	设立特种作业操作证制度的规范目的
二	《意见》第 160 条	保护的是否包括非无行为能力人	探求该条规定的规范意旨、规范目的和利益的平衡
三	《条例》第 22 条	添加水印的行为是否属于未改变作品的行为	《条例》的规范目的、双方权利的平衡

由上表 1 三个案例的情况可见，在确定规范目的时，大陆法院较常考虑的因素是设立整个制度的目的和双方利益的平衡。

五、借鉴保护规范理论确定法规目的

《道交法》既是私人主体之间解决民事纠纷的依据，也是行政主体规范交通、处理案件的依据。因此，《道交法》不是单纯的民事法律，也不是单

---

[1]　上海市第一中级法院〔2010〕沪一中民五（知）终字第 142 号民事判决书。

纯的行政法律，而是公私混合的法律。从《道交法》第22条第1款规范的内容来看，可以确定的是该款规定了驾驶人的义务。这些义务针对的对象无非有三种：交通行政管理部门、公众和特定的个人或群体。联系后面两款，[①]这些义务针对的对象应该是公众，即其目的是公共利益。结合本案，无法明确的是，有没有暗含原告的求偿权。要解决该条款在保护公共利益的目的下，有无兼具保护私人利益（求偿权），需要运用解释法条的工具。行政法学相对侵权责任法学在这方面要成熟一些，又虑及《道交法》公私兼顾的性质，所以我们不妨借鉴其解释路径。[②] 该理论是围绕诉讼权能（核心是主观公权利）展开的保护规范理论。

主观公权利，又称公法权利、公权、公权利，是指行政相对人根据实定法规范的规定，可为自己的利益，请求行政机关作出一定行为或不作出一定行为的资格。[③] 所谓保护规范（Schutznorm），指一切的公法法规按照其目的，是专用以保护或增进特定或可得特定人民的权利或利益的规范，或其虽在维护公益，但同时也有保护或增进特定或可得特定人民的权利或利益的规范。[④] 主观公权利栖身于保护规范，是诉讼权能的基础。

台北"高等行政法院"在2007年诉字第2127号判决中认为："行政处分受处分人以外之第三人有无得以主张自己的权利受违法损害之'诉讼权

---

① 这两款规定为："饮酒、服用国家管制的精神药品或者麻醉药品，或者患有妨碍安全驾驶机动车的疾病，或者过度疲劳影响安全驾驶的，不得驾驶机动车。任何人不得强迫、指使、纵容驾驶人违反道路交通安全法律、法规和机动车安全驾驶要求驾驶机动车。"

② 民事侵权行为有三种类型：权利侵害类型、违反公序良俗侵害类型和违反法律侵害类型。最后一类对侵权行为的规定属"转介条款"，转介立法者未直接规定的公法强制规范成为民事规范，是为了填补非对世权遭到侵害无法条保护的漏洞，并调和公、私法之间的价值冲突。转介条款应该是"保护他人的法律"，德国通说认为，这"是指任何以保护个人或特定范围之人为目的之公、私法规，但专以保护社会公益或社会秩序为目的之法规则不包括在内。"参见张红："论一般人格权作为基本权利之保护手段——以对'齐玉苓案'的再检讨为中心"，载《法商研究》2009年第4期，第49页。这里借鉴行政法上的保护规范理论来探讨民事侵权中的法律适用问题，可视为转介条款的"同向运动"吧。

③ 李惠宗："主观公权利、法律上利益与反射利益之区别"，见台湾行政法学会主编：《行政法争议问题研究（上）》五南图书出版股份有限公司2000年版，第143页。

④ 蔡志方：《行政救济与行政法学（三）》，学林文化公司1998年版，第224页。转引自周瑞堂：《建筑执照使用执照核发与国家赔偿责任——以保护规范理论解析最高法院九二一地震相关判决》，台湾岭东科技大学2011年硕士论文，第61页。

能'，则需就有无以保护该第三人利益为目的之'保护规范'存在定之，……第三人如仅属所谓的'反射利益'受损害时，即不足以作为得于行政诉讼主张自己的权利受违法损害之'诉讼权能'。"反射利益是当规范目的只是维护公益，而个人只是作为社会大众的一份子享受法律执行的反射结果时，体现的事实上的利益。当事人不得仅因反射利益受影响而提起行政诉讼。单纯经济上利益（如单纯获利机会）、政治上利益（如个人政治声望）、文化上利益或精神上、理念上利益都属于反射利益。① 如何确定主观公权利呢？主观公权利必须具备下列三要素：（1）公法法规课予行政主体一定行为义务（作为、不作为、容忍），包括无瑕疵行使裁量权的义务；（2）公法法规的规范目的不只是维护公益，也含有保障个人的规范目的；（3）公法法规赋予个人可以维护自己利益的法律上之力。②

法规范的词句简便，其内容是否存有主观公权利往往不甚清晰，而须借助相关理论进行分析加以确定。为此，我们可以回顾一下保护规范理论的发展历史。

19 世纪后期德国公法学者 Ottmar Bühler 认为当法规的颁订，有利于特定人或特定范围的人，以满足该等人民的个人利益，而非仅在公共利益时，法规范即赋予臣民主观公法上的权利。Bühler 的观点成为后世保护规范理论的基本思维。在无法确定是否为保护规范时，如果从某一规范意旨不难看出其事实上有利于个人利益的，即可推定兼有保护公共利益与个人利益的目的。进入 20 世纪后，德国学界将"二战"前的学说称为旧保护规范理论（Alte Schutznormtheorie），而战后的学说则称为新保护规范理论（Neue Schutznormtheorie）。比较新旧保护规范理论，可以发现他们的思考路径是一样的：先确认是否有客观法规存在，再进一步索解该法规的保护取向是否兼而保护个人利益。他们间的两个的差异点是：旧保护规范理论认为公权利的探求应首先从宪法入手，着重自由权与财产权，基本权利是一种公法上权利。新保护规范理论主张应先从法律入手，而不是宪法基本权利的规定，强调法

---

① 盛子龙："撤销诉讼之诉讼权能"，载《中原财经法学》2001 年第 7 期，第 6 页。
② 陈英钤："撤销诉讼之诉权"，见台湾行政学会主编：《行政法争议问题研究（下）》，五南图书出版股份有限公司 2000 年版，第 987 页。

律优先原则。另一个不同点是他们的探求重点。旧保护规范理论强调以立法者主观意旨为主探求法规意旨。新保护规范理论则认为，应不限于立法者的主观意旨（立法者的立法目的），还包括客观的意旨（综合立法因素）。① 新旧保护规范理论又被称为二元行政法律关系下（公私法关系）所惯行的推定公式（Vermutungsformel）。对此，学者 M. Schmidt‐Preuß 提出将思考重心从传统的探求法规范是否具有保障特定人个人利益的目的，移转到找寻法规范是否包含有私人利益冲突的调和方案上。如有，即认为存在主观公权利。这就是所谓的多元的冲突调和公式（multipolare Konfliktschlichtungsformel）。②

台湾地区似乎比 M. Schmidt‐Preuß 走得更远，在一则判决中，法院结合法律的整体结构、适用对象、所欲产生的规范效果及社会发展因素等综合判断，如果可以推出有保障特定人的意旨时，就认为存在主观公权利。③

在日本实务界已经有若干判决突破严格的法律保护利益说，对于机场、原子炉、水坝、高尔夫球场附近居民的利益视为应该给予保护的个别利益。但对消费者利益、学术研究上的利益、环境上的利益、团体原告的适格问题，则持消极态度。④ 从比较法的角度来看，德国采用受害人诉讼制度，侧重个人权利的保护，实为罕见。而其他欧美大多数国家采用的是以利益人为标准的诉讼制度，侧重客观法秩序的维护。纵观不同的标准，受害人诉讼标准并非天然的标准，是可以修正的。⑤

为了追寻《道交法》的立法目的，笔者翻阅了全国人大当年的立法说明，但无法确定第 22 条第 1 款是否兼具保护私人利益的目的。从客观上来说，当时的立法环境有没有这样的目的呢？这需要进一步的探究。那么该条

---

① 李建良："保护规范理论之思维与应用——行政法院裁判若干问题举隅"，见黄丞仪主编：《2010 行政管制与行政争讼》，中央研究院法律学研究所 2011 年版，第 3～5 页。

② 詹镇荣："保护规范理论之应用——以第三人提起课予义务诉愿为中心"，见台北市政府网：http://www.appeal.taipei.gov.tw/ct.asp? xItem = 5732136&ctNode = 6424&mp = 120031，访问时间：2013 年 9 月 1 日。

③ 参见台北"高等行政法院" 2008 年诉字 3255 号判决书。

④ 黄锦堂："论环境法之诉权——高雄高等行政法院九十五年度诉字第一〇六一号判决评论"，载《法令月刊》2011 年第 1 期，第 17 页。

⑤ 刘如慧："欧洲法对德国行政法的影响——以个人权利保护之诉讼权能为例"，载《成大法学》2009 年第 17 期，第 36 页。

款是否存有多元的冲突调和公式呢？显然是没有的。依据台湾地区法院更广视域的标准以及考虑到近年来公权利标准的放松，结合法律的整体结构、适用对象、所欲产生的规范效果及社会发展因素等综合判断，并非不可以推出其有保障特定人的意旨而存在个人的求偿权。

我们还可以从前述的三个案件确认的法规目的的标准来看该条款。《道交法》第1条规定："为了维护道路交通秩序，预防和减少交通事故，保护人身安全，保护公民、法人和其他组织的财产安全及其他合法权益，提高道路通行效率，制定本法。"从中我们无法读出立法目的倾向的是保护司机还是道路上的人。如果从利益均衡的角度，该条款如果不保护受害人似乎过于绝然。如果从维稳的法政策来说，安抚受害人家属更属应当。如果从法国的标准来参考，认定该条款可以保护个人利益也应该没有问题。因为法国法中行为人违反特定的或强制性的法律规定时，就构成不法。并且不究问该法律规定的目的是否是专门保护被害人免于损害。该条文为一般利益而制定，对任何人都有效力，所以保护任何人。这种义务是绝对的义务，而不是相对的义务。这里的法律规定涵括广泛，包括法律、命令、行政规则、道路法规、道义性规则、都市计划法规，乃至配偶间的同居义务等。①

从以上分析来说，适用《道交法》第22条第1款于本案是可取的。但是，且慢，当我们跳脱法规目的的纠缠时，按照法条的优先适用顺序和厘清该条款的逻辑结构得出的结论似乎更有说服力。

六、宪法条款第三人效力和民法公序良俗条款适用的启示

我们跳脱法规目的的讨论，换个角度提出以下问题：（1）在顾及其他条款的基础上，该条款是否可以优先适用？（2）从条文结构上来看，该条款只有行为模式，并无法律后果。该如何面对法律后果问题呢？在回答以上问题之前，须回顾一下亦公亦私的两例典型案件。

（一）宪法条款第三人效力的启示

齐玉苓诉陈晓琪受教育权侵权案被称为我国"宪法第一案"。2001年最

---

① 陈聪富：《侵权违法性与损害赔偿》，北京大学出版社2012年版，第5页。

高法院出台的批复（法释〔2001〕25 号），① 认为："陈晓琪等以侵犯姓名权的手段，侵犯了齐玉苓依据宪法规定所享有的受教育的基本权利……"批复的出台引起学界一度热议，各种观点、角度纷繁斑驳。② 2007 年停止适用决定作出之后，现在对当时的热点进行冷思考，笔者认为，无论批复带来的问题是什么，有一问题是可以确定的，那就是用宪法规范来解决所谓的民事问题带来的争议。③ 在德国历史上，Nipperdey 主导下的劳工法院主张宪法条款直接适用于民事案件，这一步跨得太快，引起诸多的批评。联邦宪法法院于 1958 年 1 月 15 日在著名的"路特案"中，否认《德国基本法》有直接、绝对的对第三者的效力，该观点得到学界的普遍赞同，虽在理论内容方面需要加强。④ 以宪法精神、原则在民事法律内寻求相应的救济途径才是可行的方式。将齐案的受教育权戴上宪法权利的帽子，是一种将民事案件往宪法上硬搬的做法，其有违宪法权利、违宪审查制度等宪法基本原理。批复的废止是对待明显瑕疵必要的做法。⑤ 如果对宪法条款第三人效力进行概括的话，其实就是适用优先原则。该原则"指适用法律机关（如法院）适用法律规范审判时，应优先适用低位阶之法规范，不得径行适用高位阶之法规范，除非缺乏适当之低位阶法规范可资适用"。⑥

　　宪法条款第三人效力带给我们的启示是，如果侵权归责中有归责的法条依据，就应该适用该条作为审查依据，而不是舍近求远去寻找与其不太相关的条款。对程某案，在确定双方责任时，《侵权责任法》中诸多的条文及《道交法》第 77 条（车辆在道路以外通行时发生的事故，公安机关交通管理部门接到报案的，参照本法有关规定办理）都可以加以考虑，如《侵权责任法》第 26 条规定："被侵权人对损害的发生也有过错的，可以减轻侵权人的

---

① 批复已被《最高人民法院关于废止 2007 年底以前发布的有关司法解释（第七批）的决定》废止（2008 年 12 月 8 日由最高人民法院审判委员会第 1457 次会议通过，2008 年 12 月 24 日起施行）。

② 郑贤君："停止适用齐玉苓案批复之正面解析"，载《法学》2009 年第 4 期，第 10 页。

③ 受教育权并不在民法及侵权法的权利目录里，根据民事权利法定原则，受教育权不是民事权利，应该是主观公权利。关于"民事权利法定原则"的问题可参见梁慧星："少女失学何须宪法断案——宪法司法化的冷思考"，载《法学天地》2002 年第 4 期。

④ 陈新民：《德国公法学基础理论》，山东人民出版社 2001 年版，第 287～343 页。

⑤ 马岭："齐玉苓案批复废止理由析"，载《法学》2009 年第 4 期，第 18 页。

⑥ 许宗力：《法与国家权力》，月旦出版公司 1998 年版，第 64 页。

责任。"如前所述，被害人不但有过错，而且有可能是自甘冒险。警方强调《道交法》第 22 条第 1 款的适用，让人有远水与近火的感觉。

（二）民法公序良俗条款适用的启示

虽然我国民事法律中并没有公序良俗这一术语，但一般认为我国民事立法中的"社会公共利益和社会公德"条款体现了这一概念。① 公序良俗条款在我国司法史上最为著名的案件应是张某某诉蒋某某遗产案。② 在诸多的支持与反对的声音中，有篇论文的质疑与解决方式较为切入症结。③ 作者提出的疑问是：是否所有与婚外同居行为有关的赠与都违反了公序良俗条款？解决的办法是：以公序良俗为依托，区分动机分别对待。因为并非所有与婚外情有涉的行为都是违反伦理原则和价值标准，所以就有必要区别对待。

准此，是不是只要出现损害结果一概认定违反了"安全驾驶""文明驾驶"的规定？要不要认清被告人的注意程度和考虑事故发生的概率？《民法通则》第 58 条明确规定违反公序良俗的法律后果无效。那么没有遵守《道交法》第 22 条第 1 款的法律后果是什么？该条款没有作出明确的规定。如果就如本案一样一律负担事故的全部责任，那么对于肇事方来说会显得过酷，不符合侵权法过错与责任相适应的原则。

七、结论

《道交法》第 22 条第 1 款是警、法在处理程某案时的核心法条，是适用于案件事实的主要法条依据。由于条款的内容本身并没有处理侵权问题的意旨，所以适用于本案存有诸多的疑问。从判决来看，作为受害方的保护规范，适用者尚未考究清楚其是否具有保护个人利益的规范目的。作为归责理论之一，规范目的理论有其独特的视角与解决问题的效果，而且我国实务在一些

---

① 《民法通则》第 7 条规定："民事活动应当尊重社会公德，不得损害社会公共利益。"第 58 条规定："民事行为违反社会公共利益的无效。"

② 参见四川省泸州市纳溪区人民法院〔2001〕纳溪民初字第 561 号民事判决书；四川省泸州市中级人民法院〔2001〕民一终第 621 号民事判决书。

③ 这篇论文为金锦萍："当赠与（遗赠）遭遇婚外同居的时候：公序良俗与制度协调"，载《北大法律评论》2004 年第 1 期。

判决中运用了该理论。借鉴保护规范理论，依据主观方面和客观方面以及多元的冲突调和公式标准来确定该条款具有个人利益保护目的均较为困难。如果从更广视域的标准以及考虑到近年来公权利标准的放松和法国法规目的的标准，认定其可以保护个人利益保护并非不可能。然而，当我们回顾两例著名案件，参酌优先适用原则和面对该条款缺失法律后果规定问题时，我们就会发现适用该条款所带来的问题。案件的判决，无论刑事部分，还是民事部分，都有斟酌的余地、改进的空间。本案所适用的条款更多的是交通管理部门进行交通管理时对机动车驾驶人的要求，这些要求能否构成入罪主观过失的标准呢？[①] 行政法与刑法的适用标准如何对接，需要进一步的论述。

　　基于以上分析，可以确定适用《道交法》第 22 条第 1 款于本案是不妥当、不可取的。

---

　　① 有关这方面的论述参见黄荣坚："论相当因果关系理论——评'最高法院'八十九年度台上字第七八二三号及台湾省'高等法院'八十九年度重上更（三）字第一四三号判决"，载《月旦法学杂志》2003 年第 5 期，第 326～327 页。

第十五章　行政迟缓的司法审查[*]

　　行政迟缓的显著特征是职责的履行逾越了时限，而这个时限并无明确的规定。判断是否构成行政迟缓需要依据处理类似案件所需的时间、行政主体的主客观因素、原告的损失以及被告提供的理由等因素加以确定。而且，在审查诉称构成行政迟缓的案件中，法院并不是万能的，必须尊重行政的专业特长和立法机关的立法优势。我国有关行政迟缓的案件在超时方面比较明显，法院的推理过程显得单薄。对于涉及行政迟缓案件的受理，可以参照美国穷尽救济原则和成熟原则的要求对我国的相关制度进行设计。认定行政迟缓的路径不应单一化，需要转换路径。行政迟缓问题的核心是决定案件处理时间及先后顺序的裁量权是否滥用。在此基础上，法院可以提供相应的救济。

一、行政迟缓的时限因素

　　提起行政迟缓总会让人联系起行政效率，效率之保障是通过时效制度、代理制度和不停止执行制度等行政程序制度来实现的。并且行政效率原则已经是行政程序中的主要原则。行政程序法中的效率原则应当确保在提高效率的同时不损害相对人的合法权益和不违反公平原则。[①] 而行政迟缓常见的情景是，相对人的权益受到侵害，相对人期待的行政效率难以企及。笔者无意

　　* 本文原载《湘潭大学学报》（哲学社会科版）2009年第4期。
　　① 姜明安主编：《行政法与行政诉讼法》，北京大学出版社、高等教育出版社2007年版，第379页。

在此畅谈行政效率原则于行政迟缓的意义及约束，只想探讨行政迟缓的构成和对其司法救济等相关问题。

搜索我国学者对行政迟缓问题的相关著作，笔者发现探讨这一主题的专文、专著是空白的——也许是笔者搜索不力。在收集英文文献的过程中，笔者发现也是很少。行政迟缓的英文表达是 administrative delay，在接触该词的初期，基于 delay 的诱导，笔者将其译为"行政迟延"，直到参考徐柄教授翻译的美国学者施瓦茨的《行政法》和周佑勇教授的著作《行政不作为判解》后①，接触到"行政迟缓"一词，眼前突然一亮：这才是对 administrative delay 的准确译法！行政迟延不但姗姗来迟，而且"延误"了法定的期限，是很明显的违法行为；行政迟缓虽然来者蹒跚，但是缓慢之行政行为是否构成违法之虞，却非明了，而有待司法的推论。周佑勇教授认为："迟延作为与行政不作为，都属于违背法定期限的违法行政行为，在这一点上两者具有十分相似的地方。所以，在美国，它们都被归属于行政迟缓之类，被认为是行政机关滥用自由裁量权之典型。但是，毕竟两者在行为方式上存在着明显的区别，前者虽然逾期但仍然属于一种行政作为，因而不能将它们相混同。"②不知徐柄先生翻译时否注意行政迟延与行政迟缓有所区别，但在周文中以及其他一些文章中，至少我们可以确定迟延是超越法定期限，逾越了规定的时效。③ 本文定义的行政迟缓没有明定的时限约束，而存在不确定时限的束缚。

就期限的种类而言，有法律、法规规定的时限即法定期限或者根据实际情况确定的合理时限。其中，合理时限包括以下四种：（1）参考时限——参考行政首长确定的办事时限，或行政主体的内部的办事规则、公文运转规则规定的时限，以确定行政行为应作出的合理时限；（2）实际时限——在既没

---

① 版本分别是［美］伯纳德·施瓦茨：《行政法》，群众出版社1986年版；周佑勇：《行政不作为判解》，武汉大学出版社2000年版。

② 周佑勇：《行政不作为判解》，武汉大学出版社2000年版，第49~50页。

③ 如杜文、史万森于2003年9月6日《法制日报》第1版撰文《向行政不作为和迟延作为开刀 内蒙古建立行政默认制度》，将内蒙古自治区党委、政府联合作出《关于进一步优化投资环境的决定》所指的未在3个工作日内办结的行政行为定义为行政迟延——超越了时限。对于行政迟延，有学者称之为"迟到之行政处分"。参见蔡志方："拟制行政处分制度之研究"，载《东吴法律学报》1990年第3期。

有法定时限，又没有参考时限的情况下，以行政主体习惯上处理同类事项实际所需的时间，确定合理的时限；（3）约定时限——当行政管理相对人依法提出申请，行政主体约定在一定期限内予以答复的，该约定时限可视为合理时限；（4）紧急时限——对某些紧急事项的处理，行政主体应当及时采取处理措施。① 正是期限的不确定，才有了讨论行政迟缓的必要。如果期限确定，超越期限作为，自然定性为违法。行政迟缓的期限是以以上划分的合理期限之存在为前提，四种时限中除约定时限外都有出现行政迟缓的可能。行政迟缓是一种违法的行政行为。认定一行政行为是否是行政迟缓，关键是从程序开始到行为的作出这一期间是否在合理的范围内，也就是如何界定合理时限。即便是紧急时限，由于财产或人身权保障的紧迫性，虽然行政主体提供的保障没有超过时限而成为行政不作为，但是如果其提供的保障没在合理的时限之内，造成损失的扩大，同样构成了行政迟缓。另外，即使是时限确定，但存在限定的情况，也可能存在行政迟缓的问题。如 2003 年卫生部发布的《突发公共卫生事件与传染病疫情监测信息报告管理办法》第 10 条中规定："门诊部、诊所、卫生所（室）等应按照规定时限，以最快通讯方式向发病地疾病预防控制机构进行报告，并同时报出传染病报告卡。"如果没有采取最快通讯方式——如寄出信件或派出人员报告，虽然是在规定的时限内完成报告职责，但同样构成迟缓。

二、行政迟缓的主客观因素

造成行政迟缓的原因是多种多样的，就主观因素而言，如果行政主体存在歧视、偏见或成见等而故意迟缓行政行为，则构成行政迟缓。一些原因与行政程序的有效运作并无合理的联系，如不必要的或重复的行为。这时判断行政主体是故意还是过失，的确比较困难，但从行政效率的要求出发，我们也可以认为行政主体没有遵循该原则而构成行政迟缓。如果相对方策略性拖延成为迟缓理由的全部或一部分，在这种情况下，行政主体就会提出异议：相对方起诉时的"手脚不干净"（unclean hands），不应该有资格获得司法救

---

① 周佑勇：《行政不作为判解》，武汉大学出版社 2000 年版，第 50 页。

济。然而，"手脚不干净"的标签不应该在任何情况下都取消救济。法院应该估量相对方对迟缓造成多大的影响，如果无关重要，并且行政机关的影响相当大，那么就不应该排除司法救济。①

迟缓也可存在客观的原因，这时行政主体处于"身不由己"的状态，如当迟缓因应决事项的复杂性、案件本身费时、积压成堆的案件、不充分的拨款和人手不足等因素。这些因素不能归责于行政主体，迟缓问题的解决取决立法机关或上级行政机关的立法或资源的调配，所以这些情况不能认为构成行政迟缓。

被诉的行政主体总会找出自己没有过错的客观方面的理由来应对诉讼案件，这时法院面对的另一个客观因素便是相对方是否存在不可弥补的损失（irreparable harm）。在迟缓的理由和不可弥补的损失之间，法院必须作出权衡，既不是一概否定，也不是一概肯定，可行的方法是具体事项具体分析。如果相对方损失巨大而迟缓理由微弱，即便短时的迟缓也是让人难以容忍的；如果理由很有力而损失较小，法院可以利用它的司法裁量权相应地救济或不救济；如果两个因素都很强或极微，那么作出一项迟缓是否构成行政迟缓得综合考虑其他一些因素。是否遭受不可弥补的损害常常是法院介入的必须条件，但却不是司法救济所需的充分理由。假定行政资源有限，加快行政的进度可能要求行政机关改变处理案件的先后顺序。此时，仅有不可弥补的损害的展示可能显得不足。法院也可能要求证明改变后的行政机关的日程对其他案件的相对人者来说不是过重的负担。但这样的证明是费时费事的，因此，法院可能会变通为要求原告证明他的损失大大超过其他相对人的损失。②

三、案例的分析与对比

面对有关迟缓的每一个案件，法院在衡量与迟缓相关的因素时，虽然囿于其自身的有限能力，无法获得全面的信息，然而作为一个中立的裁判者，

---

① Steven Goldman: *Administrative Delay and Judicial Relief*, Michigan Law Review, Vol. 66, No. 7, p. 1449.

② Steven Goldman: *Administrative Delay and Judicial Relief*, Michigan Law Review, Vol. 66, No. 7, p. 1551.

解决迟缓事项有赖于广泛的因素，包括迟缓的本质和原因、外在因素的影响、决定案件所需信息的可行性、本案相对方的损失及其与其他申请人（潜在）损失的比较、司法可操作的标准的存在、行政主体处理类似案件的通常时间、裁决案件所需信息的可利用性、塑造一种司法救济的可能性等。时任宾夕法尼亚大学助理教授的 Steven Goldman 在他的论文《行政迟缓与司法救济》一文中，在开篇处一口气提出了同样主体但不同案情的 6 个假设的案例，[①] 对行政迟缓进行了尽可能全面的分析。在此不妨复述一遍，然后看看我国行政迟缓案件的特征。

案件 1：公平（evenhandedness）

一家新近成立的公司 Pipeline，向一委员会申请建设和运营一条管道的许可。委员会在通常情况下处理类似申请的时间是三年。五年后，Pipeline 向有管辖权的法院提起诉讼，声称它的申请比通常的许可案件费时要长并且委员会没有提供令人信服的理由。Pipeline 请求法院强令委员会加快程序的进程或说明没有签发许可证的理由。如果 Pipeline 是少数几个受到五年期限折磨的申请者之一，那么法院可以轻而易举地要求委员会加快程序而对未决案件不存在不当歧视的问题。如果 Pipeline 是众多申请悬置五年中的申请者之一，法院可能认定类似的案件处理时间是五年而不是三年。由此，核心问题就变成究竟是否存在过度迟缓，以上问题显然在法院有能力解决的案件范围内。公平的理念是类似案件类似对待（like cases should be treated alike）。

案件 2：偏见（bias）

同样的案情下，Pipeline 声称它的申请之所以比平均时间多出两年是委员会主任对公司总裁怀有个人怨恨而故意造成迟缓以将 Pipeline 挤出市场。传统的因素——偏见给法院提供了进一步掂估问题的基础：迟缓是否是无理的、任意的或反复无常的。法院已对那些带有偏见和成见的行政行为严加审查。

案件 3：（司法救济在）政治上的软肋（political impotence）

案件事实如案件 1，但是 Pipeline 认为它的申请之所以压了五年是因为

---

① 以下 6 个假设的案例见 Steven Goldman：*Administrative Delay and Judicial Relief*, Michigan Law Review, Vol. 66, No. 7, pp. 1425 – 1431.

Major 公司，石油工业的巨子，借重它的政治和经济的影响向议员施压来加快它的申请程序。众所公认，行政过程并非与政治势力绝缘。法院是否可以断定政府的规则应该只反映政治势力，这留有很大的疑问。同样的条件下，只给予 Pipeline 以司法救济对其他申请者来说是不公平的，除非能够证明 Pipeline 的申请案与众不同或迟缓对 Pipeline 来说负担过重。对以上因素的证明会极大地扩展司法审查的范围，而比起法院，这些事项由委员会的备审案件审查秘书来解决更合适。而且，考量不同申请者所受到的损害不但司法上不可行，而且对法院来说也是严重的负担。如果时间不算太晚，法院可以禁止委员会加快处理 Major 的案子。Pipeline 的诉讼可视为代表受害类似的全体的集体诉讼，但这种路径下法院会因干涉政治过程正常的功能和纠缠于行政事务而遭受公众的反对。

案件4：行政机关的优先权（Agency Priority）

与案件1类似，但 Pipeline 的迟缓原因是 Major 的申请享有对其他申请人的优先权，因为它所有的设施对公众之重要。法院能否有能力将优先权合理地配置于有限的行政资源，这是存有疑问的。法院看起来有能力对行政行为进行它通常的有限审查：估量委员会的理由在法律上是否充分和决定委员会作出判断的时候是否考虑了适当的因素。如果原告寻求司法救济及时，法院发现 Major 的申请提前并没有充分的或正当的理由或没有全盘考虑相关因素，就可以要求行政机关补强证据或禁止加速处理 Major 的申请。

案件5：司法优先权（judicial priority）

1967 年，石油巨子 Major 公司申请兴建和运营一条管线。通常办理申请许可案的时间是三年。一年半后，为加快申请进度公司起诉称，它提议的设施对公众很重要，除非申请的许可马上下来，否则它将彻底放弃计划。Goldman 认为：司法是否给予其优先权并没有一个明确的标准。撇开立法是否肯定司法得介入行政过程来说，即使赋予优先权的标准是公共利益，但其他申请是否具有更大的公共利益或抑制其他申请的损害是否超过对 Major 许可带来的利益。如此比较而作出的决定不但费时而且要求法院衡量众多的难以衡量的因素。而此时法院不比行政更有优势，行政的裁量权似乎要比司法推理的殚精竭虑（reasoned elaboration）更合适。

案例6：效率（efficiency）

案情犹如案例1，但不同的是一年半后Pipeline提起诉讼请求它的案件委员会应立即处理，因为许可过程历经三年时间是没有道理的。如果委员会能更加高效一点，决定便可以在一年半内完成。Pipeline的请求属于行政资源的整体分配是否高效的问题，法院必须决定委员会在面对全部申请时是否合理调度（reasonable dispatch）它的资源。法院制定可行的标准以决定任何一种具体的行政行为所需的适当时间是不可能的。法院只能确定相对的标准如合理调度而不是像立法那样规定某一具体的行政事项只能在明确的时间内完成。由于证据多由行政机关掌握，此时的判断只有依赖它提供与行政不效率相关的证据。如果迟缓是因为经费不足、人手缺乏或无能，那么救济得依赖立法机关而不是法院。

从Goldman提出的以上6个假设的案例和解答中，我们可以理解，在宏观上，立法、行政和司法是各有分工的，他们各自的组织和结构决定了他们各自的长处和短处，都有可为与不可为的案件。在专业优势面前，法院不是万能的；在其他两个权力的分支面前，法院必须抑制审理的冲动，尊重法律确定的权力分立制衡的界限。司法的优势在于理性的思考和衡量，当案件不明朗或案件的处理对未来规则的塑造无济于事的时候，法院得承认自己的无能无力，容忍迟缓（非行政迟缓）的无奈和原告的不满、被告的"喜悦"。在微观上，司法在面对案件的时候，需要全面而慎重的考虑和权衡，其审查范围不但有原告受损的证据、被告迟缓的理由，还有其他没有纳入诉讼当事人的申请者的潜在利益（常常是与案件无直接关系的反射利益，虽与案件无直接利害关系，却是审理中须加以考虑的一个因素。行政机关对他们申请案处理的时间是其中的焦点问题，理论上涉及公平原则——原告也可以以此作为获得司法救济的理由）。

行政机关处理各个申请案的先后顺序、精力及资源分配、进度的掌握是它自己决定的事项，也只有行政机关才是最有决定权的，因为他具有人财物的优势，有信息的优势，这是司法机关无法比拟的。行政机关在这方面的裁量权有点类似于行政特权——判断余地（属不确定概念之一种）中的计划决定和预测决定。① 但是，权力都是有界限的，特权也是如此。在这个问题上也不存在没有边界的权力，行政迟缓就是其中之一。

　　美国行政法学界对行政迟缓的讨论已经在 20 世纪展开，有关行政迟缓的法院判例也不少。司法第一次对行政迟缓的救济是在联邦法院对公共设施委员会确定费率（rate‒making）的行为进行高密度的宪法监督的案件中。其中案件之一是 Smith v. Illinois Bell Telephone Co. 案，Illinois Bell 电话公司声称一州商业委员会的违宪性迟缓造成未经正当程序对它财产予以剥夺。1919 年电话公司提交了费率表准备于 1920 年 5 月 1 日生效，委员会几经拖延批准，并于 1921 年下半年作出永久禁止其涨费率的命令。1922 年，州法院撤销了委员会的命令并要求它作进一步的听证。委员会举行了听证，但没有作出最终的决定。1924 年 6 月，电话公司成功地请求联邦法院禁止委员会命令公司执行原初的费率，因为这造成了财产的剥夺。在言论自由领域，除非检查机构在明定的短暂时限内（a "specified brief period" of time）颁发许可证或对影片诉诸司法禁令，否则不可以对电影进行事前限制（prior restraint）。如 Freedman v. Maryland 案 [380 U. S. 51，59（1965）] 和 Teitel Film Corp. v. Cusack 案 [390 U. S. 139（1968）]。类似地，如果政府对扣压所指称的淫秽书籍造成不当迟缓，那么政府对书籍的占有就可能无效。如 United States v. One Book Entitled "The Adventures of Father Silas" 案 [249 F. Supp. 911（S. D. N. Y. 1966）]。也可参考 United States v. Reliable Sales Co. 案 [376 F. 2d 803，805（4th Cir. 1967）]。②

　　在我国对行政迟缓的问题讨论较少，法院也鲜有这方面的判例。就笔者

---

　　① 陈清秀："依法行政与法律的适用"，见翁岳生主编：《行政法 2000》，中国法制出版社 2002 年版，第 234 页以下。董保城教授认为：当行政机关在适用不确定概念时，由于涉及构成要件的涵摄，而在个案中只可能存在一种正确的决定。此时，行政法院的审查密度应该较为严格。不过，如果行政机关在适用不确定概念时，其做成的决定涉及风险评估预测、具有高度专业性、属人性，或是经由独立委员会作成，这时应该承认行政机关享有判断余地。行政法院的审查密度应放宽——但不是不加以审查，仅对下列事项加以审查：相关程序是否合法、行政机关对于事实是否认识错误或忽略、是否遵守判断余地的界限、有无违反一般评价的标准、是否作了与事实不相干的考量、行政机关依据的标准有无违反平等原则。参见董保城："判断余地与正当法律程序"，见董保城：《法治与权利救济》，元照出版公司 2006 年版，第 160 页。

　　② Steven Goldman, *Administrative Delay and Judicial Relief*, Michigan Law Review, Vol. 66, No. 7, pp. 1434‒1436.

所收集的案例中，有三件涉及行政迟缓的问题。

案例Ⅰ：王某某诉上海市公安局杨浦分局治安行政处罚上诉案：①

1999 年，王某某等人因殴打他人被上海市杨浦公安分局以殴打他人造成轻微伤害作出治安拘留 15 日的处罚。王不服，提起行政复议，一审和二审行政诉讼，最终由上海市第二中级人民法院于 2001 年 4 月 4 日以认定事实不清、适用法律不当作出撤销原审判决和分局的行政处罚决定的终审判决。此后分局撤销了原决定，并于 2004 年 7 月 6 日对王某某作出行政处罚，认定王殴打他人造成轻微伤害，决定对其治安拘留 5 日。王不服申请复议，而后并起诉至区法院和上诉至中院，三个机关皆维持了区公安分局的处罚决定。

案例Ⅱ：李某诉市交通局案：②

原告李某于 1992 年 11 月向某市交通局（第一被告）、某省交通厅道路运输局（第二被告）申请办理 A 市至 B 市的客运营运手续后，即开始正常营运。因父亲去世，原告于 1998 年按规定向第一被告办理了正常报停手续。1998 年 3 月，原告到第一被告处要求取回报停手续，继续营运。却被告知，其车辆的报停手续全部丢失，不能恢复营运。为此原告多次要求第一被告补办手续，但该局迟迟未予办理。后因原告多次上访，第一被告于 2002 年 12 月 29 日将补办的营运手续报送第二被告审批，同年 12 月 31 日，第二被告作出同意补办营运手续的审批。原告于 2003 年 4 月提起行政诉讼，请求确定两被告迟延履行法定职责的行为违法；判令两被告连带赔偿原告经济损失。经过审理，法院判决：确认第一被告迟延履行行政职责的行为违法；驳回原告要求确认第二被告迟延履行法定职责的行为构成行政不作为的诉讼请求；驳回原告要求被告赔偿经济损失的诉讼请求，由其另行起诉。

案例Ⅲ：殷甲、朱某某诉武汉市公安局蔡甸区分局案：

2001 年 9 月 11 日晚，蔡甸区女中学生殷乙下晚自习骑自行车回家，被一辆小客车撞成颅脑外伤，肇事司机驾车离开现场。当场有人打 110 报警，在警察赶到之前，已有群众将殷乙送至医院。第二天殷因医治无效而死亡。事后，

---

① 案例源自上海市第二中级法院〔2005〕沪二中行终字第 86 号行政判决书。
② 韩德强："迟延履行法定职责应负行政赔偿责任"，载《山东审判》2008 年第 4 期。

死者父母殷甲、朱某某认为蔡甸区公安分局出警太慢，导致其女因流血过多而死亡，而向蔡甸区法院提起行政诉讼，要求确认被告延迟履行法定职责违法，并赔偿 121 920 元。据称这是首例迟延履行法定职责行政案件。区法院经审理后认为，被告的交通大队离车祸现场仅 1100 米，可在 10 分钟内到达现场，而出警到现场超过 20 分钟，不符合《人民警察法》的"立即救助"之规定和公安局《110 接处警工作规范》有关"城区出警民警必须 5 分钟赶到现场、郊区 10 分钟内赶到现场"之规定，确认被告延迟出警具体行政行为违法；但受害者死亡与被告延迟出警无直接的因果关系，因此，驳回原告要求被告赔偿经济损失的诉讼请求。之后，原、被告均向武汉市中级法院提起上诉。[①] 被告认为，一审判决其迟延出警时间缺乏可信证据，而且特别指出：一审法院判决主要依据的《工作规范》只是内部考核的工作规范，并非法律法规，依此判案，于法无据。中院经审理认可了一审被告的主张，并认为没有证据证实被告接到报警后延迟出警。遂判决：撤销一审判决，驳回原告诉讼请求。[②]

　　其他涉及履行时限的案件，如丁某某等诉湖南省公安厅交通警察总队高速公路管理支队长永大队迟延履行法定职责案[③]和蒋某某诉广饶县公安消防大队消防行政赔偿上诉案[④]，因相关的法规范性文件已经确定了行政主体履行职责的期限，都属于行政迟延的问题。对此，本文不欲展开分析。在案例 I 中，杨浦分局接到第一次终审判决后，经过 3 年 3 个月有余后才重新将这起治安案件处理完毕。当时适用的《治安管理处罚条例》并没有规定案件处理的时限，分局也没有给出处理迟缓的原因。而原告没有提出迟缓的救济不等于本案不存在这方面的疑问。案例 II 中，交通局从接到原告的申请到其履行报送第二被告，其间经过了 4 年又 9 个月的时间。因为《行政许可法》当时没有出台，其他规范性文件也没有对第一被告审批的时限作出明确的规定。

---

　　① 侯方峰、俞俭："武汉一对夫妇状告'110'出警迟缓引起关注"，http：//www.people.com.cn/GB/shehui/20020404/702455.html.，访问时间：2009 年 4 月 27 日。
　　② 晓亮、涂莉、黄明："武汉首例起诉公安机关迟延履行法定职责案终审有果　法院认为'五分钟出警'不具有法律效力"，http：//www.chinacourt.org/html/article/200209/14/10938.shtml，访问时间：2009 年 4 月 2 日。
　　③ 湖南省长沙县人民法院〔2005〕长行初字第 3 号行政判决书。
　　④ 山东省东营市中级人民法院〔2004〕东行终字第 38 号行政赔偿判决书。

因此，该案也存在是否构成行政迟缓的问题。案例Ⅲ相对要复杂一些，因公安分局出警的时限属于紧急时限，其超过20分钟的出警时间是否构成行政迟缓，涉及市公安局《110接处警工作规范》是否具有外部效力的问题（以上三个本土案例的具体救济路径，下段再作探讨）。稍作研究，我们可以发现，这些案例中，原告没有提出在行政迟缓中存在偏见、效率、优先权或政治势力的问题，往往就时间论时间，而没有深入挖掘相关的行政法理论——尤其是行政法的原则。法院判决让人觉得解决问题的方式过于简单化，缺乏一种理性的思辨和法学的推论。以上案件基本上均属于Goldman提出的案例1中的公平问题。但法院没有对类似的案件的处理时间做出比较，而简单地做出是与否的结论，影响了判决的说服力。

美国法院除了利用财产权、言论自由、正当程序、平等保护等宪法条款对行政迟缓进行救济外，还利用行政程序法（The Administrative Procedure Act）作为救济的法律依据。另外，作为判例法系的国家，美国法院还利用判例或颁发禁制令等令状的方式对案件提供救济。我国的法官却束缚于法条的视域，不敢越法条以外的"雷池"。殊不知，行政法理也是法律适用中的法源，制定法在适用的过程中，必须考虑行政法理和行政法的基本原则。①

四、行政迟缓的司法救济路径

（一）进入路径的前提

在美国，有关行政迟缓的争端进入法院后，紧接着面临穷尽救济、成熟和终局原则的检验。②

1. 穷尽救济原则

一般说来，司法救济是不可能获得的，除非相应的行政救济已经用尽。现实中的可能的实际情况是，行政机关人、物配备比法院要好，所以更适合决定案件目录中何起案件适当优先处理或机关的行为进程。这种裁量权是机

---

① 姜明安主编：《行政法与行政诉讼法》，北京大学出版社、高等教育出版社2007年版，第60～61页。

② Steven Goldman, *Administrative Delay and Judicial Relief*, Michigan Law Review, Vol. 66, No. 7, p. 1447.

关处理多起积压案件时应有的灵活性。但是，一旦具体的迟缓争议被法院认定为可受法院裁判（justiciable），这些考虑的要素只与司法审查的范围相关，而不涉及审查的有效性。如果潜在的原告遭受无法弥补的损害，就没有必要用尽行政途径的救济。

2. 成熟原则

穷尽救济原则防止不必要或行政程序不适当地短路（short-circuiting），成熟原则涉及进入司法前的事项成熟得足够成为一项争端。一事项是否成熟得足以让司法来裁判的关键点在于起决定的多项因素的明朗程度和被拒绝救济的相对人在行政机关面前所遇到的困难。

3. 终局性原则

规定只有终局性的行政命令才可以进入司法审查是出于行政和司法经济的考虑。对中间命令（intermediate orders）进行司法审查时给予双方不时拖延的机会的同时，还会打断和延长行政程序。而且，如果受终局决定支持的一方被中间命令歧视，那么中间命令会因司法的介入而变得悬而未决。

以上法院受理的条件（含案例 3 ~ 6 所提及的。其实，终局性原则为成熟原则的内容所涵盖）和王名扬教授在他著的《美国行政法》（中国法制出版社 1995 年版）第十五章所介绍的一般行政案件的受理条件基本一致。这也反映出美国对行政迟缓的司法救济比较成熟，和一般性司法救济的要求相吻合，方便了潜在的原告保护自己的利益。

对于穷尽救济，我国学者一般表述为复议前置的要求，[①] 但它并不是一般案件走向司法救济前的必经途径。对于成熟原则，我国法院也曾作出这方面的思考（案件处理是否合乎法理，另当别论）[②]。从诉讼经济、行动便捷方面考虑，穷尽救济原则在处理行政迟缓问题中有其作用，但"家丑不外扬"的心理和行政内部关系的盘根错节又制约它发挥作用。从行政机关内部权力

---

① 此方面的要求有：《行政复议法》第 30 条第 1 款、《专利法》第 41 条、《税收征收管理法》第 88 条第 1 款、《海关法》第 64 条等。

② 如原告林某某诉被告厦门大学不服教育不予录取行为行政纠纷案中，厦门思明区法院〔2005〕思行初字第 80 号判决书称："原告请求撤销被告厦门大学作出的 2005 年国际经济法方向博士生录取名单，实际上是对被告作出录取行为之前的阶段性行为不服，而该阶段性行为不属于人民法院司法审查范围，故在本案中本院对此问题不予审查。"阶段性行为类似于中间性命令。

制衡考虑，落实审裁分离的制度或许是扬长避短的一种方法。成熟原则对行政迟缓在寻求司法救济的过程中尤显重要，因为迟缓恰恰是时间上的要求，如果"火候"不到，则不存在行政迟缓的问题。审查行政迟缓中不论是否明确适用成熟原则，总不免实际中运用它。

（二）路径的转换

19 世纪初，马伯里要求美国联邦最高法院判决麦迪逊将任命状给予他，马歇尔大法官对此没有就事论事，而是转换路径，大谈管辖权问题和《1789年司法条例》违宪，将违宪审查全攥在了手里（美国学者称之为"伟大的攥权"），为最高院制约其他两个分支立下汗马功劳，解决了简单判决的尴尬。[①]Goldman 在他的论文中也提及，法院如果按照原告的要求将行政机关的处理案件的日程改变，必须证明其他案件的申请人没有因此负担过重，但这种证明难以企及，于是法院往往会转换路径：按原来的日程，要求原告证明他的损失大大超过其他相对人的损失。

案例Ⅲ中的《工作规范》可否适用于案件，也就说原告可不可以作为权利主张的依据——有没有外部效力，通说只能到"没有直接的外部效力"层面。到底有没有间接的外部效力，理论界没有定论。[②] 无论一审还是二审法院，将该问题都看得过于简略，以致批评的声音至今仍然不绝于耳。如果转换路径，对外部效力的问题不置可否，而就"立即救助"的紧急时限之确定下功夫，即可收到公平、公正的效果。1100 米的距离，普通人驾车需费时几何？增减问明事项、布置任务、设备准备的时间，本案具体的紧急时限就会出来。另外，如 Goldman 所言，对比原告的损失（巨大）和被告迟缓的理由（充分与否），被告是否构成行政迟缓即水到渠成。

（三）路径的核心与提供的救济

在美国，迟延作为与行政不作为被认为是行政机关滥用自由裁量权的典型。但是，当履行职责的时限确定，这时行政主体的裁量权收缩为零，就不

---

① 任东来、陈伟、白雪峰：《美国宪政历程：影响美国的 25 个司法大案》，中国法制出版社 2004 年版。

② 林锡尧撰写的《行政法要义》（元照出版公司 2006 年版）第玖章《行政命令》。

存在自由裁量权的问题。因此，如本文定义的行政迟延，不能认为行政主体在滥用自由裁量权，在时限上它没有裁量的余地。不确定的时限规定是给行政主体进行行政处分的时候，根据当时的情况，灵活决定案件处理的先后顺序、处理的进度、资源的调配，最终一定程度地决定处理所需的顺序和时间，之所以给出一个不确定的时限，除了立法不能外，主要还是考虑情境的复杂多变而给予行政主体以较为充分的裁量权。行政迟缓的核心问题是裁量权的滥用，反过来说，行政迟缓也是裁量权滥用之一。

裁量滥用是指行政机关作出的裁量处分抵触法律授权的目的，或遗漏应当考虑的因素，或考虑与授权目的无关的因素。另外，如果出现违反一般法律原则或侵害宪法保障的基本权，如诚信原则、平等原则、比例原则，也构成裁量滥用。[①] 无论是遗漏应考虑的因素，还是考虑无关的因素及违反法律的目的，由于行政迟缓时限上的模糊性，平等原则都是该处理问题的基础和核心事项（因案情的微妙，紧急时限例外，此时更多的是考虑损失的控制）。也正是有了类似案件相对人如何对待的比较，才会有该问题的浮现。或者说，我们多少可以依据平等原则找到撬动案件的支点——虽然平等原则不是能代表所有的角度。在没有法律规定的情况下，案例Ⅰ的分析必须依据类似案件的处理时间来加以分析才有解决的可能。以下是从北京大学电子法务软件系列数据库随意摘取的 12 份治安拘留案件的判决书中显示的案发到拘留决定作出的时间：

案例名称	文号	拘留原因、拘留时间	案发到拘留决定的时间	判决书所示违法行为和处罚的比例关系、判决结果
何某某诉成都铁路局重庆公安治安拘留处罚行政赔偿案	无	贩卖假币、5 天	2 天	一审维持。二审认为畸重，改为警告处罚
施某某诉漳州市公安局行政拘留处罚案	〔1997〕漳行终字第 60 号	与主持承包的村干部互相辱骂、15 天	1 天	维持维持一审（维持复议决定——从 15 日改为 10 日）

---

① 李震山：《行政法导论》，三民书局 2006 年版，第 290 页。

续表

案例名称	文号	拘留原因、拘留时间	案发到拘留决定的时间	判决书所示违法行为和处罚的比例关系、判决结果
廖某某诉赣州市公安局治安拘留处罚决定案	〔1999〕赣行初字第4号	殴打第三人、15天	8天	相称，判决维持
钱某某诉金堂县公安局治安拘留处罚附带行政赔偿案	〔1999〕金堂行初字第2号	殴打他人、13天	14天	倒置了取证与裁决的先后顺序，属于程序违法。撤销
王某某诉新昌县公安局治安拘留裁决案	〔1999〕新行初字第5号	拒绝执行公务、3天	1天	事实认定错误，证据不足，执法程序违法。撤销
田某某诉武川县公安局行政拘留决定案	〔2000〕呼行终字第34号	扰乱办公秩序、3天	1天	一审认为定性错误并撤销、二审维持
钟某某诉桃江县公安局治安拘留行政处罚及行政赔偿案	〔2000〕桃行初字第4号	阻碍国家工作人员依法执行职务、15天	2天	判决维持
李某某诉西华县公安局治安管理处罚裁决案	〔2000〕西行初字第25号	殴打第三人、15天	108天	未告知决定事实、理由及其权利，撤销。（复议决定变更为2天）
冯某某、林某某诉琼山市公安局农垦分局治安处罚裁决案	〔2000〕海南行终字第14号	扰乱公共秩序、15天	2~3小时	未履行告知义务，程序违法。发回重新处理
巴某某诉郸城县公安局治安处罚案	〔2000〕周行终字第7号	扰乱公共秩序、15天	35天	一、二审判决维持
石某某诉泸州市公安局纳溪区分局治安管理处罚决定案	〔2000〕纳溪行初字第11号	殴打执法人员、7天	90天	畸重，变更为罚款
朱某某诉宿迁市公安局宿城分局治安管理行政处罚案	〔2000〕宿城法行初字第4号	使用暴力、威胁方法阻碍公务、5天	6天	定性准确、适法正确。判决维持

将这 12 起案件从案发到拘留决定的时间平均一下，得出的平均值是 22 天多一点的时间。虽然案例不能足够多，但能反映个大概。22 天多一点的时间与 3 年又 3 个多月的时间相比，此中的差距是 53 倍左右！可见这种迟缓成立并让人难以容忍。对于案例 II，因这方面的案例寻找较为困难，在此难以比较。

就法院判决为行政迟延提供的救济来说，如果行政主体职责履行完毕，则以确认判决对此加以违法确认并相应地确定赔偿数额；如果正在履行，则以履行判决要求被告加速进程或重新考虑案件处理的先后顺序。

第十六章　行政迟缓该如何应对

——殷某某、朱某某诉武汉市公安局
蔡甸区公安分局案新评[*]

行政迟缓是指超过了合理时限的违法的行政行为。合理时限因素，与行为时的主客观因素、相对人的损失和行政主体提供的理由等因素之一，以上两种因素构成行政迟缓。殷某某、朱某某诉讼案件是否构成行政迟缓的问题最终化约为规定履责期限的内部规范《武汉市公安局110接处警工作规范》，能否作为裁判规范，即是否具有外部效力的问题——虽然作为裁量性行政规则其有实质的外部效力。一审遇到了其没有逾越的职责与义务区隔的障碍。二审判决违背了行政自我拘束原则，轻忽了行政惯例或"预计之行政惯例"的存在，拒绝了认为行政规则具有间接对外效力的通说性理论。行政规则不是行政机关的遁生门，也并非是行政迟缓的法外之地。

武汉市首例起诉公安机关迟缓履行法定职责案件，殷某某、朱某某诉武汉市公安局蔡甸分局案（下称本案）于2002年9月终审落下帷幕。这起痛失爱女的父母起诉蔡甸分局的案件距今已经十余年，可谓尘封已久，此间历经

---

[*] 本文原载《行政法论丛》2014年第16卷。之所以称为新评，是因为之前有人分析过该案，如肖登辉："内部行政规定能否作为人民法院的审判依据"，载《行政与法》2003年第1期。并且该案距时间之久，属于"陈年旧案"了。

了怎样的物是人非?① 武汉市的民警接处警速度提高了吗?② 当社会学家说南京鼓楼区彭某案判决的出台造成了社会道德滑坡的时候，法学家们正忙着以法律逻辑、证据的链条推演彭某案，以图亡羊补牢，期待类似判决今后不再重演。因为判决有导向性，借用历史学中的一句名言，似乎可以说：一切判决都是未来的判决。十余年之后（应该是当年的未来），即现在进行思量，虽然其过程和结论并非是一种"未来学"，但做事后诸葛对今后出现的行政迟缓问题也未尝没有补牢之益。

一、案件存在的问题

在探讨本案之前，我们先行对案情进行回顾。之后，再提出案件存在的问题。

（一）案情介绍

2001 年 9 月 11 日晚，蔡甸区女中学生殷乙下晚自习骑自行车回家，被一辆小客车撞成颅脑外伤，肇事司机驾车离开现场。案发当场有人打 110 报警。在警察赶到之前，已有群众将殷乙送至医院。第二天，殷乙因医治无效而死亡。事后，死者父母殷某某、朱某某认为蔡甸区公安分局出警太慢，导致其女因流血过多而死亡，因而向蔡甸区法院提起行政诉讼，要求确认被告延迟履行法定职责违法，并赔偿 121 920 元。区法院经审理后认为，被告的交通大队离车祸现场仅 1100 米，可在 10 分钟内到达现场，而出警到现场超过 20 分钟，不符合《人民警察法》的"立即救助"之规定和《武汉市公安局 110 接处警工作规范》（下称《工作规范》）有关"城区出警民警必须 5 分钟赶到现场、郊区 10 分钟内赶到现场"之规定，确认被告延迟出警具体行政

---

① 殷乙父母于 2003 年 8 月因国寿学生平安健康保险合同纠纷诉中国人寿保险公司武汉分公司，一审胜诉。经过本案的行政诉讼与保险公司的民事诉讼后，两人曾尝试再要一个孩子，但多次怀孕均不成功。自 2007 年起，身为市美术家协会会员的殷某某与妻子决定，收养一个孩子。殷某某告诉记者，夫妻俩除了享受养老金，他办美术培训班每月还有数千元收入，而且家里还有一幢宽敞的私房，足够收养一个孩子。参见万强："'50 后'夫妻中年丧女数年奔波只为收养一个伢"，载《长江日报》，2010 年 11 月 4 日，第 7 版。

② 请见后面的注释。

行为违法。但受害者死亡与被告延迟出警无直接的因果关系，因此，驳回原告要求被告赔偿经济损失的诉讼请求。之后，原被告均向武汉市中级法院提起上诉。被告认为，一审判决其迟延出警时间缺乏可信证据，而且特别指出：一审法院判决主要依据的《工作规范》只是内部考核的工作规范，并非法律法规。依此判案，于法无据。武汉市中级法院经审理认为，虽然《工作规范》要求民警接到郊区案件 10 分钟内赶到现场，但该规范仅是公安内部的工作规范，且无证据证实向外公布，不具有法律法规（那样）的法律效力。并认为没有证据证实被告接到报警后延迟出警。遂判决：撤销一审判决，驳回原告诉讼请求。①

这是一起延迟出警的案例。小孩的早逝让亲人悲痛万分，其中如何确定交通事故责任不得而知。虽然没有听闻案件再审或原告事后申诉的报道，但法院的判决并非无懈可击。

（二）本案涉及行政迟缓问题

从原告的诉求来看，其质疑的是被告在出警时间上出现了差错，因而要求被告承担赔偿责任，一、二审就被告履责时限展开质辩。

1. 履责时限的判断

就期限的种类而言，有法律、法规规定的时限即法定期限或者根据实际情况确定的合理时限。其中，合理时限包括以下四种：（1）参考时限。参考行政首长确定的办事时限，或行政主体的内部办事规则、公文运转规则规定的时限，以确定行政行为应作出的合理时限；（2）实际时限。在既没有法定时限，又没有参考时限的情况下，以行政主体习惯上处理同类事项实际所需的时间，确定合理的时限；（3）约定时限。即当行政管理相对人依法提出申请，行政主体约定在一定期限内予以答复的，该约定时限可视为合理时限；

---

① 案件整理自侯方峰、俞俭："武汉一对夫妇状告'110'出警迟缓引起关注"，http://www.people.com.cn/GB/shehui/20020404/702455.html，访问时间：2012 年 6 月 3 日；晓亮、涂莉、黄明："武汉首例起诉公安机关迟延履行法定职责案终审有果 法院认为'五分钟出警'不具有法律效力"，http://www.chinacourt.org/html/article/200209/14/10938.shtml，访问时间：2012 年 6 月 3 日；肖登辉："内部行政规定能否作为人民法院的审判依据"，载《行政与法》2003 年第 1 期。

（4）紧急时限。即对某些紧急事项的处理，行政主体应当及时采取处理措施。① 本案属于以行政主体的内部办事规则作为参考的时限，属于第一种时限。

履责时限的耽误可能违反了法定时限（明确规定的时限），也可能违反了合理时限（模糊规定的时限）。相应地称为行政迟延或行政迟缓，因其特征不同，显然有区分的必要。如此，才可以对两者进行不同的对待。行政迟延姗姗来迟，"延误"了法定的期限，是一种违法行为。而行政迟缓（administrative delay）虽然来者步履蹒跚，但是缓慢行进中的行政行为是否构成违法之虞，依照法条却非明了，即法条没有明定的时限约束，存在不确定时限（合理时限）的束缚，而有待进一步审究。② 本案被告行为涉及行政迟缓问题。

2. 行政迟缓产生的原因

判断被告是否构成行政迟缓需要从是否违反合理时限、行政主体行为时的主客观因素、原告的损失以及被告提供的理由等因素加以确定。就行政主体行为时的主观因素而言，如果其存在歧视、偏见或成见等故意迟缓的行为，则构成行政迟缓。③ 客观原因主要是指行政主体是否处于身不由己的状态，如当迟缓因应决事项的复杂性、案件本身费时、积压成堆的案件、不充分的拨款和人手不足等因素。如果成立，因这些因素不能归责于行政主体，迟缓问题的解决取决于立法机关或上级行政机关的立法或资源的调配，所以此时

---

① 周佑勇：《行政不作为判解》，武汉大学出版社 2000 年版，第 50 页。

② 袁文峰："论行政迟缓的司法审查"，载《湘潭大学学报》（哲学社会科学版）2009 年第 4 期，第 42 页。

③ Steven Goldman, *Administrative Delay and Judicial Relief*, Michigan Law Review, Vol. 66, No. 7, p. 1449. 2012 年 4 月 1 日，武汉市公安局成立了专项治理领导小组，决定用 3 个月时间在全市公安系统开展 110 接处警的专项治理活动，承诺如果在接处警中存在推诿、迟缓等问题时，将对当事民警及直接领导问责。同日，该局制定了《110 接处警问责规定》，明确规定对 8 类问题予以问责，其中包括违规超时出警的情况。规定在接处警中，民警造成工作重大失误或者产生严重后果的，将给予行政处分，并依法追究其法律责任。同时，还追究其所在单位直接领导的责任。参见吴昌华、潘峰："市民打 110 民警 10 分钟要到场"，载《楚天都市报》2012 年 4 月 2 日，第 2 版。报道中所指的推诿属于故意迟缓的行为。而对于以专项治理领导小组的方式解决行政迟缓问题，联系下文的迟缓因素，恐怕得事前找到"病症"，方可"对症"。

不能认为行政主体的行为构成行政迟缓。①

被诉的行政主体总会找出客观方面的理由来答辩，这时需要考虑的另一个客观因素便是相对方是否存在不可弥补的损失（irreparable harm，因该因素需权衡双方并且较为独特有力，所以单列——笔者注）。在迟缓的理由和不可弥补的损失之间，法院必须作出权衡，既不是一概否定，也不是一概肯定，需具体情况具体分析。如果相对方损失巨大而迟缓理由微弱，即便是迟缓时间短暂也是让人难以容忍的；如果理由很有力而相对方损失较小，法院可以作出救济或不救济的裁量；如果两个因素都很强或很弱，那么是否构成行政迟缓得综合考虑其他一些因素。是否遭受不可弥补的损害常常是法院介入的必要条件，但却不是提供司法救济的充分理由。"如果行政资源有限，加快行政的进度可能要求行政机关改变处理案件的先后顺序。此时，仅有不可弥补的损害可能显得迟缓成立的理由不足。法院可能要求证明改变后的行政机关的日程对其他案件的相对人者来说不是过重的负担，而这项证明是费时费事的，因此，法院可能会变通为要求原告证明他的损失大大超过其他相

① 2008年5月29日，武汉市公安局局长胡绪鹍在武汉市第十二届人大常委会第九次会议作了《武汉市公安局关于2007年度办案质量检查情况的报告》。报告认为：市公安局抓了健全执法制度、规范执法行为等工作，始终把执法制度建设作为执法质量长效管理体系的重要内容。先后制定了《武汉市公安局110接处警工作规范》等75件规范性文件，规范公安执法办案工作。在报告的第四大点"案件质量检查发现的问题"，表示："去年，我局的案件质量虽然有了较大提高，但仍有一些'常见病''多发病'还没有得到有效根治。主要表现在以下四个方面：（一）接处警和立案调查不及时。有的对群众的求助报警不及时到现场处置；有的案件受理后，不及时立案；有的立案后不及时调查处理，特别是一些数额不大的入室盗窃案件、扒窃案件、因纠纷引起的伤害案件，立案查处不及时的问题更为突出……"2009年8月27日，市局局长胡绪鹍在武汉市第十二届人大常委会第十九次会议上作了《武汉市公安局关于2008年度办案质量检查情况的报告》，指出："2008年，我局的办案质量虽然有了较大提高，但少数基层单位、民警仍存在一些亟需解决的问题。主要表现在：……（三）接处警和立（受）案还存在不规范的问题。少数基层单位对当事人的报警，存在出警迟缓现象；有的该立（受）案的未及时立（受）案；有的将刑事案件的警情作为行政案件受案；有的未按要求给报警人《接受案件回执单》，没有将立（受）案情况反馈给报警人。"2010年11月5日，武汉市公安局行评办提交《市公安局民主评议政风行风自查自纠及整改情况报告》，指出在治安、交通管理方面查找到的主要问题之一有："110接处警仍存在不及时、不规范、互相推诿的问题。"——通过以上三份文件，我们可以看出武汉警方在行政迟缓问题上，主观因素比较突出。而且本案案发多年后，警方的迟缓问题并未从根本上得到解决。

对人的损失。"① 要证明被告存在行政迟缓的问题，确实有难度，所以在二审中，一审被告才会提出反辩理由：没有证据证实被告接到报警后延迟出警。

判断行政主体是否构成行政迟缓需要从是否违反合理时限，与行为时的主客观因素、相对人的损失以及行政主体提供的理由等因素加以确定。合理时限和后面两个因素之一就可构成行政迟缓。本案被告并未提出造成行政迟缓的客观原因。原告也没有提出警方出警过程中存在主观过错。在被告视为迟缓无理由的情况下，判断被告是否存在行政迟缓需要以下因素同时成立：被告行为是否违反合理时限、权衡相对方是否存在不可弥补的损失。原告明显存在不可弥补的损失，而"相对方损失巨大而迟缓理由微弱，即便是迟缓时间短暂也是让人难以容忍的"。由于被告被视为没有迟缓理由和原告存在不可弥补的损失，所以要破解本案必须/只须回答："被告行为是否违反法定时限？"本案所依据的法条所规定的合理时限恰恰是不明晰的（"立即救助"），这也因此有了下面是否构成违法合理时限的分析。

（三）本案行政迟缓的问题如何解决

2009 年 9 月 7 日，公安部办公厅针对当年 8 月 9 日晚湖北省武汉市江汉区发生的一起因治安纠纷引发的行凶致人死亡案件发布《关于湖北省武汉市 110 现场警情处置不当导致命案发生的有关情况通报》，② 总结认为："在这起案件的处置过程中，存在处警民警责任心不强，处警工作不规范、工作不细致等问题。一是 110 接处警工作规范落实不到位……二是处警民警工作责任心不强……三是 110 在派警和出警环节反应较慢，时效性有待进一步提高。该起警情处置过程中，110 报警服务台从第一次接警到处警民警接到出警指

---

① Steven Goldman, *Administrative Delay and Judicial Relief*, Michigan Law Review, Vol. 66, No. 7, p. 1451.

② 2009 年 8 月 9 日 22 时 50 分许，在湖北省武汉市江汉区，犯罪嫌疑人吴某酒后抢夺郭某项链，与其发生口角并扭打后，被女友李某父亲联合夺回并打伤吴某。事后吴某提刀到李某家将其父亲捅死。第二天，新浪、搜狐、腾讯等各大网站媒体以《男子 4 次报警仍被邻居刺死在家中 警方记录粗略》等为题相继报道，《通报》认为："该报道引起网民高度关注并形成热议。"案发经过可详见"夺回被抢金项链埋下杀身之祸　歹徒去而复返入室行凶 4 次报警! 老汉仍被刺死家中"，载《东南快报》2009 年 8 月 12 日，第 A16 版。

令后赶到现场用时 11 分钟，第二次出警从接警到处警民警到达现场用时 10 分钟。说明 110 处警民警处置紧急状况时的出警时效性与 110 接处警工作的实际需要之间尚有一定差距。湖北省武汉市公安局在处置这起 110 警情中暴露出的问题，在许多地方公安机关的 110 接处警工作中也都不同程度地存在，应当引起各地公安机关的高度重视……规范 110 接处警工作程序，切实提高接处警工作要求。各地公安机关要深入贯彻落实《公安部关于加强指挥中心工作的通知》《110 接处警规则》和省、市、县三级公安指挥中心工作规范，结合自身实际，建立健全接处警工作细则，要从执法过程和执法细节入手，做到各个执法环节严而又严、实而又实、细而又细，不出问题……"《通报》中对案件的结论为："在这起案件的处置过程中，存在处警民警责任心不强，处警工作不规范、工作不细致等问题。"事后，武汉市公安局纪委决定：对江汉公安分局民族街派出所值班副所长和 2 名处警民警停止执行职务，接受调查处理。由于没有查到后续的报道，公安局的行为是否被确认为违法，我们并不清楚。而且从报道上来看，家属也没有主张要以行政迟缓为由追究公安机关的赔偿责任。[1] 这也是多数案件在判断是否构成行政迟缓时，存在无法或没有提出明确的时限标准的情况。

在对待行政迟缓问题上，本案不但由相对人提出了主张，其尤为特殊之处在于原告将地方公安机关的内部文件《武汉市公安局 110 接处警工作规范》直接作为构成行政迟缓的时限依据。2007 年 5 月 18 日，武汉市公安局作出《关于进一步加强 110 接处警工作的意见》（武公通字〔2007〕11 号）第 4 点意见规定："（民警）接到出警指令后要快速反应，原则上中心城区、东新、东湖、沌口分局和远城区分局城关地区应在接警后 10 分钟内赶至现场，其他单位应尽快到达，不得拖延，影响警情的处置。在处置各类警情时，处警民警应按规定做好现场记录，并将处置情况及时录入 110 接处警系统。"

---

① "遇害者李甲的女儿李乙介绍，昨日，武汉市、江汉区两级公安部门派员上门听取了被害人家属意见，江汉区政法委派人上门慰问，并送来 3000 元慰问金。被害人李甲的妻子张某某表示，完全相信公安机关会依法处理此案。"参见"武汉警方组成专班调查'8·9'案件 值班副所长和两民警被停职"，载《楚天都市报》2009 年 8 月 12 日，第 2 版。案件的冷处理于此不无关系。

这是对《工作规范》的进一步申饬。但对比《工作规范》与《意见》，城区接警后赶至现场的时间已经修改为 10 分钟内，增加了一倍。而类似蔡甸区等郊区的时间在《意见》中已经没有了限定。也许可以说是案件倒逼规范的修改？联系近几年出警迟缓的现象，即便是增加了出警到场的时间，迟缓问题依然相当程度地存在。① 因此，筑高司法的防线应不失为治缓之策吧。

结合本案历经二审的特点，找寻解决本案行政迟缓问题的答案，需要分析：违法行为和损害结果之间是不是不存在因果关系？（针对一审）内部行政规则《工作规范》是否具有外部效力？如何对待《工作规范》未向外公布的效力的问题？（针对二审）

二、一审判决应对行政迟缓的标准及其检析

在展开论述之前，我们先理顺一下本案涉及的法条和行政规则，然后再探讨一审判决应对行政迟缓的标准及其检析的问题。

（一）相关法条和规则

本案涉及的法律为《人民警察法》，相关部分是第 21 条前款："人民警察遇到公民人身、财产安全受到侵犯或者处于其他危难情形，应当立即救助；对公民提出解决纠纷的要求，应当给予帮助；对公民的报警案件，应当及时查处。"

2003 年 4 月 30 日，公安部制定、印发《110 接处警工作规则》其中：

第 21 条 对危及公共安全、人身或者财产安全迫切需要处置的紧急报警、求助和对正在发生的民警严重违法违纪行为的投诉，处警民警接到 110

---

① 2012 年武汉市公安局局长赵飞作的《武汉市公安局关于 2011 年度办案质量检查情况的报告——2012 年 6 月 27 日在武汉市第十三届人大常委会第三次会议上》提及："'110'接处警工作中处警言语、行为、程序不规范或处警不力的情况还时有发生；少数民警对纠纷引起的伤害案件重调解轻办案，以致投诉较多。"其中"处警不力"是否是指出警迟缓，因文中言之不详，不得而知。但依据《市公安局办公室关于进一步规范 110 接处警有关工作的意见》（武公办〔2005〕91 号）的要求："认真做好处警工作，坚决杜绝不出警、超时出警、不着装或不带装备出警、不按规范程序处警等现象。处警量较大的派出所要根据辖区实际，进一步理顺工作机制，合理调配警力、车辆和装备，确保快速出警、规范处警"，所指涉的"处警不力"从含义上包括了出警迟缓。

报警服务台处警指令后，应当迅速前往现场开展处置工作。对其他非紧急报警、求助和投诉，处警民警应当视情尽快处理。

第 55 条　省、自治区、直辖市公安厅、局可以结合实际，制定本规则实施细则，并报公安部备案。

武汉市公安局《110 接处警工作规范》规定："城区出警民警必须 5 分钟赶到现场、郊区 10 分钟内赶到现场。"

《110 接处警工作规则》发布时间在本案发生之后，所以在此并不适用。但我们可以看到，规则对于出警时间的限定依然是不确定的"应当迅速""尽快处理"等模糊词语。也许全国情况千差万别，公安部无法也不宜作统一硬性的规定。

（二）一审判决应对行政迟缓的标准及其检析

一审判决认为蔡甸分局的行为不符合《人民警察法》的"立即救助"之规定和武汉市公安局《工作规范》有关"城区出警民警必须 5 分钟赶到现场、郊区 10 分钟内赶到现场"之规定，确认被告延迟出警具体行政行为违法。但受害者死亡与被告行为之间无直接的因果关系，因此，最终驳回了原告的诉讼请求。

一审法院暗含的意思是《工作规范》是有效力的，对蔡甸分局有拘束力。原告败诉的关键原因是被诉行为与损害结果之间不存在因果关系。《国家赔偿法》第 2 条规定："国家机关和国家机关工作人员行使职权，有本法规定的侵犯公民、法人和其他组织合法权益的情形，造成损害的，受害人有依照本法取得国家赔偿的权利。"在追究国家赔偿责任的时候，必须论证符合赔偿责任的构成要件，这些要件是：国家侵权主体、国家侵权行为、侵权损害事实和因果关系。依据 2010 年修改前的《国家赔偿法》的规定，还须一个要件，即国家侵权行为是违法的。四川省仁寿县法院于〔2012〕仁寿行初字第 17 号行政判决书中认为：因果关系是指违法行使职权的行为与损害事实存在法律上的因果关系。[①] 法律上的因果关系并非确指何种因果关系理论，

---

① 对仁寿县法院意见的阐述参见四川省眉山市中级人民法院〔2013〕眉行终字第 2 号行政判决书。

而是在法律层面、具有法律意义的因果关系标准。因为至今尚无何种因果关系理论能称为法律上因果关系的界定。[①] 判决中称受害者死亡与被告行为之间无直接的因果关系，存在的问题是：一是认为违法行为和损害结果之间不存在直接因果关系；二是似乎不认为一个结果可以存在多重原因。因果关系的问题过于庞杂，难以展开。按照一审的直接因果关系标准，只认定因果之间本质的、内在的、必然的联系，除此以外不存在因果关系。这种因果关系标准是最狭窄的标准，实际上因果关系标准所及范围在其他国家和地区早已扩大，其标准完全可以适用于本案中的，如相当因果关系说、法规目的说等。从物理的力的角度，确实只有肇事司机与本案有直接因果关系。但从逻辑上来说，分局同样与本案有直接因果关系，因为分局的即时救助是一种实存的法定义务，法定的即时救助义务履行中存在瑕疵与司机肇事并立为死亡的直接原因。同时，实务中必须注意的是分局的因对应的果在本案中应指损失扩大的部分，并非所有的损害结果。

为何说分局负有一种实存的法定义务？这得从职责与义务的区隔说起。一审判决暗含以下观点：无论"立即救助"还是"5 分钟赶到现场"不过是一种职责罢了。职责是就国家与行政机关或行政机关与执行公务的人员之间来说的。赋予权力，即是享有权力者的一种责任或职责。义务是对行政主体与行政相对人或其他私人之间的行政法律关系来说的。行政主体负有某一义务，此时行政相对人或其他私人对此享有请求权。[②] 可见，职责是对上的，而义务是对下的。被诉行为与损害结果之间不存在因果关系，这一结论的得出，如何解释"立即救助"和"5 分钟赶到现场"相关的规定？依照一审判决反推，只能说那是行政机关的职责，而不是对相对人的义务。

职责和义务之间是否可以沟通和转换呢？如果职责的内容与相对人权益无关，行政主体的职责和对相对人承担的义务是不可以沟通和转换的。但如果职责的内容具有外部性，与相对人权益之间存在关联性，则行政主体对国

---

① 沈岿：《国家赔偿法 原理与案例》，北京大学出版社 2011 年版，第 177 页。

② 王贵松："行政裁量权收缩的法理基础——职权职责义务化的转换依据"，载《北大法律评论》2009 年第 2 期，第 357 页。

家承担的职责与对相对人承担的义务是可以转换和沟通的，相对人可以借助于相关的制度来激活职责的履行。① 立即救助条款是与相对人权益相关的，因此存在职责与义务沟通和转换的前提。该条款已经明确了与义务同时存在的相对人的请求权。另外，《行政诉讼法》第11条第5项规定："申请行政机关履行保护人身权、财产权的法定职责，行政机关拒绝履行或者不予答复的"，可以提起行政诉讼。这是相对人的请求权的保障——救济途径。所以，本案行政主体的职责同时也是行政主体的义务。所谓没有因果关系之说，是站不住脚的。

一审法院认可行政规则效力的外部化，认定行政迟缓违法，但在逻辑推理中遇到了职责与义务区隔的障碍，判决中并没有就此追索下去，而以不存在直接因果关系予以语塞。易言之，原告权利受到违法行政迟缓的侵害，但不认为原告有获得赔偿的权利。这种判决对行政迟缓的医治是没有效果的。

三、二审判决应对行政迟缓的标准及其检析

行政迟缓的解决单凭法条是没有办法的，因为行政迟缓的出现就是因为法条规定得不精确。这种问题的解决需借助于惯例、原则的适用，以及内部工作规范的适用。在一审法院看来效力不是问题的时候，二审法院则认为这是一个核心问题。二审法院认为：《工作规范》仅是公安内部工作规范，且无证据证实向外公布，不具有法律法规的法律效力。此阶段存在的问题有二：一是内部工作规范有无对外的法律效力？二是如果内部工作规范有对外法律效力的话，未对外公布是否影响内部工作规范的对外法律效力？下文就依循这两个问题展开论述。

（一）内部工作规范的外部效力

按照我国立法法和行政诉讼法的规定，对行政机关的规范性文件可以类分为：法规、规章、其他规范性文件。其中的其他规范性文件包含：行政机关制

---

① 王贵松："行政裁量权收缩的法理基础——职权职责义务化的转换依据"，载《北大法律评论》2009年第2期。职责和义务的通约问题，实际上也是原告到底有没有主观公权利的问题。限于篇幅，笔者没有就此角度展开探讨。

定、发布的具有普遍约束力的决定、命令；行政机关对行政机关工作人员的奖惩、任免等决定。按照内容，其他规范性文件可以分为创制性文件、解释性文件和指导性文件。①在英国，行政机关未经议会法律授权制定的规则称为"行政性规则"（administrative rule）。对此，美国称为"非立法性规则"。以上包含了内部规范性文件。法国的内部行政规则称为"内部行政措施"。而在德国、日本以及中国台湾地区，内部行政规则即称为"行政规则"。为了明确属性，我们一般将规范行政机关内部事务和对内部具有约束力的规则称为行政规则。

1. 对行政规则之规范在大陆立法中的缺失

其他规范性文件也有其他的名称，如规范性文件、规范性法律文件、行政规范等。都是指法规、规章以外由行政机关制定的具有普遍约束力的规则。在立法上，我国《宪法》称之为"行政措施""决定""命令"（《宪法》第89、90 及 107 条），《行政诉讼法》称之为"决定""命令"（第 12 条），《行政许可法》称之为"其他规范性文件"（第 17 条），《行政处罚法》称之为"其他规范性文件"（第 14 条），《行政复议法》称之为"规定"（第 7 条）。在司法实践中，1999 年最高人民法院在《关于执行〈中华人民共和国行政诉讼法〉若干问题的解释》中称之为"行政规范性文件"（第 3 条）、"其他规范性文件"（第 62 条），在 2004 年最高人民法院发布的《关于审理行政案件适用法律规范问题的座谈会纪要》（法〔2004〕96 号）中，又称为"具体应用解释和其他规范性文件"。该纪要明确了如何对待这些规范的问题：

国务院部门以及省、市、自治区和较大的市的人民政府或其主管部门对于具体应用法律、法规或规章作出的解释；县级以上人民政府及其主管部门制定发布的具有普遍约束力的决定、命令或其他规范性文件。行政机关往往将这些具体应用解释和其他规范性文件作为具体行政行为的直接依据。这些具体应用解释和规范性文件不是正式的法律渊源，对人民法院不具有法律规范意义上的约束力。但是，人民法院经审查认为被诉具体行政行为依据的具

---

① 姜明安主编：《行政法与行政诉讼法（第三版）》，北京大学出版社、高等教育出版社 2007 年版，第 213 页。

体应用解释和其他规范性文件合法、有效并合理、适当的，在认定被诉具体行政行为合法性时应承认其效力；人民法院可以在裁判理由中对具体应用解释和其他规范性文件是否合法、有效、合理或适当进行评述。

以上都是对外的规范，不是指规范行政主体内部工作人员和行政主体之间以及行政主体之间关系的内部规范——行政规则。对行政规则的态度，这些条文语焉不详，法院无法获得如何评判的依据。国务院的行政法规《国家行政机关公文处理办法》将公文分为十三类：命令（令）、决定、公告、通告、通知、通报、议案、报告、请示、批复、意见、函、会议纪要。当中有属于行政规则的部分，但是由于《国家行政机关公文处理办法》是上级行政机关对下级行政机关的行政规则，其内容不过是公文的办理、管理、整理、归档等一系列程序上的事项，对行政规则部分并未作出特别的规定。因此，在本案中，如将作为内部规范的《工作规范》在判决中加以引用，则存在能否作为裁判规范的问题。判断行政规则效力理论依据的缺乏，成为二审法院认可区公安分局上诉理由的原因之一。

2. 行政规则何以有内部拘束力

台湾地区"行政程序法"第159条规定："本法所称行政规则，系指上级机关对下级机关，或长官对属官，依其权限或职权为规范机关内部秩序及运作，所为非直接对外发生法规范效力之一般、抽象之规定。行政规则包括下列各款之规定：一、关于机关内部之组织、事务之分配、业务处理方式、人事管理等一般性规定。二、为协助下级机关或属官统一解释法令、认定事实及行使裁量权，而订颁之解释性规定及裁量基准。"并且，规定行政规则应下达下级机关或属官，才有拘束力。而对第二种类的行政规则，该法要求应由首长签署，并登载于政府公报进行发布。

传统行政法学理论认为：（1）行政规则不具有外部效力；（2）行政规则的制定不须法律的授权；（3）行政规则在发布程序上不必公告。[①]

[①] 陈春生："行政命令论——中华民国行政规则之法效力研究"，见社团法人台湾行政法学会编：《行政命令、行政处罚及行政争讼之比较研究》，翰芦图书出版有限公司2001年版，第76页。

行政规则的效力分为对内和对外两个方面。对内而言，行政规则订立的基础为行政机关的行政权和指挥权。在行政机关所涵盖的诸多的行政职权中，作为订立行政规则的权限来源仅有两项：组织权和业务处理权。前者是行政机关在组织方面可以自我形成的权限。其权限是可以对其内部组织结构和职权分配进行调整。后者是行政机关自行斟酌以如何执行其业务的权限，包括法规的解释和适用、实施的认定、程序的形成等。行政机关在组织权和业务处理权基础上为一般的抽象规则要求其内部单位或职位遵守，那么有关规定对于单位或职位就有拘束力而成为行政规则。这项拘束力发生的基础就是机关对其内部单位及职位所享有的指挥权。[①] 所以，行政规则的制定不须法律的授权。

3. 《工作规范》外部效力的理论来源

2010 年台湾地区司法特考四等法警考题涉及行政规则的问题：

某县政府文化局为执行当年度对于民间艺文团体之补助，依职权订定补助作业要点，其中规定受理民间艺文团体申请后，应于二周内为同意与否之答复。于某年度之众多申请案中，文化局均依此规定处理，然对于某丙之申请，文化局竟无正当理由而逾期置之不理。请问文化局之行为是否违反行政自我拘束原则？

依职权订定的补助作业要点属于行政规则。参考答案为：行政机关原则上应受其长期、反复为行政行为所产生的原则所拘束，基于平等原则和信赖保护原则的要求，行政机关不得任意违反。而行政规则虽不直接发生对外效力，但行政机关一旦订立行政规则，并依该此作出行政行为，人民就会对该行政规则产生"行政机关会按照行政规则活动"的信赖。所以行政机关对该行政规则所规范的事实，需依该行政规则作出相同的处理，否则就可能违反信赖保护原则与平等原则，这就是行政自我拘束原则或行政自缚性原则的表现。也就是说，行政自我拘束原则导源于信赖保护原则与平等原则。其含义是行政机关作出行政处分时，对于相同或具有同一性的案件，应受其行政先

[①]　黄异："行政规则"，载《法令月刊》2000 年第 7 期，第 5 页。

例或行政惯例的拘束，否则就违反了平等原则，从而构成违法。①

依据行政规则的内容，可以将其分为：法规解释、裁量准则、判断准则、补充法律之规定、独立规则、程序规定、组织规定等类别。《工作规范》中的接处警时间规定是对警察法第 21 条中"立即救助"裁量权的细化，属于裁量准则。

因裁量性和解释性行政规则适用的结果影响人民的权益，所以会产生实质的对外效力。这种对外效力可以分为"直接对外效力说"和"间接对外效力说"。间接对外效力说认为行政规则因经常适用而产生行政惯例时，即有行政自我拘束原则的适用问题。如果没有正当的理由，相同或类似案件不可以差别对待，否则就违反了平等原则。人民可以凭借该原则主张自己的权益。直接对外效力说认为行政规则无须假借平等原则或信赖保护原则，可以直接发生对外的效力。其依据来源于行政机关的原始制法权。但行政规则应当发布，才有效力。毛雷尔认为该说导致行政规则在形式上和实体上与法规命令没有了差别。既是行政规则又具有对外效力，该说本身就有矛盾，难以自圆其说。②

行政规则外部效力的间接说在德、日成为通说。反思其理论的链条，可以发现其中最关键的部分是判断与案件相关的行政规则在案件发生之前有没有形成行政惯例。而行政惯例是行政机关的惯行，是一种统计学上的结论。所以，笔者在相关的讨会上针对这一问题提出：如何判断形成行政惯例的时间节点？记得与会者莫不默然。后来笔者在阅读中发现，实际上不必那样"较劲"。因为德国学者早就提出"预计之行政惯例"的观点。即如果是第一次发生的案件，可以与未来可以期待的案件进行比较。德国学说上称为"预计之行政惯例"，作为行政机关是否违反行政惯例的补充。③ 因此，就以上各个理论的完整性而言，《工作规范》外部效力的理论来源已不成为问题。依据其形成或能形成的惯例，在自我拘束原则的要求和平等原则及信赖保护原

---

① 城仲模：《行政法之一般法律原则》，三民书局股份有限公司 1999 年版，第 249 页。
② 王珍玲："行政规则之效力"，载《台湾法学杂志》2010 年第 12 期，第 134 ~ 135 页。
③ 王珍玲："行政规则之效力"，载《台湾法学杂志》2010 年第 12 期，第 135 页。

则的反向要求、补充作用之下，是能够得出具有外部效力的结论的。

4.《工作规范》外部效力的补充性理论来源：裁量理论

《人民警察法》第 21 条中规定"人民警察遇到公民人身、财产安全受到侵犯或者处于其他危难情形，应当立即救助"，前一短句属于法规范中的事实构成要件，而后一短句则属于法律后果中的裁量要件。行政机关的裁量权受到以下限制：外部限制，不得逾越法定的裁量范围；内部限制，不得违背立法者授权的目的。裁量逾越违反法定的裁量范围，裁量滥用和裁量怠惰不符合授权的目的。详而言之，裁量滥用指行政机关在行使裁量权时，不符合立法者授权的目的，或出于无关的动机，或违反了行政法上的一般法律原则，如平等原则或比例原则等。① 立即救助在本案中应该是多长的时间？我们知道任何权力都是有边界的，我们总不可能说只要警察想到何时就是立即救助的时间。如何判断民警接处警时间的裁量没有违法，必须从他们的对案件处理的理由和案件事实来分析。但从报道上看，蔡甸分局并没有提出案件事实上的理由。一审法院认为，被告的交通大队离车祸现场仅 1100 米，可在 10 分钟内到达现场，而警察超过 20 分钟到达现场。我们完全可以以此常理来判断蔡甸分局有没有符合立法者授权的目的。另外，《工作规范》要求民警接到郊区案件 10 分钟内赶到现场，也可以如上文一样运用平等原则来判定警察行为构成了裁量滥用。

（二）未向外公布对外部效力的影响

如上所述，对行政规则的规范在我国立法中是缺失的。所以行政机关根本没有被要求以何种方式公布及公布在何种载体上的依据。退而言之，假定需要向外公布才有间接的外部效力，未经公布会对其外部效力产生何种影响？

台湾地区"行政程序法"第 160 条规定："行政规则应下达下级机关或属官。行政机关订定前条第二项第二款之行政规则，应由其'首长'签署，并登载于政府公报发布之。"第 161 条明定："有效下达之行政规则，具有拘束订定机关、其下级机关及属官之效力。"并没有明确规定未经公布的行政

---

① 洪家殷："行政规则之违反与裁量权之滥用"，载《台湾本土法学》1999 年第 5 期，第 121 页。

规则如何处理。只强调行政规则有效下达才有拘束行政内部的效力。

实际上，这属于行政规则制定过程中的程序瑕疵问题，行政规则公布的主要目的是让行政系统内部知晓，对于向外部人员公布而言，主要是为了拘束行政机关的行为。实际上，对于行政规则的内部效力并无影响，就外部效力而言，该瑕疵并不严重，不属于重大的瑕疵范畴，所以不能概认无效，是可以治愈的。而且，案发前，《工作规范》经过传媒的报道，已经广为人知。所以，《工作规范》完全可以认定为有外部效力。

经过以上两个方面的分析，可见二审法院的裁判标准是站不住的。公安分局的行为违反了合理时限，构成行政迟缓。上文思路如图1所示。

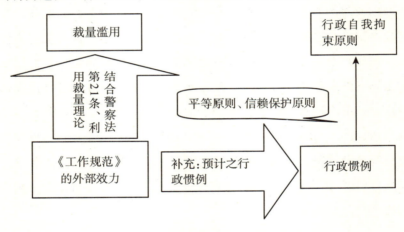

图1　二审应然判决标准推演示意图

四、结语

行政迟缓是一种违法行为。判断行政主体是否构成行政迟缓需要从是否违反合理时限、行为时的主客观因素、相对人的损失以及行政主体提供的理由等因素加以确定。合理时限和后面两个因素之一就可构成行政迟缓。从殷某某、朱某某诉蔡甸区公安分局案的案情来看，由于法条内容的模糊，这种行为是否违反了履责期限并不明显，需要结合案件的具体情况进行分析。因被告履责的期限标准存在内部规则《工作规范》的条文中，故本案是否构成行政迟缓的问题就转化为《工作规范》能否作为裁判规范，即是否具有外部效力的问题（作为裁量性行政规则，《工作规范》具有实质的对外效力）。

一审法院认可行政规则效力的外部化，认定出警行为违法，但在逻辑推理中遇到了职责与义务区隔的障碍，判决中并没有就此追索下去，而以不存在直接因果关系否定了被告的赔偿责任。易言之，原告权利受到违法行为的侵害，但不认为原告有获得赔偿的权利。也就是说，原告没有请求权。这种判决思路对行政迟缓的医治是没有效果的。

二审法院认为《工作规范》仅是公安内部工作规范，且无证据证实向外公布。因此，不具有法律法规的法律效力。二审判决涉及两个问题：一是内部工作规范有无对外的法律效力？二是如果内部工作规范有对外法律效力的话，未对外公布是否影响内部工作规范的对外法律效力？由于大陆立法中对行政规则规范存在缺失，所以要找到这两个问题的答案，必须从法学理论和比较法的角度去寻找。行政机关原则上应受其长期、反复为行政行为所产生的原则所拘束，基于平等原则和信赖保护原则的要求，行政机关不得任意违反。这就是行政自我拘束原则或行政自缚性原则的表现。按照通说，行政规则具有间接对外效力。这种效力来自因经常适用而产生的行政惯例。在判断是否成立行政惯例时，我们既可以从行政主体的行为历史来进行，也可以以未来可以期待的"预计之行政惯例"来判断。裁量理论是《工作规范》具有外部效力的补充性理论来源，即通过确认出警行为构成裁量滥用达到判定其行为违法的目的。①《工作规范》中的时限可适用于本案，蔡甸分局的行为违反了合理时限，构成行政迟缓。

可见，行政规则不是行政机关的遁生门，② 也并非行政迟缓的法外之地。

---

① 由于掌握的理论匮乏，我国判决书常常以"本院认为……"开始，以"根据某法某条，判决如下……"结束。判决内容的简单和不论理导致公正的遮蔽。所幸的是，《最高人民法院裁判文书上网公布暂行办法》（2013 年 7 月）标志着几十年来我国法院终于迈开判决书即时公开的艰难一步。相信判决书的即时公开会促进包括行政迟缓、行政规则等理论问题在法律文书中的探讨。

② 周某某诉文山县公安局案也涉及裁量规范是否有外部效力的问题，在对待其效力的问题上，一审、二审法院的观点也如同本案两级受理法院的观点。参见姜明安："行政裁量的软法规制"，载《法学论坛》2009 年第 4 期。

第十七章 对许某某案中侵权归责之缺漏的检讨[*]

机动车与行人之间的交通事故责任，一般适用过错推定原则，该原则是过错原则的特殊形式。发生于 2009 年 10 月、终审于 2012 年 1 月的许某某撞倒王某某案虽然归于沉寂，但案中出现的归责缺漏依然存在。被告有没有过错不能简单的以撞人与否的事实来认定，应该综合案件中并道后被告发现原告时相距的距离和行车的车速来考量。较能切合的理论依据主要是结果回避可能性理论。此外，对于并道前被告有没有注意的义务，较切合的理论依据主要是预见可能性理论。其间，英国、美国、我国台湾地区等地的相关判决也颇有参考价值。一审法院在确定责任成立的因果关系时，显露出危险升高理论的端倪，但推论时并没有综合考虑各种因素。

2013 年圣诞前夕，网传一揶揄段子，说圣诞老人入国境途中因雾霾太大看不清路而摔倒，一直无人敢扶，于是礼物被哄抢，麋鹿被收走，雪车被没收。圣诞节被取消了！节前的 23 日，一名女子从济南市堤口路东口南侧辅道路过时突然摔倒，过往市民看到都很关心，但是没有人敢上前去搀扶，最终一名男子报警后，由警察、医护人员和市民一起将其送往医院。① 当月月初

---

　　* 本文原载《中律会讯》2014 年第 17 卷第 1 期。在笔者关注许案的多年期间，曾出现多起人车相撞的事件。本文写作后的感想之一是，虽然有时法律奈何不了人性，但法律的确不应该强人所难。感谢台湾东吴大学邱锦添教授与《中律会讯》杂志编辑主委苏若龙律师的督促。
　　① "济南女子街头摔倒 路人关心无人敢扶"，载财经网：http://photos.caijing.com.cn/2013 - 12 -25/113733110_ 1.html，访问时间：2013 年 12 月 28 日。

的外国小伙撞中国大妈事件中，在公众恐惧与媒体炒作的合力下，将被撞的中国大妈置身于舆论的焦点。[①] 为什么出现如此奇怪的现象？这和几年前发生的南京彭某案（下称彭案）及天津许某某案（下称许案）给予人们的印象有着莫名的关系。司法预决着人们的行为，所谓当下的判决不过是将来判决的代名词。彭案在二审中以调解结案，其中的事实和法律标准普通的人已无法探究，给人们留下的多半是救助者无奈的印象。许案虽然过去经年，所幸我们能够找到两级法院的判决书，如能在证据事实与法律适用上还其"本来面目"，未尝不是对司法和社会的一种促进。[②]

一、认定被告过错的原则与本案的问题

《道路交通安全法》第 76 条第 1 款第 2 项规定："机动车与非机动车驾驶人、行人之间发生交通事故，非机动车驾驶人、行人没有过错的，由机动车一方承担赔偿责任；有证据证明非机动车驾驶人、行人有过错的，根据过错程度适当减轻机动车一方的赔偿责任；机动车一方没有过错的，承担不超过百分之十的赔偿责任。"第 2 款规定："交通事故的损失是由非机动车驾驶人、行人故意碰撞机动车造成的，机动车一方不承担赔偿责任。"没有证据证明本案原告是故意的，所以本案应该适用第 1 款第 2 项。第 2 项第一句规定了机动车的推定过错责任。第二句规定的是过失相抵原则。最后一句规定的是严格责任（无过错责任）。

根据《民法通则》第 106 条的规定，一般侵权责任的构成要件包括：过错；民事权益的侵害；加害行为；加害行为和民事权益的侵害之间存在因果关系。以上四个要件中，过错是一般侵权责任的构成的前提，因果关系是一般侵权责任归责的推进器。在机动车交通事故归责中，原告必须证明两个方面的事实：一是原告受到实际人身伤害；二是损害是由被告驾驶机动车造成

---

① 贺菲菲："网传'外国小伙扶摔倒女子遭讹诈'北京警方证实外籍男子无照驾驶摩托车撞人是谁让被撞大妈'被碰瓷'？"，载《长沙晚报》2013 年 12 月 4 日，第 A04 版。

② 2013 年圣诞节上午，在郑州建设路郑棉三厂大门西侧小广场上，十几位老人聚在一起，用举字牌一字排开的方式，字牌连起就是"倘若我摔倒，请将我扶起"。呼吁大家互相帮助，呼吁爱的回归。参张翼飞："郑州老人街头上演行为艺术秀'倘若我摔倒，请将我扶起'"，载《郑州晚报》2013 年 12 月 26 日，第 A11 版。

的。原告的证明过程是从证明因果关系、推定过错基础事实到推定被告有过错。被告针对法定的推定过错，应该就其"没有过错"进行反证。被告须证明其行为符合法规的规定和合理、谨慎的行为标准。推定过错的核心依然是"过错"，只不过判断过错的方式、方法发生了改变。① 下文即从原、被告过错认定和一审因果关系两个方面对许案进行剖析，以求抛砖引玉、管中窥豹之效。

过错是具有自由意志的加害人的一种心理状态，分为故意和过失。前者是明知其行为会产生侵害他人民事权益的后果，而有意为之的主观心理状态。后者是指行为人对其行为产生侵害他人民事权益的后果，应注意，而且能注意，却没有注意的一种心理状态。根据行为人对后果是否有认识，过失可以区分为过于自信的过失和疏忽大意的过失。过于自信的过失是指行为人已经预见其行为有侵害他人民事权益的危险，却相信采取某种措施可以避免。疏忽大意的过失是指行为人没有意识到其行为具有产生侵害他人民事权益结果的抽象可能性，但如其尽到应有的注意即可认识到并避免。依据过失的程度，可以区分为重大过失、抽象过失（一般过失）和具体过失。重大过失的标准是只须稍加注意的漫不经心的人的标准。一般过失在大陆法系国家采取的是善良管理人的标准，而在英美国家则采取理性人的标准。这种标准更多的是考虑行为人自身以外的因素。具体过失更多的是考虑行为人自身的因素，如认识能力高的人，如某专业人员，案件中要求的注意程度就会比普通人要高。如果行为人是具有较低认识能力的人员，如智残者，案件中要求的注意程度就会比普通人要低。所以具体过失标准并非固定，而是法官衡量的结果，具体情况具体分析，故而称为具体标准。② 结合许案，根据被告新浪微博的认证，被告是天津单车苑实体店负责人，案发时将其方向往车右转，被告在本案的过失嫌疑应该是一般过失，问题是如何证成被告当时存在一般过失呢？

美国大法官霍姆斯告诫我们："法律的生命不在于逻辑，而在于经验。"法律并没有如标尺刻度般的告知我们如何认定一般过失，认定被告存在一般

---

① 王利明、周友军、高圣平：《侵权责任疑难问题研究》，中国法制出版社 2012 年版，第 154～156 页。
② 方新军：《侵权责任法学》，北京大学出版社 2013 年版，第 112～125 页。

过失，应该回到司法的经验和生活的经验。

首先，我们还是回到案件的情节。2009 年 10 月 21 日，许某某驾驶东风标致轿车沿天津市红旗路由南向北行驶至红星美凯龙家居装饰广场附近时，遇王某某在红旗路上由西向东跨越中心隔离护栏，后王某某倒地受伤，被 120 急救车送往天津市人民医院救治。许某某在西站交警大队对其进行询问时称：其当时驾车沿红旗路由南向北靠中间第二条车道向第一条车道并道，因前方有大货车，其在并道前并未发现王某某，并道后距离王某某 4～5 米时才发现王某某。王当时好像被护栏绊了一下，踉踉跄跄往前跑了两步摔在地上，许某某立即采取制动措施并向左打转向，停车时距离王 1～2 米。被告是否驾车撞伤原告，有接触并形成物理之力，一审法院并没有正面回答。2011 年 11 月 25 日，二审法院委托司法部司法鉴定科学技术研究所司法鉴定中心进行鉴定。12 月 28 日，该中心出具司鉴中心〔2011〕交鉴字第 157 号《鉴定意见书》。结论为："王某某右膝部损伤符合较大钝性外力直接作用所致，该损伤单纯摔跌难以形成，遭受车辆撞击可以形成。"二审法院由此鉴定结论确定被告驾车撞倒了原告，从而解决了一审法院没有审究的模糊事实。撞倒原告这一情节，被告没有证据加以推翻。对于过错问题，一审法院并没有叙明，而二审法院则作出如下表述："许某某驾车发现王某某时，未能及时采取有效的措施，迅速处理前方出现的紧急情况，故许某某对于交通事故的发生亦负有一定的责任。"①

对于被告发现原告时相距的距离及之前是否在大货车后由第二道变换至第一道车道，两级法院都避而不定。实际上这些细节与被告是否有过失密切相关（而不应仅仅注重双方之间是否撞与被撞），这也是案件归责时的缺漏之一。

根据现有材料以及交警当时处理事故时的记录，结合民事诉讼中优势证据标准，应以被告表述作为案件的事实。为了表述的便利（并非着意割裂），根据案件发生过程，下面将整个过程分为并道前与并道后两个阶段进行分析，以探究判决归责中对过失认定的缺漏。

① 天津市第一中级人民法院〔2011〕一中民四终字第 0993 号民事判决书；天津市红桥区人民法院〔2010〕红民一初字第 837 号民事判决书。

二、并道前过失认定的缺漏

并道前后的具体界限是以被告目击发现原告为截点，这是因为据案情，被告进入第一条车道到发现原告的时间相当短。在这截点之前，被告是否负有注意义务？从两级法院的判决来看，这似乎根本不是一个问题。在回答这个问题之前，有必要，或者说关键就是在具体的案件中具体诠释注意义务的内容。

（一）标准的变动不居与固定不变

在英国法上注意义务起源于 Donoughue v. Steveson ［（1932）A. C. 562］案中建立的邻人原则。案中原告喝了朋友该买的饮料，而饮料已被污染导致原告中毒。该案双方之间因无买卖合同关系，如何确立被告责任成为当时的难题。法官 Lord Atkin 在该案中总结出常用的概念作为注意义务存在的基础，将双方视为邻居。"你必需采取合理可预见（reasonably foresee）的作为或不作为的注意义务，以避免伤害你的邻居。"谁是我的邻居？我应该合理预见受我的行为密切和直接影响的人（so closely and directly affected by my act）。

为了确立在特定情境下的注意义务（a duty of care arises in a particular situation），法官 Lord Wilberforce 在 Anns v Merton London Borough Council ［（1978）A. C. 728］案中，确立了判断注意义务成立的二阶段原则（to be approached in two stages）。首先，确定在双方间是否有紧密或邻居式的足够联系（a sufficient relationship of proximity or neighbourhood），以认定加害人的疏忽而存在初步的注意义务（a prima facie duty of care arises）；接着排除、减少或限定（negative, or to reduce or limit）义务的范围及接受义务人的范围和违背义务而导致的损失的扩大。可见，法官此时考虑的是将责任范围缩小，但是仍然坚持被告的合理可预见的注意义务。

后来在 Caparo Industries v Dickman ［（1990）2 A. C. 605］案中，法官 Lord Jauncey of Tullichettle 确立了判断注意义务成立的三阶段原则，基本上是在前面 Anns 案的基础上增加第三阶段，即科予被告义务是否公正且合理的（it is just and reasonable that it should be so）。

现在英国法院逐渐放弃所谓判断注意义务的原则，而代之以具体的个案标准。这不是说法院放弃了注意义务，只是更加注重个案中的因素和公平正义。①

美国法院对行为是否有过失，取决于行为是否侵害法规所保护的他人的法益而造成他人不合理的危险。也就是说被告行为时客观上可否预见其行为可能产生危险。若被告的行为合理，又无法预见其行为有任何可能产生对他人的危险，那么被告的行为是无过失的，不应对损害结果负责。除了以损害结果是否为可以预见危险（foreseeable risk）作为被告行为责任范围外，也可以被告的行为是否为损害结果的直接原因（direct cause）作为判断标准。此标准系以损害结果是否为被告行为直接可追溯结果（directly traceable cause），或以被告之行为是否为损害结果的直接原因进行判断。直接结果（direct consequence）是指依据被告行为时所有情况和行为对结果的原因力，来判断损害结果是否是被告该行为所自然形成的，且行为与结果之间没有任何中断因素存在。在 Petition of Kinsman Transit Co.（338 F. 2d 708［2d Cir. 1964］）案中，被告甲的船未在被告乙的码头上泊好，风浪使该船漂出码头，后与另一艘船（乙）相撞，两艘船一起往下漂浮。两船经过被告丙所有的可拉起、放下的铁桥，恰好管理人不在，没有及时拉起铁桥。两船与铁桥互撞阻挡河流流水，河面上升使上游沿岸工厂因河水受损。因此沿岸工厂向甲、乙、丙要求损害赔。法院判决认为，被告的行为如果是损害的直接原因，那么损害赔偿范围不以可预见为限。因此被告甲、乙、丙应对原告的损害负赔偿责任。②

回顾英美法院对过失认定问题的标准，可以看到尽管标准变动不居、来回飘荡，但是我们还是可以把握的。英国法院尽管经历了一阶段到三阶段直至具体个案标准，其基础依然是可预见标准。美国法院后期发展出直接结果标准以作为确定被告责任范围的方式，看似对过失问题不作关注。实际上，直接结果标准只是确定被告责任范围的补充标准，如将该标准适用到原告有

① 陈聪富：《侵权违法性与损害赔偿》，北京大学出版社 2012 年版，第 17 页。
② 潘维大："美国侵权行为法对因果关系之认定"，载《东吴大学法律学报》1991 年第 2 期，第 12～20 页。

明显过失的许案，对被告会过于严苛，有失公平。可以预见危险标准仍然是英美传统的标准。就此而言，英美对过失认定的标准差异不会过大。

（二）判断标准

可以预见危险标准作为并道前被告是否有过失的认定方式是比较契合案发时的情况的。从本案来看，被告在中间第二条车道上于大货车后行驶，将车并入第一条车道的过程中，由于大货车的高度和被告与该车之间的距离被告无法看见有人会在第一条车道路中间。那么，此时被告该不该预见第一条车道有人呢？在美国侵权责任案例中，著名的 Palsgraf v. Long Island Railroad Co. [162 NE 99（NY CA 1928）] 一案所确立的观点有助于本案的思考。

1924 年的一天，帕斯格拉芙（Palsgraf）太太和她的女儿正在纽约长岛火车站的站台上候车，准备前往洛克威海滩（Rockaway Beach）。正在此时，一列前往别处的车在车站停下，旅客们纷纷登车。火车开动，一位旅客匆忙赶来，他跳上车厢，但他似乎还没有站稳，于是车上的工作人员拽他，车旁的工作人员在后面推他。恰在此时他随身的包掉落，碰在铁轨上，因里面装有烟花（fireworks），引发爆炸。这个包很小，只有 15 英寸长，外面裹有报纸。我们很难从外包装看出里面装有什么东西。爆炸的冲击力将许多英尺外的站台另一头的几杆秤击倒，砸中了帕斯格拉芙太太，引起伤害。帕斯格拉芙太太起诉长岛火车站要求赔偿。纽约上诉法院在二审时认为她无权从铁路公司获得赔偿。法官卡多佐认为就被告与包裹主人的关系来说，被告可能有过失，但于其与站在老远的原告的关系而言，并不存有过失。相对她来说根本不存在疏忽（Relatively to her it was not negligence at all）。卡多佐继续写道："一个平常的谨慎的人所能感知的危险范围就是他应承担责任的范围（the orbit of the danger as disclosed to the eye of reasonable vigilance would be the orbit of the duty）。"这就是过失概念的相对性。

并道前，被告和原告无论在事实上，还是在法律上，并不是紧紧相关（proximate），都过于遥远（remote），被告没有预见原告而存在注意的义务。那么原告以外的大众，被告是不是有注意的义务呢？对象是所有的还是部分的人群？

在美国另一个案件 Missivand v. David 一案中，原告之妻与被告有不正当的性关系，被告将性病传染给了原告之妻，继而又传染给了原告。被告虽知自己有性病却没有告诉原告之妻，因此原告起诉被告负过失侵权行为的损害赔偿责任。被告则辩称其对原告不负有注意义务。俄亥俄州最高法院认为，被告没有采取防范性病传染的措施，应当预见到原告将会陷入到被传染性病的危险之中，因此被告负有避免将性病传染给原告的注意义务。必须指出的是，被告并不是对一般大众负有防免性病传染的注意义务，而仅对其可得预见的原告负有该项义务，也就是说注意义务具有相对性。[①] Missivand 案与 Palsgraf 案都在强调注意义务的相对性，但 Palsgraf 案中尚涉及难以寻觅的包裹主人，该主人按其所能感知的危险范围来说，自然有防免义务。此案涉及可能的义务对象的多方性。而 Missivand 案则涉及可以主张权利的潜在原告的多方性的问题。不过俄州最高法院将其限定于原告一人，应该说这是出于伦理上的限定。

被告并道前应该注意的范围是同向的前后左右的车辆，而不及于其他的人群，如逆向而来的车辆和原告，这就是注意义务（范围）的相对性。如果第一条车道此时恰好置有没有警示的障碍物，那么被告反而成为受害人。如果这个障碍物是人，则按照危险责任，依据《道路交通安全法》第 76 条第 1 款第 2 项的规定应负损失的 10%。然而，本案的原告是在并道后前方4~5米行走，并不适合这种推测。接下来就需要分析并道后被告该有怎样的注意义务。

三、并道后过失认定的缺漏

并道后，被告发现了原告跨越隔离护栏横穿马路，此时的具体的注意义务是什么？当然存在应该预见撞倒原告并伤及其人身的可能性。如果我们继续以并道前的注意义务要求他，那么他就可以撞倒原告而不用负担责任。显然这是不公平的。当被告已经看见原告在第一条车道穿越时，如果没有任何防免措施，那么就可能构成重大疏忽，而有交通肇事的嫌疑。如果是故意撞

[①]　陈聪富：《侵权归责原则与损害赔偿》，北京大学出版社 2005 年版，第 37 页。

倒，就有故意杀人的嫌疑。案件的事实是，被告制动并将方向盘左转，撞及隔离护栏，并撞倒原告。

（一）二审法院的双重标准

对于被告的过失认定，二审法院在判决时是这样认定的："许某某驾车发现王某某时，未能及时采取有效的措施，迅速处理前方出现的紧急情况，故许某某对于交通事故的发生亦负有一定的责任。"其中的关键字眼是"及时""有效"，及时是要求被告的行为，有效是要求结果的避免。显然这是双重标准。从判决来看，二审法院最终采取的是结果标准。这样的标准导致本案适用的不是过错推定标准，而是无过错标准。无过错标准也不是《道路交通安全法》中的无过错标准，因为判决中被告要承担 40% 的责任。二审判决在这里的归责缺漏在于其没有坚持"及时"的标准，没有细究何为"及时"。

（二）及时：结果回避的可能性

日本教授平井宜雄认为日本并不存在像德国实践中完全赔偿导致不公平，而需要以相当因果关系对法官裁量权进行限制的问题。平井教授不主张在日本适用相当因果关系标准，因而提出了影响深远的义务射程说（保护范围说），义务射程说认为对于故意侵权行为，除非异常因素的介入而引起的损害，原则上应对具有事实因果关系的所有损害进行赔偿，即完全赔偿原则；而对于过失侵权导致的赔偿范围，应由作为过失判断标准的行为义务（损害回避义务及其前提预见义务）所及的范围来确定。[①] 虽然义务射程说不能提供具体的判断标准，但我们可以借鉴的是该说提出了作为过失判断标准的行为义务：损害回避义务及其前提预见义务。

在刑法定罪过程中，涉及过失犯因果关系审查时，在确定事实因果关系之后，下一步进行客观归责。这种法律上的归责评价就过失犯而言，最重要的归责评价有二：一是保护目的关连性（Schutzzweckzusammenhang）的审查，二是结果与义务违反的关连性（Pflichtwidrigkeitszusammenhang）。前者主要判断结果的出现是否属于注意义务的规范保护范围内的危险。这一标准在本案

---

① 周江洪："日本侵权法中的因果关系理论述评"，见《厦门大学法律评论》第 8 辑，厦门大学出版社 2004 年版，第 199～201 页。

中不具有操作性。那么我们看看第二个标准。义务违反关连性的审查主要解决一个假设的问题，如果行为人在该案件中的行为合乎注意义务，会是什么结果？案件结果得以避免，还是案件结果依然发生？如果是后者，则此一结果实属客观上无可避免的结果，因而不能归责于被告的行为。这种"假设遵守合乎规范行为"的"合法替代行为"的概念，在刑法学说称为"回避可能性理论"（Vermeindbarkeitstheorie）。如果行为人遵守了注意义务，结果仍然会发生，该结果应属客观上无法避免的结果，则违反注意义务的行为应视为并非实现危险结果的行为从而行为人没有过失。① 对回避如何可能的推理，我们不妨回溯一下两岸实务上的可以引鉴的案例。

　　一则是机车侵入来车道案。该案由台湾地区"最高法院"于2002年1月24日作出台上字第168号判决。被上诉人李甲（判决中称为乙○○）是被上诉人甲○○的受雇人，于1989年6月26日晚上8时40分许，驾驶自用小客车，沿新竹县新埔公路由新埔往竹北方向行驶，途经未设有限速标志的新埔镇下寮里九邻六三之一号门前郊外慢车道，应以时速不得超过40公里的速度行驶，竟然以时速60公里超速行驶，并与其女友聊天，致撞及迎面由被害人李乙所驾驶的重型机车，李乙人车倒地后，因蜘蛛网膜下出血，经送医急救不治死亡。李乙的父母，要求被上诉人连带赔偿殡葬费、扶养费及慰藉金。

　　台湾省竹苗区车辆行车事故鉴定委员会认定："乙○○驾驶自小客车超速闪避不当为肇事次因……李甲（乙○○）车右前车头受损，（李乙）机车车头受损，按照李甲车宽一·七公尺，机车倒地刮地痕在往竹北车道（李甲车行向）内距双黄线○·九公尺，显示撞击时李甲车已是跨中心双黄线行驶，……李甲车行向右侧路边处有枋寮干八三（号）电杆一只，即机车（倒地）位置，因此李甲发现机车侵道时，应依道路交通安全规则第九十七条第一项第一款在本车道内尽量向右闪避，② ……"针对该鉴定意见，台湾地区"最高法院"认为："按参与交通之人，可信赖其他参与交通之对方能遵守交通规则，同时为必要之注意，谨慎采取适当之行动，而对于不可知之对方违

---

① 王皇玉："医疗过失中的因果关系：从邱小妹人球案谈起"，载《台大法学论丛》2012年第6期，第737～740页。

② 台湾地区与大陆地区所指称的项和款刚好相反。

321

规行为并无预防之义务，此即所谓信赖原则。"并且是以让人信服的计算方式论证了回避可能性的不存在："本件被害人李乙驾驶重型机车在禁止超车路段，突然超速侵入乙○○车道内，已非乙○○所能预见。况依汽车行驶距离与反应距离一览表所示，时速如六○公里，其每秒速度为一六·六七公尺，以驾驶人之一般平均反应时间为四分之三秒核算，纵依乙○○在刑事诉讼中所供伊于三○余公尺前即发现李乙，依其当时车速为时速六○公里之反应距离为一二·四八公尺，及李乙当时车速亦为时速六○公里，则双方于同一反应时间内，均各向对方驶近一二·四八公尺，乙○○至多仅于两车相距五公尺多时，始得开始采取避让措施，而斯时李乙所驾驶之机车仍在行进中，显见事起仓促间，加之，乙○○车道右侧有电线杆，依一般人本能反应，自会将车向左闪避，乙○○将其车左闪至跨中心线后，既仍不免李乙所驾驶之机车头撞及自用小客车之右前车头，再碰撞右侧电线杆，设乙○○当时将其车向右闪避，更会撞及。可见乙○○向左闪避，并无不当。亦即乙○○以时速六○公里超速行驶，及在车内与其女友聊天之违反'道路交通安全规则'第九十三条第一项第二款后段所规定之违规事由，与本件车祸之发生尚无相当因果关系，应无过失责任可言。"[1]

实际上，大陆法院对类似的交通案件也有推理案例，这是发表在《最高人民法院公报》（1999 年第 4 期）的一则刑事案件——陈某某交通肇事抗诉案，该案由福建省泉州市中级法院于 1996 年 9 月 24 日作出一审判决：陈某某犯以危险方法致人伤亡罪，判处死刑，剥夺政治权利终身。福建省高级法院于 1997 年 5 月 30 日作出终审判决：撤销泉州市中级法院的刑事判决；判处陈交通肇事罪，有期徒刑 7 年。最高检察院不服，提起抗诉，认为陈某某的行为已构成故意杀人罪。最高法院最终维持了福建省高院的判决，认为无法认定陈某某对发生将游某某撞死的严重后果事先在主观上持有明知或者放任的心理态度，并不是故意杀人。案情和推理过程如下。

1994 年 7 月 20 日凌晨 2 时许，喝了啤酒的陈某某以每小时 80 公里以上的车速驾驶一辆无牌证的铃木摩托车返回晋江市，途径泉州市顺济桥收费站。

---

[1]　台湾地区"最高法院"2002 年台上字第 163 号判决书。

泉州市顺济桥收费站设各宽 6.8 米的东、西两条车道，在两条车道的中间和两个外侧，顺车道设有南北长 32 米的三条检查区，每条检查区的南北两端设有检票亭。此时收费站正在检查走私车辆，陈由北向南驶近收费站时，担心无牌证摩托车被查扣，于是从无人无车的东边逆行车道上强行通过。车行收费站北端 45 米时，收费站工作人员发现陈要冲关，即高声呼喊并示意其停车。陈仍以原来的速度逆行东边车道冲过北端检票亭，距南端检票亭约 20 米时，站在西边车道南端顺行出口处外侧检票亭附近的武警战士游某某等人听到喊声，从该处向东边车道跑去，准备拦截闯关的陈某某。游向东跑出大约10 余米，即在收费站南端检票亭外约 2 米、东边车道顺行入口处的中间与逆行而来的摩托车相撞。陈与摩托车一起倒地滑出 30 多米，陈当即昏迷。游被撞击后又被向南拖了 10 余米，撞在路边的防护栏上后又弹回路中间。游后经抢救无效死亡。公安交通管理部门提供的咨询意见表明：驾驶员从发现需要停车的情况后，到制动停车，一般约需时 2 秒。正常人的反应能力参数为1.25 秒，即发现前方有目标反映到大脑需 0.5 秒，从大脑反应到手、脚并采取制动措施需 0.75 秒。具体的还要受技术熟练程度、反应能力大小等因素影响。如果喝过酒，反应能力相对迟钝。案发时，陈某某正驾驶着高速行驶的摩托车，注意力集中在前方，加上收费站内检票亭的遮挡，视线广角相对狭窄，陈无法看见游某某的活动情况。最高法院是这样通过计算得出相撞不可避免的："收费站工作人员示意被告人陈某某停车时，摩托车距离该站北口有 45 米。顺济桥收费站全长 32 米。被害人游某某被撞点距该站南口外 2米。三段距离相加，共计 79 米。当时，陈某某驾驶的摩托车车速为每小时80 公里以上。即使按每小时 80 公里的车速计算，每秒钟应行驶 22 米，通过79 米的路程所需时间为 3.5 秒。该收费站每个机动车道口宽 6.8 米，撞击点位于东边道口中间，距离路边 3.4 米。游某某从西边车道的外侧越过西边车道到东边车道的中间，最小距离为 10.2 米。按照正常人的跑步速度，游某某跑完这段距离所需时间为 2 秒。如果以收费站工作人员喊停车时为起点，当游某某跑到被撞点时，陈某某距此仅有 1.5 秒的行驶路程。在此情况下，即使陈某某发现游某某后就采取制动措施，相撞也是不可避免的。如果再考虑到陈某某当晚喝了酒，反应能力减弱，反应时间相对要延长，或者游某某并不是一听到喊声就向被撞点跑等因素，则陈某某的制动反应距离就更短，相撞更不可避免。"①

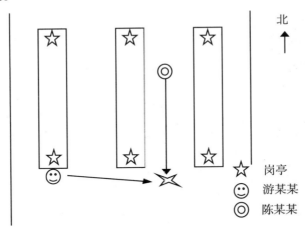

图 1　陈、游栏撞示意图

以上两个案件以无懈的计算过程论证了结果回避的不可能，也就是说，即使被告遵守了注意义务，结果的发生仍然不可避免。只是在机车侵入来车道案的计算是以驾驶人的一般平均反应时间为 3/4 秒核算，陈某某案的计算以正常人的反应能力参数 1.25 秒及制动时间 2 秒作为参考。其中的差别在于前案是相向而行的避让，后案是制动停车，所以后案的时间参数要长一些。同时，应该看到，陈案在其冲关的时候已经是一种违法行为，这种逆行冲关的行为比超速更严重，而许在没有撞王之前并不存在违反法规的行为。

一审法院是"假定"被告发现原告时相距 4~5 米，二审法院不置可否。可以说，被告发现原告时相距的距离和当时的车速是本案确定被告有无过失的关键因素，然而两级法院都未论及，委实可憾！

《道路交通安全法实施条例》第 45 条规定："机动车在道路上行驶不得超过限速标志、标线标明的速度。在没有限速标志、标线的道路上，机动车不得超过下列最高行驶速度：（一）没有道路中心线的道路，城市道路为每小时 30 公里，公路为每小时 40 公里；（二）同方向只有 1 条机动车道的道路，城市道路为每小时 50 公里，公路为每小时 70 公里。"不知案发路段有没

---

① "陈某某交通肇事案"，载《最高人民法院公报》1999 年第 4 期。

有限速的标志，按常理，在中间有隔离护栏及同向至少有两条车道的城市道路上，限速应该在每小时 60 公里以上。即使是以每小时 30 公里计，当时的车速也应该在每秒 8.3 米以上，参照陈某某案中公安交通管理部门咨询意见所提供的从发现到制动停车的时间 2 秒计算，原被告双方相距应该在 16.6 米以上，一般理性的人或善良管理人才可能避免撞倒事故的发生。

从上面的分析可知，在并道前，被告因信赖其他参与交通的人能遵守交通规则，同时为必要之注意，谨慎采取适当的行动，而对于不可知的对方违规行为并无预防的义务，所以被告对应该并没有预防注意的义务。在并道后，被告发现原告后，如果采取了应有的注意义务，仍然无法避免损害结果的发生，那么就不能认定被告存在过失。从以上推算来看，被告不存在过失的可能性非常大。当然，这需要进一步的证据。被告对此也负有反证的义务，法院在判决推理中也须填补这一实务中的缺漏。

四、其他几个与过失认定相关的缺漏

其他几个与过失认定相关的缺漏存在以下两个方面：自甘冒险与过失相抵。法院在审理时未加考虑或未充分加以考虑。

（一）原告是否是自甘冒险

自甘冒险来源于法谚 volenti non fit injuria（对同意者不构成损害），最早在古罗马法学家乌尔比安的巨著《告示评注》第 56 卷"关于侵辱"中指出"按照当事人意愿实施的侵辱行为对其不构成侵辱"。经过法学家的继承和罗马法的复兴，该法理精神传承下来。在 1798 年的 Cruden v. Fentham 案中，该法谚首次在过失伤害案件中适用。在该案中，被告一家驾驶马车回伦敦时，原告的仆人骑马从伦敦出发，双方由是相遇。虽被告的马车逆行，由于道路很宽，该仆人完全可以从原告旁边绕道而过。然而，仆人非但没有绕道，反而转向被告的一侧，试图从马车与人行道的中间空隙穿过，结果导致了其马的死亡。Kenyon 法官判定仆人的行为表明其自愿置于危险之中，相关损害应由其自己负担。[①]

[①] 李超："自甘冒险在英国法中的演化初探"，载《法制博览》2012 年 4 期，第 125 页。

原告不走人行横道，却兀自跨越隔离护栏，出人意料地横穿马路，意图从车流中穿插而行。显见其和 Cruden 案中原告仆人的情节类似。原告横穿马路之时，就是在冒可能被撞的危险。可不可以认定是 volenti non fit injuria 呢？

自甘冒险（assumption of risk）是指"受害人明知可能遭受来自于特定危险源的风险，却依然冒险行事"。自甘冒险的受害人对于加害人没有尽到注意义务的情形事先是预见到的。如，甲与乙一起共赴婚宴，宴毕，甲大醉仍坚持架车回家，而乙为图方便上了甲的车，途中发生车祸导致乙受伤。因乙明知搭乘甲醉驾的车是十分危险的，乙对甲没有尽到行驶安全的注意义务的情形事先是预见到的，却仍然搭乘，属于自甘冒险。又如，张某未戴安全头盔开摩托车上班，结果被有过失的司机王某的汽车所撞。张受伤，其未戴头盔显然有过失，但其并不能预见会被王所撞，因此该案属过失相抵而非自甘冒险。当受害方自甘冒险出现赔偿责任时，一般采用过失相抵制度对加害方的赔偿责任进行相应的减轻乃至免除。① 从确定责任的方式来说，虽然过失相抵与自甘冒险是一样的。但是，除了自甘冒险对加害人没有尽到注意义务的情形事先是预见到外，在过失相抵中，受害人有可能对损害的发生存在过错，也有可能对损害的扩大存在过错。本案中，原告横穿马路时，即使有可能预测到被撞，对被告"没有尽到注意义务"的情形事先却是无法预见到的。该种情形与未带头盔的张某更相似，因而，本案原告属于过失相抵而非自甘冒险。

（二）过失相抵该如何适用

台湾地区"最高法院"2003 年度台上字第 712 号判决书对过失相抵是这样阐述的："惟按损害之发生或扩大，被害人与有过失者，法院得减轻赔偿金额或免除之，'民法'第二百十七条第一项定有明文。此项规定之目的在谋求加害人与被害人间之公平，倘受害人于事故之发生亦有过失时，由加害人负全部赔偿责任，未免失诸过酷，是以赋与法院得不待当事人之主张，减轻其赔偿金额或免除之职权。换言之，基于过失相抵之责任减轻或免除，非仅为抗辩之一种，亦可使请求权全部或一部为之消灭，故裁判上得以职权斟

---

① 程啸："论侵权行为法上的过失相抵制度"，载《清华法学》2005 年 2 期，第 22~23 页。

酌之。"早年，无论罗马法的旁氏规则，还是英国的"要么全赔，要么不赔（all or nothing）"规则都没有考虑原被告双方在事件发生中的过错比例，而只是一边倒的要求一方负担全部损失，这就"未免失诸过酷"。20世纪后，针对这种弊端理论界与司法实务界提出了"比较过失（comparative negligence）"原则，将双方的过失加以比较，然后按照过失比例来分配当事人之间的责任，最后再确定原告在案中获得的赔偿数额。在进行过失相抵分配赔偿责任时，各国的做法不尽相同，大致有三种类型：（1）以各方原因力的强弱为标准，此方式以德国为代表。（2）以各方过错的大小为标准，以美国各个州的比较过失法为代表。（3）综合考虑过错与原因力，以英国、荷兰与日本为代表。①

《民法通则》第131条规定："受害人对于损害的发生也有过错的，可以减轻侵害人的民事责任。"《道路交通安全法》第76条第1款第2项规定有证据证明行人有过错的，"根据过错程度适当减轻机动车一方的赔偿责任；机动车一方没有过错的，承担不超过百分之十的赔偿责任"。可见，大陆地区在确定交通事故赔偿责任中只考虑双方过错，并不考虑他们行为在事故中的原因力。大陆地区交通事故中对机动车一方采取的是过错推定责任，一审判决时这样对比双方的过错的："本案中，原告王某某跨越中心隔离护栏的行为属违法行为，对事故的发生负有不可推卸的主要责任，因此被告应适当承担40%的民事赔偿责任。"二审法院维持了一审确认的原、被告双方的过错比例："本案中，王某某横穿马路，跨越中心隔离护栏，且不注意往来的车辆，以致发生交通事故受伤，王某某的行为违反了《中华人民共和国道路交通安全法》中'行人不得跨越、倚坐道路隔离设施'的规定，是引发此次交通事故的主要原因。许某某驾车发现王某某时，未能及时采取有效的措施，迅速处理前方出现的紧急情况，故许某某对于交通事故的发生亦负有一定的责任。根据许某某、王某某在交通事故中的过错，一审法院确定许某某与王某某责任比例为4∶6并无不当，本院予以维持。"

如何在归责中确定双方的过错？这是一个无法精确计算的问题。但这并不表明过错比例的得出是随意的。我们无法在两级法院的判决中认清得出该

---

① 程啸："论侵权行为法上的过失相抵制度"，载《清华法学》2005年2期，第29页、53页。

比例的具体脉络，"主要责任""主要原因"作为确认过错的表述是不严谨的，有以原因力作为标准的嫌疑。经过上文的推理分析，在查证被告发现原告是的相距距离和车速后，被告的过错应该在小于4大于或等于1之间。如无过错，应小于1。

（三）过失认定与因果关系该当的通约性

被告行为与损害结果之间存在事实上的因果关系后，被告是否负损害赔偿责任，还需考察被告行为是否为结果损害的法律上原因（legal cause），英美法常称之为最近原因（proximate cause）。实务中，时间上相隔久远，或空间上相隔辽远，仍有存在法律上因果关系的可能，由此被告须对损害负赔偿责任。由于最近原因标准较难把握，在英美的法学界，逐渐认为应该以法律上因果关系代替最近原因说，更为符合实际。法律上原因当然不是探讨类似单纯因果律的逻辑问题，而是在被告行为构成损害发生不可欠缺的条件后，为了公平起见，防止"失诸过酷"，将被告责任限定在不法行为所导致的危险，及该危险引发的损害结果范围内。被告应对危险的发生具有预见可能性。除了可预见说外，英美法上还以直接结果说来判断法律上的因果关系。德国法晚近流行法规目的说，台湾地区则通行相当因果关系说。① 过失案件中在适用英美的预见可能说、直接结果说，以及德国的法规目的说、台湾的相当因果关系说来确定被告责任范围的时候，总免不了与被告的过失存否或与过失程度联系在一起。这不奇怪，因为侵权行为不过是一个行为，而人们只是从自己认识的角度加以剖切，以便认识深刻。殊不知在这过程当中，侵权行为被切割的七零八落、支离破碎。过失和侵权行为及赔偿责任本就是三位一体的，过失认定与因果关系该当具有通约性。帕斯格拉芙案、李乙案和陈某某案中，这种通约性就比较明显。

五、一审中责任成立因果关系的缺漏

关于侵权行为法上的因果关系，王泽鉴教授将其分为两种：责任成立的因果关系和责任范围的因果关系。责任成立的因果关系是指可归责的行为与

---

① 陈聪富：《侵权违法性与损害赔偿》，北京大学出版社2012年版，第85~86页。

权利受侵害（或违反保护他人的法律）之间具有因果关系，如乙身体致害是否因食用甲公司制造的汽水，乙堕胎流产是否因目睹甲撞死其爱犬等。责任范围的因果关系，指权利受侵害与损害之间的因果关系，实际上是确定受损害的范围。例如，甲驾车撞伤乙，乙支出医药费，住院期感染传染病，家中财物被盗，这些损失与甲撞伤乙之间是否具有因果关系。[①]

于此相对，至少大陆地区侵权行为法存在"侵权责任的成立"和"侵权责任的承担"的双重构造。但这种二分法并不是以上"因果关系"的二分法。大陆地区民法通则乃是规定"由于过错侵害……应承担民事责任"的单层构造。事实因果关系的概念建立在美国陪审团和法官不同职能的区别基础上，而且责任成立因果关系的认定上，不仅包括事实的判断，还包括规范性价值判断，事实因果关系无法涵括责任成立因果关系，因此没有必要采用事实因果关系这一概念。[②] 责任成立因果关系实际已经包括事实问题，为了概念的共通，下文在分析因果关系问题时，将按照因果关系二分法的标准进行。

一审判决中，因天津市天通司法鉴定中心不能确定小客车与行人王某某身体有接触，也不能排除小客车与行人王某某没有接触，区法院的态度是："车辆与行人是否发生物理接触并不影响交通事故的成立，假设被告在交通对的字数及法庭的陈述成立，即双方并未法身碰撞，原告系自己摔倒受伤，但被告在并道后发现原告时距离原告只有4~5米，在此短距离内作用行人的原告突然发现被告车辆向其驶去必然会发生惊慌错乱，其倒地定然会受到驶来车辆的影响。"这些事实的认定使用了"假设""必然""定然"不严谨的词汇，这些结论的得出须建立在当时对双方所能提供的证据进行逻辑推理的基础上，而不是臆测。

因果关系的认定当然不限于物理接触，如上举的例子，因目睹甲撞死其爱犬导致乙堕胎流产，另外还有因撞伤后自杀与撞伤之间的因果关系。只是这些案件中的行为与结果关系如何成为最近（proximate）？原告是被撞伤，还是因吓倒而摔伤，这在确定责任成立的因果关系时是至为重要的细节。如果

① 王泽鉴：《侵权行为》，北京大学出版社2009年版，第183页。
② 周江洪："日本侵权法中的因果关系理论述评"，见《厦门大学法律评论》第8辑，厦门大学出版社2004年版，第218~219页。

是撞伤，原告证明责任成立的因果关系只须提供因被告撞伤的证据，在论述上不必费太多的笔墨。而如果是吓倒摔伤，原告不但要提供因被告撞伤的证据，而且还须论述"有此惊吓通常有此结果"。因二审通过鉴定证明了原告是被撞伤的，所以在一审的责任成立的因果关系的认定问题上就以吓倒摔伤为角度检讨一审在该问题上的缺漏。实际上，吓倒摔伤也是一审归责的事实基础。

帕斯格拉芙案为疏忽大意的过失侵权行为案件确立了新的判例标准，即被告只对可预见的原告（foreseeable plaintiff）承担责任。如果被告是一个具有正常理性的人（reasonable person），依照当时的情形，应该能预见到其行为会对原告造成伤害的危险。此情此景下的原告为可预见，因此被告对原告就负有谨慎注意义务。假设一个简单的例子：被告驾车高速行车撞伤了街角的甲某，在两个街区以外的一栋高楼上的乙某目睹这一惨剧，因惊吓而从楼上掉下，摔成重伤。这一事件中，被告对甲负有谨慎驾驶的义务是无疑义的。但要求其对两个街区以外的高楼上的乙某也负有谨慎驾驶的义务并赔偿责任，这样的推论似乎是不合理的。因为一个具有正常理性的人无论如何小心替代被告驾驶，绝不可能预见到自己的行为会造成对乙某伤害的危险。[①] 结合机车侵入来车道案中法院表达的信赖原则，因可信赖其他参与交通的对方能遵守交通规则，所谓被告吓倒而非撞伤原告，虽然在时间和空间上为近，但与预见两个街区以外的一栋高楼上的乙一样是有难度的，加之本案原告又是突然闯入车道。

一审法院着意强调："公民的人身健康权及合法的民事权益应受法律保护。"但并没有说驾驶人的合法的民事权益应受法律保护。笔者在思考，法院表述的"原告突然发现被告车辆向其驶去必然会发生惊慌错乱，其倒地定然会受到驶来车辆的影响"这句话的意涵是什么。体会"惊慌错乱"一词，笔者认为一审法院应该是在表达被告的行为增加了原告权利受损害的风险。

前面所提的义务违反关连性或结果回避可能性作为结果客观归责的标准，反对意见主要以德国刑法学者 Roxin 提出的风险升高理论为代表。风险升高理论认为，只要违反注意义务的行为增加了法益侵害的风险，则该行为就应

---

① 阎天怀："法律救济的界限"，载《读书》2005 年第 9 期，第 146～147 页。

该为结果的出现负过失责任。而批评者认为危险升高理论违反了罪疑从轻原则，因而有嫌疑入罪的危险。并且，将风险升高等同实现风险，将只要提高结果出现的机会的违反注意义务的行为，就视为危险已被实现。这样的推论无疑是将具体危险犯等同实害犯来处罚，那就有不当扩大过失犯成罪的可能。① 虽然许案并不涉及定罪量刑的问题，但在归责方面可以借鉴刑法上的归责学说。被告驾车有没有升高原告权益受损的危险不能单纯从原告一方的状态"惊慌错乱"来判断。被告是正常驾车行驶在城市道路上，在撞伤原告前不存在违规行为。相反，原告是违规进入机动车道，出现"惊慌错乱"，原告应具有预见性，而且出现"惊慌错乱"的原因力在原告，不在被告。这是因为原告干扰了被告原本的一个正常、自然的行车过程。可见，从风险升高理论来看被告的行为，认定其行为与原告吓倒摔伤结果之间存在责任成立的因果关系是不成立的。

　　二审法院在审理案件的事实时，在细节上下功夫，值得称道。上诉期间，双方当事人以抽签方式确定委托司法部司法鉴定科学技术研究所司法鉴定中心进行鉴定。委托事项是：被告车是否与有关发生过碰撞，需鉴定原告腿伤形成原因是车辆撞伤或为自行摔伤。鉴定后，庭审中，鉴定人出庭接受质询。认可了根据司鉴中心〔2011〕交鉴字第 157 号《鉴定意见书》的鉴定结论："王某某右膝部的损伤特征符合较大钝性外力由外向内直接作用于右膝部的致伤特征，且右下肢损伤高度与许某某所驾车辆的前保险杠防撞条的高度在车辆制动状态下相吻合，该损伤单纯摔跌难以形成，遭受车辆撞击可以形成。"由此解决了案件审理中无法绕开的一个基本事实，这是二审比一审技高一筹之处。但在确定双方过错的过程中存在如上缺漏，没有依循"专业问题技术化"的方式，提起让人扼腕。

　　由上可见，以上对缺漏的探讨，除了经验，更有逻辑的作用。因此，可以说，法律的生命在于经验，可是光有经验没有逻辑，法律又如何通过法官的助产来到人世间呢？

---

① 王皇玉："医疗过失中的因果关系：从邱小妹人球案谈起"，载《台大法学论丛》2012 年第 6 期，第 741～742 页。

第十八章 行民交织型侵权案件中
行政赔偿责任的认定[*]

行民交织型侵权案件涉及行政行为和民事行为两方面的侵权，同一损害结果是一并区分两种责任的事实基础，行政赔偿与民事赔偿性质的相似性是法律基础。因此，可以将两种赔偿责任放在一起进行认定。行民交织型案件中行政赔偿责任的方式有连带责任和按份责任两种。认定连带责任是基于行民两方面的行为共同侵权。认定按份责任的关键问题是如何确定责任的大小以认定责任的比例。责任的大小按照各行为人对损害后果的原因力和各自的过错程度确定。我国法院判决于类似案件对按份责任的认定差距较大，共同侵权的案件中忌讳连带责任的认定。因此，有必要借鉴民事赔偿责任认定的成熟经验和确定司法裁量的相对标准，以避免司法在认定赔偿责任时的随意性。

行政在对社会进行管理的时候，会产生单一的行政法律关系，或者与民事法律关系交织在一起形成复杂的行政、民事法律关系。行民交织型行政赔偿是与民事侵权糅合在一起的行政赔偿案件，或者行政侵权牵连了民事侵权，或者民事侵权涉及行政侵权。行民交织型赔偿案的特殊、复杂之处在于行政和民事两部分的因果关系前端各连接着行政侵权行为和民事侵权行为，而后端则交织在一起连接着一个共同的损害结果。对于诉讼程序的设置，行政附带民事诉讼、民事附带行政诉讼或者各自独立进行，各家主张不一。虽然对

---

[*] 本文原载《中共杭州市委党校学报》2014 年第 5 期。

行民交织型案件该如何进行审理并未取得一致的共识，但在责任认定的时候，如果不将各方责任一起纳入考虑的范围，那么很可能会出现责任不均衡，甚至不公平的现象。因此，有必要在一并区分两种责任的背景下探讨行民交织型案件中行政赔偿责任的认定，以体现责任自负和过责相适应的原则。

责任成立后，在最终认定行、民双方的责任及其承担的责任方式时，需要考虑行为、因果关系、结果等客观因素以及过错等主观因素。由于是行民交织案件，所以我们首先需要辨明行政赔偿与民事赔偿的性质和他们之间的关系，以明确一并区分行政赔偿与民事赔偿两种责任的可行性。其次，在前者的基础上再辨析行、民两部分的责任承担方式和份额。这样才不会出现"双轨制"而无法"并轨"的问题。

一、一并区分行政赔偿与民事赔偿两种责任的可行性

德国行政法学家毛雷尔认为："行政机关在私法领域执行行政任务的主要理由是自己的公法规范缺位，只能依靠私法。也许人们注意到，这些理由并不表明将民法规范（相应地）引入行政法领域也具有可行性和适法性。"[①]在行政执法中，行政机关面临不少执行民事法律的时候，如行政裁决、行政确认、行政登记，对民事活动进行行政判断的时候，其依据就是民事法律。私法与公法在行政过程中相结合，私法成为行政行为的实体依据，对此情形，我们已经司空见惯。当我们进入行政赔偿领域的时候，尤其是行民交织型行政赔偿案件的时候，面临着《国家赔偿法》相关条文缺位的困境。行、民赔偿责任如何认定？标准是否同一？在确定责任方式和具体责任的时候是否可以一起考虑？

"国家侵权赔偿责任的性质通常会在两种定位上争论，即民事责任与国家责任。"[②]前者认为国家赔偿是私法责任，与民事责任无异。后者认为是公法责任，具有其本身的特殊性。国家赔偿性质的争论短期内无法消除。但仔细考究，国家赔偿与民事赔偿具有以下共同点：（1）渊源。行政赔偿源于民

---

① ［德］毛雷尔：《行政法学总论》，高家伟译，法律出版社 2000 年版，第 51 页。
② 江必新：《国家赔偿法原理》，中国人民公安大学出版社 1994 年版，第 7 页。

事赔偿。两者有许多共同的原理与规则。（2）当事人的法律地位。进入赔偿阶段后，加害人与受害人双方的地位从不平等走向了平等。（3）行政赔偿保护的对象和承担责任的方式。行政赔偿也涉及当事人两种民事权利（人身权、财产权），这与民事赔偿是重合的。承担责任的方式为支付赔偿金、返还财产、恢复原状。这与民事赔偿方式也是重合的。（4）行政赔偿责任的构成借鉴民事赔偿责任的构成而建立。（5）行政赔偿中有些赔偿（如公有公共设施致人损害等）仍被当作民事特殊侵权来处理。① 此外，还有以下特征：（6）从赔偿目的来说，行、民赔偿都是为了弥补受害人的损失。（7）行民交织型行政行政赔偿中，行、民赔偿往往是一起考虑、一起区分赔偿责任的。

综上，行、民侵权赔偿除了行为主体、侵权法律关系性质等方面存在明显差别外，两种侵权的性质并无多大差别。也正因为如此，司法实践中可以将两种赔偿责任放在同一侵害结果中考虑。在《国家赔偿法》出现相关条文缺位时，按照《侵权责任法》第 2 条的规定"侵害民事权益，应当依照本法承担侵权责任"，并非不可以适用该法。如果《国家赔偿法》对侵权责任另有特别规定，依照其规定不承担国家赔偿责任（第 5 条）。

按照责任的分担形式来说，有连带责任和按份责任两种。下面按照出现损害的具体情况进行分类。

二、认定连带责任的情形

连带责任中任何一方对侵权后果都必须负全部责任，并无哪方首先赔偿的问题。

（一）与连带责任相关的规定

《国家赔偿法》中并没有规定连带赔偿责任，但在出现两个行政侵权主体时，实践中判决他们一起承担连带责任。在张某诉张掖市房地产管理局、甘州区房地产管理局案中，甘州区法院认为："被告张掖市房产管理局继续行使被告甘州区房地产管理局的房屋行政登记职责，而被告张掖市房产管理

---

① 顾斌：《行政与民事共同侵权若干问题研究——以侵权赔偿为视角》，中国人民大学 2009 年硕士学位论文，第 10 页。

局未对原错误登记行为及时予以纠正，解决原告房屋灭失后的损失赔偿问题，具有一定的过错，应与被告甘州区房地产管理局对错误登记行政行为给原告房屋所造成的损失承担连带赔偿责任。"[1]《最高人民法院关于审理人身损害赔偿案件适用法律若干问题的解释》第3条第1项之规定："二人以上共同故意或者共同过失致人损害，或者虽无共同故意、共同过失，但其侵害行为直接结合发生同一损害后果的，构成共同侵权，应当依照民法通则第130条规定承担连带责任。"在涉及行政许可的行民交织型的案件中，《最高人民法院关于审理行政许可案件若干问题的规定》（以下简称《行政许可司法解释》）第13条规定："被告在实施行政许可过程中，与他人恶意串通共同违法侵犯原告合法权益的，应当承担连带赔偿责任；被告与他人违法侵犯原告合法权益的，应当根据其违法行为在损害发生过程和结果中所起作用等因素，确定被告的行政赔偿责任……"以上是目前连带责任的司法依据。适用连带责任的情况包括有意思联络的侵权，即共同侵权和无意思联络的侵权。《侵权责任法》对此分类作了明确规定。

（二）承担连带责任的两种情况

1. 有意思联络的侵权

《侵权责任法》第8条规定："二人以上共同实施侵权行为，造成他人损害的，应当承担连带责任。"这里的共同侵权包括共同的故意，也包括共同过失。是指有意思联络的侵权，即共同侵权。[2]郁某诉上海市住房保障和房屋管理局行政赔偿案是有意思联络的侵权，是共同故意侵权。崇明县城某处房屋为第三人倪某丈夫蔡某所有。2005年1月，经倪某提供蔡某身份证原件，第三人王某伪造了照片为其本人、其余信息为蔡某的假身份证，又以校友关系找到崇明县房地产交易中心工作人员袁某某，以做生意急需资金，朋友蔡某愿将其房屋为王某作抵押贷款为由，请袁某某帮忙。袁利用职务之便，明知王某并非蔡某本人，却受理了王某补办权利人为蔡某的房地产权证申请，

---

① 甘州区人民法院〔2007〕甘行初字第22号行政判决书。
② 王利明、周友军、高圣平：《侵权责任法疑难问题研究》，中国法制出版社2012年版，第243页。

并通知王某领取了补办的房地产权证。同时，原告郁某经人介绍，在未事先实地查看涉案房屋的情况下，即与王某签订了购房合同。袁某某为王某办理了将该房屋出售给原告郁某的房地产登记受理手续，并出具了收件收据。原告也向王某支付了购房款币 25 万元，原告取得了上述房屋的房地产权证。同日，原告又与第三人王某、倪某签订了房屋租赁协议，约定系争房屋由蔡某、倪某继续租赁居住。在上述房屋买卖交易的过程中，第三人倪某与王某冒充夫妻关系参与办理了房屋买卖的相关手续。系争房屋由蔡某、倪某继续租赁居住。经蔡某起诉，崇明县人民法院判决系争房屋为蔡某所有。对其购房损失，郁某向黄浦区法院提起行政赔偿诉讼，要求被告上海市住房保障和房屋管理局赔偿购房款。① 在该案中，行政机关与另两个民事主体在明知违法过户的情况下，应该承担连带责任。

《国家赔偿法》第 3 条第 3 项规定的行政机关及其工作人员在行使行政职权时唆使、放纵他人以殴打、虐待等行为造成公民身体伤害或者死亡的，与《侵权责任法》第 9 条（教唆、帮助他人实施侵权行为的，应当与行为人承担连带责任）相呼应，是行、民双方主体应当承担连带责任的情形。

2. 无意思联络的侵权

《侵权责任法》第 10 条、第 11 条是无意思联络的侵权。第 10 条规定数人侵权不能确定具体侵权人的时候，行为人承担连带责任。第 11 条是择一因果关系，即数人侵权每个人的侵权行为都足以造成全部损害的时候，行为人承担连带责任。行民交织型行政赔偿案件出现以上两种情况的场合较少，但是不能排除。尤其是目前我国存在大量的协警、协管等行政辅助人员的情况下，当这些辅助人员溢出委托权限与行政人员一起执法的时候，有可能出现以上两种责任连带的情况。

三、认定按份责任的情形

按份责任，又称"分割责任"，是各责任人按照一定的份额向被侵权人

---

① 上海法院："郁某诉上海市住房保障和房屋管理局行政赔偿案"，http：//shfy. chinacourt. org/article/detail/2009/11/id/593837. shtml，访问时间：2014 年 3 月 20 日。

承担责任，各责任人之间无连带关系。是"连带责任"的对称。

（一）考虑的因素

《侵权责任法》第12条规定："二人以上分别实施侵权行为造成同一损害，能够确定责任大小的，各自承担相应的责任；难以确定责任大小的，平均承担赔偿责任。"这是按份责任的规定。关键的问题是如何确定责任的大小以认定行、民两方须负担的责任比例。该条所指的责任大小是指按照各行为人对损害后果的原因力和各自的过错程度分担。所谓原因力，是指在构成损害后果的共同原因中，每一个原因对损害结果发生或扩大所发挥的作用力。[①]

最高法院〔2001〕法释第23号司法解释《最高人民法院关于公安机关不履行法定行政职责是否承担行政赔偿责任问题的批复》："由于公安机关不履行法定职责，致使公民、法人和其他组织的合法权益遭受损害的，应当承担行政赔偿责任。在确定赔偿的数额时，应当考虑不履行法定职责的行为在损害发生过程和结果中所起的作用等因素。"虽然该批复未必只指按份责任的确定，但却有涵盖。其内容包含了责任大小的范围。所谓损害后果的原因力，在行民交织案件的语境下，是指行、民两方面各自因果关系的地位，可以分为的主要、次要和决定、非决定的因果关系。2010年修订的《国家赔偿法》没有出现"故意或过失""过错"等类似措辞，确立的是违法原则为主、无过错原则为辅或者说违法原则为主、结果原则为辅的归责体系。[②]也就是说，过错不是行政赔偿责任成立的要件。但这不等于过错在确定责任形式的时候不可以作为一种衡量的标准。核心的问题在于按份责任如何确定各责任之间的份额？

（二）份额的认定

认定份额的的形式有两种，一种是比例，另一种是数额。

一般来说案件中行、民行为各方所致的损失数额，即可以认定其赔偿的

---

① 王利明、周友军、高圣平：《侵权责任法疑难问题研究》，中国法制出版社2012年版，第243页。

② 沈岿：《国家赔偿法 原理与案例》，北京大学出版社2011年版，第104页。

份额。相对来说，以数额的方式确定赔偿责任是补充，因为以因果关系和过错来确定赔偿的比例是合逻辑的方式。然而，在比例因果关系中，即按照行、民双方因果关系及过错在损害结果中所起作用的比例来确定各自所负责任的比例的时候，比例该如何计算出来？在美国的 Sindell v. Abbott Laboratories 〔26 Cal. 3d 588，163 Cal. Rptr. 132，607 P. 2d 924（1980）〕一案中，因母亲在怀小孩的时候口服了某种品牌的药物，当小孩长大后出现某种疾病。法院在无法查清口服了哪家或哪几家生产的药物后，以各个厂家当时占有的市场份额作为他们应该负担的赔偿份额。该理论称作市场份额责任理论。此案对如何确定责任份额具有启发意义。行民交织的侵权案件是很难做到精确的数字比例的。但确定一个大致的比例是可行的，即以"格子"（规定上下线）来限定法官的裁量权是可行的，也是必要的。

1. 作为案件损害结果的主要原因，责任比例应不低于 51%

在中国银行江西分行诉南昌市房管局违法办理抵押登记行政赔偿上诉案中，[①] 起因是南昌市房管局下属部门对办理房产抵押登记的天龙公司提供的房产证（伪造）印章审核不严，错误认定天龙公司对该房屋拥有产权，并作出《房屋抵押贷款通知书》明示放贷，确认信托公司与天龙公司的房屋抵押法律关系有效。银行放贷审查时也不严谨，没有按照项目调查、项目评估程序规定的要求认真审查天龙公司的资信情况和履约能力，所发贷款额度亦不符合与抵押物市值比例的规定，对于造成财产损失负有一定的过错责任，天龙公司是直接责任人，但是对银行所受的 450 万余元损失，一审中江西高院明确要求房管局承担 60% 的责任，二审中最高院所定房管局承担的责任也达到了 55%。与该案类似的另一起案子是赣县贡江农村信用合作社诉赣州市房地产管理局违法办理抵押登记行政赔偿上诉案。[②] 2000 年 12 月 1 日，廖某某向上诉人申请贷款，并以熊某某座落于赣南贸易广场东街 63 号店面作为抵押，廖某某在抵押合同上加盖熊某某的印文，与上诉人赣县贡江农村信用合作社签订《土地使用权及地上建筑物抵押合同》。同日，廖某某以熊某某的

---

① 最高人民法院〔2002〕行终字第 6 号行政赔偿判决书。
② 江西省赣州市中级人民法院〔2005〕赣中行终字第 6 号行政判决书。

名义向被上诉人赣州市房地产管理局申请办理抵押鉴证，被上诉人于同年 12 月 4 日作出市房地抵押鉴字〔2000〕第 3776 号《抵押合同鉴证书》，并向上诉人颁发了赣房他字第 3776 号房屋他项权证。同年 12 月 5 日，上诉人在担保人熊某某未到场签字的情况下与借款人廖某某签订抵押担保借款合同，并于 12 月 12 日向廖某某发放贷款 10 万元。2002 年 7 月，熊某某向一审法院提起行政诉讼，要求撤销被上诉人所作的抵押鉴证，一审法院作出撤销被上诉人所作的市房地抵押鉴字〔2000〕第 3776 号抵押鉴证书的判决，被上诉人不服，向赣州中院提起上诉，赣州中院受理后作出驳回上诉，维持原判的终审判决。后上诉人向被上诉人申请赔偿，被上诉人在法定期限内未予答复。上诉人向一审法院提起行政赔偿诉讼。在上诉判决中，赣州中院认为："本院认为，被上诉人办理抵押鉴证登记的主要依据是据于抵押方、承押方所签订的《土地使用权及地方建筑物抵押合同》。其主要是证明抵押物是否存在、是否可作抵押以及可在多少价值范围内抵押等事项的真实性。被上诉人在办理登记过程中虽然存在没有要求抵押方到场的过失，但出现这种过失的原因又是因为抵押人与借款人系表兄弟关系，且在此之前借款人已代理抵押人办理过抵押登记的事实，足以使被上诉人相信抵押方是真实意思表示，这种过失不属于重大过失和主观故意。因此，应承担相应的责任。"原审法院判决被上诉人承担财产损失 10% 的行政赔偿责任。上诉人信用社并无过错，而赣州房产局只承担 10% 的责任，可见案情类似的前后两案的差别之大，法官的裁量权之大。不过，后案的比例认定亦可见赣州中院在认定行政侵权因果关系上的不足。诸如此类行政行为对案件具有主要作用，是行民交织型侵权案件中导致损害结果的主要原因，行政赔偿责任的比例应不低于 51%。

在郁某诉上海市住房保障和房屋管理局行政赔偿案中，原告郁某提起行政赔偿案件后曾就刑事判决确定王某退赔 25 万元的义务向崇明县人民法院申请执行，因王某无可供执行的财产，法院裁定中止执行。对于行政赔偿责任，黄浦区法院认为郁某在购买房屋之前，未实地查看房屋，详细了解房屋的状况，是造成损害后果发生的原因之一。判决被告赔偿郁某人民币 5 万元整。本案被告是行政人员故意且与民事侵权主体有意思联络的共同侵权，本应承担连带责任（《民法通则》第 130 条），然而被告只承担 20%，其中逻辑让人难以捉摸。

2. 作为案件损害结果的次要原因，责任比例应避免认定时的随意性

李某某等 5 人诉广饶县交通局不履行法定职责行政赔偿上诉案。① 2003 年 12 月 11 日，受害人常甲驾驶摩托车送受害人常乙上学，途中摩托车被堆放在公路上的猪粪滑倒，被随后驶来的小型拖拉机碾压，致使受害人常乙当场死亡，受害人常甲经抢救无效死亡。经交警大队认定，受害人常甲对事故负主要责任，常乙不负责任，拖拉机车主负次要责任，猪粪主人负次要责任。一审法院认为："广饶县交通局未尽到管理职责的行为与事故的发生有一定因果关系，广饶县交通局应承担其不履行法定职责的相应责任。道路交通事故责任认定书确认受害人常德明负事故的主要责任，拖拉机车主、粪主负次要责任，综合各方因素可看出，广饶县交通局不履行法定职责的行为与事故的发生虽有一定关系，但不是主要原因，受害人自身原因是主要的，广饶县交通局因其不履行法定职责造成此次交通事故是次要的。本案应根据广饶县交通局的过错程度及不履行法定职责在本次事故中所起的作用，酌情确定被告应承担的赔偿责任。"县交通局承担两名受害人死亡赔偿金、丧葬费各 5% 。东营市中院维持了一审认定的数额。首先，本案在认定赔偿责任的时候须注意的是，交警所认定的交通事故责任与行政赔偿责任是不相干的，因为交警处理的是交通事故中的行为责任，而交通局在事故现场之外。但是，这不等于交通局对这起交通事故没有行政赔偿责任。交警的事故责任认定书对行政赔偿责任的确定只具有参考作用。其次，参考同类民事侵权相对独立的案件的处理，尹某某诉卢氏县公安局 110 报警不作为行政赔偿案。2002 年 6 月 27 日凌晨，原告的"工艺礼花渔具门市部"发生盗窃，声音惊动了在街道对面招待所住宿的两名旅客及招待所负责人。他们两次打电话 110 向警方报案，但卢氏县公安局始终没有出警。20 多分钟后，作案人驾车驶离现场。尹某某被盗的物品价值总计两万余元。卢氏县法院认为："尹某某门市部的财产损失，是有人进行盗窃犯罪活动直接造成的，卢氏县公安局没有及时依法履行查处犯罪活动的职责，使尹某某有可能避免的财产损失没能得以避免，

---

① 山东省东营市中级人民法院〔2004〕东行终字第 53 号行政判决书。

故应对盗窃犯罪造成的财产损失承担相应的赔偿责任。尹某某的门市部发生盗窃犯罪时，尹某某没有派人值班或照看，对财产由于无人照看而被盗所造成的损失，也应承担相应的责任。"判决卢氏县公安局赔偿尹某某 25001.5 元损失的 50%。① 李某某案一审法院认为："广饶县交通局不履行法定职责的行为与事故的发生虽有一定关系，但不是主要原因，受害人自身原因是主要的，广饶县交通局因其不履行法定职责造成此次交通事故是次要的。"两案同为民事侵权相对独立的案件，都是对被害人负有保障责任的案件，尹案除了在认定原告过错有偏差外，另一缺憾是：没有将民事侵权人与公安局行为的因果关系及其过错作为责任份额认定的因素，毕竟尹案是数人侵权的案件。相形之下，李案的比例有过低之嫌，因为障碍物堆在公路上已经十多天，可以认定交通局的过错较大。如果是次要因果关系可以为 5% 的话，那么 1% 可行否？0.1% 呢？反过来说，如果难以确定责任大小，为何不平均承担赔偿责任？

综上，数额（比例）的确定是一个十分复杂的问题，我们只能确定一个大致的幅度，但须避免认定时的随意性。若要提供一个精确的认定方式，确有难度，兴许这也是法律故意"留白"的原因。

（三）代位责任

这里提出的代位责任并不是行政赔偿责任方式之一，而是对按份责任的补充形式。

最高法院于中国银行江西分行诉南昌市房管局违法办理抵押登记行政赔偿上诉案中认为："南昌市房管局承担行政赔偿责任后，有权就其承担的数额向天龙公司行使追偿权。"黄浦区法院于郁某诉上海市住房保障和房屋管理局行政赔偿案认为："被告在向原告承担了赔付责任后，可依法向负有退

---

① 《中华人民共和国最高人民法院公报》2003 年 2 期，第 36 页。针对此案，有人认为："明显不妥。这是法院违背一般常理将苛刻的义务强加于原告。如果说原告夜不闭户、店门洞开，或其他明显没有尽到通常安全注意义务的话，则责任难免。至于值班、照看，纯属笑谈。就差派一个加强连来站岗放哨了。人类的理性和常识，是可以用来断案的。"参见左明："左氏评析《尹琛琰诉卢氏县公安局 110 报警不作为行政赔偿案》"，载北大法律网 http://article.chinalawinfo.com/Article_Detail.asp? ArticleID＝43747，访问时间：2014 年 3 月 31 日。

赔责任的王某行使追偿权，也可以依法向负有直接责任的工作人员追索。"两案中均判定可以向民事侵权人进行追偿。为何同是确定按份责任的张某某诉安阳市文峰区交通局及第三人张甲、陈某某、邢甲、邢乙行政赔偿案、李某某案没有？① 这是因为前面两案的民事侵权人骗取了贷款或获得了房款，根据法谚"任何人都不能从自己的违法行为中获益"，如果在违法活动中获得了利益，必须将所得利益退还。相反，后案则没有。就这点来看，在赣县贡江农村信用合作社诉赣州市房地产管理局违法办理抵押登记行政赔偿上诉案和尹某某案中，未明确房管局和公安局的追偿权的判决书是不完整的。

这里的代位责任不同于《国家赔偿法》第31条规定的对存在故意或重大过失的工作人员、受委托的组织或者个人进行的追偿，因为对工作人员的代位责任是不论其是否获益。而从机关未尽责的角度来看，两者间存在共通性。共通的还有：《民法通则》第133条规定了当监护人存在过失即监护义务的懈怠时，应承担代位责任。但是对于有财产的无民事行为能力人、限制民事行为能力人造成他人损害的，监护人承担是补充责任。行政主体的代位责任也不同于最高人民法院公布《关于审理人身损害赔偿案件若干问题的解释》第11条规定的雇主为受伤雇员利益承担的代位责任。

从具体程序来说，以中国银行江西分行案为例，如果未来某天天龙公司具备了一定的赔偿能力，首先获赔的应该是银行，只有在银行于天龙公司赔偿的差额获得全部赔偿后，南昌市南昌市房管局才有权利向天龙公司要求追

---

① 2004年11月6日晚，安阳市文峰区交通局工作人员在某处设卡检查车辆。因邢某某驾驶大货车路经时未停车，于是，工作人员对邢某某喊话并进行追赶。当追至一路口时，邢超速驾驶的车辆与下高速左转弯、未避让邢的直行车辆的郭某某驾驶的大货车相撞。事故导致邢车中的代某某重伤、邢甲死亡，邢某某重伤致死，两车损毁。安阳市公安交警支队事故处理大队认定交通局追车与事故发生存在间接因果关系，郭某某和邢某某负事故的同等责任，邢甲和代某某无责任。交通局工作人员追车行为与事故的发生无直接因果关系，不应承担行政赔偿责任。区法院认为："交通局工作人员追车行为与交通事故的发生存在一定的因果关系，邢某某驾驶的车辆实际车主系张某某，因此张某某有权提起行政赔偿诉讼，交通局辩称其未侵犯张某某任何权利的理由不能成立。""交通局工作人员违反其行业执法行为规范长距离追车是造成邢某某超速行车的主要原因，邢某某拒不停车接受检查，超速行车对抗违法追车，也具有一定的过错，根据交通局和邢某某在交通事故中过错责任大小，交通局应承担邢某某所负事故同等责任中的主要责任，张某某因事故造成财产损失，在国家赔偿范围内应承担张某某损失的70%。"二审后，安阳中院驳回上诉，维持原判。见安阳市中级人民法院〔2010〕安行终字第40号行政判决书。

偿。这是赔偿与追偿两者的顺序问题。如果银行于天龙公司获得了所有损失的赔偿，天龙公司可以以不当得利要求返还，溢出部分转付给房产局，以实现房产局的追偿权。

相对于民事侵权人未获益的案件，行政侵权人（行政主体）负担代位责任是不是一种不公平的现象？因为当追偿后，对于行政侵权人来说，收支获得了平衡。其实对于民事侵权人和受害人来说不存在不公平的问题，所谓的不公平针对各种行政赔偿责任方式之间的对比而言。实际上，我们应该看到内部行政人员的责任追究的存在、对个人及单位的各种考评机制的存在，这些都是平衡行政侵权人责任的机制。再者，天龙公司已经被工商局注销了法人资格，所谓的追偿权可能会一直"悬空"下去，最后沉淀为房产局的最终责任。

四、结语

民事责任和行政责任如何认定，有赖于行民两类案件因果关系的地位和作用以及各侵权人的过错。行民交织型行政赔偿案件如何协调、衔接，其内容远不止上文所言。如《最高人民法院关于审理人身损害赔偿案件适用法律若干问题的解释》第 28 条规定的被扶养人生活费计算的标准是按照受诉法院所在地上一年度城镇居民人均消费性支出和农村居民人均年生活消费支出标准计算。死亡赔偿金按照受诉法院所在地上一年度城镇居民人均可支配收入或者农村居民人均纯收入标准，按 20 年计算（第 29 条）。《国家赔偿法》规定的是国家上年度职工年平均工资为计算标准。如果行、民共同侵权导致被害人伤残、死亡如何计算赔偿数额？可见，对行民交织型行政赔偿案件的研究须有待进一步的深入。

从司法实践的情况来看，我国法院判决于类似案件对按份责任的认定差距较大。因此，一方面，有必要借鉴民事赔偿责任认定的成熟经验；另一方面，确定司法裁量的相对标准是限制责任认定上裁断随意性的可行方式。

附　录

公法研究与精神

本部分共收录了三篇文章。作为附录，并非与书名完全无关，所以拟定篇名"公法研究与精神"。第一篇文章是笔者因陷于指导毕业论文的苦恼而有感而发。第二篇文章是庆祝姜明安先生甲子华诞的文章，记录了笔者与先生交往的片段和先生为公法发展鼓与呼的精神。第三篇文章是笔者的游记，一路走来，涉及不少法律问题。在这章中，笔者想表达的是，公法研究与精神应该融入法律人的生活，因为公法学在一定意义上也是生活之学。

附录一　如何展开法学本科
毕业论文的写作[*]

> 论文的写作是学生的茫然区，也是教师的生长区。结合最近几年的写作和指导经验，对如何指导与推进法学毕业论文的写作应有两个方面：作为学生首先应该端正写作的态度；其次应把握好写作的各个环节。尤其是如何提炼文章的论点成为指导与推进法学毕业论文写作的关键。

从同学写作的实际情况来看，能将从教务处网页下载的《惠州学院本科毕业论文（设计）撰写规范》（首页→实践教学→毕业设计，以下简称《规范》）认真通读的同学很少，规范已经将论文写作的要求规定得非常仔细了。在这里不过是结合法学专业的一些实际情况再作强调而已。

一、端正写作的态度

论文的写作并不是要求同学有多高的写作水平，关键是一种经历，一种做事做人（即通常所说：踏踏实实做事，老老实实做人）的经历和检验。

（一）学习的态度

毕业论文的写作可以说是大学阶段的最后一道检查，由于是在同学毕业找工作的非常时期，不少同学在内心里认为这是多余的，内心里有抵触情绪，

※ 本文原文载《惠州学院学报》（社科版）2011 年教育教学专刊，是在指导本科毕业论文三年后有感而发。本文提出的一些要求，恐怕笔者在本科阶段也未必能够达到。但是，作为一种写作目标应该高要求，因为"取法于上，仅得其中；取法于中，故为其下"。近年来，有学校鉴于本科论文走过场的弊端，转向以案例分析的写作代替之。本文修订时，参考了 2017 版的撰写规范。

认为写了也没有什么作用，所以并没有认真对待，倒是敷衍了事，通过就OK，个别同学甚至在个把周内就草草了事。这种同学不在少数，他们没有认识到写作的目的到底是什么。西方有句很有名的谚语叫做 Publish or Perish，表示从事研究的人如果不能够在期刊杂志上发表一定数量的论文的话，就得玩完了。国内高校一般也明确规定对硕士生、博士生在校期间要在一定级别的期刊上发表一定数量的论文，甚至是高质量的论文，否则不予毕业。虽然同样是拿学位，"学士生"没有这方面的要求，但并不意味着他们不可以朝这方面努力，朝这个方向获得一定的写作和分析能力。

规范规定毕业论文（设计）的目的有四：

1. 通过毕业论文（设计）的基本训练，培养学生综合运用所学的基础理论、专业知识和基本技能，进一步提高独立分析和解决实际问题的能力。

2. 通过毕业论文（设计）的基本训练，使学生形成严谨的治学态度和理论联系实际的工作作风，初步掌握科学研究的基本方法，获得从事实际工作和研究工作的初步能力。

3. 通过毕业论文（设计）的基本训练，使学生的文字表达、科技信息查询、文献检索、实验研究、数据处理、工程制图、计算机应用、工具书使用等基本技能进一步提高。

4. 通过毕业论文（设计）的基本训练，使学生树立具有符合国情和生产实际的正确设计思想和观点；树立严谨、负责、实事求是、刻苦钻研、勇于探索、具有创新意识、善于与他人合作的工作作风。

可见，论文写作也是检验我们运用四年学习的知识解决问题和分析问题的能力，本身就是学习中的一个环节而已，不过是最后一个环节。

我在教学中也几次提到，广义论文写作是我们在日常生活中很常见的事情，比如我们购买东西，尤其是大物件，我们决定购买那一种物件，需要考虑的因素很多。在我们确定大致的物价承受力后，接着就是面临选择购买的品牌的问题。为了决定何种品牌，我们会向同事朋友打听同种东西他们的使用的情况；我们会看看品牌的广告宣传、多种品牌的特征；在我们大致决定某种品牌后，还会就该种品牌的网上评价、售后服务，何种型号适合我们的需求进行搜索；在最终落定在哪家商店购买时，我们还会考虑商家的远近、口碑、服务的质量等因素。从以上过程来看，其实就是生活中的一篇小论文，而这篇论文的论点就是最终你确定购买的商品。论文写作看似象牙塔上高深的武器，其实不过是来源于生活、学习的总结而已。

论文写作其实就是一次今后工作对大家所要求的被知识学习掩盖了的分析能力和表达能力最集中的学习和检验。如果写作态度有问题，那也可以肯定这两种能力也有问题。

（二）实证的态度

其他专业的学生为写作而调研奔波情况笔者时有耳闻，但法学专业的学生能够为了论文而调研的同学确是凤毛麟角。作为一门实践性的学科，没有弄清楚涉及行政主体有哪些、他们的权限、工作的程序，就敢写某方面的类似于监督、规制的论文，让人怀疑他是在做剪刀加浆糊的工作。这样的论文出炉有什么意义呢，或许只有且仅有推动了作者的毕业。没有实证调查，还没有弄清楚现实的问题到底是什么，这样的论文注定了只会是应景的东西。没有实证的、踏实的态度只表明写作中你只是到此一游而已，至于能力的提升、对你今后的影响等景致也只能是在遥远的地方。

（三）谦逊与互相尊重的态度

毕业论文的写作主要是和指导老师交往，《规范》3.1 部分确定了指导教师资格、职责和要求，接着提出来对学生的要求。规定详尽，指出了师生间的理想状态。在实际交往中，由于教师有教学科研等任务，学生忙于找工作、到意向性单位实习等各方面现实的原因，履行起来总不是那样的尽如人意。

在指导过程中老师提出各种写作要求不过是在履行自己的职责，但有的同学却有抵制的态度，认为是指导老师在他的毕业道上设置障碍，多次要求老师降低要求（抬抬手），对指导老师抱有埋怨，甚至怀有敌意。这些都是不良的情绪。

指导老师指出的写作意见，作为专业老师会有几分道理，但我们一些同学并不尊重他们的劳动，依然我行我素，按照自己的一套埋头做下去，并不理论（闭门造车）。指导老师这样还有存在的必要吗？

"千教万教，教人求真；千学万学，学会做人"是学生和老师间的终极目的。这话来自教育家陶行知先生，他在晓庄师范时就以"千教万教教人求真，千学万学学做真人"来勉励自己和他人。如果经过四年的学习，有的同学连最起码的礼仪都没有，言语轻浮、事不关己、爱理不理，那只能说教育在他身上是失败的。

在每年的指导中，都会有一样的规律，那就是在四年级开初指导老师的话尚有反应，接近最后阶段，就要大打折扣，甚至是泥牛入海——邮件、短信不回，甚至电话不接也不回复。到了最后提交论文的时候，大多着急了，更有甚者也不看是什么时间段，一天内连接打好几个电话"探讨"论文事宜，其中有几个竟然出现在午夜和午休时间！临近甚至超过了最后提交的时间，老师们还得三番五次催促个别同学。

《规范》的 5.3.1 节"评定方法"规定：

毕业论文（设计）的初评成绩由指导教师根据毕业论文（设计）的水平，考虑学生在毕业论文（设计）过程中工作态度、独立工作能力和科学创新精神由指导教师评定；答辩成绩由答辩小组成员根据毕业论文（设计）水平和答辩情况评定。

其中的工作态度包含了如任何对待与指导教师关系的问题，论文写作和工作态度本身也是一体两面的。

二、把握写作的环节

（一）选题

1. 选择小题材

文科毕业论文篇幅在 6000～10000 字，毕业论文不是专著，因此不可能进行宏大叙事。翻看今年答辩前评阅的文章，不少就是属于"尺寸过大"的文章。要根据篇幅的大小，决定自己的选题，切忌过大。

在选择论文题目时有一个规律：越小的题材越容易说服读者。小题材必然要进行深入、广泛的论证，避免了大题材的宽泛、面面俱到、言之无物。小题材一般有独到的角度，角度的选择能达到一种事半功倍的效果。从这个角度出发，仔细挖掘，加上实证资料的佐证、合符逻辑的论证，必然使写作获得成功。

2. 什么是法学论文

学科的分门别类，最终的目的只是方便我们认识世界。可是今天的世界一日千里，学科、边缘学科层出不穷，让我们望洋兴叹。法学与其他学科形成了许多的交叉，如法社会学、法医学、法经济学。显然，我们申请的是法学学士学位，就不能将论文写成政治学、心理学、教育学等学科的文章，但允许交叉学科的论题。

什么是法学论文？首先应该是法学学科的论题，其次就论述手段而言，必须以法学理论为主，可以兼采其他学科的论证方法，这也是检验同学四年学习成效的一个方面。法学理论很多，各部门法学有其理论，也有法学一般性的理论，都可以采纳运用。

（二）查找资料和调研

民国是我国现代学术发展的起始，为现在的学术研究奠定了诸多基础。胡适之先生提出的"大胆假设小心求证"影响了一代又一代的学人，而其北大校长的继任者傅孟真（斯年）先生提出的"上穷碧落下黄泉，动手动脚找东西"虽在大陆影响要逊色一些，但并不表明这项研究的原则不重要。用于同学毕业论文的写作也最适当不过。

上面提到实证的态度，为的就是搞好资料的查找和调研。资料犹比做菜的原料，巧妇难为无米之炊同样说的是这个道理。毕业班的同学经常抱怨：老师，不知道怎么写啊，很难进行下去了。原因就是没有料。前年在做博士论文的时候，我们同学之间常慨叹：这段时间比以前读的书还要多。

《规范》之2.2.3"调研的方法"提到：

1. 到与课题有关的企事业单位、高等院校、研究部门、生产单位去了解、实地察看，弄清课题的来龙去脉以及各种制约因素，找到解决问题的关键所在。

2. 到与课题有关的展览会、展销会去考察，从中了解科技发展的新动向及发展水平，对课题的研究提供最新的启迪和帮助。

3. 到图书馆、资料室、专利所以及信息中心去查阅有关的学术杂志、简报、图纸、说明书等文献资料，以了解前人的成果和正在进行中的研究，扩大知识面。

4. 利用信息传递的方式，向有关部门发函、发电、发电子邮件，以求帮助提供或有偿索取有关资料。

我们都知道登录中国知网，但能充分利用的人少。例如其中的硕博士论文基本没人引用，也就是说毕业班的同学基本没有查找这一块。

除此之外，我们学校还购买了北大法宝的《中国法律检索系统》《中国司法案例数据库》和《中国法学期刊数据库》版块，尤其是《中国司法案例数据库》对同学的实证方法起到有力的支撑作用。此外，图书馆还有万方数据（内有会议论文全文数据库）、人大资料、维普期刊、数字图书等数字资料。这些数据库没有为同学充分利用实在可惜，更不用谈委托外校的同学朋友查找资料了。

此外，利用当当网、卓越亚马逊网、蔚蓝网、孔夫子网等图书资料网站查找最近或往旧的资料，也不失为一致好办法。其实，查找资料和调研的方法很多，就看我们同学去不去做，做的时候动不动脑筋。

（三）列明提纲

在论文写作中，绝大多数同学都将论文写成以下步骤：概念—问题—几家观点—对策建议。论文审阅中，我不禁和提出加强"专业槽"的陈兴良老师共鸣起来。① 如果这就是所谓的法学论文，那就是其他专业的人士，乃至贩夫走卒都能讲几句并整理成文。法学专业还有存在的必要吗？尤其是讲对

---

① 早在十几年前，就有学者痛感法学之路上的拥堵之相，提出清淤的办法，这办法就是建立法学的专业槽。陈兴良教授是专业槽的积极倡导者。所谓"专业槽"，指的是法律专业的"食槽"。据说"食槽"来源于经济学或者文学艺术界，这更显得言之有据，语出有典，真理得不得了。

（陈老师的原话是——笔者注）刑法学，虽然是我国法学中的一门显学；然而刑法学又仍然是幼稚的，这种幼稚性的突出表现是没有建立起严谨科学的刑法理论的"专业槽"。文学艺术界的有识之士指出：以往文艺理论界的一个深刻的教训就在于批评的"食槽"太浅露而又宽泛，谁都可以伸进头来吃上一嘴。而如今，在一种潜在自觉意识指导下，批评家们在通力构筑起一套庞杂恢宏而又深奥抽象的理性符号系统。这不啻是一种防范性的措施，更重要的是维护和深化了学科的科学性、专业性和学术性。专业食槽过于浅露与宽泛的评价同样适合于刑法学，以至于整个法学。然而，文学艺术界的批评们正在合力加速构建"专业槽"，而我们法学界又有多少人已经意识到这个问题呢？诚然，刑法学是一门实用性极强的应用学科，与司法实践有着直接的关联。然而，学科的实用性不应当成为理论的浅露性的遁词。作为一门严谨的学科，刑法学应当具有自己的"专业槽"。非经严格的专业训练，不能随便伸进头来吃上一嘴。这既是维护刑法学的学术性的需要，更是维护刑法学的科学性的需要。参见张建伟："法学之殇"，载《政法论坛》2007 年第 1 期，第 157~158 页。

策，陈瑞华老师对此深恶痛绝，先生在课上多次说过："你在讲对策的时候，就是显得你无知的时候。对策的东西不堪一击，学术的最高境界应该是揭示事物的发展规律。"所以我对有的答辩者上来就当头棒喝：你的文章像给领导的建议，不是论文，是官样文章。

今年有同学以《论大学生就业平等权的保障》为题，题目首先让人觉得是写起来就容易流于空泛的论题，因此我建议他围绕提出录用条件中如何才算平等权得到保障展开论述，并作出相应的修改。部分原话是："就业中提出录用条件是很正常的，歧视的构成与其条件间存在怎样的区别？这就是你要论述的重点。有学者提出与所提供的职位具有实质关联性的标准，才可以视为非歧视的条件。你可以再找些资料进行充实。"可是我的建议并未得到采纳。

另有一位的是《网络舆论对行政权力监督的特点、问题与对策》，题目面临和前者一样的问题。我的部分原话是："建议看看美国的沙利文诉纽约时报案及类似案例，了解公众人物为什么隐私权保障的程度要比普通人低，他们的界限在哪？对比我国近年涉及许多官员的案件，南京房管、广西的等，将他们的隐私放到网上有没有过度？后面两个主题都应围绕这些进行。这样写才会有的放矢，不会太泛。再找一些资料，理顺后再列出提纲。"不但我的建议没有被采纳，而且她的写作方法更加策略，干脆拖到提交截止日期以后，结果可想而知。

之所以举出以上两个例子，是想表明提纲必须围绕核心问题来写，有矛盾的地方来写，有争议的问题来写。就业平等权在目前的核心是什么，是录用条件的不平等，怎样衡量？是实质关联性标准。也就是说厘清了实质关联性标准就抓住了就业平等权问题的核心。至于保障问题，不是一点没有意义，但所列出的保障方法，人们有多少认同呢？可以肯定的是实质关联性标准的深入与介绍更能获得更多人的认同。网络舆论对行政权力监督是最近比较热门的问题，例如彭水诗案、周久耕案、韩峰案，都是典型而突出的案例。我们一般的反应是监督权必须保障，但当大家都能想到的问题，会有新意吗？好比万有引力定律，重不重要？那当然，但你现在重复一万遍只会让人觉得你在原地踏步、拾人牙慧、炒千年冷饭而已。界定官员的隐私权和公众的监督权（含知情权）也不是一个全新的话题，但与目前我国的实际联系起来就是你的贡献。

提纲的布局除了围绕中心进行外，一方面值得注意的是开篇切忌绕圈圈——将大篇幅讲概念、历史、必要性，须尽早进入主题，将大篇幅的位置留给你对中心问题的论述部分。其次，在列举提纲的过程中，也包括在今后的写作中，对许多问题多问几个为什么，这也是对你论题深入的方法。最后，各级标题应该是指明本段内容的短语或短句，应避免的通病是不知所云或与项下内容无关。

（四）进行写作

将资料整理、摘录并梳理后，就是依照提纲进行写作的时候了，写作中当须注意以下几个问题。

1. 标题

标题应该是一个完整意思，表明你的论点或研究的范围，一般不超过20字。内容体现了你的选题范围，因此注意内涵适中，切忌宽泛、过大，如有必要可以增加副标题，起着说明主标题或限定研究范围的作用。随后的提纲和正文内容必须围绕题目来撰写，注意千万不要离题。在写作过程中，须要经常想想你的论文题目。

2. 摘要

规范要求："摘要应说明研究目的、方法，重点是结果和结论。"同学最容易犯的错是将摘要写成了楔子（引文）或绪论一样的东西，而没有结果和结论。

3. 正文段落编号（题序）

如果用中文数字，他们的树状关系是：一、；（一）；1、；（1）。二以后也用相同的等级符号。如果是阿拉伯数字，树状关系是：1；1.1（往后是1.2，1.3）；1.1.1（往后是1.1.2，1.1.3）；1.1.1.1（往后是1.1.1.2，1.1.1.3）；以此类推。这两个编号体系不可以混用，否则文章的段落关系就会不清楚。需注意的是，我们学校的文科题序要求按前一种进行。

4. 参考文献与注释

参考文献须在正文中用方括号编号标注，指标明文章中某一段话的来源，其中直接引用必须前后用引号，转述（间接引用，一般 8 个字或以上与原文相似，会计入重复率）不用引号。引文注释一般放在脚注位置，解释个别名词或情况。比较常见的两个问题是：不用注释（如果是别人的东西那就是剽窃）或注释没有页码。其实这些问题在规范中有相当的说明。

5. 谢词

规范要求："致谢是作者对该论文的形成作过贡献的组织或个人的书面感谢。致谢语言要诚恳、恰当，致谢内容要实在、简短。"问题常常是谢词写得往往是千人一面，有的语词对老师评价太高，自己都觉得麻麻的。难道我们的语言就那么的贫乏、感情就那么的闭塞？谢词讲究实在，有什么写什么，多写一些点滴的事情、值得回忆的事情、发自内心的事情，不必给老师戴高帽，这样才会有实际意义。

（五）师生分工

毕业论文的写作是学生和老师共同努力的结果，既然是合作而为就有师生间如何分工才能更好地合作的问题。写论文是反刍，将它喻为搜索枯肠不为过；写论文是涂抹燕窝，越到深处越见心血和汗水。写论文是件苦差事，很多同学叫苦不迭，内心希望老师能够代劳，这种心态是不正确的。记得陈瑞华老师说过一句切身体验的话："论文写作别指望导师代劳，导师是最帮不上忙的人。"我对同学说：我是教练（主要不是裁判），而你是运动员，成绩如何得看你。指导老师的作用顾名思义是指导，若往下追究就是指导什么？窃以为，主要是论点提炼的指导。具体的问题，例如摘要翻译、文字表述（含错别字）、注释参考文献的标注等细节性技术问题不是不可以问老师，但问了的同学就颇有偷懒的嫌疑。这些方面没有做好的同学就可以确定有偷懒（含未看《规范》）的事实。

论文草稿出来以后，请导师指正论文可能出现的问题以加以修改也是必经的一个环节，必须注意的是，如果都（多）将论文在 4 月底（提交截止时）给导师，必然会造成"堵车"。修改意见有可能不能按时出来，意见的细腻度也要打折。

（六）同学间互相检查

衣冠整不整齐得照照镜子，同样，文章有什么问题应该让别人多指点。

导师只是一种途径，并且由于一人指导多人的原因，他不可能关注太多的细节问题，而主要是宏观的把握。所以，一种有效的论文错别字、标点符号、措辞、句式、格式，甚至是内容、观点和逻辑结构的检查方法是同学间的互相检查。比起两人间的互检，我更主张甲检乙、乙检丙、丙检甲这样的环式检查法。因为可以免于相互间的谦让与顾忌，在开诚布公的氛围下环式检查可以不需太多的禁忌，而做到知无不言。当然，强调互检并非忽略自检，自检是一项基本功，也是我们写作中一个自省的过程，自我提高的途径。

毕业班的同学是在三年级将结束时定的选题方向的，算起来，写作的时间约有一年，一年的时间不可谓不长，同学有必要规划好行进的步骤。一般地，选题方向确定后至四年级上学期的时间是搜集资料、进行调研并写出提纲的时间，四年级的寒假是写出初稿的时间，四年级下学期是修改、定稿的时间（其间四月中旬中期检查，五月中旬答辩）。明了以上事项之后，毕业论文的写作应该更顺畅才是。当我们的同学在杀青时应该更有成就感时——你内心说这是自己努力做出来的，当我们的老师提起你兴冲冲地说孺子可教时（而非郁闷的黑色星期五——论文提交日期常常是星期五），这样才算是找到感觉了。

最后以我群发的一封邮件作为结尾吧："虽然离我们毕业答辩时间（五月中旬）有些时间，但是其间我们还有很多事要做，上课、找工作，所以忙起来到时不一定有时间写作。得尽早准备。5 月 14/15 日答辩，……工作确实重要，前提是顺利毕业，请切记。"

2011 年 5 月 12 日初稿

2011 年 5 月 17 日修改于教师村 4 – 504

附录二 记人海为径与学海作舟的
姜明安先生[*]

    毕业后离开先生到京外工作已经两年有余,每当忆起他爽朗的笑声、率直的神态和炯亮的目光,他仿佛依然在我身旁传道授业解惑于我。这大概是因为他的举止言行深深感染我的缘故吧。

    认识姜老师是在 2002 年的 8 月,是杨翔老师推荐行将硕士毕业的我去试一试能否考录姜老师的博士研究生而缘起。与姜老师联系在他家里见面时,他说因得马上出去办事,大概有 15 分钟的时间。我原以为老师是一位老学究,其中一个因素是因为老师家里的电话留言机给我的印象是比较冷峻的声音——"你好,我不在家……请留言……"(中年女声)见了面,立即发觉他是位可亲可近的非常实在的长者。姜老师询问了我的个人情况,细心介绍了考试相关的书籍,更为可贵的是他还说往年试题可以到法学院公法中心办公室复印,找当时的秘书余忠尧就行。同时,介绍了几位在读师兄,让我多向他们请教,如张翔、李凌波,并把他们的联系方式给了我。离开老师家,顿然觉得一身轻松,几天来的顾虑因老师悉心、细腻的话语一扫而光。这便是后生我领略老师风格与魅力的初始。

    翻开姜老师的履历,你会发现老师的经历真是不简单:1958 年 2 月至1969 年 7 月,在家乡读小学、中学(因历史原因,初二辍学);1970 年 1 月至 1974 年 3 月,在部队服兵役;1975 年 2 月至 1977 年 7 月,在汨罗市"五

---

* 文章为庆贺恩师姜明安先生 60 华诞而作,其他同门有写诗的、写对联的、记忆琐事的,在电邮往来中热闹了一番。

七"大学学习；1978 年 2 月至 1982 年 2 月，在北京大学法律学系学习。至今，姜老师在北大已经工作了三十余年。早期对姜老师影响至深的应该是农村和部队。那篇姜老师为他的校长所写的序言《忆何听规校长和何听规校长治下的"五七"大学岁月——祝贺老校长何听规先生〈墨迹和心迹〉一书即将出版》，对农村记述生动，对时代记忆清晰，仿佛一下子就将我们拉进了那时的场景。这也足见农村生活对老师的影响至深。和姜老师聊天，谈起他以前的岁月，提到那时他所在的吴法宪的部队，在林彪出事后的第二天，他们被其他的部队缴了械，他不无遗憾的说："如果还在部队，我至少也是将军了。"这也是表现老师自信的一句话。其实，先生不应有憾，以先生之德之能之名，胜将军远甚矣。四年的部队生涯让姜老师严谨、朴素。这些经历，是风也是雨，所以才能见到属于先生的彩虹吧。

西方有一句谚语："性格即人。"表明社会中人是以性格来区分的，也因一个人的性格而成就一个人。那么老师"作为有自己特色的北大教授"（引何兵教授语），性格中有哪些特质呢？总结前段和先生的交往，窃以为，老师不但坚持了三个不动摇（一、坚持讲湖南话不动摇；二、坚持在家吃饭不动摇；三、坚持为人民呐喊不动摇），而且恪守了"五我基本原则"。

一、有我——坚持自己的特性与原则

姜老师的湘音是他的特色，仿佛是相声里面的地方品种，如奇志和大兵在普通话占据绝对多数的语言世界里的独特风景。我们都打趣说以姜老师为师，学生应该交双份学费，湘音是其中的一份啊。据说作为先生的老乡、朋友和老师的王名扬老先生也是湘音浓厚，在师资培训班上，其他老师得借助口音更近国语的姜老师的翻译才可以领悟王老先生的意思。这两代学人之间，是否存在某种暗合？

去年某天，我正在惠州学院田家炳楼上课，课间接到韶关学院一位同事在长沙打来的电话，说他们正在举行法治论坛，刚听完先生的发言，沉闷的会场为之一振。因为我老师的发言太有吸引力和感染力了。（行政法的）"三大板块"、（新拆迁条例的）"五大变化"、（促成软法迅速发展的）"五大矛盾"、（行政程序立法应关注的）"八大关系"等字句，先生总是提炼的那么精到。尽情时手势挥舞，欢畅处有时辞不达意，情深出拍案声声，先生就是那么一位"可人"。我能够体味我那位同事的感觉。

由于老师的影响，他担任了许多的顾问、委员，如政府及相关组织的就有：国务院行政审批制度改革专家咨询组成员、教育部教育法规司教育法制咨询专家、最高人民法院特邀咨询员、最高人民检察院民行检察咨询顾问、北京市高级人民法院专家咨询委员会委员、北京市第二中级人民法院学术调研顾问、北京市海淀区人民法院咨询委员会委员、上海市第二中级人民法院专家咨询委员、中国侨联法律顾问委员会委员、北京市工商局法律专家咨询委员会委员。有的时候实在没有时间与会，他会打电话请假。在今年暑假和老师交谈中，他提到最近的两次会议，一次是北京市人大，另一次是最高人民法院特邀咨询员会议。在前一次会议中，老师提起市政建设的不足和房价等关切民生的问题，这些问题都在会上质询过政府的。老师对政府的预算、三农问题等与人民利益密切相关的话题总是他的关注焦点。例如，在市政府提交的预算中，先生最关心教育收支状况：教育的预算占年度预算的比例多大、比上一年同期增加了多少。2009 年 1 月 16 日，副市长候选人约见会上，先生提出了三农问题，句句切中要害：农村最重要、最迫切、最困难的问题是什么？候选人回答的是：农村最重要的问题是农民问题；最迫切的问题是解决城乡接合部的问题，是实现城乡一体化建设的问题；最困难的问题是农民就业的问题。后一次是司法部门的专家咨询会，先生和其他学者一起，向司法部门多次建议：司法要有自己的独立性和专业性，不能成为被政府叫去开会的一个下属部门。言者谆谆，听者亦未藐藐。

记得先生在北大法学院的一位同事，2006 年下半年海淀区人大代表换届选举，有同学想投他一票，一位在北大法学院读硕升学过来的同学对我们2005 级博士班的同学解释，他曾经明确说他不愿意做公共知识分子，前一次曾经选上他，但他不愿意干。也许是专业方向的不同而与先生殊途？其实，这位老师不乏思想，更不乏其个人的魅力，却宁愿呆在学校里亦学亦官八年。当然两位先生各有得失，且得失不同。

内蒙古呼和浩特市清水河县贫困县那些奢华事、山西省方山县取缔辖区全部网吧事件、反"乙肝歧视""欣弗"事件、珠海立法禁止电动自行车上路事件、航空公司卖"超售票"的事件，这些事件中都可以听到老师中肯不失殷切的法治之音。先生是一位坚持公义的人。

二、无我——为事、待人、为师和作为公民的坦荡

2011 年 7 月 30 日下午，我和文静师姐到姜老师家看望他，见自己的两位弟子的到来，先生喜形于色、侃侃而谈。提起学校人事的变幻，想到自己，他说在北大期间，他并未刻意追求什么，副教授、教授及博导，都是学校为了发展评的，有的还是提前评。我们知道一方面是先生的学术实力，另一方面是先生的"（上善若水，在能处下，能利万物而不争）夫唯不争，故天下莫能与之争"的坦荡心胸。"先生之境，弟子虽不能至，然心向往之。"这是先生为事的坦荡。

记得第一次见老师，他看到我手里提着两袋家里带来的香菇、木耳等土产，坚辞不受，并要我将东西放在门口以防忘记。以后几次我干脆不带 gift 了，因为又得提回去。入学后，自己做了宪法与行政法研究中心的秘书，有一次中南的一位老师来看望先生，约见的地点是中心办公室。交谈时，这位老师拿出一盒茶叶，先生也坚辞不受。后来，我听到先生的解释："马上要评审了，我不能有利益牵连，以往考我博士的同学也是这样。如果没有利益关联，我不会不近人情的。"实际上，先生的近人情就是礼尚往来，同义的英语的一个句子很好的说明了先生的特点：Gifts are like fish hooks。就是说礼物是鱼钩，还能钓回礼物。后来入了先生之门，每年去看望他，他要么把自己的东西拿出来叫你带回去，要么与其他人的礼物置换。这让学生们不知如何是好，我想：做好自己的事，发挥好自己的作用，应该是先生最愿意受领的 gifts 吧。这是先生待人的坦荡。

还记得有一次，下一年级的师弟家境困难，爱人工资低，小孩年幼，还在北京租房生活。先生知道后通知秘书让他到自己账上支取了两千元。这是先生为师的坦荡。

几年前的一天到中心办事，遇上秘书廖婧询问：最近的税务所在哪？我摸不着头脑，找税所干嘛呀？原来，先生因工作出色被学校评为先进个人，奖金有几千元，他特地叫她到税所上税。联系起龙应台说的一句话"脱下了

军衣，是一个善良的国民"，先生应该是：脱下了军衣，依然是一个守法的公民。2010 年先生被人民网的网民授予"责任公民"的光荣称号。这是先生作为公民的坦荡。

三、忘我——心怀黎姓忧

先生出生在农村，经过"文化大革命"，所以对社会下层和弱势群体权利受到侵犯有切身感受。由于先生常常发表自己的观点、或著书立作、或媒体访谈、或四处讲学，先生之名让许多人熟识。在学校那几年，常常看到在课堂、中心办公室和他个人的办公室有外地的人找他，人群中年长者居多。一位年过花甲的浙江老太带着老伴来找他，后来，老夫妻两人成了他课堂上年龄最大的"学生"。有时，听说来者没钱回家，先生便帮其买车票或资助其生活。

在学期间，令我难忘的有两件事情。

一件是河南兰考焦作的冯德洲老人在老师的课堂上的情形，这便是有名的焦作房产案的当事人。那天冯老先生来到我们上课的地方，他对先生的感激溢于言表。可以看出他是一位历经风霜的老人，意志是那样的坚定。为了让自己的案情为大家理解，老先生特地自费购买王贵松师兄主编的《行政与民事争议交织的难题》一书赠予我们阅读，希望我们多研究研究。这起去年就历经三级法院、十年审理、十八份裁判的案件，至今也没有得到解决，问题之难创下诸多之最。而《行政与民事争议交织的难题》一书已经随我从北京到了广东，现在放在案头。当时迫于毕业无暇研究行民交织问题，让冯老人家期待的目光久久在自己的脑海徘徊，让自己内疚不已——收书不办事，惭愧啊。还好，今年 6 月自己总算出来一篇研究论文，算是给他也给自己的一点交待。

另一件是天津一家出售易拉罐饮料的商铺，因工商局以罐子不合格处以巨额罚款。姜老师将案件付与我处理，我也给了一些意见给商铺。但商家总是期望我们能够立马实际的解决问题，所以隔三差五的打来电话，让我头痛不已。最后只得将其座机、手机列为黑名单，从此与他断了音讯。后来，在姜老师的访谈录中，我读到他提出的观点："不管有没有作用，多少是个安慰。""虽然我没有帮你解决问题，但是我可以告诉你这是一个什么问题，你应该去找谁，这样给他们一个建议。极个别比较重大的事情，我个人也写信给当地政府。"或许我应该多想一些办法，至少激励起他的勇气。像北京普世所刘澎教授说的："你是谁？来干什么的？是代表你自己还是代表单位？有证件没有？拿来，我要复印一下。"那样的理直气壮。多与野蛮执法者周旋、讲救济的规则、将规则用尽用好，杜绝行贿执法者。展现那样的耐力。兴许会柳暗花明亦未可知。

2009年12月7日，姜老师和北大法学院沈岿、王锡锌、钱明星和陈端洪四位老师通过特快专递的形式向全国人大常委会递交了《关于对〈城市房屋拆迁管理条例〉进行审查的建议》，建议立法机关对《城市房屋拆迁管理条例》进行审查，撤销这一条例或由全国人大专门委员会向国务院提出书面审查意见，建议国务院对《条例》进行修改。随后《中国青年报》（2009年12月30日"特色周刊"）刊出《姜明安率众上书废恶法》一文，言及："有教师组织高中生讨论唐福珍事件，一学生用了这样令人心悸的标题：《青山无柴烧自己》。这还是个孩子呀，小小年纪竟已心灰如此！看此标题，余言皆废！"文章最后写道："瞧瞧，《食品安全法实施条例》和《职业病防治法》，不比《城市房屋拆迁管理条例》级别低吧，但全国人们集体不待见它，百姓只好无法无天哭天抢地。如果姜明安们成功地以'良法'取代了恶法，但末了也被全国人们集体不待见，奈何？"文章读来，似乎老师们的一切所为均无意义了。不可否认，此事确有发生的可能。但字里行间透出的气馁样，的确是不能理解先生精神的。

记得2006年端午节的时候，美国华盛顿大学亚洲法研究中心（Asian Law Center）的Veronica L. Taylor教授来北大宪行中心访问。在农园午餐的时候我暂时充任业余翻译，我们叫了些粽子。我饶有兴趣的向Pro. Taylor介绍粽子的来源，将姜老师与屈原联系起来，说屈原就在姜老师的家乡——汨罗江畔。

"长太息以掩涕兮，哀民生之多艰。""余将董道而不豫兮，固将重昏而终身。""吾不能变心以从俗兮，固将愁苦而终穷。""乘骐骥以驰骋兮，来吾道夫先路也。""苟余心之端直兮，虽僻远其何伤？"三闾大夫的这些名言因他的老乡姜老师而有了现代意义的诠释。但姜老师与屈大夫不同的是，先生是欢颜的、阳光的和释怀的。多一些姜老师们，不待见难道就不能转变为待见吗？

四、挑战自我——孜孜不倦，活到老学到老

鲁迅先生说：北大是常为新的。我们能清楚的感觉到，姜老师的知识是常新的。

从 1967 年离开初二后，姜老师串联、当兵、在乡下搞工作队，自己的自学习惯却从来没有中断过。1975 年他考上了汨罗县的"五七"大学。在围湖造田的日子里，在湖边芦苇棚子里，他用心看高中教材。1977 年，姜老师在汨罗县天井镇中学教高中毕业班的语文、政治。白天教学生语文、政治，晚上和他们一起学数学、物理。为了应考，他晚上做数学题目以强化自己的弱项，做完后交给一位数学老师批改，第二天早上再去他那里取回批改好的作业。就凭着这样一种精神，1977 年 10 月老师以初中老三届的底子参加高考，一次便考上了北大法律学系。

1998 年 10 月，王选教授在北大一次演讲时调侃："名人老了，称呼变成王老，凡人就只能叫老王。这样一讲呢，我似乎慢慢在变成一个名人了，在我贡献越来越少的时候，忽然名气大了。所以要保持一个良好的心态，认识到自己是一个非常普通的人，而且正处在犯错误的危险的年龄上。这在历史上不乏先例。"意思是科学家年老后容易保守，而其他人却依然将他作为权威。实际上，在行政法学界也不乏这样的学者，所讲的东西假大空，原因是没有新的知识在里面。可是姜老师的知识三十余年来永远是新的。这源于他的孜孜不倦的学习。课堂上，老师常常带上一大叠书籍，装满一个书袋，有时为了找书给学生看和念，会在讲台后忙乎好一阵子。我想，这些书也许先生没有本本仔细阅读过，但浏览是肯定的。在那场演讲里，王选教授还说："我觉得人们把我看成权威的错误在什么地方呢，是把时态给弄错了，明明是一个过去时态，大家误以为是现在时态，甚至于以为是能主导将来方向的一个将来时态。"而姜老师于行政法学却一直是现在时的，不时也体现出将来时态。

2008 年 6 月 5 日，姜老师在中国政法大学图书馆学术报告厅作了《"新

行政法"的若干问题》为题的演讲。先生主要阐述了"新行政法"三方面的问题：新在何处？新因何在？新向何去？"新在何处"包含三个方面的内容：（1）调整的范围新；（2）调整的方式新；（3）法律形式新。"新因何在"主要包括以下内容：市场化的推动，民主化的推动，信息化的推动，改革开放的推动，经济基础的变化。而"新向何去"的问题，姜老师巧妙的留给了与会的所有人员去思考，去研究。同时表示，在今后的日子里，这些问题也是他研究的方向。提出这些问题的本身也是极具前瞻性的。

2009 年 4 月 21 日晚 7 时，在北京大学英杰交流中心新闻发布厅，姜老师主持由翁岳生教授和王和雄教授主讲的《行政程序法在台湾地区的实施经验与挑战》讲座时，在介绍翁老师的时候，先生回忆起当年在北大求学时的情形，说当时资料匮乏，两岸交流阻隔，不像今天那样顺便。通过一些途径却得到了翁老师的教材和著作，不过这些资料是盗版的，但正是这些资料滋养了那时的行政法学学习和研究，"我是读着您的书成长的"。先生对翁老先生的崇敬与自谦溢于言表。

北大本科求学期间，据先生的一位同学的弟弟回忆，他在宿舍里看书，经常晚上三四个小时也不抬头一次。1981 年之前，因历史原因，老师那一代人都学俄语。在龚祥瑞先生的影响下，他开始"抛弃"了 B. M. 马诺辛的《苏维埃行政法》，转向詹宁斯的《英国议会》、戴雪的《英宪精义》的研究，并在 1981 年开始自学英语，那可是先生 30 岁的时候。在旅美期间，在公园里听人讲英语，每天还坚持收听英语广播。他说：虽然现在用英语作口头交流有困难，但是借助词典，做专业研究没有问题。

五、超越自我——为法治目标上下求索

记得姜老师告诉《法治周末》记者，在湖南汨罗农村的时候，他曾经想过"当大队干部"。考上大学后，他觉得，"如果能够成为县委书记，把一个县治理好，实在是一件很了不起的事情"。但是此后，他"从没想过要做比县委书记还高的官"了。也就是说他在大学之后即找准了自己的位置——为了行政法治，再没有动过入仕的念头。

20 世纪 80 年代的行政法可谓是荒芜一片，姜老师作为其时的拓荒者展

现了莫大的勇气。"没有土壤我们可以改造啊！"面对龚祥瑞老先生为他今后工作的担心，姜老师的回答掷地有声，坚定而执着。

在龚祥瑞先生的自传《盲人奥里翁》的封底推荐语中，姜老师写到："龚祥瑞先生作为一个人，一个公民，他一生都在奋斗：为自己国家的文明、富强奋斗，也为自己个人的尊严和家庭的幸福奋斗；龚祥瑞先生作为一个学者，一个公法学家，他大半辈子都在探索，探索在中国如何创建政治学和公法学（宪法学和行政法学）学科，探索如何对中国公权力进行规范和控制，探索在一个有着 2000 多年封建历史的国度里如何建立法治。"事实上，这也是老师自己的写照，也是他对龚老先生精神的传承和发扬。

面对正义网的记者采访，姜老师坦言："我有两个理想：一是建立自己的行政法学理论体系，二是通过自己和同事以及朋友的努力，推动中国行政法治进程。"可期及的是"希望在我有生之年，能争取推动行政程序法出台。"

为何老师对法治的追求能够持之以恒、劲头历久弥新？是激情和理性给了他无穷的力量。他总结："以澎湃的激情和智者的理性，持之以恒地探索中国法治之路，推动中国法治的进程。这是对你们的期待，也是对我自己的要求。"因为"激情是一种正义感，一种良心，也是一种责任感。如果没有一种激情，就没有办法做研究，因为已经没有了这种心情。我认为，学术研究要有激情，法治与发展对策研究要有激情。没有激情，研究就难以深入，难有创新……2009 年我们'北大五教授'就拆迁条例违宪向全国人大'上书'，请求国务院对拆迁条例废旧立新，此种对策研究成果一方面源于理性，但另一方面在很大程度上是源于激情，是因当时多起自焚悲剧事件激起了我们'五教授'的激情。但是，做什么事也得有理性，应该有一种科学分析的态度，对各种事物，包括媒体进行报道也不是单纯地凭激情，单凭激情就有可能会走偏，所以要有一种理性的态度进行科学分析。看待事物既要看到事物的正面，也要看到事物的反面，既要看到事物的现在，也要看到事物产生的历史背景，它是什么原因引起的，还有未来发展的趋势。"

先生爱打乒乓球，可惜在学期间没有和他切磋球艺。除了体育运动，还常常做家务，为自己也为师母。最近，姜老师说道："我吃得香，睡得着。

没有早醒的情况。"老师的身体很棒，做弟子的很放心、开心。记得台湾政治大学的董保城老师在课堂上提到他的母亲，退休以后还不停的学习新东西，像跳舞、弹钢琴一类陌生的知识和技能，越活越年轻，越活越有活力。他总结："我们不但要活到老学到老，而且只有学到老才能活到老。"老师的求知欲很旺，精神状态很棒。这是做弟子的第二层放心和开心。

祝愿姜老师永远快乐、健康！

2011 年 9 月 4 日晚 11 时

惠州学院教师村 4 - 504

附录三　海参崴行记

　　中学历史教科书涉及近代史中让人难以忘怀的一节是，1860 年 11 月 14 日《中俄北京条约》在北京签订。该条约确认了黑龙江将军奕山私下与俄国签订的《瑷珲条约》的合法性，并割让了乌苏里江以东约 40 万平方公里的中国领土。《北京条约》第 1 条涉及海参崴的割让：自白棱河口顺山岭至瑚布图河口，再由瑚布图河口顺珲春河及海中间之岭至图们江口，其东皆属俄罗斯国；其西皆属中国。历史老师通常还不会忘记给大家解释海参崴现名的含义：沙俄占据海参崴后，将其更名为符拉迪沃斯托克（Владивосток）。新名字的意思是"控制东方"，可见沙俄对东方的野心。赶往哈尔滨的前一天晚上，在长春为我送行的鲁老师不无情绪地说："老俄子太坏，咱们东北自此以后就没有了向东的出海口。中国雄鸡看着槽里的水干着急，喝不上。"

　　中国人很早就在海参崴生活、渔猎，当地中国人称为其"银窝子，金崴子"，其富庶程度可见一斑。即使在条约签订后，许多中国人仍然在这里生活，直到斯大林同志在 20 世纪 30 年代的萧反运动中将他们遣送、杀绝。"海参崴"这个名称，显然与海有关，是中国人根据这里盛产海参而命名的。可惜，现在不少人不认识"崴"字，识字认半边，读成 wei。其中也包括行前的我。"崴"（wai），是指山、水弯曲的地方。读错的不但有普通人，还有播音员；写错的不但有普通人，还有作家。他们写成"海参威"或者"海参葳"。诗人闻一多在《七子之歌》"澳门"篇中写道："你可知'妈港'不是我的真名姓？我离开你的襁褓太久了，母亲！但是他们掳去的是我的肉体，你依然保管着我内心的灵魂……"被我们错读的海参崴，又有谁在保管着你内心的灵魂呢？

　　恰好今年我访学在沪，时间充裕。在长春访学的凌老师多次盛邀同去，

367

并且已经探查好路线和旅行社。四月已经开春，海参崴气温回升、游人稀疏。有此天时地利人和之便，终于促成了我的第一次出国旅游。

一、"俄幕"下的哈尔滨

2014 年 4 月 15 日早上，我们坐动车从长春到哈尔滨。上午到了哈市后，找到坐落在中央大街的旅行社报了名，按约补交了费用。从旅行社出来以后，在华梅西餐厅点了简便的罐虾、牛排、面包等组合的俄式套餐。味道虽然独异，却也限于尝尝，毕竟是个米饭肚子，不可多食。中央大街又称为建筑艺术博物馆，其规模和现在的风格源于 1904 年的日俄战争。战争将哈尔滨变成了俄军的后方基地，大批俄国人在大街两侧修房建楼，包括后来修的矗立在街头的索菲亚东正教堂。置身于大街，不时飘来浓烈的俄罗斯味道。凌老师来过两次，比我熟悉，主动介绍中央大街的特色，并且对周围的建筑端详起来，指着各种建筑告诉我属于文艺复兴、巴洛克、折衷主义还是现代主义风格。不觉中来到大街北端尽头——斯大林公园的防洪纪念碑，看过哈市防洪史，我们信步松花江岸边，遥望对岸的太阳岛，只见料峭春风，逐浪排空。无法亲临体味太阳岛的幸福的我，听到这个名字，脑海里却开始播放朱逢博、郑绪岚在 1980 年代唱遍全国的《太阳岛上》："我们来到了太阳岛上，幸福的生活靠劳动创造，幸福的花儿靠汗水浇，朋友们献出你智慧和力量，明天会更美好……"

始建于 1898 年，初称"中国大街"的中央大街，除了呈现出欧洲格调的建筑群外。另外让人瞩目的是街道上纵向冲上铺满的长方形条形石。这条石头路是俄罗斯工程师于 1924 年设计监工铺设完成的。据说，这里一共有87 万块这样的花岗岩石头。每块石头长 18 厘米，宽 10 厘米，其外形如俄式小面包。相形辅街上铺着不时翻起的现代瓷砖，这些石头让人踩着踏实，有历史的厚重感。

往回走的过程中，我突然想起与大街相关的哈尔滨市规划局与汇丰实业发展有限公司行政处罚纠纷上诉案，于是努力寻找立于大街并被指称破坏了景观的汇丰大厦，心切之中甚至认为那巍峨的工商银行大楼就是它。情急之下，我掏出手机，上网再次翻阅了最高人民法院〔1999〕行终字第 20 号行政判决书（黑龙江省哈尔滨市规划局诉黑龙江汇丰实业发展有限公司行政处罚纠纷案），才知道大厦位于中央大街具体的门牌号码。经过吃中午饭的华梅，隔壁就是它了。瞧着它，实在很难将它与汇丰银行联系起来，也不知道汇丰实业是不是和汇丰银行有联系。只见眼前这座半新的大楼中间大书同音的两个两字，大概是诉讼之后改的。这起号称适用比例原则的标杆大案，上诉人市规划局提出汇丰公司建筑物遮挡了中央大街保护建筑新华书店（原外文书店）圆形尖顶，影响了中央大街的整体景观。按判决拆除之后的大厦，依然保持了原来的顶上三层缩进的式样，不过是将各自最高的一层去掉了。而现今大厦的第一层已是服装大卖场，大概是商铺出租吧。

在大厦正面及左右两边一通拍照之后，凌老师又带我到马迭尔旅馆，旁边就是哈市的标志性特产体验的地方——马迭尔（Modern）冰棍。人说不吃马迭尔冰棍枉来哈尔滨。尝起冰棍的感觉是"甜而不腻、冰中带香"。马迭尔冰棍无外包装，仅奶油和巧克力两种口味，并限于专营店出售。冬日里依旧越吃越上瘾的冰棍，每日销量万余根，经久不衰，可见其品质。后来得知，马迭尔品牌由法籍犹太人开斯普于1906年在哈尔滨创立，和华梅一样，当初都是属于外国人的品牌。但尚不清楚，这些在当地乃至全国闻名的品牌，是怎样转手的？

二、通关前后

晚饭后，我们登上去往绥芬河的列车。第二天清晨六点半到达绥芬河口岸，在当地旅行社我们和来自河南的张医师、一位多年在俄罗斯远东工作的东北大哥以及他邀请的另外两对来自湖南湘潭和永州的夫妇共八人拼成去海参崴的杂牌旅游团。

9点时分，八人团在20出头的L导的带领下进入绥芬河火车站国际候车厅，经过边防检查和海关检查后坐上了绥芬河至格罗捷科沃（简称格城）的402次国际列车。斯时人声鼎沸，同行大概有四、五个团，游客的内心激动溢于言表。列车经过的地方是连绵的山岗，因为当地还是初春，树叶凋敝，满眼还是枯草的颜色。由于这里冬雪厚重，树木不高，常常可以看到被压垮的枝丫歪斜着。除了我们以外，途经的环境颇显宁静。到格城的路程大概有

25 公里，却耗费了两个小时左右的时间。L 导在车上作出提醒："待会过关的时间可能会比较久，俄罗斯人是慢节奏，大家要有耐心。我把你们的签证填好了，把它夹在护照中间。车上要检查。"我向她指出我的姓氏拼音多了一个字母，拼成"杨"了。她努努嘴说："没关系。"这让我想起 2006 年和北大宪法行政法中心的老师去台北参会时在首都机场出关时的情形，姜明安老师名字的最后一个字的拼音打成"anan"了，武警对此质疑。王磊老师上前敏锐地指出："是打错了，不要紧的。中文名才是法律意义的名字。"于是顺利通关。中间忍不住乏腻，我靠着车窗框打了一盹。这趟列车号称是国内火车三最：里程最短、用时最长、票价最高（71 元人民币）。不知道经过《物价法》听证没有。

列车进站，终到格城，大家忙着搬运行李下车。就在靠近车站的一站台旁边，有一间小门，这就是进关的门。大家散落地站着等候进关。推测当时的进度，没有个把小时是走不进去的。又由于感觉微冷，好些人又回到车厢里等候。期间有好奇的游客拿出手机拍照，被站台上游弋的女兵发现，遭来大声而急促的训斥。国内通关也不许拍照，这些规定是基于秘密，还是行政的权威呢？恐怕后者吧。因为走的人多了，关卡并不秘密。应当是因为涉及国际关系，是威严的地方。

走出关卡，早已联系好的一辆奔驰面包车在门口等候。鱼贯而入坐定后，导游要求大家系好安全带，饿了可以吃早上带上的中点，并声称不再安排午餐了。坐车由北往南疾驰，途中人烟稀少，山峦高低起伏。在乌苏里斯克，可以看见用蓝色铁皮围起的陈旧的平房杂乱地错落在两边，能看到的水泥楼房也不过四五层高，有着多年的甚至是龟裂的外表。估计是苏联时期某单位留下来的吧。这里绝少遇见紧张焦虑的脸，而是让人感觉自信、释然。人们衣着整洁，少有喧嚣，遇事商谈的方式多半是拉住对方咬耳朵。从格城至乌苏里斯克约 80 公里，中间我们在乌苏里斯克一家超市稍事停留并洗手。从乌苏里斯克至海参崴 130 公里，地势要比前一段平坦，但有一段路还在修筑。据说他们修筑马路也是不紧不慢的，修了好些年，总不见完工，同时不得不承认的是，修好的马路并不见中间出现被车碾出来的路坑。广袤的土地上看不到有人在耕作，只是不时看到为了保持地力隔年烧荒的灰烬。美国内华达州境内的 50 号公路因两旁人烟稀少，被冠以"美国最寂寞的公路"的绰号。这条公路却没有那么"幸运"。

　　接近海参崴的时候，两旁的单间单层或双层的房子多了起来，有在山下的，也有坐落在山腰的，只是不见居民。听 L 导说，这些是俄罗斯人专为度假开派对的房子。前面不远就是海参崴了。海参崴是俄联邦滨海边疆区的首府，是俄罗斯远东联邦管区的九个中的一个边疆区，也是俄联邦的 85 联邦主体中的一个主体单位（不包括正在争执的克里米亚）。面积 16.59 万平方公里，人口约两百万。苏俄成立后，该地区于 1920 年归属远东共和国（4 月 6 日成立），1926 年归属远东边疆区（1 月 4 日成立）。1938 年 10 月 20 日，滨海边疆区根据最高苏维埃主席团《关于将远东边疆区划分为哈巴罗夫斯克边疆区和滨海边疆区的命令》成立。

三、下榻旅馆

　　海参崴位于阿穆尔—穆拉维约夫半岛上，东、西、南三面临海，是一座依山傍海的城市。从西到东，分别是世界著名不冻港阿穆尔湾、金角湾、乌苏里湾。为了迎接 2012 年 9 月召开的 APEC 会议，海参崴修建了两座特大桥梁。第一座为连接金角湾两岸的金角湾大桥（Zolotoy Rog Bridge），另一座为连接金角湾地区和俄罗斯岛的俄罗斯岛大桥（Russky Island Bridge）。均于 2012 年 7 月建成通车。金角湾大桥北端连接繁华的市区，而我们下榻的路边旅馆位于与两桥相连的高尔多宾那半岛，靠近俄罗斯岛大桥，属于市郊。"这与我们的合同有出入"，凌老师忿忿地说："合同上明明写着从宾馆可以眺望阿穆尔湾的。"透过我们二楼房间的窗户，只能看到一棵已经冒芽的树、开了小洞的铁皮围墙以及山坡上的几幢房子。

　　由于困乏，将房间简单布置后我们倒头就睡。一觉醒来已是晚饭时分，L 导过来叫我们下一楼去吃饭。八名杂牌队友围成一桌，桌上大多素菜，即便荤菜也难得夹上几片肉。我们在这家旅馆住了三个晚上，每天早中晚的饮食是一样的。中晚餐最有印象的是必不可少的包菜沙拉，早餐是张医师说的"米粒洗澡水"的稀粥、鸡蛋、切成片的俄国大列巴面包和咸萝卜条。与合同上说的中晚餐 30 元人民币、早餐 20 元人民币的准标相比，差强人意。饭后面对门口的公路三岔口，我们决定往非两座桥的方向走走。因为害怕身旁呼啸而过的汽车，我们尽量靠着山坡走。说是呼啸而过一点也不夸张，因为在这里汽车是不限速的。有意思的是，该地区的法律规定司机白天必须打开车灯，因为这里是多变的海洋性气候，说不上何时就乌云密布、白昼如夜。路上跑的大多是从日韩倒过来的二手车，其中以丰田为最。这些二手车的价位普遍在十万卢布左右，约合两万元人民币。当地平均月工资1万7千卢布，所以二手车对他们来说还能负担得起。他们上牌只需五六百卢布，难怪车子在海参崴的普及率如此之高。但是，考驾照需要好几个月的学习。虽然近几年国内考试越来越严，但很多人还是可以"曲线救国"：每年有好几万人到韩国考驾照，因为韩国培训时间缩短为13个小时（含6个小时的驾驶培训）。

一路上没有碰上商店，只见一家加油站。路旁立着一块汽油报价的牌子，其中98号汽油价格是38.5卢布，约合人民币7元左右，比国内还是便宜一点。俄罗斯是油气资源丰富的国家，为了防止垄断，俄罗斯石油公司须向国家反垄断局报告该公司在哪些地区的销售市场份额过半等信息，并要求在一年内出售过半的部分。正当我们因找不到商店而折返时，碰上两名湖南女队友，她们要求我们一同继续往前找找。走了不远，在一处居民楼下面看到了一家中型的超市。超市商品可谓琳琅满目，因为信任其品质，所以国人在海参崴总是难以抑制购物的欲望。一位女队友买了一玻璃瓶颇受当地人喜爱的腌酸青瓜，里面的青瓜只有一个半手指大小，一个手指长短，还真没有见过这样的品种。我要了60卢布2升一纸袋装的牛奶，准备回去尝尝没有三聚氰胺的放心奶。虽然喝了，我不一定强壮，当然也谈不上强壮我们的民族。

回到旅馆不久，L导来到我们的房间，叼着香烟极力怂恿我们参加第二天晚上的看热辣的俄罗斯风情舞蹈吃俄餐的自费项目。问过价格（400元），我们不置可否，表示明天再说。等她走后，我说了自己的看法："哈市已经吃过俄餐，所谓的风情舞蹈估计也是粗制滥造的，价格嘛，肯定水分太多"。凌老师没有附和，只是默默地点点头。正准备洗澡，凌老师刚进去卫生间，立即又出来，边走边说："什么破旅馆，这么早就没有热水了！"我躺在床上看书，只是支吾地应了几句。半个小时后，热水来了，而凌老师早已经面带倦容、美美地睡着了。我蹑手蹑脚地走进去，开始洗漱起来。洗澡时，要蹬上近半米高、一米见方的铁皮踏脚盆。花洒开时，不免时时提醒自己检查周围的塑料布有没有包裹好，以防水洒到楼板。因为 L 导强调过，楼板底的卫生间容易渗水，渗水照价赔偿。后来在网上找资料的时候，发现确有因为此事游客与旅馆发生两个小时争执的事件。一连三个晚上的淋浴，虽然不够舒展，却也提高了"大丈夫"能曲的柔韧性。

17 日早上 7 点半，我们准时来到一楼餐厅时，其他五个队员已经开吃了。L 导站在桌子旁边，和他们唠着嗑。当队友问起晚上是否去自费游玩时，因下楼之前凌老师说起在拉萨时遭遇类似粗劣的项目，确定不去了，我托着左手自豪地说道："我们在哈市已经去过著名的华梅俄餐厅，至于舞蹈嘛，我在北京的时候，俄罗斯的国家舞蹈团还上我们那里专场表演呢！还是你们去吧！""你可以看看这边的乡间风情嘛！"对面的队友表示惋惜。我抿嘴微笑而过。

四、开游海参崴市区

上午进市区坐的也是一辆奔驰面包车，由年老一点的司机开。旅游团首先来到列宁广场，据刚迎上我们的地导安娜说，这是俄罗斯现存为数不多的列宁塑像，海参崴也就只有这一座。我们抬头望去，只见列宁同志右手捏着帽子，左手向前指点，一边往前走，似乎在和人理论着什么。之前常闻列宁同志的塑像不时被泼漆或被推倒或被炸开的新闻。海参崴没有推倒列宁像，据说是因为列宁曾讲过："符拉迪沃斯托克虽然很遥远，可它是我们的。"列宁说这话是在其愿意归还中国领土之前还是之后呢？望着频频降落在列宁头上和手上的鸽子，我心存疑惑。

列宁像的对面是建于 1912 年的海参崴火车站，是一座合火车站和码头的陆港站。这是一幢古色古香的三层楼房，外观精美古朴，气质优雅。正门是三联式拱门，门上挂着一口戴着遮耳帽子的大钟，显示的是莫斯科时间。虽然海参崴是东十区，由于实行夏令时，所以海参崴时间比北京时间快 3 个小时。但俄罗斯所有列车时刻表均使用莫斯科时间。砌成冰刀状屋顶两边附有许多小帐篷顶点以为衬托，仿佛是宝石一样要给人以多角度善变的光感。候车大厅内的拱顶绘有以"我们伟大的祖国"为主题的棚画。一边描绘的是海参崴的市容，有火车站、舰队、蒸气机车等，中间的是末代沙皇尼古拉二世和远东总督穆拉维约夫·阿穆尔斯基（《中俄瑷珲条约》的策划者和主持者，并因此受亚历山大二世封为"阿穆尔斯基伯爵"，即黑龙江伯爵）。另一边是莫斯科的市景，有大剧院、大教堂和克里姆林宫。这里是西伯利亚铁路东端的终点站，与莫斯科相距 9288 公里（接近地球周长的四分之一），跑一趟需要七天七夜。为此，站台上设立了一座 9288 标志碑，专门以示纪念。站内整洁，雕刻精美的天花板，带尖弧形的俄式窗户，每一个物件都配以艺术的装饰，或画或以线条，就连带苗实立柱的楼梯的横梁也塑以弧形的弯曲。将艺术融入生活、抓住点滴，这就是俄罗斯人昂扬自信、彬彬有礼的源泉吧。在标志碑旁边的是一座蒸汽机火车头，身上的黑漆红漆白漆漆漆油光铮亮。车头前面置有一块铜版，上刻阳文：献给 1941～1945 年卫国战争期间英勇的远东铁路工人们。俄罗斯的火车站和码头都是进出自由不检票的，因为没有人逃票。

从陆港站出来，我们到了金角湾北端的潜艇博物馆。导游帮我们买了参观票，这也是唯一的一次景点购票。潜艇博物馆不是建筑物，而是退役后经过改装的 C56 潜艇。这是一艘"二战"中的功勋舰，一共击伤击沉 14 艘敌舰。尾部内已经搬空，成了事迹、物品的展览场所。前头基本保留了原来的模样，经过设备动力仓、指挥舱，就到了它的最前端——艇员卧铺和鱼雷存储、发射合在一起的舱。一共有四个鱼雷发射管，左上方的打开，左下方的塞了一枚鱼雷。1917 年以后，苏俄通过引进美国汽车业等工业发展来自己的工业。在这里，从复杂而精密的潜艇可以窥见苏联当时的工业水平。难怪斯大林曾经睥睨地说："中国没有什么工业，谁都可以上前去随时蹂躏她一把。"潜艇安放在山坡脚下，南面靠近港湾，东面、北面和西面分别是长明火和两辆坦克，浮雕和隽刻着太平洋舰队牺牲的几万名士兵名字的纪念墙，俄罗斯太平洋舰队的司令部大楼。东北两面，包括潜艇博物馆组成了红旗舰队战斗光荣纪念广场。紧邻大楼东边，站立着一排树木，树的脚下立有一排大小不一的海军活动纪念方碑。其中中俄海军交流纪念的最大，上刻中国人民解放军北海舰队司令题的"中俄两国海军友谊长存"。往南走向海边，就是白色、纤细、略向北倾斜的 1860 纪念碑，和碑两边的两只黑色铁锚。这里是当年俄国人在海参崴的登陆点，所以他们立碑置锚以示纪念。如果说炮口对着日本方向的两辆坦克述说了慈禧老佛爷可以置身事外的俄日恩怨，那么友谊碑和纪念碑带来的冲撞，我们该如何面对呢？

逛完广场，两位女导拉上大家去逛紫金店。他们五位的合同里面有没有这样的项目不甚明了，因为其中的湘潭男队友老说写下合同就好了。我和凌老师的明确写了没有购物的项目的。但我们是杂牌军组合，没办法，只好奉陪。渐渐的，我们五名甚无兴趣的男队友在一块聊天，永州队友感慨我们老师理性消费的同时，也叹起海参崴的旅游模式已经被中国同化了，拉客消费，从中抽利。俄罗斯商品质量虽好，可是很多是中国产的，那泛着寒光的紫金饰品谁敢保证不是呢？不过又有人打趣说，中国人到了外面还是很讲诚信的，即使是国产，也要好一些吧。呆了四五十分钟，八人又被拉到背街无店牌所谓的批发点购物，里面有巧克力、奶粉、烟酒等。导游还介绍说俄罗斯的商品放心、物价同一。我们对比了一下昨晚超市的价格，这里略贵。看来俄罗斯并非价格管控的国家。

接近中午，我们被车驮到地处金角湾大桥北端的市区制高点——鹰巢山。制高点上金角湾一览无遗，大桥如虹，通贯南北。我们身后矗立着六七米高的两人塑像，共同捧着一本上书几个俄文字母的书。听导游介绍说，这是为了纪念传教士西里尔和梅笃丢斯兄弟。他们在 9 世纪为了在斯拉夫民族传播基督教创立西里尔字母，后来被斯拉夫民族广泛使用。因此，西里尔也称为斯拉夫字母。这让我想起我国从 19 世纪末发起的汉语拼音运动，各种拼音所在多有，罗马拼音、英语字母拼音甚至是俄语字母拼音等方案。走向极端的时候，谭嗣早主张废除汉字改采拼音，钱玄同、陈独秀、胡适等学者提出制定国语罗马字。1958 年 2 月 11 日，第一届全国人民代表大会第五次会议审议通过了周恩来提出的关于汉语拼音方案草案的议案。从此，《汉语拼音方案》成为我国的法定拼音方案。西里尔兄弟发明的字母是首次用来给斯拉夫人书写的文字，非常适合复杂的斯拉夫语言特征。这也许是西里尔字母成功采用的原因。自仓颉造字开始，汉语文字已经有几千年的历史，承载着我国悠久的文化，汉语拼音化的失败有着历史因素的必然。

雕像前面的栏杆上挂满了各种颜色、锈迹斑斑的同心锁。海参崴人结婚时在这里留下同心锁，钥匙扔进金角湾，象征千年不渝。不过俄国男女比例失调，男性平均寿命不足 60 岁，女多男少，人口每年锐减。为此，俄信奉伊斯兰教的一些共和国相继修改了家庭法，实行一夫多妻制。2000 年，俄自民党领袖、杜马副议长弗拉基米尔·日里诺夫斯基提出《父亲身份法》和《修改〈家庭法〉》两大议案，以在全国推广一夫多妻制，审议后被绝对优势反对票否决。东正教的教义是主张一夫一妻制的。虽然人口下降，但是俄国不允许中国人直接移民，L 导说，除非中国男子在俄与俄国女子结婚。中国男子不酗酒又顾家，较少家暴，挺受欢迎。这让男队友们脸上不觉露出丝丝自豪感。这里留有一个凄婉的传说，说当年日俄战争期间，海参崴的妇女时时来到鹰巢山顶，盼望着出海征战的夫君早日归来。凄美的爱情和美好憧憬下的爱情就这样叠加在海参崴的制高点上。

五、自由活动

两天的行程被压成半天，就这样结束了。回到宾馆吃过午饭，睡了一觉。醒来后，其余六人早已随 L 导去市区看风情舞、吃俄餐去了。本想沿着铁路看看俄罗斯岛大桥下的海，努力之后，我们发现船厂的围墙将铁路围堵起来，我们像中国公鸡一样根本无法靠近大海。未果之后，我们两人折返向市区走去。走在路边，时时看到白色的烟蒂丢弃在路上。这里吸烟的人很多，女性吸烟的比例特别高。还见到几个空酒瓶，只是没有遇见酒鬼，可能是地处郊区的缘故。俄罗斯民族确实是嗜酒如命的民族。1985 年，刚上台的戈尔巴乔夫首起禁酒，下令关闭酒厂。结果人们都躲在家里酿私酒，造成食糖短缺。1995 年，俄政府规定在公众场所禁止销售伏特加等烈性酒，并禁止电视做酒类广告。禁令的结果使得啤酒销量暴涨，青少年拿起了酒杯。同年，还出台了《关于酒精及酒类产品的生产与流通国家调控联邦法》，对以上领域实行实行国家垄断。2010 年出台的《限制零售及饮用啤酒及其制品的法律》明确规定，在所有公共场所禁止饮用任何酒精类饮料。2011 年 7 月，时为总统的梅德韦杰夫签署禁止向儿童销售酒精饮品的法令。此外，各地市还有相关的禁酒规定。虽然禁酒令获得暴力犯罪减少等成效，但是其负面作用也不可忽视，如饥渴者饮用古龙水、洗甲水等含有酒精的有毒液体，地下酒产业兴起，非法酒厂增加，劣质酒增多，出现工业酒精勾兑的酒等。不敢说烟、酒和舞蹈构成了俄罗斯精神，但至少是俄罗斯的性情。

好不容易找到两家超市、一家药店。虽然是俄语盲，但通过肢体语言和阿拉伯数字，我们还是各取所需了。超市里买了巧克力、二两小瓶装的白酒，药店里买了婴幼儿奶粉。交易时，付款并非手到手，都是通过店员和顾客中间的塑料小托盘。回旅馆的路上，感觉去时爬坡累，回时下坡也不轻松。真想坐上那些行进中的公交车，走的更远更省力。只是不懂俄语，上车也会茫茫然，只好按下这样冲动。回到旅馆，我们来到一楼餐厅，叫来一位来自中国的堂倌。用中文点了一荤一素，各要了一碗米饭，就上刚买的白酒吃完了当天的晚饭。

晚上在房间休息时，张医师推门进来，向我们叙述了他们的见闻。他们吃过简单的菜蔬，看过粗劣、舞台短暂（20分钟）的舞蹈女演员表演后，接下来的时间就是穿着比基尼的女演员拉住男宾客有偿拍照（100卢币），其动作让人无法闪避。张医师大呼"坑爹"、上当。

18日早晨，L导安排我们5人自费坐15路公交车到市区购物。上车前，她介绍说因为该路车是新车，车费比其他路线的（15卢布）要贵出3卢布。而且前门下车收费，司机找零。东北大哥和他邀来的另外两名男子去了乌苏里斯克考察农场投资。下车后，走在没有红绿灯信号的斑马线上，看到这种景象真的不习惯：两边的汽车立即自动停下来，有时变成几十辆的长龙。这里车流不少，却没有听见按喇叭的声音。因是山城，也没有看到自行车和电动车的踪影。中国大陆的交通标志和制度从西方引入的过程中，唯独缺少了"路权"中的先行权。不用说逆行如飞、让人吓一身冷汗的电动自行车，斑马线上汽车与行人抢道已经是司空见惯的现象。俄罗斯人的背面是酒神，正面是贵族。在街头，你绝少遇见焦虑、行色匆匆的人。这也许和他们的社会保障制度有关吧，因为"手中有粮，心中不慌"。

我们来到斯维尔特兰大街北面的海参崴最大的国营百货大楼，这是五层的老房子，地下一层是超市，一至四楼是多为化妆品、鞋包和服装店，五楼是餐饮店。我们大部分时间在超市转悠。中午在五楼AA制吃快餐，看了菜谱，发现比旅馆的饭菜便宜一半。下午和张医师三人到百货大楼前的海参崴中心广场走了走，遇上在苏维埃政权战士纪念碑前的周末跳蚤市场。市场上的海产品、蜂蜜、腊肠等尽显俄罗斯的特色。另外两位湖南女队友组成另一组，她们又买了些紫金饰品。后来她们偷偷告诉我们，她们买了饰品后，随行的 L 导说要去楼上充话费，她们怀疑她去领取介绍费了。她们还说与张医师一起在 L 导手里共换了 1~2 万元人民币，比价是 1：5.3，比起我们在哈市汇兑的 1：5.5 的标准，吃了点亏，但还能接受。这天逛的时间太久，买的东西太多，下午坐公交回旅馆后强迫自己多休息，为明天返程做准备。

六、回国

19 日开始返程，路经乌苏里斯克，三名男队友早已在路旁等候。我们又在去时逛过的超市作了停留，碰上一大群中国游客，大家都有一个心愿，在回国前花光所有的卢布。出关时，望着一位精明忙碌的男导游，我对凌老师说："虽然《旅游法》实施了，可这次让我们经历的导游职业还是需要改进的职业。"他深以为然，并说："按我们的团费，依约出游的话，旅行社没有多少赚头。"面包车把大家带到格城汽车站，按照 L 导的计划，我们就地各自吃午饭，每人返还午餐费 50 卢布。饭后坐上通关的大巴。进入国境后，队友们星散而去。

回哈市的路上，我要求凌老师将情况反映给哈市旅行社。返沪几天后，凌老师打来电话说："将情况告诉哈市旅行社后，旅行社拒绝给绥芬河旅行社转账。绥芬河旅行社准备处罚 L 导，L 导已经来过告哀电话。"我决绝地回答："不要因为她的哀婉而心软了。"

回来后了解到，在 2001 年 7 月 16 日，中国与俄罗斯在莫斯科签署了《中俄睦邻友好合作条约》（全国人大常委员会 2001 年 10 月 27 日批准通过）。中国政府继续确认海参崴及邻近远东地区不再为中国的领土（第 6 条："缔约双方满意地指出，相互没有领土要求"）。不得不承认，现在我感觉到我当初的爱国情愫有点哭错了地。

2014 年 5 月 3 日
于华东政法大学博士后公寓 304

后　记

孩子是自己的好，文章也是如此。这并非作者的自恋与轻狂，不过是一种自然的情感流露，所谓敝帚自珍而已。遥想当年与法学的结缘，真可谓冥冥中的命运注定。20 世纪 90 年代初，大学学习英语教育专业期间，不谙世事的懵懂青年并不知道学科结构与专业的多样。只是在与蔡国芹老师的弟弟文星聊天时得知，高中时倜傥博学的蔡老师已经在攻读西政诉讼法的硕士。心里一亮，蔡老师是英语专业的，那我也可以去投考啊。从此加入了考研大军。无奈天资有限，愚钝有余。在自考英语本科的同时，自学法学的教材。用同学的话来说，就是在闭门造车（ji，出门不合辙）。一路晃悠，不觉 7 年倏然而过。1999 年 6 月，英语本科自考毕业，于是又将余勇追法本。记得在通过三门课程的时候，参加了湘大法学院诉讼法点的面试。至此，法本自考作罢。2000 年成为硕士生，人生最有活力、记忆力最好的阶段就此定格。而今切感为学尚需早的古训，尤其是在计划不如变化快的当下。

还记得一位师姐说：师生双向选择后，杨翔老师在确定为我的指导老师时非常欣喜，赞叹找了一个学英语的学生。我知道，杨老师是在期盼我能做好研究。所以，研二那年当我表示想去考博时，杨老师当即推介了北大。只是窃实在顽劣，不如后来上北大的同级两位同门一两年成功考取，从 2003 年至 2005 年连续考了三年。回首这十年，从工作到读研，再从工作到读博，一路走走停停，真是快性子走慢步子。读研期间，虽然写过不少东西，但现在看起来博士论文的写作才是将青年带入学术轨道最好的锻炼。那时的文章太肤浅，所以不想再次污染了大家的慧眼。

　　读博期间，同事羡慕我有名导师，定会在光环的压力下成才。其实，姜明安老师和湛中乐老师坚持学生适性发展，不给学生过多的压力。毕业后，与人聊起读博经历，不时受到别人的夸赞。我则以章太炎一流导师二流学生论回应他们。忽又想起得罪不少同门，顿了顿又补充一句："我是他们学生中最差的。"真的，说来羞愧，读博期间没有写多少东西。倒是在2009年第三次工作后写了一些。其中，应该感谢张千帆老师开设的宪政暑期班和召开的世界宪法大会，引领我对相关问题的思考和写作。第二篇中欧盟的那篇文章就是参加张老师开展的活动的成果。奥托·迈耶认为在法治国家中，国家行动都是以法律的形式加以固定。行政的形式化使国家行为可以确定，个人对此可以预见，法院可以审查。法学的任务之一就是将所有的事物纳入固定的形式之中。法治国的取向是通过法的形式规律国家行政，保障个人的自由。法治主义要求一切行政活动必须符合法的规律（见赖恒盈博士论文）。传统公法是以司法为中心的。大概，这也是为何司法审查篇文章居多的原因吧。笔者也曾经写过两篇软法的文章，在整理时，考虑到其法的规律要次之，所以没有收入其中。著作修改时，参考了最近的法条。通观所收18篇习作，约有一兰的是介绍性的文章。分析性的虽有近半，但要做到鞭辟入里、入木三分，着实不易。但，这是努力的目标。

　　虽然说集子"字字看来皆是血"，显然是夸大其词，但以笔者的笨拙，"十年辛苦不寻常"倒是真的。文集所录文章俱是读博后的，从那时起至今恰好十年。"满纸荒唐言？"文中谬误，能指出者，是笔者之幸。"一把辛酸泪"，该是"几把辛酸泪"，这源于前段时间法治的回潮，而作为法律人自然而然的痛心。"都云作者痴，谁解其中味？"篇首开言我就承认我是情痴，至于解味嘛，倒不敢奢望读者。能够让您觉得有所助益，便是我心所慰了。

　　谢谢师长们的不弃与厚爱，让步履蹒跚的我坚持前行。谢谢爱妻等家人的默默奉献、如往支持。面对女儿即将离开自己远去求学，心中愧欠不已。金钗、豆蔻和及笄等多个成长阶段，陪伴不足而唠叨有余。谢谢董保城教授、朱应平教授、刘松山教授、江利红教授指点迷津。谢谢于立深教授的关心与指教。同门先进石佑启、刘文静、黎军、上官丕亮、贺日开、吴勇、王贵松、郑春燕、金自宁、何海波、李洪雷、韩春晖、陈天本等教授是我努力的标杆。榜样的作用与关爱岂止是让我如何不舍昼夜，只是唯恐难望其项背了。曾赟、杨桦、姚魏、韩光军、毕洪海、鲁鹏宇、蔡金荣、李煜兴、牟效波、蒋悟真、黄伟、袁贵平、刘武明、李瑞生、伏创宇、蒋海松、孙超然、邢斌文等亲友亦给予不少的帮助和启发。谢谢惠州学院同仁的关爱和包容，让我工作安心顺利。室友宁平平和邻居周毅的同窗情谊弥足珍贵，虽同学之后两地多年，却若老酒愈发醇厚。

强势的公权力形式多端，落步的公法学规律不已，却千迁万变不离其宗。

2014 年 8 月 30 日初稿

2015 年 11 月 8 日二稿

于鹅城金山湖畔